山西省教学成果奖（基础教育）特等奖
太原市高中化学学科教学提高与示范工作站研究成果
山西省教育科学专项课题（编号：GH—240303）研究成果

核心素养导向下的
中学化学优质课例

主　编：谢鸿雁

副主编：王淑贞　范遗灿　郁　阳　范赟杰　靳　鑫

编写者：谢鸿雁　范遗灿　靳　鑫　范赟杰　童　洁　曹勇勇　刘　刚　余志勇
李璐璐　刘姝君　宋彦斌　管　欣　孟　川　孙　哲　张凯旋　刘任远
齐　婧　李兴龙　李晓光　要飞虎　尹晓芬　卢永存　耿莎莎　耿嘉悦
郭冬花　郭金巧　李佳琦　王　玉　宋婷婷　王婷婷　张　慧　吕　勤
韩雪敏　程园园　雍彩霞　裴　隽　赵　婧　赵瑾杰　闫　昕　闫美竹
张舒元　耿　华　李　慧　陈　红　梁嘉辉　梁利利　李梦莹　郭胜男
武志刚　郝夏帆

山西出版传媒集团　山西教育出版社

·太原·

图书在版编目（CIP）数据

核心素养导向下的中学化学优质课例 / 谢鸿雁主编. 太原 ：山西教育出版社，2024. 12. -- ISBN 978-7-5703-4304-1

Ⅰ. G633.82

中国国家版本馆 CIP 数据核字第 2024XF1188 号

核心素养导向下的中学化学优质课例

HEXIN SUYANG DAOXIANG XIA DE ZHONGXUE HUAXUE YOUZHI KELI

责任编辑 康 健
复 审 贾 晖
终 审 闫果红
装帧设计 张 瑜
印装监制 蔡 洁

出版发行 山西出版传媒集团·山西教育出版社
（太原市水西门街馒头巷 7 号 电话：0351-4729801 邮编：030002）
印 装 山西万佳印业有限公司
开 本 787 mm×1 092 mm 1/16
印 张 28.5
字 数 767 千字
版 次 2025 年 3 月第 1 版 2025 年 3 月山西第 1 次印刷
书 号 ISBN 978-7-5703-4304-1
定 价 85.50 元

序 言

随着2017年普通高中课程改革方案和学科课程标准的正式实施,我国新一轮基础教育课程改革全面启动,其核心在于发展学生的核心素养。2020年9月,山西省首次启用了高中新教材;2022年9月,随着新高一学生的入学,山西省正式实施新高考评价制度,标志着山西省高中教育迈入了“双新”时代。素养导向的教学成为新课程改革的深化重点。核心素养是学科育人价值的集中体现,具体表现为在面对复杂现实问题情境或学术情境时,能够秉持正确的思想观念,运用学科知识与技能、思维方式与方法,高质量地认识、分析和解决问题的综合能力。

《核心素养导向下的中学化学优质课例》整合了太原市近三年教学大赛的优质课、太原市级教学公开课、展示课,是太原市高中化学学科教师、太原市谢鸿雁高中化学学科教学提高与示范工作站团队教师,在新课程理念指导下,基于新课程标准,在教学实践的基础上,整理撰写出的涵盖高中化学不同主题的教学案例集。这些教学课例,展示了广大一线教师对核心素养导向教学的实践探索,对太原市高中化学教育教学研究和教师成长产生了极大的推动作用。希望本书的出版能够促进产生更多更好优质教学案例,进一步深入推进高中化学新课程改革,为学生核心素养发展做出更大贡献。

毕华林

目　录

理论篇

实践篇

理论篇

2.2 选取真实的问题情境设计教学

真实、具体的问题情境是学生化学学科核心素养形成和发展的重要平台，为学生化学学科核心素养提供了真实地表现机会。因此，教师在教学中应重视创设真实且富有价值的问题情境，促进学生化学学科核心素养的形成和发展；应通过理论学习，在备课时，通过查找文献、资料找寻，设计与所选研究课题密切相关的真实情境。

如在设计“铁的重要化合物”教学时，以新闻“香蕉艾滋病”这一真实的问题情境，现场展示铁肥，提出“为什么土壤中 Fe^{3+} 多而 Fe^{2+} 少”的问题，进而探究它们的化学性质。在设计“硫的转化”教学时，选取电视纪录片“火山硫黄矿采”：世界上最危险的工作之一——印尼卡哇伊真火山口的硫黄矿采。尽管随时代发展人们在采矿设备上取得了许多进步，但是像欠发达地区仍存在这样危险原始的人工开采方式，矿工常年受到 SO_2、H_2S 等气体毒害，导致健康受损。对此，提出探究性问题“为什么开采硫黄时有 SO_2、H_2S?”“如何减少或防止 SO_2、H_2S 的危害?”在设计“元素周期律”时，围绕学生很熟悉的物质甲烷，提出问题“请同学们判断，同为第四主族的 C、Si 元素，其氢化物中各元素的化合价分别是多少?”学生根据自己的经验作答，产生认知冲突。在设计“盐类的水解”时，我们选取生活中很熟悉的膨松剂作为情境素材，“在生活中蒸蛋糕、蒸面包、炸油条时，为了使食物松软可口，常常会加入膨松剂辅助发泡，膨松剂的种类有很多种，今天我们就来研究复合膨松剂的发泡效果。复合膨松剂中含有 $NaHCO_3$，与酸性物质反应可生成 CO_2，除了直接加酸外，我们能否添加硫酸铝钾作为膨松剂中的酸性物质呢?”

2.3 培养化学学科能力

在实施“铁的重要化合物”性质探究中，充分基于证据推理展开实验探究，运用核心概念进行情境化教学。通过“香蕉艾滋病”（黄叶病热带第 4 型，是由一种叫作“镰刀菌”的土壤真菌引起的植物病害）这一真实的问题情境现场展示铁肥，提出为什么土壤中 Fe^{3+} 多而 Fe^{2+} 少的问题，借此探究它们的化学性质。整个探究过程分为 5 个环节——性质预测、试剂选择、性质实验、得出结论、迁移应用。每个环节均设计有不同水平的探究问题（见下页图 2）。

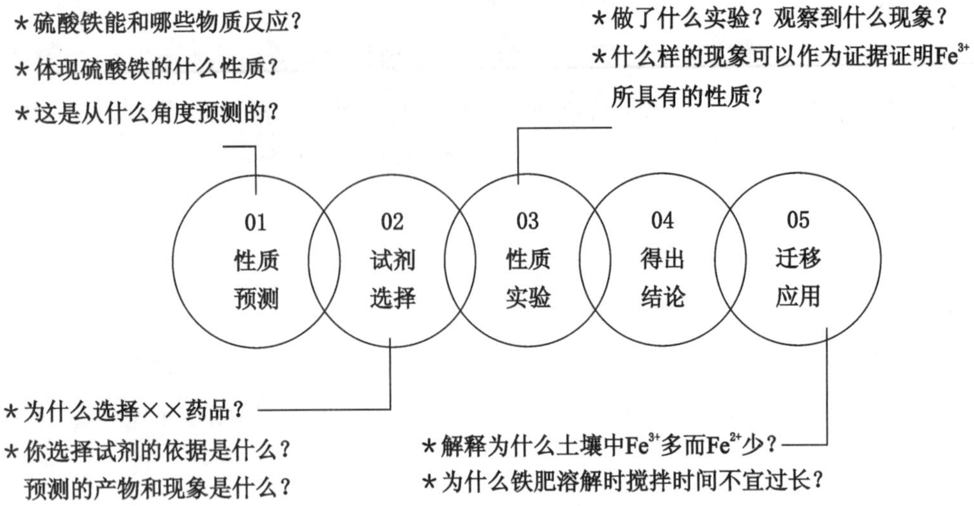

图 2

3. 在“高备”过程中,促进学生学习方式的转变

过去的教学中,由于总担心课时时间的限制,往往注重学生获取知识的结果,而忽略学生获取知识的探究过程,导致学生养成被动获取知识的习惯。现在采取项目式教学,学生成为课堂的主角,依据真实情境,建立模型解决问题。教师通过不断的“追问”帮助学生建立起学习无机物化学性质的基本思考模型——即核心元素化合价和物质类别。

如对于硫酸铁的性质预测,学生应达到的水平是清楚表述出“从物质类别而言,$Fe_2(SO_4)_3$ 属于盐,具有盐的性质,可能和碱反应;从铁元素化合价角度,Fe 为+3 价,化合价只能降低不能升高,$Fe_2(SO_4)_3$ 可能具有氧化性”。又如在“得出结论”的环节中,除了需要准确描述出观察到的实验现象外,还应进一步追问“什么样的现象可以作为证据证实你的预测?”此时,再次着重强调证据推理,引导学生通过现象,看到价态的变化,得出与性质相关的结论,使学生的能力得到提升,最后能用建立的认识思维模型解决陌生情境问题。

又如,在实施“元素周期律”教学中,我们可根据学习目标分成五个任务:

任务一:情境创设,提出问题。请学生判断“同在第四主族的 C、Si 元素,其氢化物中各元素化合价,甲烷中 C 负价 H 正价,甲硅烷中 Si 正价 H 负价,体现吸引电子能力:C>H;Si<H”的情境导入,引导学生思考并罗列出已学过的相关定性规律、元素周期律和金属活动性顺序等,发现均无法解释这一现象。所以,需要从定性升级到定量,寻找一个可以描述“不同原子吸引电子能力强弱”的定量参数,这样已知的宏观定性规律就可以作为检验定量参数的证据。

任务二:寻找参数。从“原子结构”角度,学生大胆猜测可能的参数有核电荷数、原子半径、电子层数等。通过自行讨论,完成对参数的筛选。比如,核电荷数——仅限于同周期内描述,电子层数——同主族内,原子半径——受核电荷数和电子层数的共同作用影响,但这无法解决碳、硅、氢得电子能力强弱的问题。其间,由于数据比较多,在数据处理时可借助 Excel 软件直接绘制变化趋势图,这样更加直观,也便于做出准确判断。

任务三:建立新参数。设计小游戏,让学生感受和建立“能量”视角,并进一步得出描述原子本身吸引电子能力大小的参数:第一电离能与电子亲和能。同时结合二者的定义,体会第一电离能、电子亲和能越大,原子吸引电子能力越强。

任务四:运用规律,筛选参数。检验新参数的方法,依旧是分别观察每一个参数对已知宏观规律的吻合度。为了更直观地检验两个新参数是否适合描述不同原子吸引电子能力的强弱,我们仍可借助电脑,以运用规律作横坐标,对应元素原子的相关参数作纵坐标,描点作图。通过引导学生对图像单调性的观察,再与预测对比,从而得出结论,完成参数的评价。

任务五:认识电负性。通过鲍林提出电负性思路介绍的情境引入,思考体会单个原子的参数描述不够好的原因,明确新参数电负性是用来描述“原子在化合物中对成键电子吸引能力的大小”,再通过同样的筛选过程,发现电负性对已知规律的描述均较其余参数更为满意,同时也可以完美解决 C、Si 与 H 得电子能力的比较。在整个学习过程中,学生充分沉浸在“建构模型——运用模型”的情境问题中。

4.“高端备课”的过程促进教师专业化成长

教师专业化是指教师在整个职业生涯中,通过专门训练和终身学习,逐步习得教育专业的知识与技能并在教育专业实践中不断提高自身的从教素质,从而成为教育专业工作者的专业成长过程。“高端备课”的研究过程恰好为教师的成长提供了非常好的平台和机会,“高备”的研究流程一般分为五步。

4.1 准备教学设计(初备)

在市教研科研中心高中化学教研员谢鸿雁老师的指导下,授课教师与由化学教研组教师组成的课题研究小组一起依据选定的主题内容查找相关素材,初步拟出新的教学设计方案。这一环节旨在发展教师的课程知识,以及学会关注新教学设计与原有教学设计及其相关研究成果之间的继承与创新的关系。

4.2 研讨教学设计

在正式讲课前两周左右,通过网络会议平台,“高备”专家团队听取授课教师的说课，大家一起讨论明确本课题教学设计的总体方案，即明确教学内容的学科本体分析、课程教材定位、学生学习发展空间分析、教学理念和取向的确认、教学基本思路和线索的确认、核心教学素材和活动任务的选取。通过研讨，教师可以学习如何进行高质量教学设计的基本思路和方法，诊断和改善教师原有的教学设计习惯，提升对相应核心教学内容的多角度认识和理解。

4.3 试讲及教学设计改进

每次试讲后主讲教师和课题研究小组进行反思、访谈学生，讨论相关教学内容、教学策略和教学手段的改进，精确课堂教学的问题线索、情境素材证据线索和学生活动线索。在这一过程中，教师可以学习如何进行教学实践诊断、反思和改进。

4.4 正式讲与访谈

“高备”专家团队亲临现场观摩听课，“高备”团队研究人员记录教师教学和学生活动表现，对听课学生和授课教师进行访谈，集体交流评价教学效果、成功策略和存留问题，提出今后的改进建议。在这一过程中，教师可以学习体验高质量有效教学的成功感受，提升自己的积极教学效能感，并通过参与学生的访谈，对自己的教学进行评价。

4.5 对学生进行教学前测问卷和正式讲后测问卷。

“高备”团队研究人员对数据进行处理，获取学生学习和发展的证据。

4.6 总结

授课教师在正式讲后进行研究性说课、撰写教学反思和研究论文等，概括和固化教学研究成果，提炼和提升教学设计与实施能力的有效策略。

教师专业化发展，是时代的要求，也是教育发展的必然。借助“高备”团队，在课题研究任务驱动下，广大教师加强业务学习，加强校本教研，在学习中进步，在培训中提高，在锤炼中升华，在研究中成长，不断推进教师专业化发展，一步一步成长为新时代的优秀教师。

2020 年 9 月，恰逢山西省实施新课程和新教材，在“双新”背景下，我们更需要做好“高端备课”，更需要在前期经验的引领下，总结发扬，继续研究创建适合我省学生的新课程下的新课堂教学模式，并践行于我省的高中化学课堂教学改革实践，充分运用“项目式教学”研究，在真实情境中解决问题，通过教师的专业化设计，转变学生的学习方式，让学生的化学学科能力和素养得到充分提升。

第二章　高中化学“元素及其化合物”教学范式研究

高中化学新教材“元素及其化合物”教学范式研究①

谢鸿雁②

（太原市教研科研中心）

关键词：高端备课　核心素养　关键能力　深度学习　单元教学　高中化学新教材　元素及其化合物

一、研究意义

2020年秋季开始，山西省实施普通高中新课程、使用新教材，意味着山西省高中教育进入了新的时代。

2014年教育部研制印发《关于全面深化课程改革落实立德树人根本任务的意见》，提出“教育部将组织研究提出各学段学生发展核心素养体系，明确学生应具备的适应终身发展和社会发展需要的必备品格和关键能力”，2016年9月“中国学生发展核心素养”正式发布。随后，2017年教育部颁布普通高中课程方案和学科课程标准，在《普通高中化学课程标准（2017年版2020年修订）》（以下简称“课程标准”）中提出了化学学科核心素养。

根据《关于全面深化课程改革落实立德树人根本任务的意见》，教育部考试中心于2020年1月发布《中国高考评价体系》，该体系从高考的核心功能、考查内容、考查要求三个方面回答“为什么考、考什么、怎么考”的考试本源性问题。

在课堂改革新时代，课堂教学不仅要教给学生知识，更要培养学生的学科核心素养。只有落实培养学科核心素养，才能实现立德树人的根本目标，才能应对新评价体系下的新高考。为了教学能实现“从具体性知识传授到核心观念建构，从知识解析为本到基于学生认识发展”的转变，北京师范大学化学教育研究所王磊教授所带领的团队通过开放

---

① 课题项目，山西省教育科学“十三五”规划课题（GH-19355，核心素养导向下高中化学“高端备课”实践研究）

② 谢鸿雁，太原市教研科研中心高中化学教研员，山西省学科带头人。

性和实效性兼顾的化学课堂教学改革，促进了学生与化学相关科学素养的发展，建立了“高端备课”（以下简称“高备”）的教研方式。我们有幸在2018年9月参加“高端备课”项目团队，与北京师范大学和太原市第十二中学校、太原市外国语学校实施区域联合“高端备课”。

专家明确提出知识解析为本的教学与认识发展为本的教学是两种不同的学科教学范式，二者之间有系统性的差异。学科知识具有重要的认识功能和素养发展价值。学科核心知识和活动经验是学科能力的基础，学科认识方式是学科能力发展的内涵实质。学科能力是学科核心素养的核心，是学生发展核心素养的重要组成部分，是学科课程教学实现立德树人教育目标的基本要求和必要途径。

二、高中化学新教材“元素及其化合物”教学实践研究及教学范式的建立

众所周知，化学是研究物质的组成、结构、性质及其制备的一门科学。元素及其化合物是化学课程标准必修模块主题知识，也是化学研究的重要内容。

1. 物质性质教学实践研究

“铁及其化合物”是承载了重要化学概念、原理的一种元素化合物知识体系，能充分体现化学学科观念。下面我们以“铁及其化合物性质研究”为例，探讨基于化学学科核心素养和教学评价的“元素及其化合物”性质研究的教学范式。以下将“元素及其化合物”学习根据课程标准要求分为“物质性质研究”和“物质转化研究”两个板块分别进行阐述。

1.1 教学目标的设定

首先，我们要明确课堂教学是依照“课程标准”进行，其评价标准是依据“课程标准”和《中国高考评价体系》来完成的。在“课程标准”必修课程主题2“常见无机物及其应用”的内容要求中明确指出，“同种元素可以组成不同种类的物质，同类物质具有相似的性质，一定条件下各类物质可以相互转化；同种元素在物质中可以具有不同价态，可通过氧化还原反应实现含有不同价态同种元素的物质的相互转化”。要“结合真实情境中的应用实例或通过实验探究，了解铁及其重要化合物的主要性质，了解这些物质在生产、生活中的应用”。同时，该部分在学业要求中指出：

（1）能依据物质类别和元素价态列举某种元素的典型代表物。能利用电离、离子反应、氧化还原反应等概念对常见的反应进行分类和分析说明。能用电离方程式表示某些酸、碱、盐的电离。能举例说明胶体的典型特征。

（2）能列举、描述、辨识典型物质重要的物理和化学性质及实验现象。能用化学方

程式、离子方程式正确表示典型物质的主要化学性质。

(3)能从物质类别、元素价态的角度,依据复分解反应和氧化还原反应原理,预测物质的化学性质和变化,设计实验进行初步验证,并能分析、解释有关实验现象。

基于化学学科核心素养,根据"课程标准"的内容要求和学业要求,对"铁及其化合物"设计如下教学目标:

(1)能列举含铁元素的常见物质,并尝试引导从类别和价态两个角度进行分类:单质、氧化物、盐、碱与 0 价、+2 价、+3 价。

(2)能从物质类别、元素价态的角度,依据复分解反应和氧化还原反应原理,预测 Fe、Fe^{2+}、Fe^{3+}可能的化学性质并设计实验完成相关实验验证。

(3)能列举、描述、辨识 Fe、Fe^{2+}、Fe^{3+}的重要物理和化学性质及实验现象。能用化学方程式、离子方程式正确表示其主要化学性质。

1.2 物质性质教学的深度学习教学策略

根据"课程标准"的教学建议,在北师大"高备"专家王磊教授和胡久华教授的指导下,我们进一步强化在真实的问题情境中,设计不同水平的驱动性问题来完成必备知识的学习,不同水平的驱动性问题培养不同水平的学科能力,进而发展学科核心素养。因为学科能力活动是知识转化为素养的途径,素养是在知识学习中形成和发展的。化学深度学习是有素养导向的学习目标、引领性学习主题和以实验为主的挑战性探究实践活动。

因此,在实际教学中设计的完整教学目标为"能从物质类别、元素价态的角度,依据复分解反应和氧化还原反应原理,预测 Fe、Fe^{2+}、Fe^{3+}可能的化学性质和可能与之发生反应的物质,并选取合适的试剂设计实验进行初步验证,并能分析、解释有关实验现象,从实验中寻求相关证据验证推测"。该目标的设定与旧教学的不同之处是:突出了化学学科核心概念——"类别和价态"对元素化合物学习的指导作用,同时在预测物质的性质活动时强调"预测可能与之反应的物质,并选取合适的试剂设计实验进行初步验证,并能分析、解释有关实验现象,从实验中寻求相关证据验证推测",而不是以往传统教学中只是"预测其可能的化学性质",这样的设计凸显了"课程标准"中提出的"科学探究与创新意识""证据推理和模型认知"的学科核心素养。(详见下页表一)

表一　Fe^{2+}、Fe^{3+}化学性质预测

	可能具有的化学性质	说出你判断的理由	问题能力水平
预测 $FeSO_4$ 可能具有的化学性质	与碱溶液反应(或与 NaOH 溶液反应)	因为 $FeSO_4$ 是盐	概括关联(A2)
	还原性(或与 H_2O_2 或与 $KMnO_4$ 溶液、与氯水反应)	Fe 元素处于+2 价,化合价可能升高到+3 价,应该具有还原性	推论预测(B2) 分析论证(A3)
	氧化性(或与 Zn 反应)	Fe 元素处于+2 价,化合价可能降到 0 价,应该具有氧化性(或是初中学习过该反应)	推论预测(B2) 分析论证(A3)
	……	……	……

需要说明的是,学生若是第一次接受基于"价类"观念的教学,对于 $FeSO_4$ 与碱反应,大多是预测为"与 NaOH 溶液反应",这是类别观念还没有被强化应用。经过学习后,学生的理想预测答案应该为"因为是盐,所以可以与碱溶液反应"。

经过概括关联(A2)、推论预测(B2)、说明论证(A3)这样的问题完成的学习,其所培养的学科能力水平较学生通过教师的教去进行"辨识记忆(A1)"明显要高,这样的教学使知识意义化,可以有效地培养学生的学习能力和素养水平。

1.3 实验探究的教学策略

在"课程标准"的教学建议中还提出要重视开展高水平的实验探究活动。以往的传统实验教学是根据性质预测,教师直接给出试剂,演示实验或学生分组实验进行实验验证。这样的教学过程,学生只是在观察实验、记录实验现象,这样的学科能力是低阶的"辨识记忆(A1)"。为培养学生的高阶学科能力,我们设计出如下实验教学过程(详见表二)。

表二　Fe^{2+}、Fe^{3+}性质检验实验研究方案

选择可能与 $FeSO_4$ 反应的试剂	选择该试剂的理由	设计实验方案,待老师认可后方可进行实验	结论	请说出你是通过何种实验事实作为证据得出结论	问题能力水平
NaOH 溶液	因为 $FeSO_4$ 是盐				B1、A3
H_2O_2	Fe 元素处于+2 价,化合价可能升高到+3 价,应该具有还原性,而 H_2O_2 是氧化剂				B1、A3、B3

（续表）

选择可能与 $FeSO_4$ 反应的试剂	选择该试剂的理由	设计实验方案，待老师认可后方可进行实验	结论	请说出你是通过何种实验事实作为证据得出结论	问题能力水平
酸性 $KMnO_4$ 溶液	同上，略				同上
氯水	同上，略				同上
O_2	同上，略				
Zn	略				
……	……	……	……	……	……

在具体的教学实践操作中，在预测 $FeSO_4$ 具有还原性时，学生可以得出“+2 价升高到+3 价”“具有还原性”；在说明选择与 $FeSO_4$ 反应试剂的理由时，大多数不能说出上述表格中的阐述。此时，需要教师慢慢启发、引导学生运用氧化还原反应的概念分析，不能操之过急。经过学习后，后面的分析就会比较顺利地得出答案。

这样设计，是通过概括关联（A2）选择反应试剂、分析解释（B1）、说明论证（A3）选择反应试剂的理由，最后通过简单设计实验（B3）完成，整个过程不仅记录实验现象，还要求学生寻求得出结论的证据，有利于培养学生“证据推理”的这一核心素养。这样的教学使知识功能化，使学生形成一定程序化认知思维，符合新课程理念下基于学科核心素养的要求，体现学习过程从知识到能力和素养的转化和进阶。以上教学符合深度学习的特征。

1.4 物质性质教学深度学习的基本范式

“范式”一词最早由美国科学史学家库恩提出，在他看来，范式一词内蕴丰富。他认为范式是一种政府体系、研究规则和方法的结构；并认为它规范着研究价值取向和观察世界的角度；决定着问题的提出、材料的选择、抽象的方向、合理性标准的确立以及问题的解决。新旧范式的更替是科学发展的主要标志。简单地说，教学研究的范式指从事教学领域研究的工作者所遵循的一定的信念、传统、理论和方法。

通过上述教学实践研究，基于学科核心素养导向下高中化学新教材“元素及其化合物”的性质研究，可以设计如下基本范式结构：

基于学科核心素养和课标标准的教学目标设定

↓

基于学科能力进阶，设计驱动性问题1：预测物质可能的化学性质并说出判断理由

↓

基于学科能力进阶，设计驱动性问题2：选取合适反应试剂并说出理由

↓

基于素养发展水平，设计驱动性问题3：设计简单实验完成预测，通过实验事实寻求相关证据来证实自己的推测

2. 物质转化教学实践研究

化学反应研究物质的性质，在物质反应的同时也实现物质的转化，物质转化在促进社会文明进步、自然资源综合利用和环境保护中具有重要价值。硫及其化合物是体现一类物质转化的典型代表物，通过含硫物质性质转化的学习，可以理解自然界中硫酸盐的成因，酸雨防治及硫酸的工业生产。下面我们就以“硫及其化合物”为例，探讨基于化学学科核心素养和教学评价的元素及其化合物性质转化的单元教学范式。

2.1 单元教学目标的设定

根据“课程标准”的内容要求“结合真实情境中的应用实例或通过实验探究，了解硫及其重要化合物的主要性质，认识这些物质在生产中的应用和对生态环境的影响”和学业要求“能利用典型代表物的性质和反应，设计常见物质制备、分离、提纯、检验等简单任务的方案，能从物质类别和元素价态变化的视角说明物质的转化路径”，“硫及其化合物”设计如下单元教学目标：

(1)结合自然界存在的硫，了解硫的一些物理性质，能从物质类别、元素价态的角度，预测硫可能的化学性质，如氧化性和还原性，能用化学方程式、离子方程式正确表示硫的主要化学性质。

(2)结合自然界存在的SO_2，辨识其物理性质，能从物质类别、元素价态的角度，预测SO_2可能的化学性质：酸性氧化物的性质、氧化性、还原性。通过食品包装袋标识预测SO_2的漂白性，设计实验进行初步验证，并能通过实验寻找相关证据分析、解释有关实验现象。能用化学方程式、离子方程式正确表示SO_2的主要化学性质，并讨论食品安全问题。

(3)能从物质类别、元素价态的角度，结合初中所学知识，预测硫酸可能的性质——吸水性、脱水性、强氧化性，并能通过实验寻找相关证据分析、解释有关实验现象。能用

化学方程式、离子方程式正确表示硫酸的主要化学性质。

(4)能利用硫酸根离子的特征反应,设计粗盐溶液提纯的简单任务方案。

(5)通过硫元素在物质中可以具有不同价态,通过氧化还原反应实现含有不同价态硫元素的物质的相互转化,设计含硫元素物质转化的可能途径。通过工业制硫酸对社会发展的价值和对环境的影响,有意识地运用所学知识或寻求相关证据参与社会性议题的讨论,如酸雨防治。

2.2 物质转化教学的单元教学策略

核心素养导向下的“大单元教学”设计,要求教师建立好学科核心素养与学科核心内容之间的关系,依据“课程标准”和教材,选择有利于培养学科核心素养的教学内容和情境素材,制定学习目标、选择学科内容、设计学习活动、开展课堂教学、进行学习评价,各环节环环紧扣,使学科核心素养具体化——可培养、可干预、可评价。这里所指的“单元”不是强调跨学科、跨学段、综合性的“大单元”,而是基于学科核心素养、学生认知规律和学科知识逻辑体系建构的最小的学科教学单位。

硫元素和氮元素都是具有多种化合价,同一价态还有多种类型的化合物,是具有多种转化关系线的元素,同时“硫线”“氮线”都有十分丰富的日常生活实践情境、工业生产情境、学术探索情境。因此,人教版新教材在内容编排上将其放在学习氧化还原反应概念、铁元素之后,正是要学生应用已经初步具备的学科概念和认识元素及其化合物性质的认知模型,来进一步建构学习元素及其化合物的转化模型。为完成这一学习研究过程,可设计单元教学课程。

2.3 物质转化教学的实践研究

根据单元教学内容、单元学情、单元目标,设定硫及其化合物单元教学为3课时。

第一课时,通过真实情境的引入,引出含硫物质的学习意义。充分运用前期学习元素及其化合物建立的学习模型——性质研究模型、实验探究模型,进行硫单质、二氧化硫的性质研究。设计以化学实验为主的具有挑战性的探究实践活动。(详见下页表三)

表三　含+4 价硫元素物质的性质研究

<table>
<tr><td>活动一：认识硫元素</td><td>情境导入：从火山口存在的硫元素，认识硫元素的存在形式。
学习任务：引导学生自发地从价态和类别两个角度预测硫单质的化学性质。</td></tr>
<tr><td>活动二：含+4 价硫元素的物质性质预测</td><td>情境导入：火山口硫酸盐的成因。
挑战性学习实践任务：引导学生从前期学习物质化学性质的认知模型（价类二维图），分析预测含+4 价硫元素的常见物质，以及这些物质的可能转化途径。
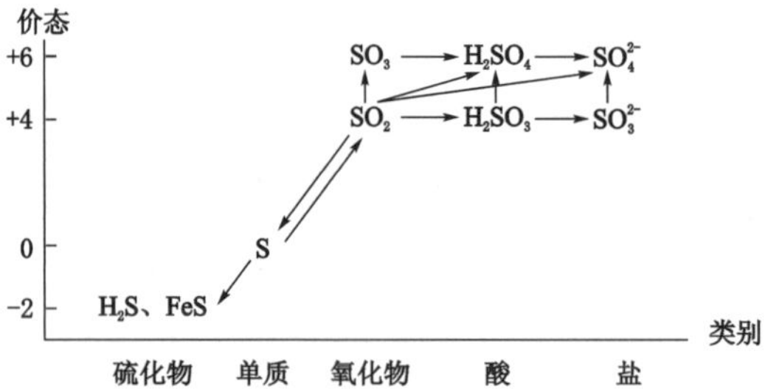
</td></tr>
<tr><td>活动三：含+4 价硫元素的物质性质实验验证</td><td>挑战性学习实践任务：教师引导学生从证据推理的角度，完成含+4 价硫元素物质性质实验探究方案设计。
<table>
<tr><td>含+4 价硫的物质</td><td>可能具有的化学性质</td><td>可能与之反应的试剂</td><td>选择该试剂的理由</td><td>设计实验并完成</td><td>得出结论</td><td>证据推理</td><td>能力水平</td></tr>
<tr><td rowspan="7">SO_2
H_2SO_3
Na_2SO_3</td><td>SO_2 是酸性氧化物</td><td>NaOH 溶液</td><td>SO_2 是酸性氧化物</td><td></td><td></td><td></td><td>B1、A3</td></tr>
<tr><td rowspan="4">还原性</td><td>双氧水</td><td rowspan="4">S 元素处于+4 价，化合价可能升高到+6 价，应该具有还原性，而……是氧化剂</td><td rowspan="4"></td><td rowspan="4"></td><td rowspan="4"></td><td rowspan="4">B1、A3、B2、B3</td></tr>
<tr><td>$FeCl_3$ 溶液</td></tr>
<tr><td>酸性 $KMnO_4$</td></tr>
<tr><td>氯水</td></tr>
<tr><td>氧化性</td><td>Na_2S 溶液</td><td>同上，略</td><td></td><td></td><td></td><td>B1、A3</td></tr>
<tr><td>……</td><td>……</td><td>……</td><td>……</td><td>……</td><td>……</td><td>……</td></tr>
</table></td></tr>
</table>

通过以上学习过程，帮助学生建立宏微结合、变化守恒的视角，运用证据推理与模型认知的思维方式，习得结构化的核心知识——+4 价硫元素的化学性质，提升探究创新能力。

第二课时，通过硫酸厂的环境污染问题，正面引出以含硫元素为原料的工业制备硫酸以及废气 SO_2 处理的多种含硫元素的物质转化路径。

活动一：硫酸生产路径	情境导入：工业制备硫酸对社会生产具有重要价值。硫酸是如何生产的？ 学习任务：引导学生寻找含硫物质的原料，设计生产硫酸的物质转化途径。 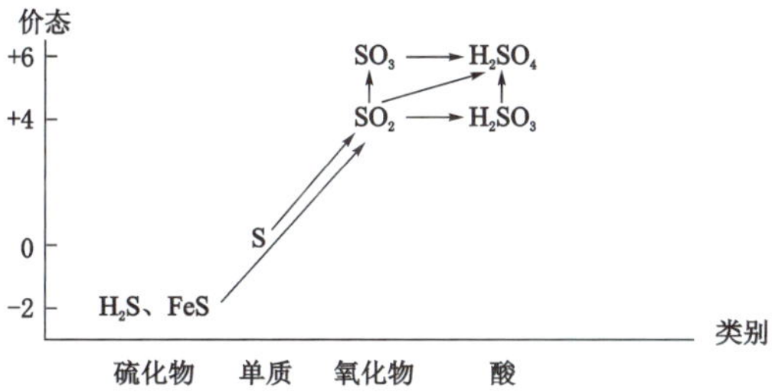
活动二：如何防治酸雨？	情境导入：硫酸厂的废气 SO_2 如何处理？ 学习任务：设计处理 SO_2 的转化路径。 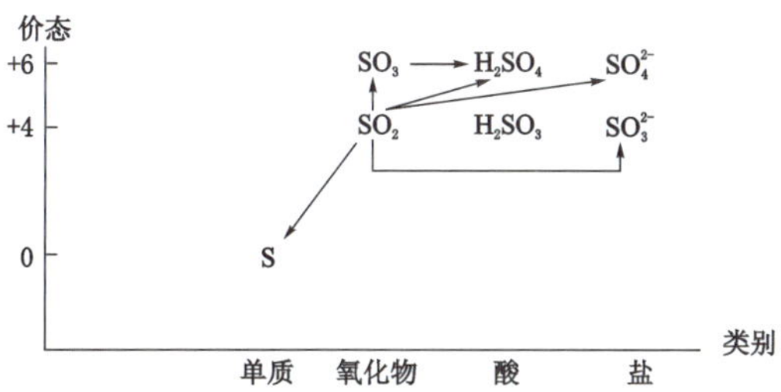

通过真实问题解决中物质转化关系的建立，使学生形成积极的学习动机，学会运用化学观念、化学知识解决实际问题的思路方法，发展科学思维，内化科学态度和社会责任，并成为会学习、善合作、有责任、能担当的未来社会实践的主人。

第三课时，硫酸根离子检验、粗盐溶液的精制。（略）

2.4 物质转化单元教学的基本范式

通过上述教学实践研究，基于学科核心素养导向下的元素及其化合物的物质转化单元教学，可以设计如下基本范式结构：

基于学科核心素养和课标标准的单元教学目标设定

↓

基于物质性质研究认知模型：学习核心物质化学性质

↓

基于学科观念“价类二维图”：学习建立物质转化路径

↓

基于素养发展水平，设计简单实验方案，评价学习结果

三、反思与感悟

新课程、新教材、新评价要求培养会自主学习的人，全面发展的人，要培养创新型人才，作为教师，就需要深入研究基于学科核心素养、基于新评价体系的新课堂教学。以上是笔者与一线教师团队经过两年参与“高端备课”活动，探索实践后总结出的关于高一化学新教材的教学范式，不足之处敬请各位同行批评指正。

参考文献：

王磊等著，《基于学生核心素养的化学学科能力研究》，北京师范大学出版社。

实践篇

第三章　必修模块主题2“常见的无机物及其应用”教学案例

制备硫酸钾
——基于“物质的分类及转化”学科大概念的教学

管　欣
（太原市成成中学校　山西太原）

课标分析

化学课程标准中提出“进一步精选学科内容，重视以学科大概念为核心，使课程内容结构化，以主题为引领，使课程内容情境化，促进学科核心素养的落实”。因此，依据学科大概念统领的单元教学是当前科学教育的发展趋势，是落实学科核心素养的重要抓手。

教材分析

本内容选自人教版高中化学必修第一册第一章第一节。“制备硫酸钾”是基于“物质的分类及转化”学科大概念和“证据推理与模型认知”核心素养的学习，学生需要综合应用物质分类方法和各类物质的性质与转化关系解决实际问题，初步建立认识物质及其变化的两个重要视角“价—类”之一的“类”——物质类别，并为整个高中阶段的化学学习奠定基础。

学情分析

学生在初中已经学习过如何根据物质的组成和性质对纯净物进行分类，在此基础上，高中重点介绍两种常用的分类方法以及同素异形体、酸性氧化物和碱性氧化物的概念，这样既有利于初高中的衔接，又能为后面元素化合物知识的学习打下基础。

备课资源及设计理念

▶▶备课资源

钾盐是农业生产不可或缺的战略性矿产资源，我国有相当多的耕地处于缺钾状态。在寸草不生的罗布泊，国投罗钾（全称：国投新疆罗布泊钾盐有限责任公司）探索出独有的硫酸钾生产技术，改变了我国钾肥生产的格局。罗布泊钾盐开发系列成果先后两次获得国家科技进步奖一等奖和第四届中国工业大奖，国投罗钾不仅建成了世界上规模最大的单体硫酸钾生产装置，还研究出一批国际先进、国内领先、拥有自主知识产权的成套技术和关键设备，使我国迈入世界硫酸钾生产大国的行列。

▶▶设计理念

基于“物质的分类及转化”学科大概念和“证据推理与模型认知”核心素养开展教学，基于真实情境设计问题，设置层层进阶的学习任务，注重知识内容结构化。学生综合应用物质分类方法和各类物质的性质及转化关系解决实际问题，从类别角度认识物质及其变化，逐步建立物质转化关系模型和物质制备模型，促进学科核心素养的落实。

教学目标

1. 通过硫酸钾制备原料的选取，寻找能提供钾元素和硫酸根的物质，应用树状分类法和交叉分类法，从组成和性质对物质进行分类，从类别的角度认识物质，体会分类方法在化学研究中的重要价值。

2. 基于酸、碱、盐、氧化物及它们之间的转化规律，设计制备硫酸钾的方案，用化学方程式表征反应过程，应用分类法建立各类物质的转化关系模型。

3. 通过操作简便、杂质分离、原料来源等角度评价和选取适当的制备方案，培养学生综合考虑问题的意识，帮助学生了解硫酸钾的工业制法，认识化学科学对于工农业生产的重要贡献，培养社会责任感。

教学实录

教学环节一：情境引入

教师活动	学生活动
【展示】视频：介绍“罗布泊里的奇迹”。 【提问】罗布泊蕴含着丰富的钾盐资源，从中可以制出在农业上有重要应用价值的 K_2SO_4，今天让我们一起在实验室尝试制备 K_2SO_4。	【观看】 观看视频，了解罗布泊和 K_2SO_4。

教学环节二：寻找制备 K_2SO_4 的原料

教师活动	学生活动
【提问】 我们该如何选定制备原料呢？你能想到多少种提供钾元素和硫酸根的物质？它们分别属于什么物质类别？ 【归纳】 金属元素可以来自金属单质、碱性氧化物、碱和盐，含氧酸根离子可以来自酸性氧化物、酸和盐。	【回答】 提供钾元素的物质：单质K，碱性氧化物 K_2O，碱 KOH，盐 K_2CO_3、KCl、KNO_3…… 提供硫酸根的物质：酸性氧化物 SO_3，酸 H_2SO_4，盐 Na_2SO_4、$MgSO_4$、$CuSO_4$、$Al_2(SO_4)_3$、$ZnSO_4$……

教学环节三：寻找制备 K_2SO_4 的反应

教师活动	学生活动
【活动1】 依据各类物质的通性，寻找制备盐的反应。 【提问】 我们已经学习过以上每一类物质的通性，上述哪些类别的物质之间发生反应可以制得盐呢？	【回答】 酸性氧化物和碱性氧化物反应生成盐，酸和碱反应生成盐和水；酸性氧化物和碱反应生成盐和水，碱性氧化物和酸反应生成盐和水；碱和盐反应生成新碱和新盐，酸和盐反应生成新酸和新盐；盐和盐反应生成新盐和新盐；金属和酸反应生成盐和氢气。
【总结】 这其实就是我们选择可行的制备原料的依据。（物质转化关系模型见板书设计） 【活动2】 依据制备盐的反应，完成制备 K_2SO_4 的化学方程式。 【提问】 请同学们在学案上的物质转化关系模型图中依序号写出这些物质中能反应生成 K_2SO_4 的化学方程式。	【小组讨论】 【书写】 书写化学方程式。

教学环节四:设计并完成制备 K_2SO_4 溶液的实验

教师活动	学生活动
【提问】 我们从写出的反应中选择原料易得、现象易观察的三个反应进行制备实验。 反应一:$2KOH+H_2SO_4=K_2SO_4+2H_2O$ 反应二:$K_2CO_3+H_2SO_4=K_2SO_4+H_2O+CO_2\uparrow$ 反应三:$2KOH+CuSO_4=K_2SO_4+Cu(OH)_2\downarrow$ 实验目标是要制备尽可能纯净的 K_2SO_4 溶液。思考:如何控制反应物的量?如何证明制得的 K_2SO_4 溶液是纯净的? 请同学们小组讨论,根据自己小组领到的试剂设计相应的实验方案。	【小组讨论】 设计实验方案。 【汇报与交流】 方案一,在 KOH 溶液中滴加 2 滴酚酞溶液,再向其中滴加 H_2SO_4 溶液至溶液恰好呈无色,制得较纯净的 K_2SO_4 溶液。 方案二,向 K_2CO_3 溶液中滴加 H_2SO_4 溶液至气泡不再产生,制得较纯净的 K_2SO_4 溶液。 方案三,向 $CuSO_4$ 溶液中滴加 KOH 溶液至溶液呈无色,制得较纯净的 K_2SO_4 溶液。
【实验要求】 请同学们进行实验,并密切关注现象的变化。实验后我们比一比哪个组制得的 K_2SO_4 溶液更纯净。	【分组实验】 【展示】 方案一,滴加 KOH 溶液至红色褪去,测得 pH 基本为 7。 方案二,滴加 H_2SO_4 溶液至气泡不再产生,测得 pH 为 5。 方案三,滴加 KOH 溶液至溶液呈无色,测得 pH 为 4。
【总结】 从理论上设计的这些方案和实际的实验操作是有区别的,也就是说,这几个反应都不容易控制量,很难做到恰好完全反应。其中,酸碱中和相对容易控制量,杂质相对少。	

教学环节五：初识 K_2SO_4 的工业制法

<table>
<tr><th>教师活动</th><th>学生活动</th></tr>
<tr><td>【讲解】
我们设计的这几个方案的共同点，都是让 K_2SO_4 留在溶液中，将其他杂质离子以沉淀、气体、水的形式除去。由此看来，让 K_2SO_4 留在溶液里，不如让 K_2SO_4 固体析出后再分离。
【拓展阅读】
在实际工业生产中也确实如此，罗布泊是世界上最大的硫酸钾肥生产基地，这是因为罗布泊地下卤水中含有丰富的钾元素，通过溶解性差异和一系列操作，分离得到钾盐镁矾[$KMg(SO_4)Cl\cdot 3H_2O$]，再向其中加入光卤石($KCl\cdot MgCl_2\cdot 6H_2O$)，提高 K^+ 浓度，使 K_2SO_4 达到饱和而析出。制取硫酸钾工艺路线图如图所示。
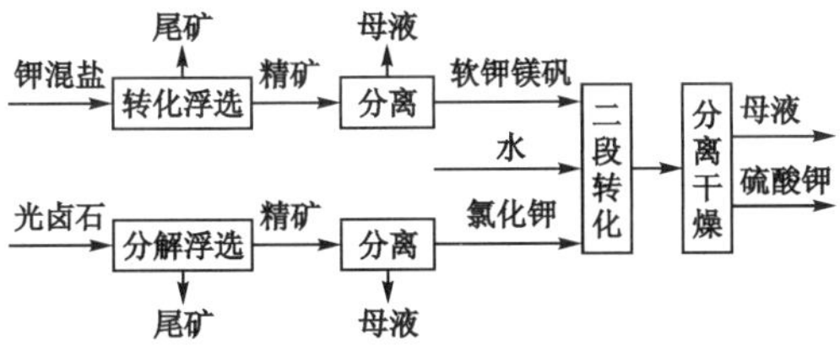

【提问】说到罗布泊，你们对罗布泊有多少了解呢？
【展示】视频：“时代楷模”李守江在罗布泊克服万难创造奇迹的故事。
【总结】李守江用16年克服万难让质优价廉的硫酸钾肥进入千家万户。这种不畏艰难险阻、钻研科技创新、不忘初心、为国履责的崇高精神值得我们每一个人学习。</td><td>【阅读】
了解制取硫酸钾的工艺路线。

【回答】

【感悟】</td></tr>
</table>

教学环节六：总结模型

<table>
<tr><th>教师活动</th><th>学生活动</th></tr>
<tr><td>【总结】
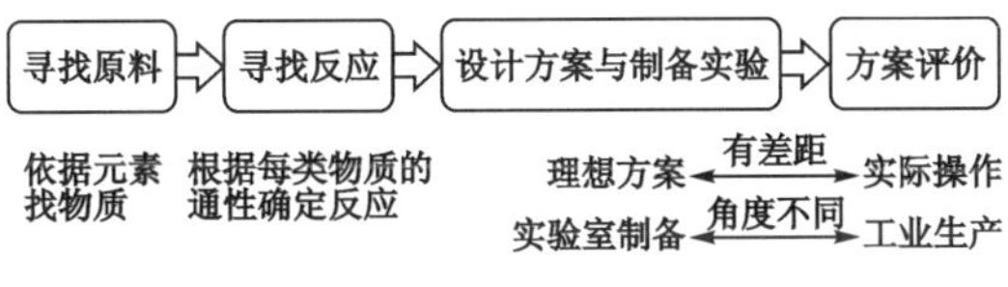

我们按照图中的过程制备了 K_2SO_4，这也是物质制备的一般思路和模型。同时，我们也可了解实验室制备和工业生产考虑的角度不同，在工业生产中，除了要考虑反应原理外，还要综合考虑成本、原料来源、环保等很多因素。
【检测落实】
请同学们应用物质制备模型设计方案，制备 H_2SO_4 和 $NaOH$。</td><td>【练习】
练习并交流。</td></tr>
</table>

板书设计

制备硫酸钾

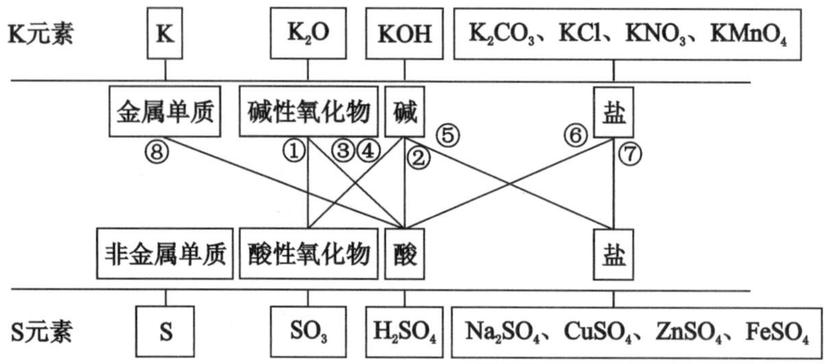

教学反思

在教学中创设真实具体的情境，以解决社会生活中的实际问题为目标，其中情境推进的过程即问题逐步解决的过程。学习任务层层递进，进阶发展。学生应用转化关系寻找原料、寻找反应、设计方案与制备实验、方案评价，逐步建立物质转化关系模型，使知识结构和思路方法外显，进而推动知识迁移和模型应用，即从类别的角度预测陌生物质的性质与可能发生的变化。在完成任务、解决问题、经历活动的过程中，进行符号与表征、证据与推理、模型与解释、总结与概括，促使核心素养逐步发展。

沉“汞”落“铅”，绿水青山
——离子反应第2课时教学案例

李璐璐

（太原市第十二中学校　山西太原）

课标分析

《普通高中化学课程标准（2017年版2020年修订）》中提出重视开展“素养为本”的教学，倡导真实问题情境的创设，开展以化学实验为主的多种探究活动，重视教学内容的结构化设计，激发学生学习化学的兴趣。所以本课时教学内容以真实情境问题出发，学生通过本节课的学习，在通过实验事实认识离子反应及其发生条件的同时，可形成证据意识，解决实际问题，培养节约资源、保护环境的可持续发展意识。

教材分析

在学习电离和电离方程式的基础上，教材通过实验1-3的现象和分析，得出硫酸钠稀溶液和氯化钡稀溶液反应的实质，从而引出离子反应和离子方程式，并介绍离子方程式的书写步骤。然后，教材以“思考与讨论”的形式，得出中和反应的实质，引导学生深入认识离子反应。最后，教材说明酸、碱、盐在水溶液中发生复分解型离子反应的实质，并总结这类离子反应发生的条件等。本课时对教材内容进行了调整，将实验1-3重新设计，给学生实验篮，让学生自行选择实验试剂进行探究实验，寻找离子之间发生反应的实验证据，基于证据意识，形成科学的实验结论，从而得出离子反应发生的条件及实质。

学情分析

学生已经掌握电解质的相关知识，并在初中阶段熟知复分解反应及发生条件，所以学生学习此部分内容的基础是非常扎实的，比较困难的部分是学生对电解质和溶解性的混淆，导致离子反应书写成为难点，是需要课上进一步强调的内容。

备课资源及设计理念

▶▶备课资源

纪录片《海豚湾》中对水俣病的介绍引起笔者的关注及思考，这是全球八大公害事件之一，至今仍是世界的创伤和遗憾，足够引起学生的同理心和共鸣，所以笔者将此事件作为真实情境，让学生通过本节课的学习利用化学原理尝试解决工业排放重金属离子的问题。

▶▶设计理念

创设生活情境，整合教材教学资源，设计探究活动，探究离子反应的条件和实质。

教学目标

1. 通过假设、推理、实验等过程，由宏观现象到微观分析认识离子反应。
2. 学会书写离子方程式来表征离子反应的微观过程。
3. 通过实验、分析、推理等过程，以探究的方式归纳离子反应发生的条件与实质。

教学实录

教学环节一：创设情境，引入新课

教师活动	学生活动
【引入新课】 工业废水随意排放引发的悲剧。 今天我们来学习第二章第二节离子反应。首先我们一起来关注一件由于工业污水随意排放而引起的惨剧。水俣病事件是全球八大公害事件之一，是由于人们食用了被企业排出的甲基汞所污染的鱼贝类，导致罹患中毒性神经系统疾病。 如何运用我们所学的化学知识来治理工业废水，避免以上惨案的再次发生，相信同学们经过本节课的学习会有一个清晰的答案。	结合社会热点创设情境，引导学生从生活中发现问题。

教学环节二:宏微结合认识离子反应

教师活动	学生活动
一、离子反应 【实验猜想和验证】 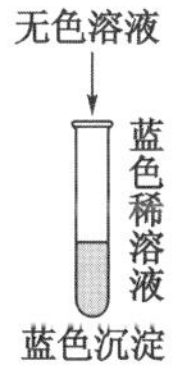 __________+__________ __________+__________ __________+__________	学生思考 $CuSO_4$+NaOH $CuCl_2$+KOH $Cu(NO_3)_2$+NaOH
【实例微观分析】 以 $CuSO_4$ 和 NaOH 为例:(由学生自主完成) 化学方程式: 反应物溶液中主要的离子: 完全反应后溶液中主要的离子: 实际参加反应的离子: 离子反应的概念:	化学方程式:$CuSO_4+2NaOH=Cu(OH)_2\downarrow+Na_2SO_4$ 反应物溶液中主要的离子:Cu^{2+}、SO_4^{2-}、Na^+、OH^- 完全反应后溶液中主要的离子:Na^+、SO_4^{2-} 实际参加反应的离子:Cu^{2+}、OH^-

教学环节三：探寻离子反应发生的证据并用符号表征

<table>
<tr><th>教师活动</th><th>学生活动</th></tr>
<tr><td>【证据推理】
如何证明 Na^+ 与 SO_4^{2-} 未参与反应？
如何证明溶液中 Cu^{2+} 与 OH^- 参与反应？

设计方案：
提供试剂：0. 1 mol/L$CuSO_4$ 0. 2 mol/LNaOH $BaCl_2$ Na_2CO_3 HCl 酚酞（前者皆为溶液）
提供仪器：导电装置
<table>
<tr><th>方案</th><th>选择试剂</th><th>内容</th><th>证据结论</th></tr>
<tr><td>一</td><td></td><td></td><td></td></tr>
<tr><td>二</td><td></td><td></td><td></td></tr>
<tr><td>……</td><td></td><td></td><td></td></tr>
</table>
【符号表征】
(1)离子方程式的概念：用实际参加反应的离子符号来表示反应的式子。
(2)上述反应的离子方程式：____________
写出下列反应的离子方程式：
$CuSO_4$ 和 KOH：____________
$CuCl_2$ 和 NaOH：____________
$Cu(NO_3)_2$ 和 $Ba(OH)_2$：____________
(3)离子方程式的特征：____________

【随堂练习】
请分析下列反应是否属于离子反应，如果是写出对应的离子方程式。
①碳酸钙与稀盐酸
②高温下分解
③氧化镁与稀硫酸
④氢氧化钡溶液与稀硫酸</td>
<td>学生陈述实验方案。

寻找证据并得出结论。
自行设计实验方案，依托证据，寻找现象与结论之间的逻辑关系。

学生通过以上学习内容自行完成学案。

$Cu^{2+}+2OH^-=Cu(OH)_2\downarrow$
$Cu^{2+}+2OH^-=Cu(OH)_2\downarrow$
$Cu^{2+}+2OH^-=Cu(OH)_2\downarrow$
学会书写离子方程式来表征离子反应的微观过程。
学生通过分析得出沉淀、氧化物、单质、气体在溶液中并不是以大量离子的形式反应，故在离子方程式书写中不能拆分，但为了守恒，有些未参与反应的物质也会出现在离子方程式中。
随堂练习答案略。</td></tr>
</table>

教学环节四：探寻离子反应的条件和实质

教师活动	学生活动
二、离子反应的条件和实质： 【实验探究】 学生分组实验： 提供试剂：①HCl　②NaOH　③Na_2CO_3　④$BaCl_2$　⑤酚酞(指示剂) 活动要求： 1. 两两混合，判断还能发生哪些反应。 2. 实验、观察、记录、分析。 3. 组内、组间交流，揭示反应发生的条件和实质。 小组记录： A：试剂　B：现象　C：反应前后浓度明显变化的离子，如何变化　D：离子方程式　E：离子反应条件　F：离子反应实质 离子反应的条件：生成难溶物、弱电解质、易挥发物质。 离子反应的实质：离子浓度减小。 难溶的物质：$Cu(OH)_2$、$BaSO_4$、AgCl 等。 弱电解质：不能完全电离的物质。 易挥发物质：H_2S、CO_2、SO_2 等。 单质：H_2、I_2、Na 等。 氧化物：Na_2O、Fe_2O_3(只在熔融态电离)等。	学生展示，老师点评。 学生自行总结得出结论。

教学环节五：总结提升、学以致用

教师活动	学生活动
【社会责任】 工业废水(若显酸性且含有重金属 Cu^{2+}、Pb^{2+}、Hg^{2+} 等)的化学治理。 资料：硫化铜是一种无机化合物，是二价铜的硫化物，化学式为 CuS，呈黑褐色，极难溶，是最难溶的物质之一。(仅次于硫化汞、硫化铂、硫化银等) 【总结】 以上就是我们今天学习的所有内容，希望同学们在今后的化学学习中遇到反应原理的问题时，可以从本质上去分析真正参与反应的粒子是什么，从而解决实际问题。	加入沉淀剂硫化钠。

板书设计

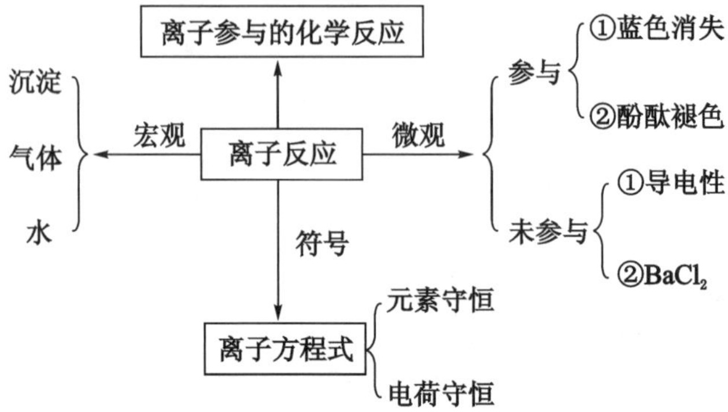

①$Ag^{+}+Cl^{-}=AgCl\downarrow$
②$2H^{+}+MgO=H_2O+Mg^{2+}$
③$Ba^{2+}+2OH^{-}+2H^{+}+SO_4^{2-}=BaSO_4\downarrow+2H_2O$
④$CaCO_3+2H^{+}=Ca^{2+}+H_2O+CO_2\uparrow$

课后反思

本节课着重培养学生的学科核心素养。板书设计中可以体现本课时意图，从宏观上认识离子反应发生的条件，从微观上了解离子反应发生的实质；还从另一个角度让学生学习离子反应的符号表征，即寻找真正参与反应的离子（若在水中不能电离则写成化学式形式），并结合元素守恒、电荷守恒完成离子方程式的书写。这个过程实施难度较大，学生掌握程度较差，但相信结合习题练习可以让学生更深刻地感受离子反应的实质以及离子方程式的书写规范。本节课离子方程式的书写是让学生在黑板上完成的，基本可以把学生易犯的错误快速呈现出来，这部分教学效果也比较显著，可以使学生自行发现问题并解决问题。

氧化还原反应

范赟杰

（太原市第四十八中学校　山西太原）

课标分析

氧化还原反应在“课程标准”中课程内容的主题2“常见的无机物及其应用”下2.2氧化还原反应，其具体要求如下：认识有化合价变化的反应是氧化还原反应，了解氧化还原反应的本质是电子的转移，知道常见的氧化剂和还原剂。

学习活动建议：进行氧化还原反应本质的探究。

情境素材建议：选取日常生活中的氧化还原反应。

学业要求：能依据物质类别和价态列举某种元素的典型代表物。能利用氧化还原反应概念对常见反应进行分类和分析说明。

教材分析

氧化还原反应是继物质分类之后重要的基础理论，也是预测物质性质的重要工具。

教材首先设置“思考与讨论”，以初中学过的两个化学反应为载体，引导学生从三个方面（一是得氧物质、失氧物质及其发生的反应；二是反应前后元素化合价的变化情况；三是氧化反应或还原反应与元素化合价升降的关系）进行分析，在此基础上，得出氧化还原反应的概念，并将物质发生氧化反应或还原反应与元素化合价升降联系起来。

然后，教材以Fe与$CuSO_4$的反应为例，将氧化还原反应的内涵从得氧、失氧扩展到反应前后有元素化合价发生变化，并说明元素化合价发生变化是氧化还原反应的重要特征。

最后，教材从微观角度引导学生认识氧化还原反应的本质，这是本节的重点内容。

学情分析

学生在初中时已经对化学反应的分类有了初步的认识，能够从得失氧的角度对常见的氧化反应和还原反应进行判断，但认识角度要转变为化合价升降对学生而言有难度。

只有阐明从化合价角度认识化学反应的意义，才能更好地帮助学生理解和把握氧化还原反应的规律和特点。

三 备课资源及设计理念

▶▶备课资源

1. 雁鱼铜灯：器型优美，设计独特，融入环保理念。在西方，直到15世纪，意大利才有了类似的设计。大雁有诚信之意，鱼寓意年年有余。

2. 火法冶铜：早在3000多年前我国古代劳动人民就掌握了火法炼铜术。该法以孔雀石[碱式碳酸铜 $Cu_2(OH)_2CO_3$]为原料与点燃的木炭接触而被分解为氧化铜，继而被还原为金属铜。

3. 湿法冶铜：西汉时期，刘安在《淮南万毕术》中记载有“曾青得铁则化为铜”，“曾青”指可溶性铜盐，即铜盐遇到铁时，就有铜生成。

北宋科学家沈括在《梦溪笔谈》中记载：“信州铅山县有苦泉，流以为涧。挹其水熬之则成胆矾。烹胆矾则成铜，熬胆矾铁釜，久之亦化为铜。”

4. 印刷电路板：印刷电路的发明人在制造电路板时，仿照印刷业中的制版方法先画出电子线路图，再把线路图蚀刻在覆有一层铜箔的绝缘板上，不需要的铜箔部分被 $FeCl_3$ 溶液腐蚀掉，只留下导通的线路，这样，电子元件就可以通过铜箔形成的电路连接起来。

▶▶设计理念

以教材中给出的典型反应为基础，选取古代青铜器冶炼技术的变化为情境素材，将典型反应融入其中，在分析过程中引导学生深入理解氧化还原反应的特征和本质，同时让学生感受我国古代科技对推动人类进步所做出的巨大贡献，提升学生的民族自豪感和文化自信。

在课程设计时注重宏观与微观结合，实验探究与证据推理结合，通过实验探究让学生深入认识氧化还原反应的本质。引导学生从文本材料中抽提化学问题，运用物质分类和氧化还原反应的原理预测反应的产物，初步建立“价类观”，为后续元素化合物的学习奠定基础。

教学目标

1. 能从宏观特征入手对物质和化学反应进行分类，进而揭示现象的微观本质，建构化学反应学习的认知模型——价类二维图。

2. 能够用双线桥分析氧化还原反应的过程。

3. 能于真实的问题情境中识别氧化还原反应，从宏观、微观两个维度认识反应，利用价类二维图这一模型分析反应过程，准确使用双线桥这一化学符号。

4. 从铜的冶炼和使用史中感受中华文化的魅力以及科技进步对人类文明的推动作用。

教学实录

新课导入

教师活动	学生活动
中华文化悠悠千年，每当我走进博物馆的时候总会被一件件精美的文物所打动。这件青铜器叫雁鱼铜灯。每当铜灯点燃，青烟徐徐升起，沿着鱼身、雁颈缓缓飘入雁腹之中，烟气就会溶于灯身的贮水中，两扇可旋转的灯罩，不仅可以调节光的方向，而且可以调节光的强度。在几千年前中国古人就将以人为本的环保理念融入了青铜器的铸造之中，真是让人叹为观止！ 然而在西方，直到15世纪意大利才有了类似的理念。 今天就让我们沿着铜的冶炼史共同来学习氧化还原反应。	观察并思考青铜器“雁鱼铜灯”精妙的结构，感受古代辉煌的科技成就，增强文化自信。

教学环节一：初识氧化还原反应

教师活动	学生活动
早在3000多年前我国古代劳动人民就掌握了火法炼铜术。 以孔雀石[碱式碳酸铜 $Cu_2(OH)_2CO_3$]为原料与点燃的木炭接触而被分解为氧化铜，继而被还原为金属铜。 $2CuO+C \xlongequal{\triangle} 2Cu+CO_2\uparrow$　　（反应1） 从学生初中时对反应的认识出发，从不同角度分析反应的类型。通过对反应中得失氧的分析理解氧化还原反应辩证统一的特点。	思考1：判断化学反应类型。 $2CuO+C \xlongequal{\triangle} 2Cu+CO_2\uparrow$ 角度一：属于四大基本反应类型中的置换反应。 角度二：从得失氧的角度判断。 $CuO \rightarrow Cu$　失氧　还原反应 $C \rightarrow CO_2$　得氧　氧化反应 结论1：氧化还原反应体现出辩证统一，有氧化就有还原。

教学环节二：宏观辨识氧化还原反应

<table>
<tr><th>教师活动</th><th>学生活动</th></tr>
<tr><td>
西汉时期，刘安在《淮南万毕术》中记载有“曾青得铁则化为铜”，“曾青”指可溶性铜盐，即铜盐遇到铁时，就有铜生成。
北宋科学家沈括在《梦溪笔谈》中记载：“信州铅山县有苦泉，流以为涧。挹其水熬之，则成胆矾。烹胆矾则成铜，熬胆矾铁釜，久之亦化为铜。”
$CuSO_4+Fe=Cu+FeSO_4$　　（反应 2）
问题 1：两个反应中含铜元素物质分别属于哪一类？
问题 2：铜元素反应前后的变化过程中是否还有其他特征？

用双线桥法分析反应 1 中得失氧和化合价变化的关系，统一得失氧、化合价变化和氧化还原反应的关系。得出氧化还原反应的特征是元素化合价的升降。
</td><td>
思考 2：该反应是否为氧化还原反应？
$CuSO_4+Fe=Cu+FeSO_4$
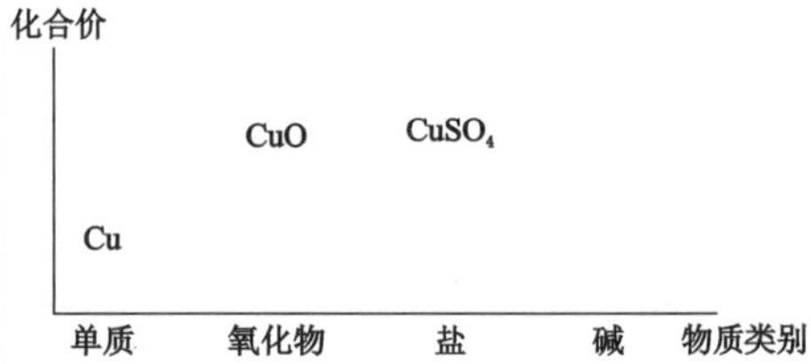

分析含铜元素物质类别。
反应前后铜元素化合价发生变化。
用双线桥法分析反应 1 中得失氧和化合价变化的关系，统一得失氧、化合价变化和氧化还原反应的关系。
CuO→Cu　失氧　化合价降低　还原反应
$C \rightarrow CO_2$　得氧　化合价升高　氧化反应
反应 2 没有得失氧，但反应前后铜元素的化合价发生了变化。
结论 2：凡是有化合价升降的反应都是氧化还原反应。
</td></tr>
</table>

教学环节三：微观探析氧化还原反应

<table>
<tr><th>教师活动</th><th>学生活动</th></tr>
<tr><td>
化合价发生改变的原因是什么，下面我们通过一组实验展开探究。

温馨提示
1. 请先看清装置的连接方式再按如图所示的装置完成实验。
2. 小组合作，三个实验同时进行，完成实验并记录现象。
3. 思考：实验现象产生的原因可能是什么？
</td><td>
思考 3：观察并记录实验现象，分析化合价发生改变的原因。
<table>
<tr><th></th><th>实验 1</th><th>实验 2</th><th>实验 3</th></tr>
<tr><td>实验装置</td><td>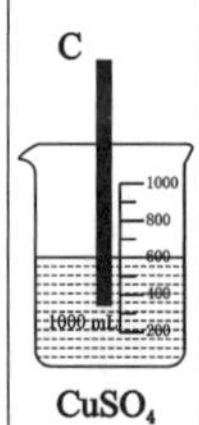</td><td>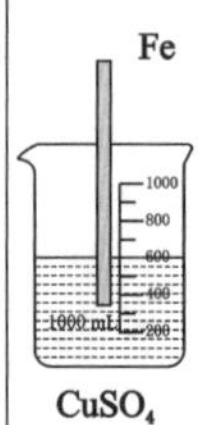</td><td>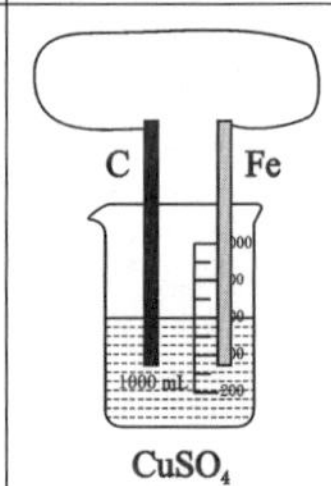</td></tr>
<tr><td>实验现象</td><td></td><td></td><td></td></tr>
</table>
</td></tr>
</table>

教师活动	学生活动
	实验1:无明显现象 实验2:铁棒表面有红色固体 实验3:碳棒表面出现红色固体
问题1:碳棒表面的红色固体如何形成?	Cu^{2+}→Cu得到电子,化合价降低。 Fe→Fe^{2+}失去电子,化合价升高。
问题2:电子从哪里来?	
问题3:如何检验电路中是否有电子转移?	在装置中接入灵敏电流计,检验是否有电流通过。 观察电流计指针有偏转。
演示实验:将电流计接入电路 讲解: 反应过程中化合价升降总数相等。 反应中失去的电子总数与得到的电子总数相等。(得失电子守恒) 用线桥连接反应前后对应的元素,在线桥上标出电子转移的方向和得失数目的表示方法叫作双线桥法。 双线桥法表示步骤: 1. 标出变价元素的化合价。 2. 用线桥连接反应前后变价的同一种元素,箭头从反应物指向生成物。 3. 标出“失去”“得到”的电子数。 表示格式:变价的微粒个数×每个微粒得失电子数。 注意:失电子总数=得电子总数。	结论3:氧化还原反应的本质是电子转移。

教学环节四:利用价态的观点认识元素化合物的反应

教师活动	学生活动
资料卡片 3: 印刷电路的发明人在制造电路板时,仿照印刷业中的制版方法先画出电子线路图,再把线路图蚀刻在覆有一层铜箔的绝缘板上,不需要的铜箔部分被 $FeCl_3$ 溶液腐蚀掉,只留下导通的线路,这样,电子元件就可以通过铜箔形成的电路连接起来。 问题抽提。 演示实验:模拟印刷电路板的制作。 分析元素化合价。 预测产物。	观察实验现象。(未覆盖的部分溶解) 分析 Cu、Fe、Cl 元素价态变化。 用双线桥法表示电子转移方向和数目。

教学环节五:总结

教师活动	学生活动
在人类文明发展的进程中,每一次文明的进步都伴随着物质材料的发展进步,氧化还原反应都会参与其中。 氧化还原反应不仅点燃了人类的文明之火,同时也照亮了人类文明进步的科技之光。	感受氧化还原反应对推动人类文明进步的重要作用。

板书设计

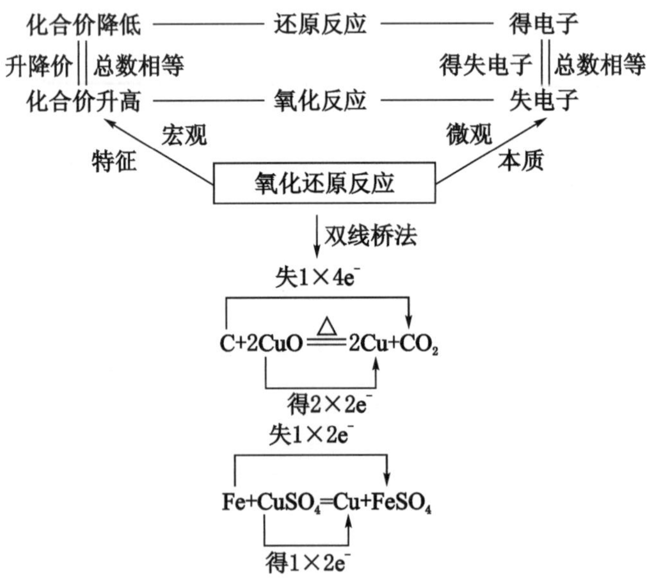

教学反思

本节课以我国古代青铜器的突出代表雁鱼铜灯引入，以青铜器冶炼方法的发展作为情境线索，引导学生从文献资料中抽提化学问题。在对典型反应的分析中完成从得失氧视角向化合价升降视角的转变。通过对化合价升降本质的实验探究帮助学生提升宏微结合、证据推理的学科素养，提升运用“价类观”认识化学反应的学科能力。最后运用本节课知识对印刷电路材料进行分析，学以致用。整节课通过对情境素材的筛选、整合，不仅有效推进了教学环节，而且也让学生对我国古代科技水平有了新的认识，在感叹的同时增强了民族自豪感和文化自信。

汽车尾气中 CO、NO 的综合处理方案探究
——氧化还原反应(第 1 课时)

张 慧

(太原市第十九中学校 山西太原)

课标分析

《普通高中化学课程标准(2017 年版 2020 年修订)》中明确提出,要求学生认识有化合价变化的反应是氧化还原反应,了解氧化还原反应的本质是电子的转移,利用氧化还原反应的概念对常见反应进行分类,并能有意识地运用所学知识或寻求相关证据参与社会性议题的讨论。

教材分析

氧化还原反应的概念是人教版普通高中教科书必修第一册第一章第三节"氧化还原反应"第 1 课时的教学内容。氧化还原反应是中学阶段的核心概念与理论知识之一,是学习电化学知识的基础,其理论贯穿整个高中化学,且难度逐渐上升。本节内容的特点是比较抽象,需通过逐步认识氧化还原反应的特征、本质,建立认识物质分类及转化的新视角。氧化还原反应与生产生活实际联系紧密,将氧化还原反应原理应用于真实生活问题的探究活动,有利于学生关注与化学有关的社会问题,感受并欣赏化学学科价值,发展求真务实的学习态度。

学情分析

学生在九年级化学已经学习过从"得失氧"角度判断氧化反应和还原反应,但只能对立地看待这两种化学反应,而本节内容是在学生已有知识的基础上将氧化还原反应的概念进行完善,从其本质和特征上形成"对立统一"的全面认识。

备课资源及设计理念

►►备课资源

汽车尾气处理：三元催化器是安装在汽车排气系统中最重要的尾气净化装置，其净化原理是：当高温的汽车尾气经过三元催化器时，催化剂里面的钯、铂、铑会增强 CO、NO 等气体的活性，使之发生氧化还原反应，转化为 CO_2 和 N_2 等无害气体。

►►设计理念

学生知道汽车尾气是大气污染的重要来源，但不清楚汽车尾气带来的危害是什么，也不清楚如何利用化学知识将汽车尾气进行绿色化处理。在化学史方面，学生不了解氧化还原反应概念的发展历程，也不能自觉地将原子结构的变化与氧化还原反应的发生联系起来。因此，本案例教学中以汽车尾气处理为情境主线，穿插氧化还原反应概念的发展史，为学生学习氧化还原反应的概念“架桥铺路”，提升学生对化学学科价值的认同感和社会责任心。

教学目标

1. 通过从有无化合价变化的角度对化学反应进行分类，认识氧化还原反应的特征是有化合价变化，了解氧化还原反应的本质是电子的转移。建立氧化还原反应的认识模型。

2. 通过依据物质类别和元素价态列举具体元素的典型代表物，建立元素化合价视角。

3. 结合汽车尾气绿色化处理等实例，运用氧化还原反应的认识模型提出解决方案，体会氧化还原反应在促进社会文明进步、自然资源的综合利用和环境保护中的重要价值。

教学实录

教学环节一：创设情境，认识氧化还原反应的存在

教师活动	学生活动
【视频】汽车尾气污染的危害。 【视频】汽车尾气的成因。 【列举】尾气产生的化学方程式。 $2C_8H_{18}+17O_2=16CO+18H_2O$ $N_2+O_2=2NO$　　$2NO+O_2=2NO_2$	了解汽车尾气对人体和环境造成的危害。 了解汽车尾气中的有害成分。 找出相同点并对所列反应进行分类：有氧参与，都是氧化反应。

教学环节二：建立氧化还原反应的认识模型

<table>
<tr><th>教师活动</th><th>学生活动</th></tr>
<tr><td>【情境过渡】
1774 年随着法国化学家拉瓦锡提出燃烧的氧化学说，人们认识到氧化反应和还原反应的存在。</td><td>回忆：氧化反应和还原反应的概念。</td></tr>
<tr><td>任务一　寻找判断氧化还原反应的依据
【举例】
$2CuO+C \xlongequal{\text{高温}} 2Cu+CO_2\uparrow$
$Fe_2O_3+3CO \xlongequal{\text{高温}} 2Fe+3CO_2$
问题：氧化反应和还原反应是分别发生的吗？
【情境过渡】
人们对氧化还原反应的认识经历了一个漫长的过程。从守恒的观念出发，得氧和失氧不能独立存在，一定是同时发生的。1852 年，英国化学家弗兰克兰提出了化合价的概念，并对氧化还原反应进行了完善。
【明确】
对化学反应可以根据是否有元素化合价升降来分类。有元素化合价升降的反应是氧化还原反应。这个依据比得失氧更具普遍性。
化合价是元素的性质，不是原子的性质。
物质所含元素化合价升降是指有元素化合价升降，而不是所有元素化合价都有升降。</td><td>【活动 1】请根据初中学过的氧化反应和还原反应的知识，分析以下反应，完成下表。<table><tr><th>物质</th><th>反应物</th><th>发生的反应</th></tr><tr><td>得氧物质</td><td></td><td></td></tr><tr><td>失氧物质</td><td></td><td></td></tr></table>结论：氧化反应和还原反应是同时发生的，统称为氧化还原反应。
【活动 2】请标出反应中各物质所含元素的化合价，比较反应前后价态有无变化。
【讨论】物质发生氧化反应或还原反应，与物质所含元素化合价的升高或降低有什么关系？
【结论】物质所含元素化合价的升高和降低是同时发生的。物质所含元素化合价升高的是氧化反应，物质所含元素化合价降低的是还原反应。</td></tr>
<tr><td>【情境过渡】
1897 年，英国物理学家汤姆孙发现了电子。在此基础上，人们把化合价的升降与原子最外层电子的得失或共用联系了起来。
任务二　了解氧化还原反应的本质

【演示实验】原电池装置</td><td>【活动 1】请你判断，金属钠与氯气在加热条件下生成氯化钠的反应属于氧化还原反应吗？
$2Na+Cl_2 \xlongequal{\triangle} 2NaCl$
【讨论】(1) 画出钠原子和氯原子的原子结构示意图。
(2) 产物氯化钠的构成微粒是什么？请结合原子结构示意图分析氯化钠的形成过程。
(3) 在该反应中，Na 元素化合价升高的原因是：________，Cl 元素化合价降低的原因是：____________。
【预测并解释验证】
该实验中出现什么现象可以说明氧化还原反应中存在电子的得失？
【活动 2】用结构示意图分析氯化氢的形成过程。
$H_2+Cl_2 \xlongequal{\text{点燃}} 2HCl$</td></tr>
</table>

教学环节三：应用氧化还原反应的认识模型，制定汽车尾气绿色化处理的解决方案

教师活动	学生活动
任务三　运用所学知识，制定汽车尾气绿色化处理的解决方案 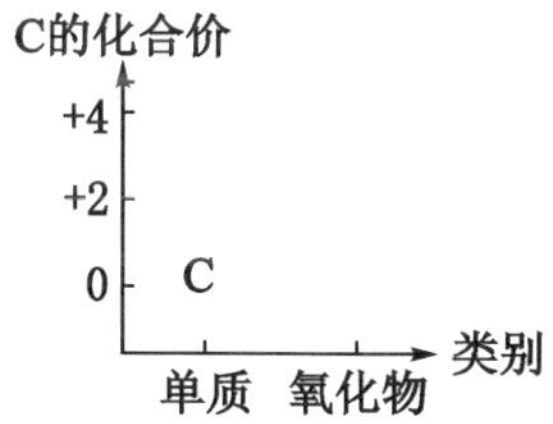 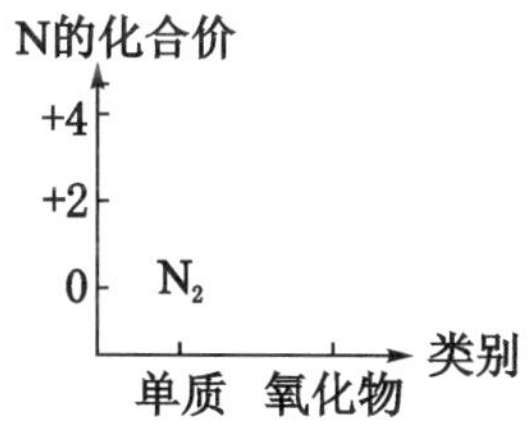 【明确】 同一元素可以组成不同物质，同一元素在物质中可以有不同价态。通过氧化还原反应可实现含有不同价态同种元素的物质的相互转化。 【视频】三元催化器工作原理。	【活动1】依据物质类别和元素价态，将汽车尾气中的气体标在下列坐标图的相应位置。 【活动2】能否利用氧化还原反应来处理汽车尾气？试从化合价变化的角度分析CO、NO的转化，并就可行性及环保性评价方案。 【活动3】观看视频，了解三元催化器的工作原理，写出汽车尾气绿色化处理的相关化学方程式，并从化合价升降、电子转移的方向分析物质的转化路径。

教学环节四：小结提升

教师活动	学生活动
【图片】《“打赢蓝天保卫战”三年计划》 【讲述】“打赢蓝天保卫战”三年计划，是国务院做出的重大决策部署。“计划”中提出为加快改善环境空气质量，需加快掌握重大关键核心技术，促进大气治理重点技术装备等产业化发展和推广应用。 这就需要我们学习科学家孜孜以求的科学精神和刻苦钻研的科学意志，运用所学知识为推动科技发展，促进生活水平提高贡献自己的力量。	了解《“打赢蓝天保卫战”三年计划》的相关内容。 了解氧化还原反应与“计划”的契合点，认识氧化还原反应的重要价值。 说出自己的体会。

板书设计

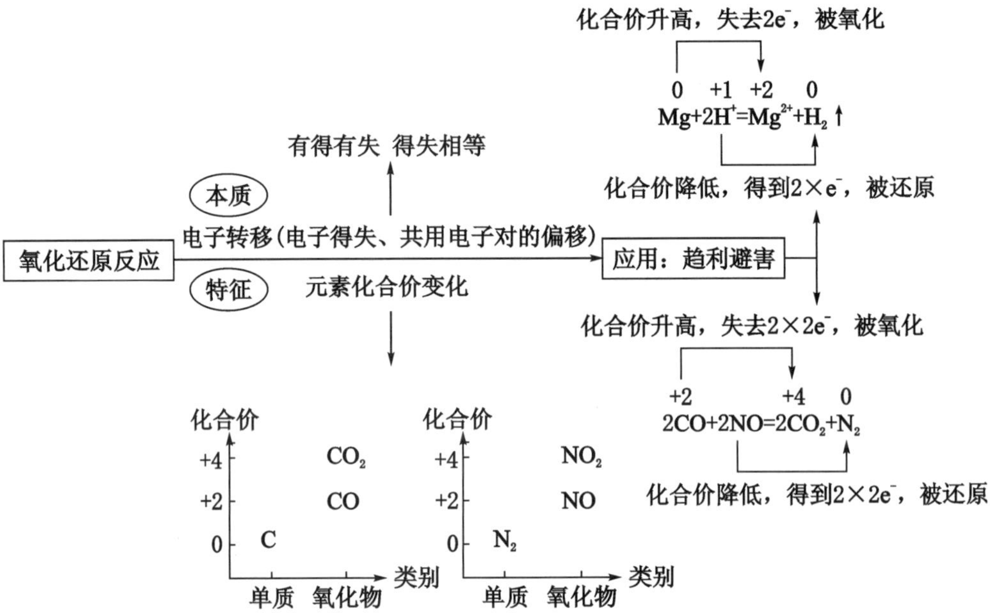

教学反思

“氧化还原反应”是高中化学必修课程的核心概念之一。本案例具有较为丰富的化学学科核心素养发展价值。

1. 课前初高衔接，成为先行组织材料

课前发布相关预习学案，学生对初中所学有关知识进行复习，便于教师了解学生的认知水平，发现学生认知中存在的问题。学生对新学习的内容进行预习，为整节课的学习起到先行组织的作用。

学案问题如下：

(1)请标出下列常见物质或离子中各元素的化合价(略)，说出你的发现。

(2)阅读课本 P25 科学史话，利用图表简要表示氧化反应、还原反应、氧化还原反应概念的发展，从中你能得到什么启示?

2. 发挥核心概念对元素化合物学习的指导作用

建立化合价视角后，使用价类二维图对汽车尾气成分按元素进行归类，在后续“绿色化处理”环节中表明物质的转化路径，突出地体现了氧化还原反应中有化合价变化的特征，并为日后学习元素化合物知识起到引领和指导的作用。

3. 创设一贯到底的真实问题情境

本案例始终围绕“汽车尾气处理”这一情境展开教学，沿了解汽车尾气污染的危害→利用价类二维图对汽车尾气成分归类→运用氧化还原反应对汽车尾气进行绿色处理的线索展开学习活动，主题明确，问题真实，既提高了学生解决真实问题的能力，又提升了学生对化学学科价值的认同感和社会责任心。

氧化还原反应
——氧化剂和还原剂

郭冬花

（太原市第二十四中学校　山西太原）

课标分析

物质中元素价态是学习元素化合物知识的重要视角，要求学生能够基于元素价态预测物质的氧化性和还原性，并可以设计物质间的转化路径。所以依据《普通高中化学课程标准(2017 年版 2020 年修订)》，在本课时教学中给出氧化剂和还原剂的概念，让学生知道氧化剂具有氧化性，还原剂具有还原性，当某种物质具有氧化性或还原性的时候，可以挑选另一种具有还原性或氧化性的物质与之反应，实现物质间的转化。

教材分析

本节课是人教版高中化学必修第一册中第一章“物质及其变化”第三节“氧化还原反应”的第 2 课时内容。本章内容为高中化学的学习奠定基础并给予方法指导。本节内容引导学生从新的视角，更本质更特征地研究氧化还原反应。那么，本课时氧化剂和还原剂的判断就显得尤为重要。本节课的重点是通过已有经验和实验探究来预测、验证氧化剂和还原剂之间的反应，从而深化学生对氧化还原反应的认识。

学情分析

学生刚上高一，从实验角度引导课程能有效激发学生兴趣，并使学生认识到化学是为生活服务的。从化合价升降的角度分析氧化剂和还原剂比从得失电子的角度更直观，这样在认识了概念后，再去分析本质更容易。然后，认识元素在物质中可以具有不同价态，可以通过氧化还原反应实现含有不同价态物质间的相互转化。最终，认识物质转化在促进社会文明进步、环境保护中的重要价值。

备课资源及设计理念

▶▶备课资源

依据《普通高中化学课程标准(2017年版2020年修订)》,结合人民教育出版社出版的高中化学必修第一册、山东科学技术出版社2019年版高中化学必修第一册中氧化还原反应的内容进行设计。

▶▶设计理念

通过生活中的真实情境:硫酸亚铁片不能与浓茶同服,而与维生素C同服有利于吸收,并通过演示实验,引出本节课的主题——氧化还原反应。这样既体现了化学与STSE教育的联系,也对氧化剂和还原剂之间的反应有了初步的认识。然后,教师给出氧化剂和还原剂的概念,使学生能够判断具体化学反应中的氧化剂和还原剂。再进一步通过学生自行设计实验方案,并亲自做实验验证所选择的氧化剂和还原剂之间能否反应,从而判断物质氧化性、还原性的强弱,培养学生的科学探究精神和证据推理能力。最后,师生共同讨论氧化还原反应在促进社会文明进步、环境保护中的重要价值。

教学目标

1. 学生能依据化合价升降判断氧化还原反应中的氧化剂、还原剂,理解氧化剂的氧化性和还原剂的还原性。

2. 学生通过氧化还原反应实验方案的设计、验证,能根据实验的现象判断物质氧化性、还原性的强弱,培养科学探究精神和证据推理的能力。

3. 感受氧化还原反应的学科价值和社会价值,形成科学观念,增强社会责任感。

教学实录

教学环节一:创设情境

教师活动	学生活动
【导入】实物展示:硫酸亚铁片。 同学们,我们一起来阅读这盒硫酸亚铁片中的说明书。 【演示实验】茶水实验 1. 将少量的茶水倒入试管中,用胶头滴管向其中加入硫酸亚铁溶液,观察实验现象。 2. 向所得溶液中加入一片维生素C,观察实验现象。 【过渡】这其中蕴含着什么奥秘?下面我们就来开启今天的学习之旅。	【观看】 【阅读】本品不能与浓茶同服。维生素C与本品同服,有利于吸收。 【实验现象】茶水变成了“墨水”;“墨水”又变成了茶水。

教学环节二:初步认识氧化剂和还原剂

教师活动	学生活动
课时二、氧化剂和还原剂 【交流、研讨】 以下氧化还原反应中,哪种元素的化合价升高?哪种元素的化合价降低?哪种反应物含有化合价升高的元素?哪种反应物含有化合价降低的元素? 【讲解】 氧化剂:在氧化还原反应中,所含某种(某些)元素化合价降低的反应物。 还原剂:在氧化还原反应中,所含某种(某些)元素化合价升高的反应物。 【板书】 宏观特征:化合价升高　化合价降低 微观实质:失去电子　　得到电子 反应类型:氧化反应　　还原反应 物质性质:还原剂(性)　氧化剂(性) 【口诀】 【练习】 【过渡】通过以上学习,我们可以看出某物质所含元素处于高价态时,元素有降低价态的趋势,该物质可能具有氧化性;某物质所含元素处于低价态时,元素有升高价态的趋势,该物质可能具有还原性。	【标出化合价】 $H_2+CuO \xlongequal{\triangle} Cu+H_2O$ 【填写学案】 氧化剂:在氧化还原反应中,所含某种(某些)元素化合价________的________。 还原剂:在氧化还原反应中,所含某种(某些)元素化合价________的________。 【口诀记忆】 升失氧化还原剂(性) 降得还原氧化剂(性) 【学生板演】 $Cu+2H_2SO_4$(浓)$\xlongequal{\triangle} CuSO_4+SO_2\uparrow+2H_2O$ 氧化剂:________还原剂:________ $3Cu+8HNO_3$(稀)$= 3Cu(NO_3)_2+2NO\uparrow+4H_2O$ 氧化剂:________还原剂:________ $Cu+4HNO_3$(浓)$= Cu(NO_3)_2+2NO_2\uparrow+2H_2O$ 氧化剂:________还原剂:________

教学环节三:实验探究氧化剂与还原剂之间的反应

<table>
<tr><th>教师活动</th><th>学生活动</th></tr>
<tr>
<td>【过渡】
氧化还原反应为我们认识和研究物质增添了新的视角——从氧化性、还原性的角度认识和研究物质的性质。
【活动探究】
探究物质的氧化性或还原性。
【方法指导】预测某物质具有氧化性,就需要寻找具有还原性的另一物质,通过实验验证两者能否发生氧化还原反应,并验证预测是否正确。(还原性相反)
【实验用品】
酸性 $KMnO_4$ 溶液、KI 溶液、淀粉溶液、$CuSO_4$ 溶液、Fe 粉。
试管、胶头滴管。
各小组根据自己实验单上的内容完成实验并汇报实验现象。
实验方案设计及实施。
【预设答案】

【过渡】
氧化性、还原性有强有弱,如何比较氧化性的强弱呢?
在反应中铁和硫酸铜反应生成铜和硫酸亚铁,氧化剂被还原得到的产物叫还原产物,还原剂被氧化得到的产物叫氧化产物。
氧化性:氧化剂>氧化产物
还原性:还原剂>还原产物
【演示实验揭秘】
茶水实验原理。</td>
<td>【资料卡片】
淀粉遇 I_2 会变蓝色。
二价铁离子:浅绿色。
【实验探究】
<table>
<tr><th>物质</th><th>预测性质</th><th>选取试剂</th><th>实验现象</th><th>结论</th></tr>
<tr><td>酸性 $KMnO_4$</td><td></td><td></td><td></td><td></td></tr>
<tr><td>Fe 粉</td><td></td><td></td><td></td><td></td></tr>
<tr><td>其他</td><td></td><td></td><td></td><td></td></tr>
</table>
【方案1】
酸性环境下,高锰酸钾与碘化钾反应生成碘单质,使得淀粉变蓝。
氧化剂:高锰酸钾。
还原剂:碘化钾。
【方案2】
铁和硫酸铜反应生成铜和硫酸亚铁。
氧化剂:硫酸铜。
还原剂:铁。
【方案3】
铁和硫酸铜反应生成铜和硫酸亚铁,生成的硫酸亚铁被酸性高锰酸钾氧化。
氧化剂:高锰酸钾。
还原剂:硫酸亚铁。

茶水变“墨水”是因为二价铁离子和茶叶中的鞣酸发生了反应,生成鞣酸亚铁(可溶于水),鞣酸亚铁迅速在空气中被氧化为鞣酸铁(不溶于水的墨水色物质)。如果将维生素C加入已经形成鞣酸铁的茶水中,那么,维生素C可以把鞣酸铁再还原为鞣酸亚铁,最终墨水色消失。</td>
</tr>
</table>

教学环节四:常见的氧化剂和还原剂

教师活动	学生活动
【总结】 通过我们的探究,中学化学中常见的氧化剂有哪些?常见的还原剂有哪些?	【预设答案】 常见的氧化剂:Cl_2、O_2、$FeCl_3$、HNO_3、$KMnO_4$、浓 H_2SO_4。 常见的还原剂:Fe、Al、Zn、C、CO、H_2。

教学环节五:氧化还原反应的应用

教师活动	学生活动
【头脑风暴】说一说身边的氧化还原现象,如果我们能充分了解氧化还原反应,就能更好地应用于我们的生产生活。 【板书】 氧化还原反应的应用: 1. 研究物质的性质 2. 实现物质的转化 3. 获得能量	【积极回答】 本节课我们研究常见的氧化剂和还原剂的反应。 探究过氧化氢的氧化性或还原性。 高炉炼铁。 电解氧化铝制备金属铝。 维生素 C 具有抗氧化作用。 燃料燃烧。 化学电池。 暖贴。

板书设计

第三节　氧化还原反应

二、氧化剂和还原剂

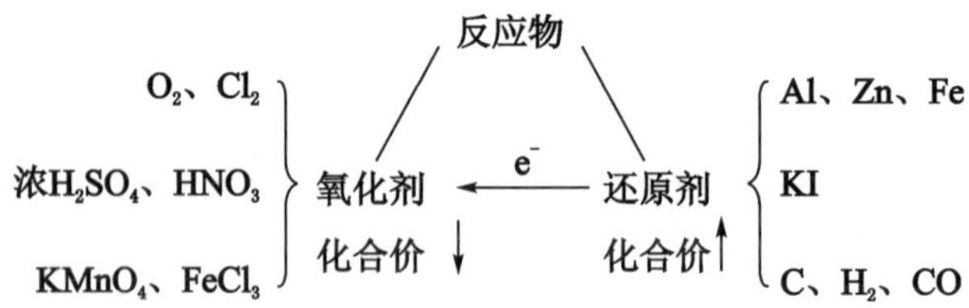

氧化性、还原性强弱规律

氧化性:氧化剂>氧化产物

还原性:还原剂>还原产物

三、氧化还原反应的应用

教学反思

本节课的设计依据课程标准,结合人教版教材和鲁科版教材,基本思路是从化合价升降判断氧化剂和还原剂,为指定氧化剂或还原剂寻找合适的还原剂或氧化剂,并进行实验验证。本设计基于核心素养发展,联系STSE,使学生获得的不仅是知识结论,更有化学学科思想与方法,及科学研究能力的形成与发展。本节课从演示实验、学生板演、讲评到小组实验,整节课课堂气氛活跃,学生能够轻松地知其然也知其所以然,并能寻找氧化剂和还原剂之间的反应。课后访谈中学生认为作为本节课课堂的主体,他们真正地体验了科学探究的过程。

桥梁之“量”
——基于模型认知的“物质的量的单位摩尔”教学设计

童　洁

（太原市晋源区实验中学校　山西太原）

课标分析

化学是在原子、分子水平上研究物质组成、结构、性质、转化及应用的一门基础学科，定量研究是化学中的重要方法，物质的量是定量研究中的重要工具。依据《普通高中化学课程标准（2017 年版 2020 年修订）》（以下简称“课程标准”）设计课程。了解物质的量及其相关物理量的含义和应用，体会定量研究对化学科学的重要作用；能基于物质的量认识物质组成及其化学变化，运用物质的量、阿伏加德罗常数、摩尔质量、气体摩尔体积等之间的相互关系进行简单计算。

教材分析

物质的量是国际单位制中的 7 个基本物理量之一。物质的量是贯穿于中学化学计算全过程的一个重要“工具性”概念，以物质的量概念为基础可以得出摩尔质量、气体摩尔体积、物质的量浓度等一系列在化学中有重要应用的概念。这节课着重介绍物质的量的单位、摩尔质量，并通过列举事实，建立宏观物质质量与微观粒子数目之间的关系。学生在学习过程中可以巩固离子反应、氧化还原反应和元素化合物的相关知识，从定量的视角更加深刻地认识元素化合物。

学情分析

通过九年级化学知识的学习，学生可以熟练地运用质量或体积表征宏观物质的多少，也知道宏观物质是由微观粒子构成的。但是对于多少数目微观粒子构成多少宏观物质之类的问题仍存在疑问。这节课概念多而且抽象，特别是物质的量、摩尔质量、阿伏加德罗常数等，学生对这些词汇比较陌生，而这些概念与物质的质量、粒子数目等既有区别又有联系。学生对新旧概念的认知有一定的冲突。

备课资源及设计理念

▶▶参考文献

[1]中华人民共和国教育部.普通高中化学课程标准(2017年版2020年修订)[S].北京:人民教育出版社,2020.

[2]经志俊.基于课程标准要求的“物质的量”单元教学设计[J].化学教学,2018,40(09):46-51.

▶▶设计理念

物质的量这部分内容概念性较强且极具抽象性,需要将一定数目的微观粒子与物质的宏观物理量联系起来。在教学中应以学生实践为基础,强调学习的自主性和创造性;教学过程中利用多元化学习场景,营造积极的学习氛围,有利于将抽象内容具体化、直观化。

教学目标

1. 通过阅读教材,了解物质的量的单位——摩尔。通过两种不同的数糖粒方式,感受微观粒子采用集团计量的必要性,认识物质的量的重要意义。通过了解生产、生活、科研中的多种计量方法,认识化学计量方法的选择取决于实际需要,初步学会从实际需要的角度审视化学问题。

2. 通过对比、类比、归纳、演绎等多种思维活动,了解并利用阿伏加德罗常数、摩尔质量的含义,建立物质的量与微观粒子数、宏观物质质量之间的关系,感受物质的量在连接宏观世界与微观世界中的桥梁作用,体会从物质的量的层次定量研究化学的意义。

3. 能基于物质的量认识物质组成;能运用物质的量、阿伏加德罗常数、摩尔质量之间的关系进行简单计算。知道从定量角度认识宏观物质和微观粒子的相互关系是研究化学问题的科学方法之一。

教学实录

教学环节一:新课导入

教师活动	学生活动
从宏观上看,发生化学反应的物质之间是按照一定的质量关系进行的,质量是可称量的。从微观上看,化学反应是微观粒子按一定的数目关系进行的,而微观粒子是难以称量的。那么对化学反应进行定量研究时,能否将可称量的质量与不可称量的微观粒子联系起来呢?为此,国际上采用了一个新的物理量——物质的量。	思考,体会。 设计意图:初步体会物质的量是连接宏观与微观的桥梁。

教学环节二:认识物质的量的单位——摩尔

<table>
<tr><th>教师活动</th><th>学生活动</th></tr>
<tr><td>1. 物质的量是7个基本物理量之一
国际单位制(SI)的7个基本单位
<table>
<tr><th>物理量</th><th>单位名称</th><th>单位符号</th></tr>
<tr><td>长度</td><td>米</td><td>m</td></tr>
<tr><td>质量</td><td>千克(公斤)</td><td>kg</td></tr>
<tr><td>时间</td><td>秒</td><td>s</td></tr>
<tr><td>电流</td><td>安[培]</td><td>A</td></tr>
<tr><td>热力学温度</td><td>开[尔文]</td><td>K</td></tr>
<tr><td>物质的量</td><td>摩[尔]</td><td>mol</td></tr>
<tr><td>发光强度</td><td>坎[德拉]</td><td>cd</td></tr>
</table></td>
<td>阅读教材,完成学案:物质的量的概念、符号、单位。
概念:物质的量表示含有一定数目粒子的集合体,是一个物理量。
符号:n。
单位:摩尔(mol),简称“摩”。
设计意图:初步认识物质的量。</td></tr>
<tr><td>2. 物质的量的概念、符号、单位
思考:
(1)你认为什么是集合体?生活中有这样的例子吗?
(2)物质的量的单位的标准是什么?
(3)物质的量适用于什么类别的粒子?</td>
<td>小游戏:数糖粒。
两名同学分别数60粒糖,一名同学拿到袋装糖粒,每10粒一袋,按袋数,另一名同学拿到散装糖粒,一粒一粒数。按袋数的同学数得快,按粒数的同学数得慢。
数得慢的同学感受:10粒一袋数得快。
设计意图:感受“集合体”的概念,从生活中的集合体入手,体会“化大为小”“集团计量”的便利性与必要性。
举例:生活中“化大为小”“集团计量”的例子——买牛奶通常按“箱”;运动会买矿泉水按“提”;买小米按“袋”。
分析,小结:</td></tr>
<tr><td>3. 感受1 mol的庞大
1 mol大米:70亿人每人每天吃1斤,大约可以吃700多万年。
1 mol一元硬币:横向排列在一起,可以绕地球375万亿圈。
设计意图:感受1 mol的庞大,理解摩尔只能用于计量微观粒子,不能用于描述宏观物质。
4. 阿伏加德罗常数的概念、符号、数值及单位</td>
<td>1. 1 mol包含约6.02×10^{23}个基本粒子,即阿伏加德罗常数。
2. 摩尔只用于计量微观粒子,如分子、原子、离子、中子、质子、电子……
3. 表述时,必须指明微观粒子的符号、化学式或具体名称,一般用“数量+单位+粒子”,如1 mol H、1.5 mol e^-。
概念:1 mol任何粒子的粒子数叫阿伏加德罗常数。
符号、数值及单位表示如下:
$N_A\approx6.02\times10^{23}\ mol^{-1}$</td></tr>
</table>

教学环节三:认识物质的量与粒子数目的关系

<table>
<tr><th>教师活动</th><th>学生活动</th></tr>
<tr><td>
利用表格中的数据计算、对比,建立物质的量与粒子数目的关系。
<table>
<tr><td>物质的量</td><td>水分子数目</td><td>氢原子数目</td></tr>
<tr><td>0.5 mol H_2O</td><td></td><td></td></tr>
</table>
设计意图:构建认知模型。
物质的量(n)与粒子数目(N)的关系
引导学生应用模型:
<table>
<tr><td>氢原子物质的量</td><td>水分子物质的量</td><td>水分子数目</td></tr>
<tr><td></td><td></td><td>1.806×10^{23}</td></tr>
</table>
</td><td>
完成学案。
1. 水分子数目
2. 氢原子数目
3. 分别用 N 表示水分子数目、氢原子数目,得出物质的量与粒子数目的关系:
$n-\frac{N}{N_A}$
设计意图:掌握物质的量与粒子数目的关系。
</td></tr>
</table>

教学环节四:认识物质的量与物质质量的关系

<table>
<tr><th>教师活动</th><th>学生活动</th></tr>
<tr><td>
1. 计算 1 mol H_2O 的质量
方法一:
1 mol H_2O 的质量等于1个水分子的质量乘以1 mol 水分子的数目。(已知:1个水分子的质量约为 2.99×10^{-23} g,1 mol H_2O 约为 6.02×10^{23} 个)
方法二:
观察课本55页图2-21,试分析给出的数据有什么特征。(结合相对原子质量进行分析)
</td><td>
计算结果:1 mol H_2O 的质量近似等于 18 g。
观察发现:
1 mol 任何粒子或物质的质量以 g 为单位时,其数值都与该粒子的相对原子或相对分子质量相等。
</td></tr>
<tr><td>
2. 摩尔质量的概念、符号、单位
</td><td>
概念:单位物质的量的物质所具有的质量叫摩尔质量。
符号:M。
单位:g/mol。
</td></tr>
<tr><td>
3. 计算、对比表格中的数据,建立物质的量与物质质量的关系
<table>
<tr><td>水分子物质的量</td><td>水分子质量</td></tr>
<tr><td></td><td>5.4 g</td></tr>
</table>
4. 引导学生应用模型:
<table>
<tr><td>水分子物质的量</td><td>水分子质量</td></tr>
<tr><td>0.5 mol</td><td></td></tr>
</table>
</td><td>
完成学案:水分子物质的量。
得出物质的量与摩尔质量的关系:$n=\frac{m}{M}$
设计意图:掌握物质的量与物质质量的关系。
</td></tr>
<tr><td>
构建认知模型:
宏观　　$\frac{m}{M}=n=\frac{N}{N_A}$　　微观
物质质量　　　　　　粒子数目
桥梁
</td><td>
设计意图:引导学生构建宏观物质质量与微观粒子数目关系的认知模型。
</td></tr>
</table>

教学环节五：达标检测

教师活动	学生活动
1. 下列表示正确的是　　　　　　　　（　　） A. 1 mol 氢　　　　B. 1 mol Fe C. 1 mol NH_4^+　　　　D. 1 mol 小米 2. 下列说法正确的是　　　　　　　　（　　） A. 1 mol 氯含有 6.02×10^{23} 个微粒 B. 阿伏加德罗常数的数值约等于 6.02×10^{23} C. 钠的摩尔质量等于它的相对原子质量 D. H_2O 的摩尔质量是 18 g	思考、解答： 1. BC 2. B 设计意图：检测达标效果。

板书设计

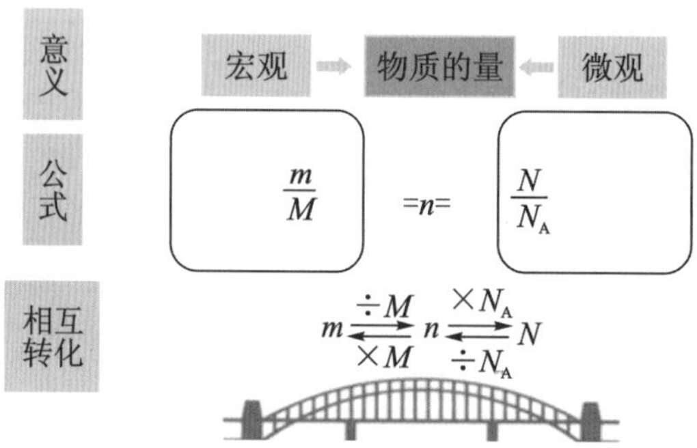

教学反思

物质的量是连接宏观与微观的重要物理量。这节课概念多、理论性强，在教学过程中应联系生活实际，使抽象的概念可视化、直观化，这样学生才能够深入理解概念、灵活运用概念，在思考问题、解决问题时思路更开阔、思维更活跃，也有助于提升学生化学学科核心素养，帮助学生理解物质的量的概念。这节课的设计立足学生的认知实际，学习活动依据“从宏观到微观，从定性到定量”，逐步递进。整节课活动设计层层深入、逐步递进，学生从元素视角认识物质组成转化为从微粒角度认识物质，实现认识物质组成角度的进阶和探究物质水平的进阶。

编写金属钠安全技术说明书
——从物质类别视角认识钠及其化合物的转化

宋婷婷

（太原市进山中学校　山西太原）

课标分析

钠及其化合物的物质转化与能量转化既可以为第一章物质的分类、化学反应的分类补充丰富的感性认识材料，又可以为后面章节继续学习其他元素及其化合物、建构物质结构和元素周期律、了解化学反应与能量等理论知识打下基础。同时，还可以帮助学生了解并逐步掌握研究物质的一般思路和方法，认识化学在改善人类生活条件、促进社会发展等方面所起的重要作用。

教材分析

本项目的教学内容选自人教版高中化学的必修第一册第二章第一节“钠及其化合物”，是学生学习元素及其化合物的开篇内容。钠是典型的金属元素，该内容可以安排2课时的教学容量。本节以钠及其化合物的研究为载体，建构金属及其化合物的研究思路，从物质类别的角度明确研究金属单质及其化合物的方法，即单质—氧化物—碱—盐；在研究时，对每一类物质都沿着物理性质、化学性质、用途的顺序展开，同时有效利用实验手段。在实验过程中，观察法、对比法、类比法、归纳法等各种科学方法交织运用，让学生亲历预测—实验—解释—得出结论的过程。教材中涉及的大概念、核心概念和基本概念分析如下图：

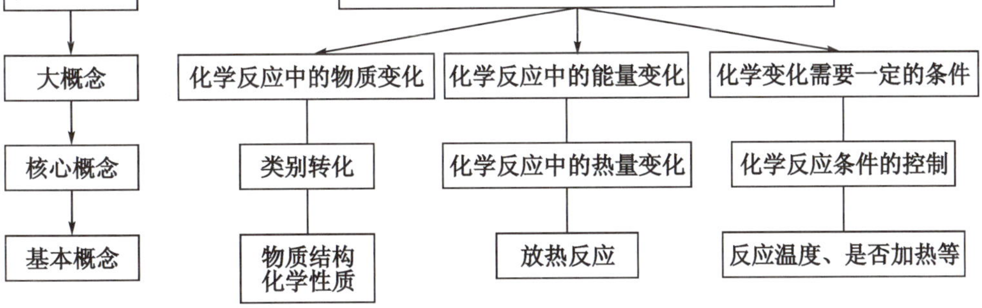

学情分析

知识基础：在义务教育阶段，学生已经初步接触金属的研究方法，可以从原子结构、金属活动性顺序、金属通性入手预测陌生金属所具有的性质，但尚未有意识地构建元素及其化合物系统性的认识角度和认识思路；在高中阶段，学生已经进行了物质分类、离子反应、氧化还原反应等核心概念的学习，有良好的知识基础。

能力基础：初入高中，学生对实验兴趣浓厚，但实验设计能力、实验现象的观察与分析能力及安全意识较为缺乏；化学学科的学习仍旧较多停留在浅层学习阶段，需要在初中学习的基础上进一步发展金属及其化合物的研究思路。

备课资源及设计理念

▶▶备课资源

金属火灾指的是与金属有关的火灾或者金属引起的火灾，依据物质燃烧特性分类属于D类，也称D类火灾。如钛、钾、钠、镁、铝镁合金、烷基类、液态金属类等燃烧引起的火灾。化学性质相对较活泼的钠(Na)、锂(Li)等碱金属和镁(Mg)、铝(Al)等轻金属在时间和空间上失去控制的燃烧容易造成火灾危害，所以将此作为情境，以“编写金属钠安全技术说明书”为驱动任务，认识金属钠的通性与个性，并从物质类别角度建立钠及其化合物的转化关系，认识物质性质对物质使用和保存的决定作用，培养学以致用，解决实际问题的能力。

▶▶参考文献

[1]中华人民共和国教育部. 普通高中化学课程标准(2017年版2020年修订)[S]. 北京：人民教育出版社，2020.

[2]郑长龙. 核心素养导向的化学教学设计[M]. 北京：人民教育出版社，2021.

[3]王磊. 基于学生核心素养的化学学科能力研究[M]. 北京：北京师范大学出版社，2017.

▶▶设计理念

本节以项目学习的形式，围绕化学核心内容“钠及其化合物”，发挥物质分类、离子反应、氧化还原反应等核心概念对学习钠元素及其化合物的指导作用，将教学置身真实情境，以问题为主线，引导学生主动学习，情境线与活动线有机融合，贯穿教学过程的始终。

<table>
<tr><th>项目主题</th><th>驱动问题</th><th>课时划分</th><th>任务划分</th></tr>
<tr><td rowspan="4">无机物及其应用</td><td rowspan="4">编写金属钠安全技术说明书</td><td>1课时</td><td>任务一:初步编写金属钠安全技术说明书</td></tr>
<tr><td rowspan="3">1课时</td><td>任务二:探寻金属钠容易引发火灾的原因</td></tr>
<tr><td>任务三:探寻金属钠着火时灭火剂选择方案</td></tr>
<tr><td>任务四:修改并完善金属钠安全技术说明书</td></tr>
</table>

教学目标

1. 以钠及其重要化合物的转化为线索,逐步建立并完善基于物质类别:单质→氧化物→氢氧化物→盐的金属元素化合物研究思路,并能正确书写单质钠及其氧化物主要化学性质的化学方程式和离子方程式。

2. 通过小组实验和演示实验探究钠及过氧化钠的主要性质,初步形成基于原子结构、物质类别、元素价态及金属活动性顺序等证据对金属的性质进行预测和检验的学习方法,能根据证据分析,解释有关实验现象。

3. 通过钠安全技术说明书的编写,学习钠的性质,强化物质性质对物质使用和保存的决定作用,初步学会运用分类、类比、对比等研究物质性质的方法,进一步提升探究物质性质和变化的兴趣,增强合理使用化学品的意识,强化社会责任意识。

教学实录

教学环节一:初步编写金属钠安全技术说明书

教师活动	学生活动
【情境】金属也容易引发火灾,根据现行火灾分类标准,金属火灾属于D类火灾。我们今天的主角金属钠就是这样一类金属,那么它为什么容易引发火灾呢? 课前学习微课,明确金属钠安全技术说明书的体例和重点完成的条目,即钠的理化性质、操作处置与储存、消防措施三大部分内容。	观看微课,初步认识金属钠。 (创设情境,产生认知冲突和探究欲望,明确学习目标。)
在老师的指导下,学生根据微课内容以小组为单位自行前往实验室认识、取用钠,并进行钠与水的实验,做好现象记录,完成预习任务报告单,并在A4纸上初步编写金属钠安全技术说明书。	根据预习任务报告单,完成小组实验,并如实记录实验现象。 (通过微课和课前小组探究实验,做好记录,为课堂学习做准备。)

教学环节二:探寻金属钠容易引发火灾的原因

教师活动	学生活动
【思考1】你可以从哪些角度预测陌生金属的性质?通过课前微课和实验室的近距离探究,你对金属钠有什么认识?与你的哪些预测一致? 【小组汇报】钠与水反应,根据现象你能得知钠的哪些性质?	角度:原子结构、物质类别、化合价、金属活动性顺序。 钠与水反应的现象。 钠的理化性质。 (引导学生从宏观和微观两方面收集证据,推测并证实钠的性质,培养证据意识,逐步建立预测—实验—解释—得出结论的学习方法,并从物质类别角度初步构建金属及其化合物的研究思路。)
【思考2】金属钠为什么容易引发火灾呢? 【演示实验】将一个干燥的坩埚加热,同时切取一块绿豆大小的钠,迅速投到热坩埚中。继续加热坩埚片刻,待钠熔化后立即撤去酒精灯,观察现象。 【讲述】生成的这种淡黄色固体是钠的另外一种氧化物:过氧化钠 Na_2O_2,钠元素仍为+1价,而氧元素为-1价,请写出该反应的化学方程式。	观察、记录并描述现象:钠受热先熔化,然后剧烈燃烧,发出黄色火焰,最终生成一种淡黄色固体。 $2Na+O_2 \xlongequal{\triangle} Na_2O_2$ (认识金属的共性和差异性,初步学习一般到个别的物质研究方法。)
【工业生产过氧化钠的方法】说说钠与氧气的反应有什么应用价值。从中你对化学反应有什么新的认识? 在实际生产中我们可以通过控制不同的反应条件来调控反应的进程,进而生成指定的产物。 【总结】由此可知金属钠是一种易燃金属,保存不当易引发火灾。	控制不同温度和氧气的量制备过氧化钠,反应放出的热量也可以进行综合利用。 同样的反应物,反应条件不同,产物、剧烈程度不尽相同。 (通过简单的实验认识钠和氧气发生的不同反应及工业生产过氧化钠的过程,体会条件控制对物质制备的重要影响。)

教学环节三:探寻金属钠着火时灭火剂选择方案

教师活动	学生活动
【火情模拟1】在一薄层脱脂棉上放一块绿豆大小的金属钠(除去煤油及表面氧化物),滴加2~3滴蒸馏水,观察现象,并从物质和能量的角度分析水能否用来扑灭"钠火"。 【思考3】基于上述实验和结论,分析钠为什么要保存在煤油或者石蜡中。	脱脂棉迅速被引燃的原因:钠与水发生剧烈反应,产生可燃物氢气,并放出大量的热。 暴露在空气中、遇到水或者明火易燃。 (通过现场模拟钠与水的相遇引燃脱脂棉,形成认知冲突,水反而能点火,引导学生从物质与能量的角度分析原因,在真实情境中巩固钠与水的反应。)
【演示实验】将1~2 mL水滴入盛有1~2 g过氧化钠固体的试管中,立即把带火星的木条伸入试管中,检验生成的气体。用pH试纸检验溶液的酸碱性。 请写出该反应的化学方程式,并指出还原剂和氧化剂。 【火情模拟2】在一薄层脱脂棉上平铺一层过氧化钠粉末,滴加2~3滴蒸馏水,观察现象,并从物质和能量的角度分析过氧化钠对用水来扑灭钠火是否有影响。	带火星的木条复燃,说明生成的气体是氧气;pH试纸变蓝,说明生成碱性物质。 $2Na_2O_2+2H_2O=4NaOH+O_2\uparrow$ 过氧化钠既是氧化剂又是还原剂。 描述:脱脂棉迅速燃烧,说明过氧化钠与水反应放出大量的热,且产物氧气可以助燃,所以过氧化钠会加大扑灭钠火的难度。 [认识过氧化钠的性质,完善金属研究思路(氧化物→氢氧化物)。]
【思考4】CO_2也是常用的灭火剂,它可以用来扑灭钠火吗?请大家结合材料找出答案,并写出相关反应的化学方程式,再据此思考Na_2O_2有什么实际应用价值。 【火情模拟3】用脱脂棉包裹适量的过氧化钠粉末固定在长玻璃管的一端,在玻璃管另一端缓慢吹气,观察现象,并从物质和能量的角度分析原因。	学生阅读学案材料,思考并回答: CO_2不能用来扑灭钠火,会生成助燃物氧气,并放出大量的热。 $2Na_2O_2+2CO_2=2Na_2CO_3+O_2$ [继续认识过氧化钠的性质,完善金属研究思路(氧化物→盐);同时认识物质的两面性,强化性质与用途的关系。]
【小结】金属钠着火到底应该如何扑灭呢? 【PPT展示某企业的金属钠安全技术说明书】由"灭火方法"可知,使用D类干粉灭火剂效果会更好。	干燥的沙土。在选择灭火方案时,除了要考虑灭火原理以外,还需要考虑起火物质和燃烧产物的性质来综合考量灭火剂的选择。 (形成灭火方案的选择原则。)

教学环节四:修改并完善金属钠安全技术说明书

<table>
<tr><th>教师活动</th><th>学生活动</th></tr>
<tr><td>化学品安全技术说明书(MSDS),国际上称作化学品安全信息卡,请大家整理本节课金属钠的相关知识,修改并完善金属钠安全技术说明书,可配之以必要的标识或者图片。</td><td rowspan="2">专业知识
+
使用对象
……
{准确性
规范性
全面性
简洁性
美观性
……
(整理钠的性质,认识物质性质对物质使用和保存的决定作用,在任务一的基础上完善化学品说明书,树立妥善保存、合理使用化学品的意识。)</td></tr>
<tr><td>【课堂展示】每小组代表进行展示,说明编写理念,并进行生生互评和师生互评,总结编写说明书需要注意些什么。</td></tr>
<tr><td>【思考延伸】在某企业说明书的“灭火方法”中,Na_2CO_3 可以灭钠火,试预测为什么 $NaHCO_3$ 不能灭钠火。如何设计简单的实验证明?</td><td>灭火方法:
采用干燥氯化钠粉末、干燥石墨粉、碳酸钠干粉、碳酸钙干粉、干沙等覆盖灭火。
灭火注意事项及措施:
消防人员必须佩戴空气呼吸器,穿防火、防毒服,在上风向灭火;尽可能将容器从火场移至空旷处,喷水保持火场容器冷却,直至灭火结束。</td></tr>
</table>

板书设计

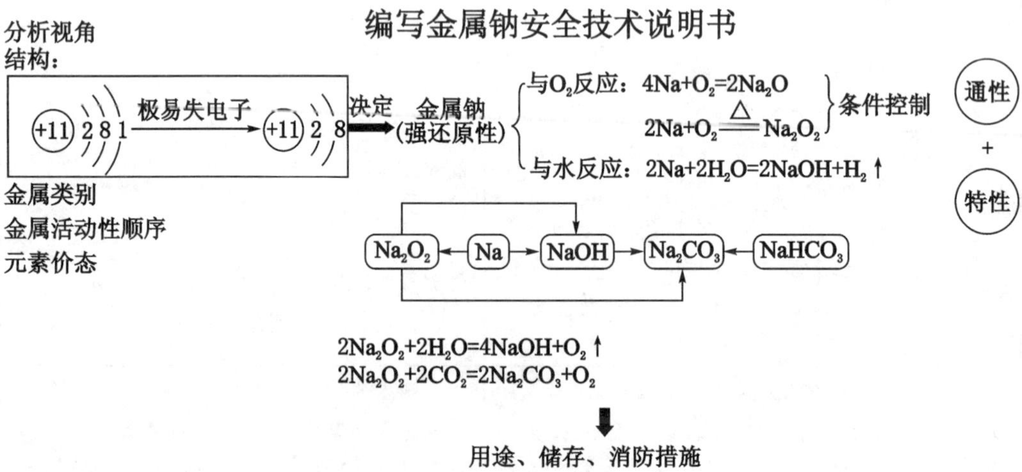

教学反思

最后的成果设计需要学生概括梳理、独立思考，是学生认识物质性质及用途、进行真实问题解决的思路方法的外显结果。在作品设计中，学生体现出了不同的学习效果和思考深度，各有闪光点和借鉴之处。学生在巩固钠及其化合物的基础知识上，展现了“结构—性质—用途与保存”“单质—氧化物—碱—盐”简单转化的学科思维，并能利用已有的化学学科知识和认识思路与方法解决实际问题。此外，本课项目学习还融入了实验设计和安全意识，有的学生能在此基础上对钠及其消防知识进行进一步的挖掘，并进行全局设计，使其兼具视觉美感，具有借鉴性和展览性，不但激发了学生的学习兴趣和探究热情，而且在完成活动、成果展示的过程中实现了化学学科核心素养的发展，提升了学生跨学科交叉融合的科学素养和人文素养。

在课堂中依据学生的学习特征，采用线上微课（应用 focusky 软件）、实验室自主实验探究和线下课堂探究相结合、演示实验实时投屏等多种多媒体手段联用，极大地调动了学生的学习积极性，极大地提高了教学效果。

氯及其化合物——探究泳衣褪色之谜
——基于元素化合物“价类二维模型”的教学

管　欣

（太原市成成中学校　山西太原）

课标分析

课标对于主题“常见的无机物及其应用”中“非金属及其化合物”的要求：结合真实情境中的应用实例或通过实验探究，了解氯、氮、硫及其重要化合物的主要性质，认识这些物质在生产中的应用和对生态环境的影响。

教材分析

从物质种类上来看，本节教材重点介绍氯元素的单质——氯气，在氯气性质的学习中，融入次氯酸、次氯酸盐等，突出说明含氯元素物质之间的转化，意在构建典型非金属元素及其化合物的研究思路和方法（模型）。从氯气的知识结构来看，重点介绍氯气的强氧化性，并引导学生从离子反应、氧化还原反应的视角对反应的产物进行预测、探究，体现宏观与微观结合的思想，强化证据推理意识。从内容的选取看，教材重视氯及其化合物的应用价值，有助于学生更好地了解化学知识的应用。本节教材以氯及其化合物的研究为载体，建构了非金属及其化合物的研究模型，突出对学生化学学科核心素养的培养，有利于后续硫、氮及其化合物的学习。

学情分析

在本章第一节中，学生已经对典型金属元素钠进行了学习，了解了研究金属元素及其化合物的思路和方法，初步构建了含同种元素的物质间的转化关系，可以从原子结构、物质类别、元素化合价三个角度分析物质性质，为学习典型非金属元素氯打下基础。

备课资源及设计理念

►►备课资源

氯气因为有强大的杀菌能力，而被人们广泛使用，氯气强大的杀菌能力不仅可以为人们提供安全的饮用水，也使游泳池这种娱乐设施更卫生、更安全。同时也促进了泳装布料的不断更新，因为氯是游泳池消毒剂的主要成分，在泳衣更新的过程中，曾经遇到过布料褪色的问题。

▶▶设计理念

基于真实且富有价值的问题情境开展教学。本课时以“探究泳衣褪色之谜”为问题情境，为解决问题，学生需要学习氯气的性质，查阅资料、设计方案、开展探究，然后运用所学知识解决实际问题，从而使课程内容结构化，思路模型外显。在教学中要逐步建立基于原子结构、物质类别和元素化合价三个角度对物质性质进行预测和检验的认知模型，让学生认识并体验科学探究的一般步骤，提升证据推理与模型认知、科学探究与创新意识等学科核心素养。

教学目标

1. 通过预测并验证氯气的主要化学性质，初步形成基于原子结构、物质类别和元素化合价三个角度对物质性质进行预测和检验的认知模型。

2. 通过探究泳衣褪色的原因，理解氯气与水的反应原理及其应用，建立物质性质与物质用途之间的关联，形成“结构决定性质、性质决定用途”的学科大概念。在问题解决过程中，初步了解科学探究的一般步骤，体会科学探究的过程，能从问题和假设出发，设计探究方案，运用实验法进行探究。

3. 通过体会氯气有毒又有用的特点，让学生认识到只有学好知识并正确应用，才能让资源更好地为人类服务，同时渗透发展社会参与意识，培养社会责任感的思政教育理念。

教学实录

教学环节一：情境导入

教师活动	学生活动
【展示】播放视频，介绍氯气的性质和在生活中的应用。 【提问】从视频中，你能归纳出氯气的哪些性质和用途呢？ 【资料卡片】 氯气： 水溶性：1∶2　　　熔点：-101 ℃ 沸点：-34.6 ℃　　密度：3.214 g/L(0 ℃) 【提出问题】为什么长时间被泳池水浸泡的泳衣会褪色？	【观看】 观看视频，了解氯气。 【归纳】 氯气的物理性质：黄绿色，有刺激性气味的气体，能溶于水。 化学性质：毒性。 用途：Cl_2 通入水中，可用于饮用水和游泳池水的杀菌消毒。

教学环节二:预测并验证 Cl_2 的化学性质

教师活动	学生活动
【猜想预测】 请同学们回忆并类比钠的性质的学习过程,从原子结构、物质类别和元素化合价三个角度预测氯气的化学性质。	【预测并回答】 根据氯的原子结构,预测氯原子容易得电子,氯气表现氧化性。 根据物质类别,氯气是非金属单质,可能容易与金属单质发生化合反应。 氯的常见价态是-1价,因此氯气中氯元素化合价降低,表现氧化性。
【实验验证】 演示实验:铁在氯气中加热的实验;氢气在氯气中燃烧的实验。	【观察】 铁在氯气中加热,产生棕色烟,加入少量水后,溶液呈棕黄色;氢气在氯气中安静地燃烧,发出苍白色火焰,瓶口有白雾。
【提问】 实验现象说明反应生成什么物质?请同学们书写化学方程式。	【回答并书写】 铁在氯气中加热生成氯化铁;氢气在氯气中燃烧生成氯化氢。 $2Fe+3Cl_2 \xlongequal{\triangle} 2FeCl_3$ $H_2+Cl_2 \xlongequal{点燃} 2HCl$
【讲解】 我们可以应用铁与氯气的反应制盐,应用氢气与氯气的反应工业制盐酸。 【讲解】 除了与金属铁,氯气还能与金属钠和金属铜发生化合反应,生成氯化钠和氯化铜。在氯气与铁、铜、钠、氢气的这四个反应中,氯都是由0价降到-1价。 【得出结论】 Cl_2 具有强氧化性。	

教学环节三:探究泳衣褪色的原因

教师活动	学生活动
【提出问题】 通入 Cl_2 之后的游泳池水,是什么物质使泳衣褪色了呢?	【猜想预测】 预测1:可能是 Cl_2 使泳衣褪色。 预测2:可能是 Cl_2 和 H_2O 反应的生成物使泳衣褪色。
【追问】 (1)你将如何设计实验验证自己的预测? (2) Cl_2 和 H_2O 反应,预测生成物可能是什么?如何设计实验检验这些生成物? 【得出结论】 Cl_2 和 H_2O 反应生成 HCl 和一种有漂白性的物质。 【资料卡片】 (1)经实验证实,Cl_2 和 H_2O 反应还生成次氯酸(HClO)。 (2)HClO 是很弱的酸。HClO 具有强氧化性可以破坏色素原来的分子结构,实现漂白效果,还可以使构成细菌外壳的蛋白质变性,导致细菌死亡,起到消毒的作用。	【回答】 对比干燥氯气和湿润氯气能否使红纸条褪色。 【分组实验】 观察干燥氯气中的红纸没有褪色,向其中注入少量蒸馏水后,红纸立即褪色。 【得出结论】Cl_2 和 H_2O 反应的生成物使泳衣褪色。 【预测】 氯化氢。 【设计实验】 用石蕊检验氢离子,用硝酸银溶液检验氯离子。 【分组实验】 将注射器中的石蕊溶液注入小瓶中,振荡小瓶,观察到溶液先变红后褪色。 【结论】 Cl_2 和 H_2O 反应生成 H^+ 和有漂白性的物质。 【分组实验】 将注射器中的 $AgNO_3$ 溶液注入小瓶,振荡小瓶,观察到产生白色沉淀。 【结论】 Cl_2 和 H_2O 反应生成 Cl^-。

（续表）

<table>
<tr><th>教师活动</th><th>学生活动</th></tr>
<tr><td>【提问】请同学们根据资料卡片书写 Cl_2 和 H_2O 反应的化学方程式，并用双线桥分析反应中的电子转移。

【发现新问题】
法国化学家贝托莱在研究氯气时发现，氯水露置于日光下会失去漂白能力，这是为什么呢？

【实验探究】
播放演示实验视频，光照过程中，氯水 pH、氯离子浓度、氧气体积分数的变化如下图所示：
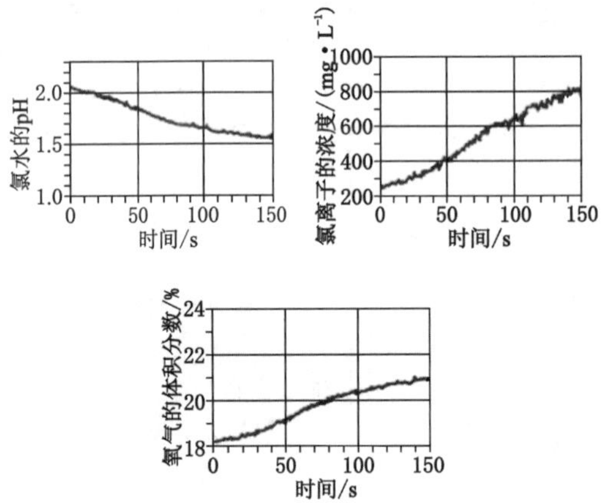
【得出结论】次氯酸 HClO 不稳定，在光照下容易分解生成 HCl 和 O_2。</td><td>【书写】
$Cl_2+H_2O=HCl+HClO$
反应转移 1 个电子。

【观察】
次氯酸见光易分解，产生氢离子、氯离子和氧气。
【书写】
次氯酸见光分解的化学方程式：
$2HClO \xlongequal{光照} 2HCl+O_2\uparrow$</td></tr>
</table>

教学环节四：总结

<table>
<tr><th>教师活动</th><th>学生活动</th></tr>
<tr><td>【总结】
科学探究的过程：
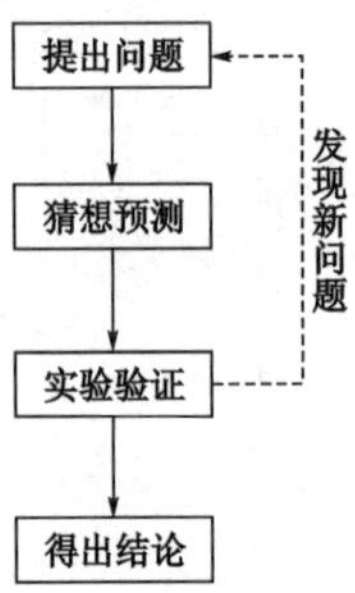</td><td>【总结】
思考并总结。</td></tr>
</table>

教学环节五:检测落实

教师活动	学生活动
【提问】 请同学们结合本节课所学的氯气性质,思考:如果氯气工厂发生泄漏,该如何疏散人群?人们如何紧急防护?	【练习】 练习并交流。

板书设计

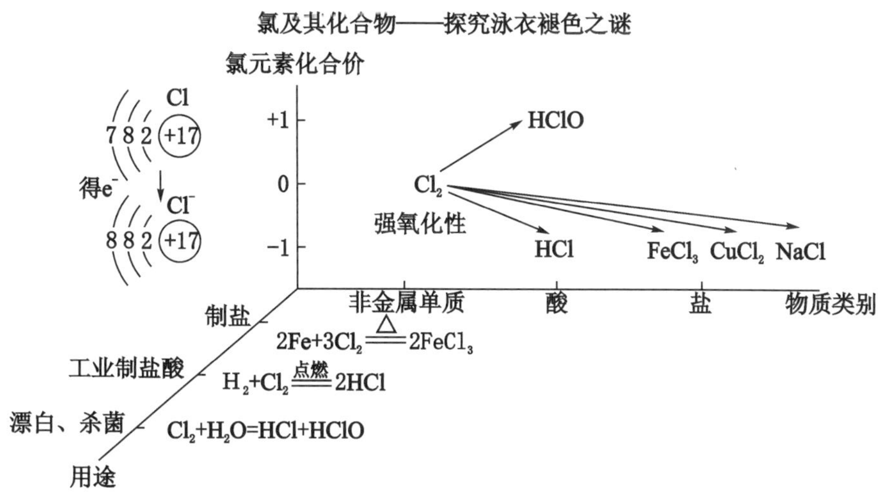

教学反思

在课堂的实际教学中,学生能够类比钠及其化合物,预测出氯气的氧化性,并能较好地分析实验现象,得出科学结论,逐步建立起从原子结构、物质类别和元素化合价三个角度认识物质性质的思维模型。探究泳衣褪色的原因时,学生可以在教师的逐步引导和追问下,发现生活中的实际问题,提出科学的猜想预测,设计实验方案,进行实验验证,最终得出结论。在这个过程中学生开展了证据与推理、模型与解释、符号与表征等学习活动,包含小组合作、实验探究等方式。整体来说,在两个学习任务中,学生都在进行科学探究和模型建构,都较好地促进了学科核心素养的落实和本节课学习目标的完成。

氧还原理、宏微视角下典型非金属元素及其化合物的研究
——消毒“圣斗士”氯

刘姝君
（太原市第十二中学校　山西太原）

课标分析

1. 内容要求

理解科学探究是进行科学解释和发现、创造和应用的科学实践活动。了解科学探究过程包括提出问题和假设、设计方案、实施实验、获取证据、分析解释或建构模型、形成结论及交流评价等核心要素。理解化学实验是探究和学习物质及其变化的基本方法，是科学探究的一种重要途径。

理解有化合价变化的反应是氧化还原反应，了解氧化还原反应的本质是电子的转移，结合真实情境中的应用实例或通过实验探究，了解氯、氮、硫及其重要化合物的主要性质，理解这些物质在生产中的应用和对生态环境的影响。

2. 学业要求

能列举、描述、辨识典型物质重要的物理和化学性质及实验现象。能用化学方程式、离子方程式正确表示典型物质的主要化学性质。

能从物质类别、元素价态的角度，依据复分解反应和氧化还原反应原理，预测物质的化学性质和变化，设计实验进行初步验证，并能分析、解释有关实验现象。

能利用典型代表物的性质和反应，设计常见物质制备、分离、提纯、检验等简单任务的方案。能从物质类别和元素价态变化的视角说明物质的转化路径。

能根据物质的性质分析实验室、生产、生活及环境中的某些常见问题，说明妥善保存、合理使用化学品的常见方法。

通过氯及其化合物的学习，进一步加强学生对元素化合物基本学习思路的认识；能够从结构出发预测化学性质，进而设计实验进行验证，并能将实验现象作为证据，证明预测。同时能够认识氯及其化合物在生产生活中的运用，并利用其性质，分析净水过程中的一些问题。

教材分析

氯及其化合物是中学化学阶段第一次系统地对非金属元素及其化合物的学习，是建构第四章“物质结构　元素周期律”的知识基础，体现“结构决定性质，性质决定用途”这一学科观念。教材在此设计的目的是希望帮助学生初步运用原子结构预测物质的性质、运用氧化还原反应概念去分析预测物质的性质，初步运用化学实验观察研究物质的性质，并能运用所学知识分析、解释现象。

本节课在氯气性质的学习中，融入次氯酸，突出含氯元素物质间的转化关系，构建典型非金属元素及其化合物的研究思路和方法，在内容上，重视氯及其化合物的应用价值，如氯气用于自来水消毒和生产84消毒液等。因此，本课题选取“氯气用于自来水消毒”的情境，有助于学生更好地将化学知识运用到生产生活中，让学生意识到应如何利用资源才能更好地为人类服务，从而发展社会参与意识，建立社会责任感。

学情分析

学生在典型金属钠及其化合物的学习过程中已经初步建立元素化合物的基本学习思路，初步知道运用化学实验观察研究物质的性质，但是预测、解释、分析等学科能力水平还有待提升。

备课资源及设计理念

“课程标准”中学习活动建议及情境素材建议中的氯水的性质及成分探究、讨论日常生活中含氯化合物的保存与使用、含氯消毒剂及其合理使用、氯气的发现史。

教学目标

1. 能利用原子结构、氧化还原反应的观点预测氯气的化学性质，自主设计实验并进行验证，寻找证据证实氯气的强氧化性，并用化学方程式正确表征。

2. 通过研究氯气对自来水消毒的原理，探究氯气与水反应的产物；在实验探究过程中进一步发现次氯酸的漂白性，认识其不稳定性，由此发现漂白粉、漂白液的生产价值，并能够书写相应的化学方程式。

3. 以氯及其化合物的学习为线索，建立含氯元素的物质间的转化关系，渗透研究物质的思路和方法。

4. 以自来水厂消毒原理为情境，了解、感受物质性质与用途的关系，体会化学学科在生活中的有用性，感受科学技术的进步给生活带来的巨大改变。

教学实录

教学环节一

教师活动	学生活动
【情境导入】 在新冠肺炎疫情期间，“相亲相爱一家人”微信群里出现了这么一段话：自来水厂加大了氯气注入，使用时务必提前静置两个小时。自来水厂为什么用氯气消毒？氯气具有什么性质呢？ 教师展示充满氯气的集气瓶。	【聆听】 思考。 【学生代表回答】 总结氯气的物理性质。
环节一：结构与性质 【提问】自来水厂用氯气消毒，利用了氯气的什么性质？给大家 2 min 讨论时间，请大家以小组为单位，思考学案“思考与讨论一”的三个问题。	【小组讨论】 围绕学案三个问题进行讨论： 问题 1. 氯气消毒原理与自身的什么化学性质有关？ 问题 2. 是什么决定了氯气具有这种性质？ 问题 3. 寻找可以与氯气反应的物质类别及代表物，推测产物，完成表格。
教师追问：选择这些物质的理由是什么？能否预测产物？	学生按要求汇报： 利用氯气的氧化性，氯气可以与非金属单质、金属单质反应。 氯气具有氧化性，因此寻找常见还原剂。 从氧化还原的视角分析，铁与氯气的产物是氯化铁。
【实验视频】 因为氯气有毒，现在播放这些物质与氯气反应的视频，请大家从视频中寻找证据来证实推测。	【观看视频】 在学案中做好记录，学生代表汇报证据及结论。
【追问】 那么，经过以上实验事实能否证明氯气具有强氧化性？你的宏观证据是什么？	
【过渡】自来水厂用氯气消毒是否也是利用了氯气的强氧化性呢？现在我们来研究氯气与水的反应。	

教学环节二：

教师活动	学生活动
环节二：性质与原理 请大家结合学案“思考与讨论二”的两个问题，结合氧化还原反应的知识预测产物，设计实验证明预测。	【小组讨论】 3 min 讨论时间。
提问：运用氧化还原的知识，尝试预测氯气与水反应的产物是什么。	分析出反应产生氯化氢，教师指导从氧化还原的角度分析，另一种产物中氯元素化合价应该升高。
【演示实验1】 进行氯气溶于水的实验，指导学生观察氯气外观，分析微粒组成。	
【提问】 如何验证氢离子？ 演示实验。	紫色石蕊溶液变红，又褪色。（说明存在一种可以漂白的物质，此时先不解决）
【提问】 如何验证氯离子？ 演示实验。	用硝酸酸化的硝酸银，产生白色沉淀。
那么，我们现在来深入研究可以使紫色石蕊溶液褪色的物质是什么。	【小组讨论】 2 min 讨论，提出几种猜想。 通过排除法，猜想一：氯气漂白性。猜想二：次氯酸漂白性。
追问：如何设计实验验证你的推测？ 演示实验。	设计实验：干燥的氯气与湿润的氯气与干燥纸条的反应。 观察实验现象。
【小结】因此，通过以上实验，我们得到了起到消毒、漂白作用的其实主要是次氯酸，而不是氯气；湿润的氯气有漂白性是由于与水生成了次氯酸，干燥的氯气不可以使有色纸条褪色。	

教学环节三

教师活动	学生活动
环节三:应用与改进 【过渡】那么,氯气消毒有什么缺点吗?	1. 产生的酸性物质腐蚀管道。 2. 有剩余氯气存在,会对人体有害。
我们是否还需要担心余氯的问题呢?我们通过一个实验视频来进行研究。 【实验视频】 次氯酸光照分解实验。	观看次氯酸分解视频得出结论:次氯酸分解产生氯化氢和氧气。书写化学方程式。
【小结】 因此,久置氯水最后变成的其实是稀盐酸。也有科学家们发现,使用氯气对自来水消毒时,氯气会与自来水中的有机物发生反应,生成的有机氯化物可能对人体有害。因此后续科学家们又研究出了更为稳定的漂白粉与漂白液用来消毒。 我们下节课继续学习如何利用氯气制备漂白粉、漂白液,以及其漂白原理的相关问题。	
【方法总结】 结构决定性质,性质决定用途。 研究思路总结:在研究物质性质的过程中,我们基于氧化还原视角对物质性质进行预测,并依据预测选择合适试剂设计实验,通过实验现象寻找证据证明推测,最后宏微结合,利用化学方程式进行符号表征。	总结本节课我们实现了哪些含氯物质间的转化。 对你研究物质的性质及生产生活有何启发?

板书设计

消毒“圣斗士”——氯

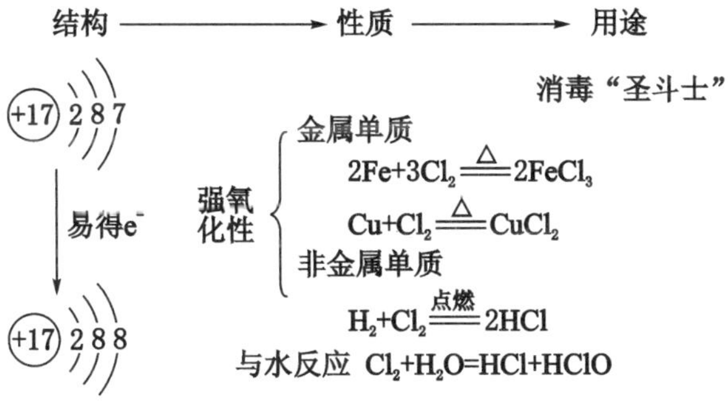

教学反思

典型元素化合物的学习是高中化学学习内容的重要构成部分，它从结构决定性质的角度出发，通过实验进行性质的验证学习，进而建立元素化合物的一般学习思路与思维模型，为将来陌生元素及其化合物的学习提供方法。

氯气的制备及氯离子的检验

曹勇勇

（太原市进山中学校　山西太原）

课标分析

《普通高中化学课程标准（2017 年版 2020 年修订）》（以下简称“课程标准”）中要求：理解并掌握氯气的实验室制法；了解氯离子的检验方法。通过实验探究氯气的制法，学习物质分离、检验和制备等实验探究活动的核心思路与基本方法，能利用氯及其化合物的性质和反应，设计常见物质制备、分离、提纯、检验等简单任务的方案。

教材分析

学生初中时已经学过 CO_2、H_2 等气体的实验室制法，氯气的制法是在这些气体制备的基础上引入的。教材中引入实验室制取气体装置设计的方法导引，使学生在原来气体制备装置的选择上认识得更加系统和全面。本部分内容难度不大，但是知识的应用很广泛。实验题中气体的制备、性质检验是高考的高频考点，因此氯气实验室制法的学习为后面其他气体制法的学习奠定了基础，而学生在上一课时的学习中已经知道氯气的物理性质、化学性质和主要用途，自然就会想到要如何制取氯气，这样的学习过程对学生发展“证据推理与模型认知”“宏观辨识与微观探析”“科学态度与社会责任”的学科核心素养提供了有力保障，为以后学习更多物质制备方法奠定了基础，随后介绍的氯离子的检验方法，则更进一步加深学生对氯元素的认知。

学情分析

氯是较为经典的非金属元素，在日常生活中应用较为广泛。在前面两节的学习中，学生对氯气已经有了较多认知，本节主要通过氯气的实验室制法和氯离子的检验将已学的知识进行一定的应用并且培养学生的实验能力。

备课资源及设计理念

▶▶备课资源

1. 化学史话：1774 年瑞典化学家舍勒发现氯气时所用的方法，至今仍是实验室制取氯气的主要方法之一。

2. 生活知识:84 消毒液与洁厕灵不可以混用。

▶▶设计理念

以化学史为背景,重走伟大化学家的发现之旅,提高学生兴趣;通过学生探究,总结归纳实验室制取气体的一般思路和方法,帮助学生建立认知模型;运用“微型”“绿色”“安全”理念,设计创新实验,增强可操作性、趣味性、知识性。

教学目标

1. 能利用含氯元素物质间转化关系,结合氧化还原反应原理,选取合适试剂设计实验室制备氯气的物质转化方案,并能正确写出实验室制备氯气的化学方程式。

2. 通过设计制取纯净氯气实验方案,建立实验室制取气体的一般思路和方法。

3. 通过氯气的来源、用途和尾气处理的学习,让学生感受化学的乐趣,体会化学对生活、环境保护的重要意义,增加社会责任感。

教学实录

教学环节一:课堂导入

教师活动	学生活动
回顾:氯气在生产生活中的重要用途:__________	杀菌、消毒、漂白、生产漂白物质、盐酸、有机溶剂、农药、染料和药品。
如何生产 Cl_2?实验室如何制备 Cl_2? 本节课我们一起来探究氯气的实验室制法。 【学习任务一】 实验原理及操作 活动一:	工业上,从海洋获得氯资源。
思考 1. 你所知道的含氯物质有哪些?请将它们归置在价类二维图的相应位置。 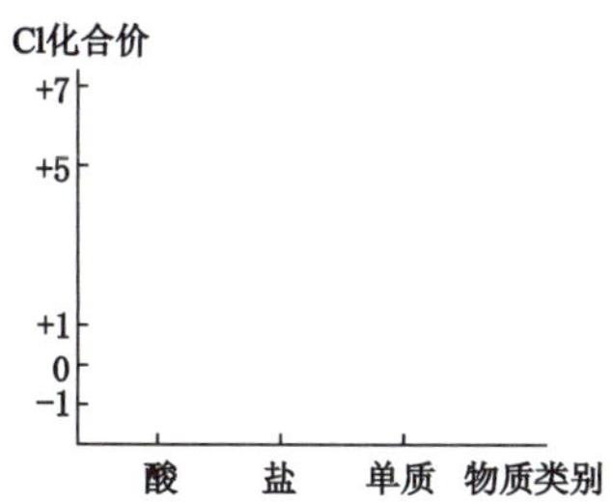	回答所知的含氯物质,并将其写在价类二维图中。 (学习使用价类二维图进行归纳整理分析)
思考 2. 这些物质能转化成 Cl_2 吗?如何实现?请结合氧化还原反应的知识进行思考。	能,加入合适的氧化剂或还原剂。

教学环节二:实验原理分析

<table>
<tr><th>教师活动</th><th>学生活动</th></tr>
<tr><td>活动二:实验原理分析
科学史话:1774 年,瑞典科学家舍勒在研究软锰矿(主要成分为 MnO_2)时,将它与浓盐酸混合加热时产生了一种黄绿色气体。
化学方程式:____________
思考 1. 该反应体现了 MnO_2 的什么性质?体现了浓盐酸的什么性质?
思考 2. 若将浓盐酸换成稀盐酸,反应还会顺利发生吗?</td><td>$MnO_2+4HCl(浓) \xlongequal{\triangle} MnCl_2+Cl_2\uparrow+2H_2O$
体现了 MnO_2 的氧化性,浓盐酸的还原性、酸性。
不会,浓度影响性质。</td></tr>
</table>

教学环节三:实验室制备氯气实验方案设计

<table>
<tr><th>教师活动</th><th>学生活动</th></tr>
<tr><td>阅读教材 P46“方法导引”,了解制备气体装置连接的一般顺序。
依据反应原理和制备气体装置连接的一般顺序,请你选择合适的仪器(手中的仪器卡片),设计以 MnO_2 和浓盐酸为原料,制取纯净 Cl_2 的实验装置。
提供信息:
<table>
<tr><th>物质/溶解度</th><th>H_2O</th><th>饱和食盐水</th></tr>
<tr><td>HCl</td><td>1 : 500</td><td>1 : 500</td></tr>
<tr><td>Cl_2</td><td>1 : 2</td><td>非常小</td></tr>
</table>
思考 1. 从反应装置中逸出的气体并非是纯净的 Cl_2,可能含有什么杂质,选用什么试剂进行除杂呢?(请填入下面表格)
<table>
<tr><th>杂质</th><th>除杂试剂</th><th>除杂顺序</th></tr>
<tr><td></td><td></td><td></td></tr>
<tr><td></td><td></td><td></td></tr>
</table>
思考 2. 如何确定氯气已经收集满?</td><td>发生装置→除杂装置(如需要)→收集装置→尾气处理装置(如需要)
学生活动:上台展示,补充更正,得出最终方案。
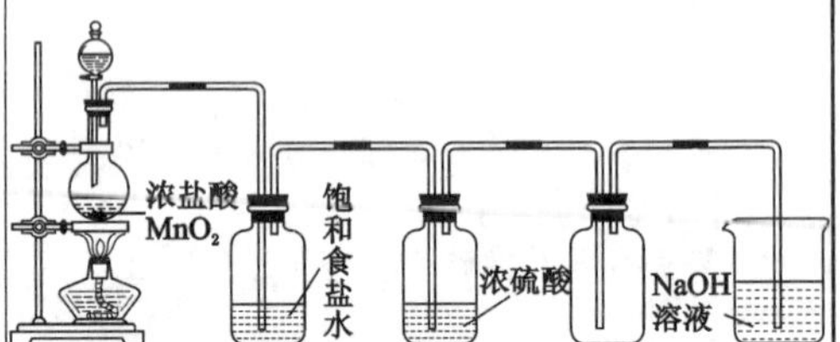

<table>
<tr><th>杂质</th><th>除杂试剂</th><th>除杂顺序</th></tr>
<tr><td>HCl</td><td>饱和食盐水</td><td>先</td></tr>
<tr><td>H_2O</td><td>浓硫酸</td><td>后</td></tr>
</table>
方法①:观察法,观察到黄绿色气体充满集气瓶。
方法②:湿润的有色纸条,褪色。
方法③:湿润的 KI 淀粉试纸变蓝。</td></tr>
</table>

（续表）

教师活动	学生活动
活动四：进行实验 经过设计和论证我们从理论上得到这样一套完整的制取氯气的装置，但是因为 Cl_2 有毒，使用这套装置制取氯气必须在通风橱进行，所以为了我们的安全，就不使用这套装置制 Cl_2 了，稍后我们使用另外一套装置来制取。 活动五：归纳总结 通过刚才的学习，现在我们来总结一下气体制备实验各装置应怎样选择。	发生装置→明确反应物状态（固、液、气）、反应条件（是否加热、是否光照等） 除杂装置→明确所制备气体及所含杂质的性质 收集装置→明确气体的密度、气体在水中溶解性、是否与水或空气反应等 尾气处理装置→明确气体的性质

教学环节四：拓展提升

教师活动	学生活动
【学习任务二】拓展提升 拓展一：实验室中还可以用其他强氧化剂氧化浓盐酸来制取 Cl_2。 反应原理如下： $K_2\overset{+6}{Cr_2}O_7+14HCl(浓)=2KCl+2\overset{+3}{Cr}Cl_3+3Cl_2\uparrow+7H_2O$ $2K\overset{+7}{Mn}O_4+16HCl(浓)=2KCl+2\overset{+2}{Mn}Cl_2+5Cl_2\uparrow+8H_2O$ $K\overset{+5}{Cl}O_3+6HCl(浓)=KCl+3\overset{0}{Cl_2}\uparrow+3H_2O$ $NaClO+2HCl(浓)=NaCl+Cl_2\uparrow+H_2O$ 微型实验步骤： 1. 将碳酸钠溶液倒入小烧杯，将导气管伸入碳酸钠溶液中。 2. 用注射器分别抽取 84 消毒液 10 mL 和洁厕灵 6 mL，（注射器不可混用）少量多次注入玻璃瓶中，边加边观察瓶中物质颜色的变化。 3. 实验结束后，使用专用注射器将碳酸钠溶液注入玻璃瓶内混合吸收。 微型实验注意事项： 1. 不可以打开玻璃瓶胶塞。 2. 气体导出管必须始终伸入碳酸钠溶液中。 3. 使用注射器时小心针头。 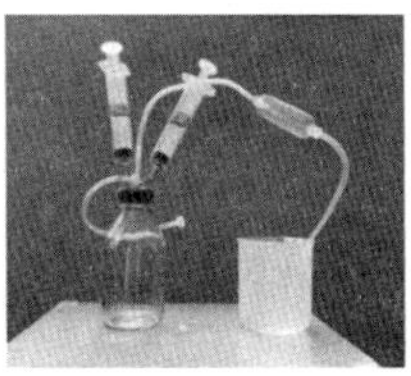	认真听讲并思考。

教学活动五:氯离子的检验

教师活动	学生活动
【学习任务三】氯离子的检验 进行尾气收集的 Na_2CO_3 溶液中是否含有 Cl^- 呢? 怎样设计实验进行检验呢? 原理:__________。 操作:__________。 现象:__________。	原理:$Ag^+ + Cl^- = AgCl$。 操作:先加入稀硝酸,再加入 $AgNO_3$ 溶液。 现象:产生白色沉淀。 了解掌握氯离子检验的原理及方法。

教学活动六:知识拓展及课堂总结

教师活动	学生活动
【科学·技术·社会】 了解氯气的工业制法。 方法①:海水→氯元素→氯气。 方法②:氯碱工业。 方法③:电解熔融氯化钠。 大家课下继续搜集这方面资料,以小组为单位汇总整理,下节课进行展示。	
【课堂小结】 本节课我们学习了__________。	(1)实验室制备氯气的原理以及实验装置。 (2)气体制备的一般方法。 (3)Cl 的检验:先加入稀硝酸,再加入 $AgNO_3$ 溶液。 (4)Cl_2 的工业制法。
【随堂练习】 1. 下列关于实验室制取 Cl_2 的说法正确的是 (　　) A. 将混有 HCl 的 Cl_2 通过盛有饱和 $NaHCO_3$ 溶液的洗气瓶除去杂质 B. 实验室制取 Cl_2,浓盐酸体现酸性和氧化性 C. 实验室用如图装置除去 Cl_2 中混有的 HCl  D. 实验室制备 Cl_2,可用排饱和食盐水集气法收集	1. D

（续表）

教师活动	学生活动
2. 有一包白色固体，它可能是 KCl、K_2CO_3、KNO_3 中的一种或几种，进行下列实验： ①溶于水，得到无色溶液。 ②在所得溶液中滴入 $AgNO_3$ 溶液，生成白色沉淀。 ③再滴加稀硝酸，沉淀量减少但不会完全消失，同时有气泡生成。 根据上述现象判断： 白色固体中一定含有的成分是________，可能含有的成分是__________。 请写出上述第②步实验中有关反应的离子方程式______________________。	2. KCl、K_2CO_3 KNO_3 $Cl^- + Ag^+ = AgCl\downarrow$ $CO_3^{2-} + 2Ag^+ = Ag_2CO_3\downarrow$
3. 已知 $KMnO_4$ 与浓 HCl 在常温下能反应产生 Cl_2。若用下图所示的实验装置来制备纯净、干燥的氯气，并与金属反应。每个虚线框内表示一个单元装置，其中有错误的是（　　） 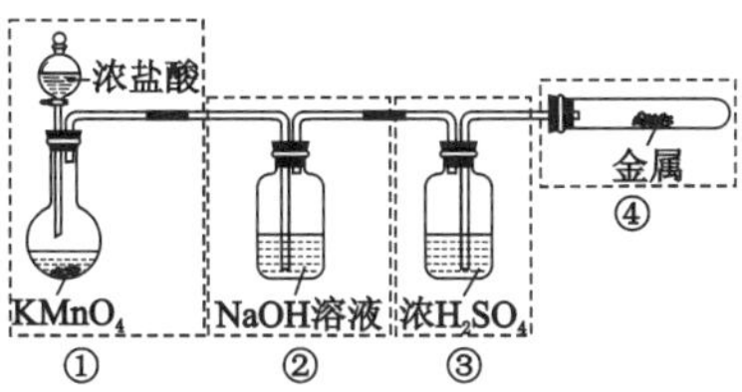 A. ①处和②处　　B. 只有②处 C. 只有②处和③处　　D. ②处、③处和④处 【课后作业】 练习册第二课时习题	3. D

板书设计

氯气的实验室制法及氯离子的检验

1. 氯气的实验室制法原理

$$MnO_2 + 4HCl(浓) \xlongequal{\triangle} MnCl_2 + Cl_2\uparrow + 2H_2O$$

2. 氯气的实验室制备装置

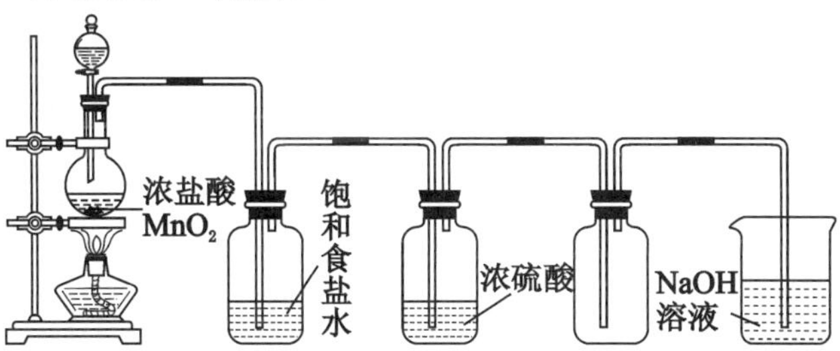

3. 氯离子的检验

教学反思

本节课倡导学生积极参与、主动探究、勤于动手的学习方式。教学中教师采用师生互动、生生互动，较好地处理了传授知识与培养能力的关系，最大程度地把学生的潜能、才能挖掘出来，让学生有所得。同时，本节课教学重点突出，难点处理得当，注重引导，学生思考积极，教学过程循序渐进，过渡自然，充分体现了学生的自主性，突出了化学学科的特点——实验教学。通过自主探究实验，有效地培养了学生观察对比现象和总结归纳现象的能力，并通过对实验的分析，培养了学生的逻辑思维能力和语言表达能力。

化铁为泥——铁的单质和氧化物变形记

雍彩霞

(阳曲县第一中学校　山西太原)

课标分析

《普通高中化学课程标准(2017年版2020年修订)》(以下简称为“课程标准”)在化学学科核心素养与培养目标中明确指出,知道可以通过分析、推理等方法认识研究对象的本质特征、构成要素及其相互关系,建立认知模型,并能运用模型解释化学现象,揭示现象的本质和规律;能从内因与外因、量变与质变等方面较全面地分析物质的化学变化;能从不同视角对纷繁复杂的化学变化进行分类研究,逐步揭示各类变化的特征和规律;具有安全意识和严谨求实的科学态度;具有探索未知、崇尚真理的意识。

通过本节课的学习,教师应引导学生进一步体会价类二维图在元素化合物模块学习中的指导性作用,建立元素化合物学习的认知模型,使学生对物质的化学性质及转化的知识更加结构化,使定性描述和定量分析的方法充分融合,强化深度学习。

教材分析

本节是人教版高中化学必修第一册第三章的内容。在初中阶段及高中阶段前期的学习中学生已经比较浅显地了解了一些铁的知识,本节要在这些知识的基础上结合离子反应、氧化还原反应等知识进一步加深学习铁的有关性质,从本质上了解铁是一种变价金属。在教学过程中考虑到新旧知识的相互衔接,应注意结合价类二维图充分发挥理论知识对元素化合物知识的指导作用,注意应用理论知识加以解释,因为应用的过程也是进一步加深理解这些理论的过程。例如,本节很多反应都属于氧化还原反应,用电子转移的观点分析这些反应,既能加深学生对具体反应的理解,又可以巩固有关氧化还原反应的概念。此外,通过介绍一些生活中与铁以及氧化物有关的情境,可进一步加深学生对这些知识的理解。

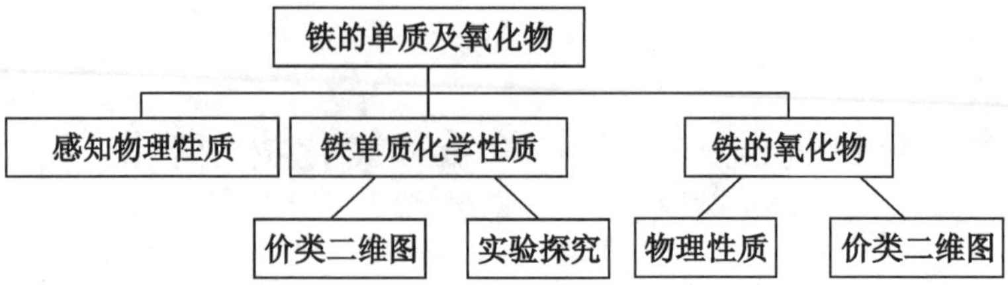

学情分析

在初中阶段学生学习过铁单质的一些性质，如物理性质及其与氧气、氯气、盐酸、硫酸铜溶液等反应，在铁的化合物中知道一些铁的氧化物的性质。在高中阶段学生已经学习了金属元素的代表钠，体验了利用价类二维图指导元素及其化合物的学习方法，能够从氧化还原反应的角度分析反应的特点。

备课资源及设计理念

▶▶备课资源

丹霞地貌由二氧化硅、硅氧四面体、砾石、铁红等物质经复杂化学反应而形成。张掖丹霞地貌是中国发育最大最好、地貌造型最丰富的地区之一，特别是窗棂式、宫殿式丹霞地貌，是丹霞地貌中的精品。彩色丘陵色彩之缤纷、面积之大冠绝全国。其红色砂砾岩由石灰岩、含铁化合物、石膏等成分组成，其中石灰岩中主要有含钙元素的石膏，其主要成分为硫酸钙。岩石呈红色是因含氧化铁(三氧化二铁)和氢氧化铁所致。张掖丹霞地貌因砂岩所含化学成分不同而呈现出不同的颜色，三氧化二铁是红棕色，氢氧化钠是白色，硫黄是黄色，铝是灰色，铜是绿色，锰是黑色，磷是紫色。

▶▶设计理念

在充分利用“思考与讨论”栏目回忆关于铁单质已有知识的基础上，引导学生运用价类二维图建构铁单质性质的知识结构，发挥铁与水蒸气反应的“思考与讨论”栏目对培养学生证据推理与模型认知素养的价值，让学生再次利用价类二维图指导学习比较铁的氧化物的化学性质。在教学中注意在给定的具体情境中，精心设计不同类型、不同层次的有效问题，促进学生认知的发展。

教学目标

1. 能够联系生活实际认识铁的物理性质；能从物质类别、元素价态的角度，归纳铁的化学性质还原性，寻找能和铁发生化学反应的试剂，并能用化学方程式、离子方程式正确表示铁的主要化学性质。

2. 通过铁质模具制作探究铁与水蒸气的反应，在实验现象的观察过程中进一步证实产物的生成，并能用语言准确描述，尝试对现象进行分析、归纳，了解科学探究的基本方法，能用化学方程式正确表征。

3. 通过对高炉炼铁原理、铁及其氧化物的学习，让学生从物质类别及元素化合价视角认识物质间的转化关系及其用途，逐渐形成研究元素及其化合物的思路和方法。

教学实录

教学环节一：感知铁的物理性质

教师活动	学生活动
【情境导入】 张掖丹霞地貌被喻为“被上帝打翻的调色板”。现在，我们一起来观看视频领略大自然的鬼斧神工，见识丰富多彩的物质世界。 美丽震撼的自然景象归功于一系列和铁元素有关的物质。地壳中含量最多的金属元素是铝，其次是铁。铁元素的单质形态只有陨铁，在地壳中它主要以化合物的形态存在于矿石中。 （设计意图：创设情境，引导学生从生活中发现问题。）	学生倾听、观看、思考。
【任务一】感知铁的物理性质 联系生活实际和生活经验认识铁的物理性质，结合认识物理性质的“15 字”口诀，观察后将获取的信息填到学案中。  铁丝  铁锅  铁粉 【方法指导】物理性质“15 字”口诀：密溶熔沸毒色泽嗅味态硬脆延传导。 （设计意图：指导学生形成认识物理性质的认知思路。）	阅读并填写学案。 铁的物理性质： 银白色金属光泽固体（铁粉为黑色粉末），有延展性、导热性、导电性，熔沸点高，能被磁体吸引。 学生记笔记、思考。
【过渡】 每 1.5 分钟，全世界就有 2 吨钢铁被腐蚀成铁锈。生锈是指金属和空气中的氧等物质反应的一种化学变化。接下来我们探讨铁的化学性质。	

教学环节二：建构价类二维认知模型

<table>
<tr><th>教师活动</th><th>学生活动</th></tr>
<tr><td>
【任务二】以小组为单位预测铁的化学性质，结合价类二维图找出能和铁反应的物质，并在价类二维图上表示其转化关系，写出相应的化学方程式。
（设计意图：通过价类二维模型形成铁元素及其化合物的认识思路。）
【小结】Fe+较弱的氧化剂⟶Fe^{2+}
置换反应（如与 H^+、Cu^{2+}、Ag^+ 等反应）
Fe+强氧化剂⟶Fe^{3+}（与 Cl_2 等反应）

【追问】铁和水反应吗？请说明依据。

【追问】铁遇见水蒸气会反应吗？让我们通过实验来验证。
【任务三】以小组为单位依据 Cl_2 的制备模型设计实验验证铁与水蒸气反应的实验装置。
<table>
<tr><td>提供水蒸气方法</td><td>产物收集装置</td><td>产物检验方法</td></tr>
<tr><td></td><td></td><td></td></tr>
</table>
【实验】演示实验
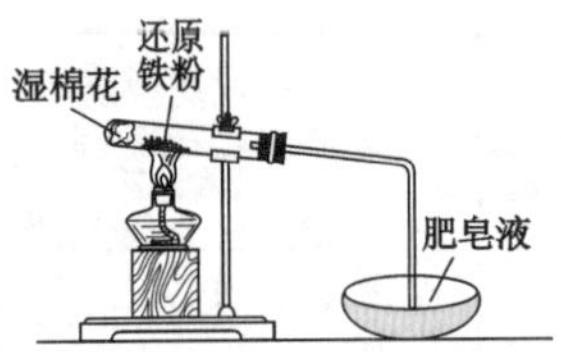

【追问】在钢铁厂生产中，炽热的铁水或钢水注入模具之前，模具必须进行充分的干燥处理，不得留有水，这是为什么？
</td><td>
学生思考并完成学案。
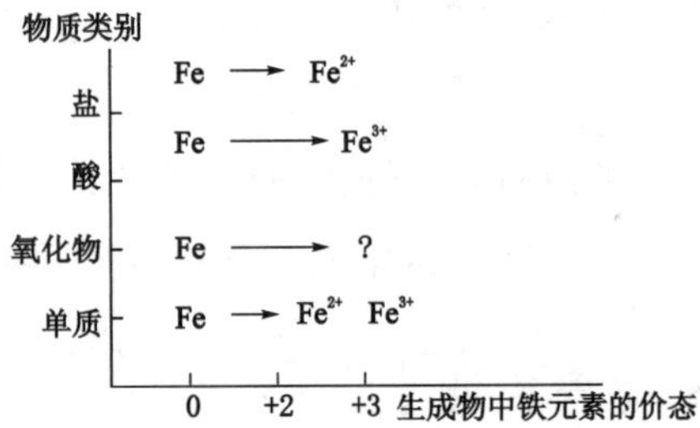

学生回答：
铁作为还原剂能与某些非金属单质、酸和盐溶液反应。
铁遇冷水，热水都不反应，因为我们可以用铁锅盛水，烧水做饭。

学生思考并回答。

观察演示实验并记录现象，说明理由。

学生思考并回答。
$3Fe+4H_2O(g)\xlongequal{高温}Fe_3O_4+4H_2$
（设计意图：根据实验现象和氧化还原反应原理推导出铁和水蒸气反应的化学方程式。）
</td></tr>
<tr><td>【过渡】战国中期著名的纵横家鬼谷子曾说："郑子取玉，必载司南，为其不惑也。"（《鬼谷子·谋篇》）这是磁石指极特性的最早记载。（公元前380年）</td><td>学生倾听、思考。</td></tr>
</table>

教学环节三:价类二维认知模型再认知

教师活动	学生活动
联系生活实际说说你知道的铁的氧化物有哪些？铁的氧化物有哪些物理性质？ （设计意图:引导学生体验化学即生活,生活即化学。）	学生思考并回答: 铁的氧化物有四氧化三铁、氧化铁、氧化亚铁。 氧化铁是一种红棕色粉末,氧化亚铁是一种黑色粉末。
【资料卡片】 Fe_3O_4 的组成可用氧化物的形式表示为 $\underline{FeO \cdot Fe_2O_3}$,即有$\frac{1}{3}$的铁显+2价,$\frac{2}{3}$的铁显+3价,所以既有氧化性又有还原性。	四氧化三铁是具有磁性的黑色晶体。
【强调】氧化亚铁和氧化铁都属于碱性氧化物,而四氧化三铁不是碱性氧化物。 铁的三种氧化物和水都不反应。 【任务四】模型再认知 【活动】基于价类二维图认识铁单质和铁的氧化物间的转化,并写出相应的离子方程式。 （设计意图:通过模型再认知,改变模型横纵坐标,进一步深化价类二维认知模型。） 【资料卡片】 Fe 和 O_2 直接反应,在不超过570 ℃时,生成物是 Fe_3O_4;温度高于570 ℃时,生成的是FeO;Fe 和 O_2 直接化合,很难生成 Fe_2O_3,当温度高达1 300 ℃时,生成的FeO才可以进一步氧化生成 Fe_2O_3。 【总结】 本节课我们从价态和类别的角度认识了铁单质的还原性及铁的氧化物与单质和盐的转化。生活处处有化学,模型认知让化学学习事半功倍。 【作业设计】 1.“秦砖汉瓦”是我国传统建筑文化的一个缩影。同是由黏土烧制的砖瓦,有的是黑色的,有的却是红色的,请猜测可能的原因,并查阅资料进行说明。 2.根据价类二维图设计亚铁离子和铁离子的转化路径,并查阅资料如何检验亚铁离子和铁离子。	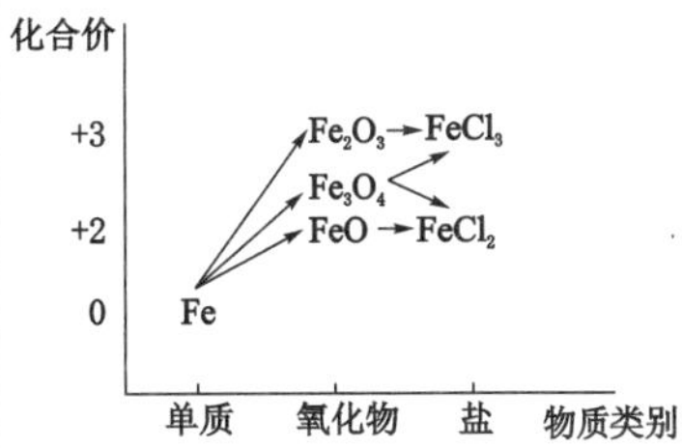 学生思考并完成学案。 $FeO+2H^+=Fe^{2+}+H_2O$ $Fe_2O_3+6H^+=2Fe^{3+}+3H_2O$ $Fe_3O_4+8H^+=2Fe^{3+}+Fe^{2+}+4H_2O$

板书设计

化铁为泥——铁的单质和氧化物变形记

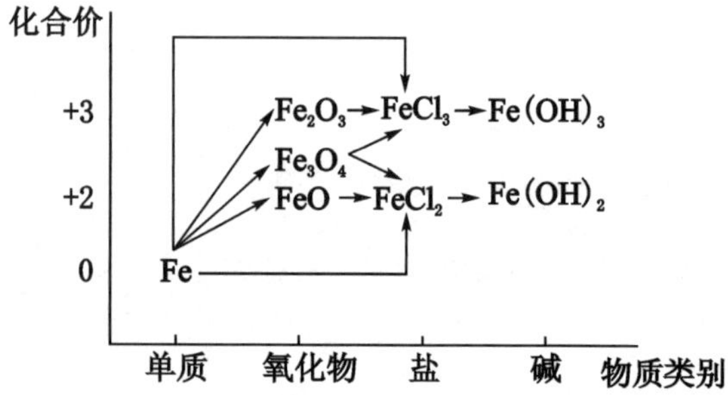

教学反思

本节课重点在基于氧化还原反应的价类二维图的建构和应用，铁的反应生成物中铁的价态一般与反应物性质有关，也受反应物的量影响；红热的铁与水蒸气及铁在氧气里灼烧，铁的生成物是四氧化三铁。利用价类二维图直观呈现思维方式和物质转化，既培养学生的正向迁移能力，也能完善学生的知识体系，培养学生思维的严密性，让学生学会同中求异、异中求同的思维能力。改进方法：①从原子结构入手，让学生体会铁的常见价态+2 价和+3 价，实现由结构到性质的分析，从而形成良好的学科素养。②联系生活实际，突出情境性，从情境出发分析问题，从解决问题再回到情境，可以使课堂更加生动，使同学们更加感兴趣。

铁证如山——铁盐与亚铁盐素养化教学新探

闫美竹

（太原市外国语学校　山西太原）

课标分析

《普通高中课程方案和学科课程标准（2017 年版 2020 年修订）》中提出了化学学科核心素养的目标体系，其学业水平要求为明确无机化合物能从物质类别、元素价态的角度依据复分解反应和氧化还原反应原理预测物质的化学性质，设计实验进行初步验证，并能分析、解释实验现象。新的课程方案和课程标准进一步强化了学科的育人功能，体现了鲜明的育人导向，思想性、科学性、时代性、整体性等明显增强，补充了“教学与评价案例”“学生必做实验索引”等相关内容，增加了对教学和评价的指导性，新课标同时对实验教学也提出要求。铁及其化合物的教学能够同时满足课标中的学业要求与实验教学要求。

铁及其化合物的学习以知识为载体，运用科学原理探究推测化学性质，在实验中完成对实验现象的解释说明，整个过程符合化学学科核心素养的要求。

教材分析

人教版高中化学必修第一册第三章“铁　金属材料”第一节“铁及其化合物”必做实验“铁及其化合物的性质探究”。本课时的主要内容包括：铁盐和亚铁盐的化学性质；铁盐和亚铁盐的相互转化。本章内容是金属及其化合物的学习，涉及化学科学与实验探究、物质分类及氧化还原，既是第一章第一节“物质的分类及转化”的具体体现，也是第一章第三节“氧化还原反应”的具体应用，同时为学习非金属及其化合物给出了方法指导。此外，本节课内容与生活密切相关，有助于学生建立以物质类别和核心元素化合价为基本角度的认知模型，促进化学学科核心素养的落实，让学生体会化学服务于社会。

学情分析

学生已经学习了物质的分类和氧化还原知识,具备将物质分类并描述出物质类别通性的能力,但判断物质的氧化性、还原性还基于过往经验,“核心元素化合价”的思想不够深入,基于实验自主探究物质性质的能力不足,面对真实情境下的实际问题,设计实验方案和解决问题的能力不足。

备课资源及设计理念

►►备课资源

2014 年国家教育部颁布《关于全面深化课程改革落实立德树人根本任务意见》,内容涉及“核心素养”一词的解释。2015 年教育部启动普通高中课程标准的修订工作,提出培养学科核心素养的“中国方案”,形成我国“学科核心素养”的建造体系,建立以核心素养作为最上层,学科核心素养作为中间层,学科课程标准作为底层的金字塔结构。2016 年王磊教授建立“学科能力和表现的理论模型”,其中能力表现二级要素涉及“学习理解、应用实践、迁移创新”三个方面九个层级,另外,又从知识认知方式和学科能力上全面补充了评估标准。

►►设计理念

本节课基本的教学理念是利用真实问题情境,运用物质类别和氧化还原的核心概念设计探究环节,依据核心活动经验的能力表现二级要素设计不同水平的探究问题,开展高水平探究活动(见下页图 1)。整个探究过程分为 5 个环节,每个环节均设有不同水平的探究问题(见下页图 2)。教师的“追问式”教学是本堂课的一大亮点,如“性质预测”环节中追问学生为什么这样预测,在“得出结论”的环节中,除了需要准确描述观察到的实验现象外,还要进一步追问“什么样的现象可以作为证据证实预测?”此时,再次着重强调证据推理,引导学生通过现象,看到价态的变化,得出关于性质的结论,使学生的能力得到提升。

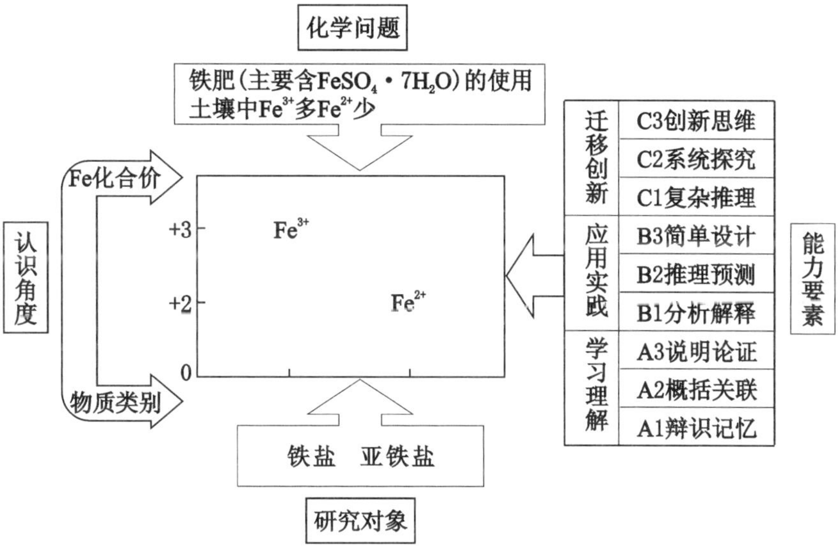

图1　核心活动经验的能力表现二级要素

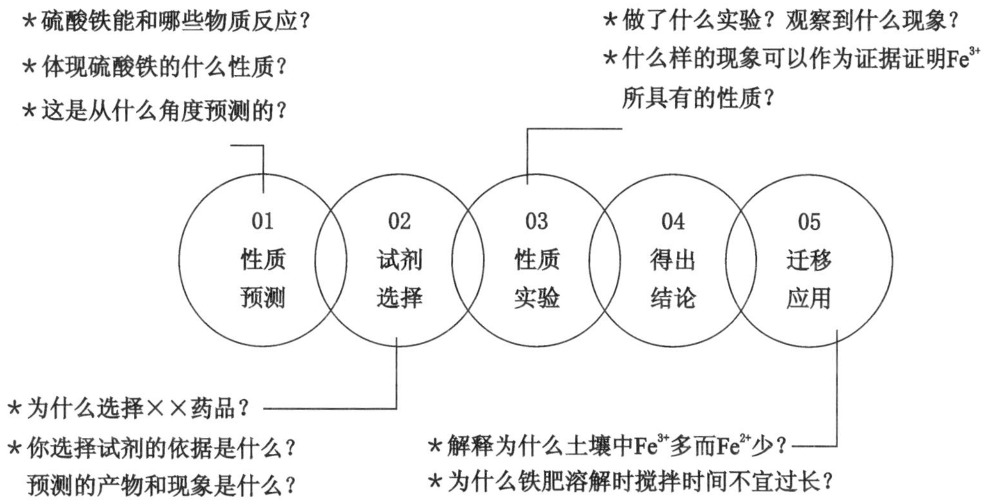

图2　探究环节和探究问题

教学目标

1. 通过小组实验探究活动，能够列举并描述 Fe^{3+}、Fe^{2+} 重要的化学性质及实验现象，并且能够用化学方程式、离子方程式正确表示。

2. 运用物质类别和氧化还原的核心概念，能够从物质类别和元素化合价的角度预测 Fe^{3+}、Fe^{2+} 的化学性质，设计简单的性质实验进行初步验证，并能分析、解释相关实验现象。

3. 通过“香蕉艾滋病”(黄叶病热带第4型,是由一种叫作“镰刀菌”的土壤真菌引起的植物病害)真实问题情境,结合 Fe^{3+}、Fe^{2+} 的化学性质,能够运用知识解决生活中的实际问题,体会化学走进生活,化学走向社会的思想。

教学实录

教学环节一:Fe^{3+} 化学性质的预测

教师活动	学生活动
【情境】2016年4月15日,CCTV13新闻《香蕉得了“艾滋病”》,“香蕉艾滋病”是植物的一种黄叶病,主要原因是缺铁和锌,所以农民常常需要向土壤中施加铁肥。实物展示硫酸亚铁铁肥。 资料一:铁是植物进行光合作用不可少的营养元素,是植物制造叶绿素的催化剂,对植物从外界吸收养分具有重要作用,对防治果树的失绿症、黄叶病有明显效果。 资料二:土壤中铁元素的含量相当高,一般为3%左右,但主要以 Fe^{3+} 的形式存在,很难被作物吸收。为了有效地改良土壤,农业上通常需要向土壤中施加适量的铁肥(主要为 $FeSO_4$)。 【展示】市场上买到的铁肥 $FeSO_4$ 含量>90%,为什么土壤中 Fe^{3+} 多而 Fe^{2+} 少呢? 【任务一】预测 $Fe_2(SO_4)_3$ 的化学性质并说出预测的角度。 思考:硫酸铁能和哪些物质反应?这些反应体现了硫酸铁哪一类别的性质呢? 【学法指导】无机物的性质可以从物质类别以及物质所含核心元素化合价两个角度研究。	$Fe_2(SO_4)_3$ 是盐,能和 NaOH 溶液反应,这是从物质类别的角度预测的。 $Fe_2(SO_4)_3$ 中铁元素为+3价,发生氧化还原时化合价能够降低,因此可能具有氧化性,这是从铁元素化合价角度预测的。

教学环节二:Fe^{3+} 性质实验方案设计

教师活动	学生活动
再次从价—类的角度出发,引导学生找出需要的试剂。 【任务二】根据性质的预测,选择能够证明 $Fe_2(SO_4)_3$ 性质的试剂,并预测产物及实验现象,记录在学案上。 【实验药品】NaOH 溶液、铁粉、铜粉、KI 溶液、新制氯水(主要为 Cl_2 和 H_2O)、$KMnO_4$ 溶液。 【资料】 碘水(主要为 I_2 和 H_2O)——棕黄色 KI 溶液——无色　　$KMnO_4$ 溶液——紫红色 $MnSO_4$ 溶液——接近无色　　新制氯水——黄绿色 $Fe(OH)_3$——红褐色沉淀 【追问】选择了什么试剂?为什么选择此试剂?预测的产物是什么?现象是什么?	小组讨论交流,回答预测相应的产物及现象,发现选择试剂的要点。

教学环节三：Fe^{3+} 性质实验

教师活动	学生活动
第三次从价—类角度提示学生找出证明性质的证据，体现证据推理与模型认知的化学学科核心素养 【任务三】根据选择的试剂，以小组为单位进行实验，记录实验现象，结合现象写出相应的离子方程式。 【追问】小组做了哪些实验？看到什么实验现象？什么样的现象可以作为证据证明所预测的 Fe^{3+} 的性质？	小组交流看到的实验现象，并对现象做出分析。完成实验的小组率先上台板书离子方程式。

教学环节四：总结归纳得出结论

教师活动	学生活动
从价—类角度总结归纳 Fe^{3+} 的化学性质，既构建了研究元素化合物化学性质的模型，又体现了“预测性质—设计方案—性质实验—得出结论”的科学研究方法和证据推理与模型认知的化学学科核心素养。 【归纳】以上实验事实，充分证实了任务一中有关 Fe^{3+} 化学性质的问题。通过实验我们发现：从物质类别而言，Fe^{3+} 具有盐的性质，能与碱反应生成氢氧化铁。从 Fe 的化合价而言，铁元素的核心化合价为+2 价和+3 价，所以 Fe^{3+} 能和还原剂反应转化为 Fe^{2+}，体现出氧化性。	知识梳理，构建学习元素化合物化学性质的价—类二维模型，应用价—类二维图形象概括元素化合物的化学性质。

教学环节五：迁移应用

教师活动	学生活动
【任务四】根据 Fe^{3+} 化学性质的学习和实验设计，请大家用相同的研究方法，以小组为单位，讨论预测 Fe^{2+} 可能具有的化学性质，并选择合适的试剂证实预测，记录在学案中。 【实验药品】NaOH 溶液、铁粉、铜粉、KI 溶液、新制氯水（主要为 Cl_2 和 H_2O）、$KMnO_4$ 溶液。 【资料卡片】 碘水（主要为 I_2 和 H_2O）——棕黄色 KI 溶液——无色　　KMnO$_4$ 溶液——紫红色 $MnSO_4$ 溶液——接近无色　　新制氯水——黄绿色 $Fe(OH)_3$——红褐色沉淀 【任务五】完成学案并且讨论结束的小组，方案经老师认可后，可利用课前展示的硫酸亚铁肥料完成实验。 【资料卡片】 将铁肥放入小烧杯中，加 10~20 mL 蒸馏水溶解，搅拌时间控制在 15 s 左右，铁肥溶液不宜久置。 $Fe(OH)_2$ 为白色絮状沉淀，在空气中迅速变为灰绿色。 结束实验后汇报交流。 【迁移应用】根据二者的性质，解释为什么土壤中 Fe^{3+} 多而 Fe^{2+} 少？为什么铁肥溶解时搅拌时间不宜过长？	完成学案中 Fe^{2+} 的性质预测和方案设计。 从预测 Fe^{2+} 具有什么样的性质，为了验证性质做了什么实验，观察到什么实验现象，哪些证据可以证明所预测的 Fe^{2+} 性质等角度汇报探究过程。总结归纳 Fe^{2+} 具有的化学性质。 在真实的生活情境中再次回顾 Fe^{3+} 和 Fe^{2+} 的化学性质。

板书设计

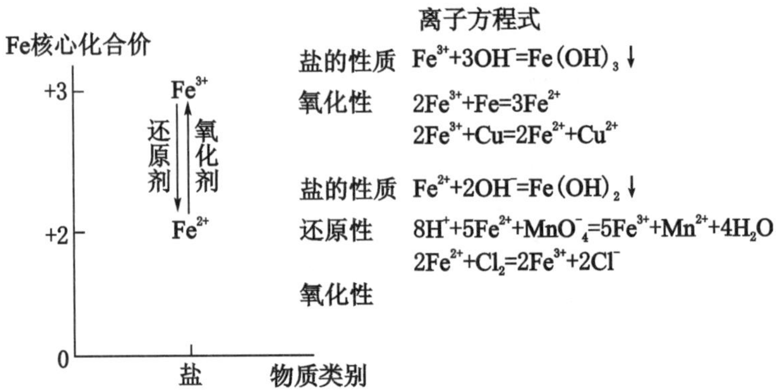

教学反思

本节课在不断地有效提问中发展学生的能力，提升学生化学学科的核心素养。例如，在交流试剂的选择时，通过不断地追问使学生意识到选择试剂的依据是有无可以升高的化合价。刚开始学生的表现和笔者预期一致，不知道提供的化学药品是否具有还原性，选择药品具有随机性，通过不断追问学生为什么这样选择，学生就会意识到要从“价”的角度考虑“性”，进而选择出合适的化学试剂，使学生的能力得到提升。这样的课堂符合《普通高中化学课程标准(2017 年版 2020 年修订)》中有关化学核心素养的要求，着重体现了证据推理与模型认知、科学探究与创新意识和科学态度与社会责任的素养内涵，符合无机物主题的学科能力构建模型。

生活中的铝

卢永存

（太原市第十八中学校　山西太原）

课标分析

《普通高中课程标准（2017 年版 2020 年修订）》主题 2“常见的无机物及其应用”要求结合真实情境中的应用实例或通过实验探究，了解钠、铁及其重要化合物的主要性质，了解这些物质在生产、生活中的应用，并没有把铝作为典型金属元素，但在主题 3“物质结构基础及化学反应规律”的原子结构与元素周期律中又提及了铝元素。基于金属钠和铁的学习，学生已学会从物质类别和化合价两个角度认识金属，设计本节课旨在应用认知模型，联系生活充分应用证据推理意识，让知识的学习过程成为化学核心素养的落实过程。

教材分析

教材没有设立单独的一节来介绍铝及其化合物，而是基于铝和铝合金也是常用金属材料，把该部分内容和铁合金一起编排在必修第一册第三章的第二节。本阶段元素化合物知识的教学重在引领学生感受化学与生活息息相关，学习元素化合物的学习方法，建立物质类别与化合价的认知模型，以进一步提高学生的科学素养。

学情分析

学生已经学习了典型的金属元素钠和非金属元素氯及其化合物，在这些典型元素化合物知识学习的基础上，再去学习常见的金属材料，可应用所学的方法和思维模型，从化合价和类别两个角度认识铁、铝及其化合物。

备课资源及设计理念

▶▶设计理念

如何利用生活实际促进“铝的性质”知识的学习？教学设计中提出：生活中的铝制品——易拉罐装饮料中的铝是否对身体有害？“利乐包”中的金属成分是什么？定向爆破与“铝热反应”有什么关系？由于这些问题和生产生活实际联系紧密，容易激发学生兴趣,对学生的学习有很好的促进作用。当然,仅激发兴趣对促进知识的理解其作用是有限的,而且若只是大量事实性知识的堆积且缺乏相应的理解,反会增加学生的记忆负担。将化学知识置于恰当的生活情境中,将化学知识与生活情境问题建立联系,引导学生在知识学习的过程中建立运用化学知识分析解决具体问题的思路与方法,可以增进学生对知识的理解和应用。

张华教授认为“教学要尊重学生的个人知识,基于学生个体经验开展教学;要把知识当作探究的对象和使用的资源;教学过程要将学科知识提升为学科观念;要让知识学习成为批判性思维和问题解决的过程……,转变教的理念与学的方式是素养发展前提和关键”。基于上述教学指导思想,“生活中的铝”以“证据推理促认知,认知发展建模型”为课时教学的核心目标,将活动探究、协作学习、问题解决等策略融于教学展开环节中。将化学知识置于一定的生活情境中,引导学生将化学知识与实际问题建立关联,促使学生运用化学知识解决生活实际问题。其基本思路可以概括为:基于生活情境提出问题,将生活问题转换为化学问题,在资料收集和实验验证过程中,通过协作、对话和思考解决问题,进而运用所学化学知识对生活情境中的问题进行理性思考,在这一过程中获得知识、形成研究问题的思路和方法、感悟学科原理或思想。

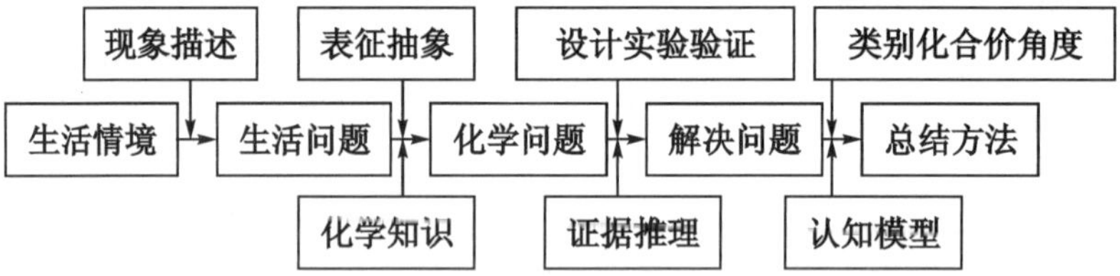

按照这一思路展开教学,可以让学生的知识自然地迁移和深化,也为学生今后运用化学知识分析解决化学问题提供了思考的角度和路径。

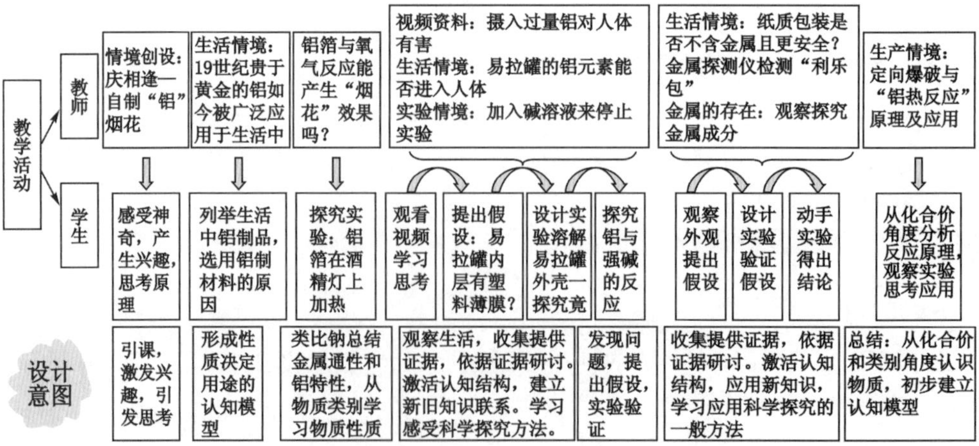

▶▶参考文献

[1]王宝斌. 发展学生化学核心素养的三大策略[J]. 中学化学教学参考,2017,(9):10~12.

[2]中华人民共和国教育部. 普通高中化学课程标准(2017 年版)[S]. 北京:人民教育出版社,2018:3.

[3]张华. 论核心素养的内涵[J]. 全球教育展望,2016,(4):10~22.

[4]张礼聪. 让板书设计成为化学课堂教学的亮点[J]. 中学化学教学参考,2009,(10):19~20. 化学教学 2018 年第 6 期.

[5]黄金莎,吴晓红,李文婷. “可视化”理念指导下的化学教学设计——以“金属铝的化学性质为例”. 化学教学,2015 年第 2 期:44-47.

教学目标

1. 收集生活中的证据总结金属铝单质的通性,学习铝和强碱反应的特性,能书写出相关反应方程式。

2. 结合生活中一些传言,用实验验证真假,学会提出假设,设计实验验证假设,得出结论的科学学习方法。

3. 感受铝制品广泛地存在于生活之中,合理利用和回收铝制品,树立环保意识。感受生活中处处有化学,化学中处处有精彩。

教学实录

教学环节一:创设情境

教师活动	学生活动
【导入】化学世界与生活联系密切,每逢重大的节日,或者一些节日庆典上都会用到烟花。今天也是一个重要的日子——是我和同学们与“铝”初次相识的日子,所以我也要给大家制作一个烟花。 【演示实验 1】铝粉裹在滤纸上,在酒精灯上点燃。效果类似于烟花。 这其中蕴含着哪些化学变化呢?下面就来开启我们的学习之旅——生活中的铝。	认真观看“铝的烟花”,思考其中的反应原理。

教学环节二:温故知新　应用认知模型

教师活动	学生活动
【复习回顾】 大家已经学习过金属钠和铁,我们共同回顾一下,从物质类别看,金属单质都具有哪些共同的性质呢? 【板书】 金属的化学通性: 能与一些活泼的非金属(如 O_2、Cl_2 等)反应 能与酸溶液反应 能与盐溶液反应 ……	师生共同总结,各类反应举出一例。 $4Al+3O_2=2Al_2O_3$ $2Al+6H^+=2Al^{3+}+3H_2\uparrow$ $2Al+3Cu^{2+}=2Al^{3+}+3Cu$
【过渡】刚刚给大家演示的"铝的烟花"是铝单质的哪一类性质呢?你能写出这一反应的化学方程式吗? 如果换作铝箔与氧气反应,现象会一样吗? 完成学生实验。	$4Al+3O_2=2Al_2O_3$ 【学生实验 1】 铝箔在酒精灯上加热。 观察和描述现象——熔化而不滴落,结合课本分析原因。 讨论:完成学案上的问题。

教学环节三:联系生活　总结物理性质

教师活动	学生活动
【故事过渡】拿破仑三世在举行盛大宴会时,只有他使用一套铝质餐具,其他人只能用金制、银制餐具。 【思考】地壳中含量最多的金属元素是铝,为什么 19 世纪中期,铝的价格甚至超过当时黄金的价格?	地壳中含量最多的金属元素是铝,但是它主要以化合态的形式存在,早期制备单质铝比较困难,所以 19 世纪中期,铝的价格甚至超过当时黄金的价格。
随着科技的发展,铝制品已经走入千家万户,可谓"旧时王谢堂前燕,飞入寻常百姓家"。 【头脑风暴】列举出生活中的铝制品。	易拉罐、铝合金门窗、铝箔、飞机主体结构、火箭外壳等。
【问】铝具有哪些物理性质?	具有银白色金属光泽;密度较小;导电、导热性好;有良好的延展性。

教学环节四:传言与求证　证据与推理

教师活动	学生活动
【视频资料】有研究表明:人体摄入过量的铝元素,可能导致脑损伤,造成严重的记忆力衰退,这是早老性痴呆症特有的症状。	根据已有知识提出自己的看法。
【传言求证1】经常喝易拉罐装饮料可能会增加人体摄铝量,对身体有害,是真的吗? 【提出假设】易拉罐内有一层塑料薄膜。 【设计实验证明假设】溶解易拉罐外壳。 实验原理:利用铝与酸可以反应。 【实验验证】溶解易拉罐外壳观察薄膜。 【演示实验2】铝制易拉罐可以和酸反应。	观点1:会增加铝的摄入,对身体有害,因为易拉罐装饮料的成分可能含有酸,与金属反应溶出铝离子。 观点2:不会,因为易拉罐内层有一层塑料薄膜与饮料隔离。 观察实验现象。
【得出结论】易拉罐内的确存在塑料薄膜,经常喝易拉罐装饮料不会增加人体摄铝量,对身体有害的传言是假的。	感受科学探究的一般方法: 提出假设——设计实验——预测现象——实验验证假设——得出结论。 观察实验结果得出结论。 用实验证明生活中传言的真假。
【过渡】想要易拉罐与酸的反应迅速停止,于是将其放在碱溶液中,发现反应不但没有停止,反而更剧烈,是什么原因呢? 【演示实验3】铝与碱反应。 推测生成的气体(结合铁与水蒸气反应中气体的检验方法,点燃肥皂泡) 写出化学反应方程式: $2Al+2NaOH+2H_2O=2NaAlO_2+3H_2\uparrow$ 生活小常识:铝制品不宜用于盛放酸、碱溶液,也不能用强酸或强碱性洗涤剂来洗涤铝制品,也不宜长时间盛放咸菜等腌制食品,因氯离子会破坏氧化膜的结构。	观察实验现象,思考背后的原理。 应用科学探究的一般方法: (1)提出假设:铝可能与碱反应。 (2)设计实验,实验验证。 (3)从实验现象和化合价角度预测反应产物。 (4)提出假设,设计实验验证假设。 (5)得出结论。
【传言求证2】纸质包装饮料不含任何金属,使用更安全,是真的吗? 金属探测仪检验有金属存在,分析金属的成分。 【探究活动】 探究“利乐包”中金属成分。 学生根据已有的知识进行实验设计,证明自己的假设。	知识应用于生活。 观点1:是真的,证据是依据外观和触感的感受得出结论。 观点2:是假的,纸质包装中也存在金属,证据是用金属探测仪检测到金属的存在。 得出结论: 传言是假的,存在金属,思考金属是什么?

（续表）

教师活动	学生活动
应用科学探究的一般方法： （1）提出假设：可能是铝。 （2）设计实验：利用其特殊性与碱反应。 （3）预测现象：金属溶解，有气泡产生。 （4）实验验证假设。	通过观察颜色、状态进行分析预测。
【视频资料】“利乐包”的生产。 【作业】“世上没有绝对的垃圾，只有放错位置的资源”，请查阅资料思考如何回收“利乐包”中的铝？写出设计方案。	得出结论：“利乐包”包装中金属成分是铝。 课下查阅资料完成。
【传言求证3】不需要到钢铁厂，课堂上也能从赤铁矿（Fe_2O_3）中冶炼出金属铁，是真的吗？	根据自己的生活经验和已有的知识进行判断，提出自己的观点。
【演示实验4】“铝热反应”及应用。 【资料】铝热反应是一种利用铝的还原性获得高熔点、比铝不活泼金属单质的反应，是铝与某些金属氧化物在高热条件下发生的反应。铝粉与某些金属氧化物的混合物，即铝热剂。 【应用】视频资料野外焊接铁轨与定向爆破。	铝具有还原性能够和氧化铁反应。 观察实验现象，思考反应原理，推测反应产物。 感受化学世界的神奇。 写出反应的化学方程式： $2Al+Fe_2O_3 \xlongequal{高温} Al_2O_3+2Fe$ 分析铝的化合价变化。 观看视频资料，感受知识在生活中的应用。
【总结】铝单质的性质。 【达标检测】接着我们通过练习题来检验一下学习情况。	从化合价与类别角度总结铝的化学性质。 完成当堂检测。
【结课】生活中处处有化学，化学中处处有精彩，感谢大家今天的出色表现，希望同学们能将所学知识应用于生活，让我们的生活更精彩。	

板书设计

生活中的铝

类别

金属单质的通性：
- $4Al+3O_2\xlongequal{点燃}2Al_2O_3$
- $4Al+3Cu^{2+}=2Al^{3+}+3Cu$
- $2Al+6H^+=2Al^{3+}+3H_2\uparrow$

单质铝的特性：
- $2Al+2OH^-+2H_2O=2AlO_2^-+3H_2\uparrow$
- $2Al+Fe_2O_3\xlongequal{高温}Al_2O_3+2Fe$ （铝热反应）

还原性　0　　+3　　化合价

教学反思

化学核心素养不可能凭空产生，核心素养内隐于化学知识的具体内容，是以具体的生活情境为依托，是学科知识不断积累深化的结果。因此，有效设计教学内容，依托化学概念原理、元素化合物、化学实验等，充分挖掘化学知识中所包含的学科基本观念和思想，挖掘化学学习的基本方法和思路等化学核心素养内涵，促成化学学科知识和观念的基本理解，是化学课堂教学避免知识学习与核心素养“两张皮”，达成学科核心素养目标的基本路径。“证据推理与模型认知”是化学素养的思维核心。如何使该素养落到实处？用生活情境来引导教学，激活学生认知结构，建立新旧知识联系，驱动学生收集、提供证据，依据证据展开研讨，对物质的性质及其变化进行分析推理，并运用宏微结合思想解释、表达证据与结论之间的关系，是核心素养下化学课堂教学基本动作。用问题来调控教学，鼓励学生质疑反思、发现问题、提出问题，培养学生的问题意识，是促进学生核心素养发展的教学策略与路径。通过问题解决、比较归纳等灵动的教学手段，发展学生认识不同化学现象背后的共性道理，帮助学生依据物质及其变化的信息建构一般认识和解决复杂化学问题的思维框架（模型），是核心素养下化学课堂教学所追求的高度。

从航天材料认识铝家族

宋彦斌
（太原市成成中学校　山西太原）

课标分析

《普通高中化学课程标准(2017年版2020年修订)》(以下简称“课程标准”)中提出要“重视开展‘素养为本’的教学;创设真实且富有价值的问题情境;创设真实问题情境,促进学习方式转变。倡导真实问题情境的创设,开展以化学实验为主的多种探究活动,重视教学内容的结构化设计,激发学生学习化学的兴趣,促进学生学习方式的转变,培养他们的创新精神和实践能力”。

真实、具体的问题情境是学生化学学科核心素养形成和发展的重要平台,为学生化学学科核心素养提供了真实的表现机会。因此,教师在教学中应重视创设真实且富有价值的问题情境,促进学生化学学科核心素养的形成和发展。

“课程标准”针对金属及其化合物这部分内容,提出要结合真实情境中的应用实例或通过实验探究,了解金属单质及其重要化合物的主要性质,了解它们在生产、生活中的应用。

教材分析

“金属材料”是课程标准中必修课程主题5“化学与社会发展”中的二级标题“化学科学在材料科学、人类健康等方面的重要作用”的内容,在人教版高中化学必修第一册中位于第三章“铁　金属材料”的第二节“金属材料”。在学习本课题前,学生已经学习了金属钠、铁及其重要化合物的性质,在此基础上,又进一步学习了铝及其化合物、合金及金属材料应用的相关知识。

铝和铝的化合物是中学化学元素化合物的核心知识,是学生理解和应用两性氧化物和两性氢氧化物概念的主要知识载体,也是高中化学元素化合物知识学习的难点之一,同时为学生形成化学概念和理解化学理论提供了丰富的感性素材,也是化学概念和理论的用武之地,并为以后元素化合物知识的学习打下基础。另外,金属材料在国民经济中有着重要的地位，此部分内容体现了教材的时代感，反映教学与生产、生活实际的联系。学好本部分知识，有助于学生辩证地认识问题，开阔知识视野；学会从化学的角度观察、分析、了解物质世界，提高自身的科学素养。

氢氧化铝的性质被教材安排在第四章第二节元素周期律的探究活动“第三周期元素性质的递变”中，虽然符合学生的认知规律，但不利于铝相关物质的知识整合，建议合并到金属材料部分作为本节第二课时，展开铝的重要化合物的学习，这样也比较符合大概念、大单元的主题教学。

学情分析

学生在前面已学习了钠、铁及其重要化合物的性质，在头脑中已经初步形成一套学习元素化合物性质的模式，这为本节课学习铝的重要化合物的性质奠定了基础。但两性化合物这个概念学生并没有接触过，要想使学生理解并掌握这个概念，就需要利用好化学学科的典型手段——实验。教材中对铝的化合物性质的实验探究，尤其是对氢氧化铝两性的实验探究，是这一块内容的重点，在学生以后的工作、学习和生活中经常会遇到，要充分利用起来，让学生积极参与进来，对以后的学习也会有很好的铺垫作用。

同时，学生已有第一章学习的离子反应知识，能够自主书写出铝的相关化合物反应的离子方程式。本课时侧重于使学生综合理解元素化合物的性质，重点通过提出真实问题情境，引导学生自主分析、探究、认知，努力以一个崭新的视角和方法展开学习活动。

备课资源及设计理念

▶▶备课资源

一、媲美鸡蛋壳？火箭外壳有多薄？

2016年11月3日，长征五号运载火箭（“胖五”）首飞成功。“胖五”是长征五号系列运载火箭，又称“大火箭”“冰箭”，是我国运载火箭技术研究院研制的无毒、无污染、高性能、低成本、大推力的大型液体运载火箭，也被大家亲切地称为“胖五”。它是我国最高、体积最大、运载能力最强的火箭。总长约为57米，有20层楼那么高，箭体直径为5米，起飞总推力达1060吨。虽然名为“胖五”，但是却有着“薄如蝉翼”的外壳。

火箭外壳就是火箭的蒙皮，通常来说，火箭的蒙皮厚度只有1.2~2毫米，而“胖五”最薄的地方却只有0.3毫米左右，和鸡蛋外壳差不多。但火箭外壳并没有使用昂贵的材料制作，其主要材料为铝合金。铝合金因其强度高、耐腐蚀、重量轻、成本低、综合性能好等特点，成为火箭外壳制作的最佳选择。

二、用铝土矿冶炼铝的工业流程

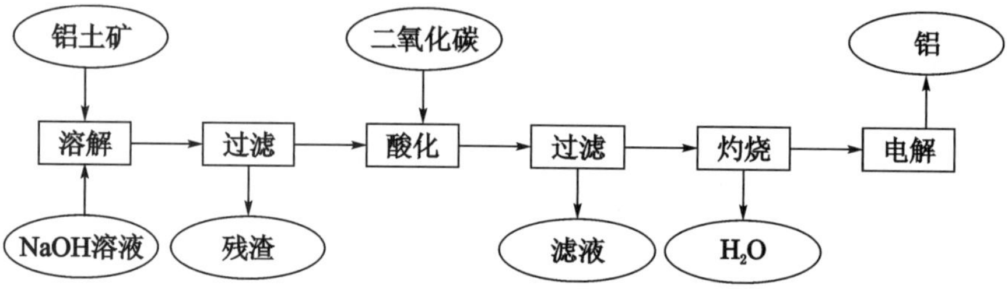

▶▶设计理念

首先，设计真实情境："'胖五'首飞成功"引课，激发学生的爱国热情。

其次，利用高考常见题型的化工流程题为背景，展示用铝土矿冶炼铝的一般流程，让学生感受学以致用，进而依据流程一步步展开思考、讨论、科学探究，逐步让学生自主解决问题，学习氧化铝、氢氧化铝的性质。

最后，结合实验引出四羟基合铝酸钠的性质，并书写相关化学方程式及离子方程式。

整节课学生围绕学案展开自主学习、小组讨论，汇报评价，在真实情境中，结合具体实验，通过解决实际问题，认识学习氧化铝和氢氧化铝的性质，落实证据推理、科学探究模型认知、科学态度与社会责任等多项化学学科核心素养。

教学目标

1. 基于核心元素铝，通过航天材料的情境，结合铝的工业冶炼流程，串联铝及其化合物之间的关系，进而学习其性质。

2. 能迁移第一章第一节"物质的分类及转化"知识，有效运用"元素观""物质转化观"，结合已有知识及探究实验预测并掌握铝重要化合物(氧化铝、氢氧化铝)的主要性质及其转化关系，并能书写出相关的化学方程式及离子方程式。

3. 学习从物质类别和特性(两性)两个方面学习元素化合物知识的一般方法；通过氢氧化铝的制备和性质实验，体会科学探究的一般过程。

4. 通过真实情境，激发爱国热情，能辩证地看待事物，提升社会责任感。

教学实录

教学环节一：氧化铝的性质探究

教师活动	学生活动
【情境】播放《长征五号首飞成功》视频。2016年11月3日20时43分注定是中国航天划时代的时刻，我们的祖国再一次创造了奇迹，刷新了历史。 介绍减轻火箭重量的意义，由此引出铝合金的使用。	认真观看《长征五号首飞成功》视频。 通过视频和老师的讲解，感受国家技术的先进性，激发爱国热情。 感受我国航空航天技术的发展。
【任务一】通过拿破仑三世的铝王冠和铝制餐具阐明铝的冶炼难度，并引出现代冶炼铝的工业流程。	对铝的价值感到难以置信。 完成学案的“活动一”，小组长检查本组方程式是否都已改正。 1. Al_2O_3 的物理性质：____色____体，____溶于水，熔点____。
通过学生自主完成学案活动，逐步形成证据意识，能结合资料提取有用信息，并形成独立思考、小组交流的学习模式。	【思考】①盐酸可用于除铁锈（主要成分为 Fe_2O_3），那么 Al_2O_3 能否与盐酸反应？ ②依据工业流程图，提取铝土矿中的铝元素是用________溶液溶解，生成四羟基合铝酸钠（$Na[Al(OH)_4]$）这种盐和水。 ③如果上述两步反应都能发生，请写出其化学方程式和离子方程式。 2. Al_2O_3 的化学性质：________；Al_2O_3 属于________氧化物。 3. Al_2O_3 的用途有哪些？（能说出即可，不用写）
介绍氧化铝的俗名、用途。 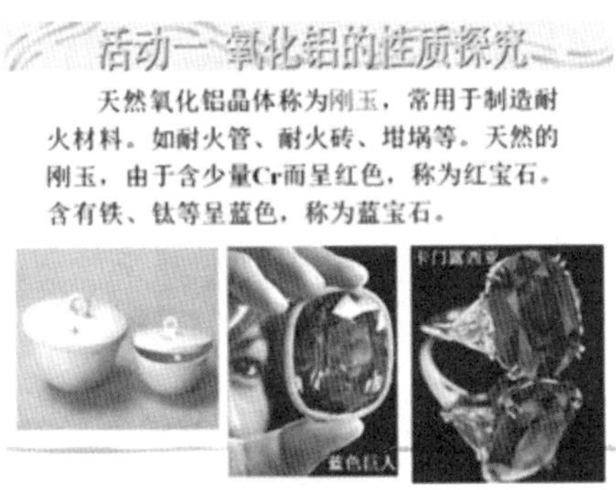	感叹宝石之美的同时了解其组成。

教学环节二:氢氧化铝的性质探究

教师活动	学生活动
【任务二】再看工业流程图,结合已学铁的化合物知识,推测灼烧这一步灼烧的是什么物质? 结合氧化铝的性质,推测氢氧化铝可能具有的性质。	回答:氢氧化铝。 受热易分解;两性。 填写学案“活动二”的前两行。 $Al(OH)_3$ 的化学性质:____________性,化学方程式__________。 猜测:$Al(OH)_3$ 可能具有的性质:____________。
结合学案的实验探究,分小组制备氢氧化铝并检验其两性,同时通过现象总结氢氧化铝的物理性质。	实验探究:1. 取一支试管,加入3滴管 $Al_2(SO_4)_3$ 溶液,快速滴加3滴管氨水,边滴边振荡,观察。 2. 将上述试管中的液体一分为三,分装在三支试管中。
通过活动训练学生独立思考,以及与同伴互助的能力,并培养必备的实验技能及观察现象的能力。	3. 三位同学分别同时向三支试管中滴入盐酸、氢氧化钠溶液、氨水(弱碱),边滴边振荡,观察。 现象: 步骤1____________。 步骤3____________。 结论: $Al(OH)_3$ 的物理性质:____色____状物质,____溶于水。
完成学案“活动二”的思考与交流,结合得出的结论,思考氢氧化铝的制备方法。 介绍氢氧化铝的用途。 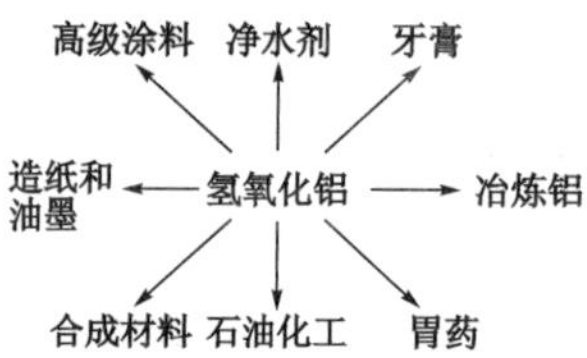 	$Al(OH)_3$ 的化学性质:____________,既能与____反应,又能和________反应。写出第三步的化学方程式及离子方程式:____________。 小组汇报。 $Al(OH)_3$ 的制备:组内交流,应用什么物质来制备 $Al(OH)_3$,并写出制备的化学方程式。 培养逻辑思维能力,学以致用。

教学环节三：四羟基合铝酸钠的性质

教师活动	学生活动
【任务三】通过进一步实验设疑，展开四羟基合铝酸钠的性质学习。 培养学生证据推理的核心素养 【结语】化学是一门以实验为基础的学科，物质的性质需要我们通过实验和信息才能获得，而且这样得到的知识记忆效果也会很好，所以希望大家积极参与每一次化学实验探究，这样学习一定会事半功倍，愿大家尽情地在化学的海洋中遨游。	完成“活动三”。 滴入盐酸前，试管中溶液的溶质主要为 $Na[Al(OH)_4]$（氢氧化铝与氢氧化钠反应后生成），与盐酸反应生成了氢氧化铝沉淀，请根据现象写出化学方程式______________。 对于氢氧化铝的制备你又有什么想法？ 学生汇报。

板书设计

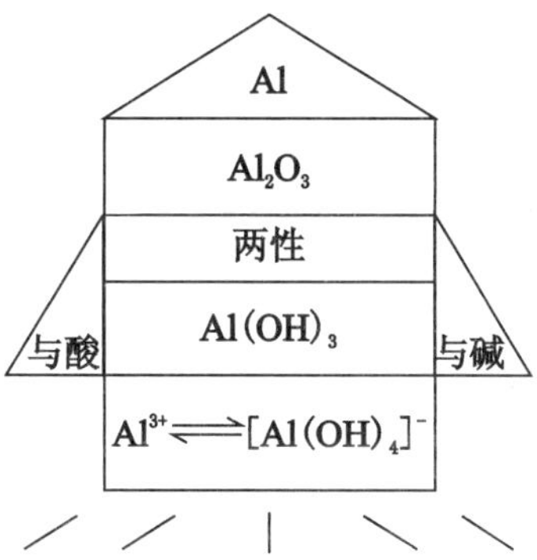

教学反思

利用“长征五号首飞成功”视频的情境，能极大地调动学生的爱国热情和为国效力的使命感。

以铝的冶炼化工流程为主线，能让学生在解决实际问题的基础上，学会从资料中提取有用信息，并结合已有的钠、铁化合物的性质，逐步学习氧化铝和氢氧化铝的性质，较好地实践了核心素养中的证据推理。

实验探究部分能培养学生的动手能力和现象观察能力，有助于宏观辨识与微观探析核心素养的提升。

硫的转化

耿　华

（太原市外国语学校　山西太原）

课标分析

在《普通高中化学课程标准（2017 年版 2020 年修订）》中对本课时的学业水平要求如下：

1. 能依据物质类别和元素价态列举某种元素的典型代表物。

2. 能列举、描述、辨识典型物质重要的物理和化学性质及实验现象。

3. 能从物质类别、元素价态的角度，依据复分解反应和氧化还原反应，预测物质的化学性质和变化，设计实验进行初步验证，并能分析解释有关实验现象。

4. 能从物质类别和元素价态变化的视角说明物质的转化途径。

通过本课时的学习，学生在认识硫及其化合物性质和转化的基础上，掌握从“价态”和“物质类别”两个角度分析元素化合物的方法。

教材分析

“硫的转化”教学内容在鲁科版教材必修一第三章第二节，在人教版位于必修二第五章第一节。硫是典型的变价较多的非金属元素，硫及其化合物是本教材的核心知识。它对研究“不同价态元素之间的转化”具有重要的作用。

学生已学过铁及其化合物的知识，有一定的价类思想。这部分知识还有利于巩固前期学过的物质分类的原则和氧化还原反应规律。除此之外，通过“硫的转化”探究过程，总结研究元素的转化方法，还可为之后学习“氮的循环”（鲁科版）或“氮及其化合物”（人教版）打下基础。

学情分析

此阶段学生学习能力分析如下：

A 学习理解

A1 辨识记忆——学生对从价态和类别两个角度进行分类的认识仍存在问题。

A2 概括关联——对二氧化硫的性质学生只会类比二氧化碳，没有建立类别角度。

A3 说明论证——学生初步具备程序化解释论证的语言能力。

B 应用实践

B1 分析解释——学生初步认识氧化还原反应，但缺乏从价态的角度进行分析解释。

B2 推论预测——学生不能从“价”预测二氧化硫的转化途径。

B3 简单设计——学生不能选择合适的试剂设计简单实验。

C 迁移创新

C1 复杂推理——面对真实“工业制硫酸”途径学生难以进行设计。

C2 系统探究——学生很难具备通过实验科学探究物质性质的能力。

C3 创新思维——还未形成。

高一学生正处在由好动向稳重转变的阶段，此时，学生既有敏感好动的特点，又有较好的自律性，并且思想不会受社会观念等太大牵制，他们已具备较强的发散性思维，敢于提出自己的观点。

三 备课资源及设计理念

▶▶备课资源

2018 年，华东师范大学姜雪峰教授因提出“3S 绿色硫化学”被 IUPAC（国际理论与应用化学联合会）评选为“全球青年化学家元素周期表硫元素代表”。基于此情境引导对硫元素的转化思考。

根据新京报网报道，2017 年山西临汾 SO_2 浓度为全国之最。以此情境引导学生思考 SO_2 的危害，以及如何进行酸雨的防治。燃煤脱硫，转化固态煤中的硫元素，才能有效防止煤在燃烧中硫形态的改变，减少烟气含硫量，同时减少烟道腐蚀。

▶▶参考文献

[1]中华人民共和国教育部. 普通高中化学课程标准（2017 年版 2020 年修订）[S]. 北京：人民教育出版社，2020.

[2]杨云云. 煤中硫的分布特征与煤炭燃前脱硫研究现状[J]. 企业技术开发，2012（22）.

▶▶设计理念

在教学策略方面，采用“假想—探索—验证”探究性学习的教学方法。通过对硫单质性质的探讨建立价态观念，再利用这种观念探讨二氧化硫的化学性质，由此完善价态观念，引出类别观念，并在实验探究中培养证据推理素养，总结一般元素化合物化学性质的学习思维模型。

在学法指导方面，学生应通过观察、思考、讨论、分析、归纳、实验探究开展验证，进行推理和综合分析，初步学会“假想—探索—验证”的探究性学习方法，最后通过模型的总结和运用，为后面氮的循环等知识的学习做好铺垫。

在典型性问题方面，本课时采取了针对性解决措施：

1. 针对学生分类方法掌握不清的问题——改进措施：学生展示价类二维图，并由学生自己找到问题，进行探讨，教师启发引导。

2. 针对学生价类观念建立不扎实的问题——改进措施：在性质探究活动后，由学生总结研究物质性质的思路方法，在课堂中落实学生价类观的形成。

3. 针对学生解决二氧化硫转化比较困难的问题——改进措施：将教学目标层次降低为能利用价类二维观预测物质的化学性质，而针对+4 价一类含硫物质的转化目标放在下一课时完成。

教学目标

1. 构建硫及其化合物的价类二维图，并能从核心元素化合价角度研究硫、二氧化硫的化学性质，并试着预测不同价态硫之间的相互转化。

2. 通过预测不同价态硫元素之间的转化，运用氧化还原反应价态观点寻找合适的氧化剂和还原剂，实现转化。

3. 通过讨论、交流并完成探究实验，能在实验现象中寻找证据来验证推测。

4. 通过总结探究实验的全过程分析归纳不同价态元素之间转化的探究模型。

5. 通过绿色化学实验方案设计，体会二氧化硫污染治理问题解决的社会价值。

教学实录

教学环节一：含硫物质的价类二维图建立

教师活动	学生活动
【情境导入】 视频导入:火山硫黄矿采 PPT展示生活生产中含硫物质的应用(上海硫黄皂、硫黄温泉、工业硫酸、硫酸盐的应用)。 视频中记录了世界上最危险的工作之一——印尼卡哇伊真火山口的硫黄矿采。尽管随时代发展人们在采矿设备上取得了许多进步,但是像欠发达地区仍存在这样危险原始的人工开采方式,矿工常年受到SO_2、H_2S等气体毒害而健康受损。 【转折】尽管硫黄开采工作十分危险,但硫黄矿已成为基本的工业原料之一,并且许多含硫物质在生活生产中的应用十分广泛,这节课我们就来探究含硫物质的性质以及它们是如何实现相互转化的。 【活动】[PPT上展示出硫黄矿石开采的视频截图和生活中常见的含硫物质] 图片1:硫黄矿石。 图片2:硫化蓝染料。 图片3:下水道H_2S气体。 图片4:SO_2导致酸雨问题。 图片5:硫酸铜溶液。 图片6:亚硫酸钠食品添加剂。 在PPT上列出学生举出的含硫物质的化学式,并且根据学生的分类方法进行分类。 问题1:根据生活经验和所学知识,列举出常见的含硫物质并对其进行分类,将其填写在学案上。 问题2:利用价类二维分类可以帮助我们更好地研究物质的性质。比如,硫可以与氧气反应,体现硫的什么性质?与氢气反应,体现硫的什么性质? 问题3:从价态角度解释,为什么S既有氧化性又有还原性? 【小结】同学们从核心元素化合价和物质类别两个角度对这些物质进行了分类,为了更条理地表示这两个认识角度,我们将其转化在一张二维坐标图上,横坐标表示物质的类别,纵坐标表示S元素化合价。 【小结】所以价类二维图可以帮助我们认识和预测物质的性质,从价态角度认识物质的氧化性和还原性,从类别角度认识物质的通性。	明确学习内容并通过视频认识硫黄矿的开采价值,认识含硫物质的社会价值和带来的问题。 学生回答问题1: S、SO_2、Na_2SO_3、H_2SO_4、H_2SO_3、SO_3、$CuSO_4$等。 学生回答问题2: 说明硫具有还原性;硫具氧化性。 学生回答问题3: 因为硫的化合价是0价,处于中间价态,可升可降。

教学环节二：SO_2 化学性质的实验探究

教师活动	学生活动
情境素材： 1. 2017 年山西省临汾市大气 SO_2 含量多日超标事件。 2. “3S 绿色硫化学”的提出。 大气中含硫化合物污染。 【引入情境】 在硫黄开采中会出现大量有毒的 SO_2 气体，而山西省作为煤炭大省，也深受二氧化硫污染的困扰。 资料 1：2017 年初山西省临汾市多天出现高浓度二氧化硫污染事件，引起全国范围关注。 针对这个问题，2018 年，姜雪峰提出了“3S 绿色硫化学”，对硫化学研究提出了新的标准：无臭、稳定、可持续。这也是未来硫化学的发展方向。 所以，从绿色硫化学角度，我们需要对二氧化硫实现转化。 【讲解】工业上也会利用二氧化硫酸性氧化物的性质，用氨碱溶液吸收二氧化硫烟气。 而 SO_2 能否实现向+6 价的硫酸（或硫酸盐）转化，以及 0 价的硫单质转化需要通过实验验证。这个问题可以拓宽到所有+4 价含硫物质向+6 价和 0 价含硫物质的转变可否实现。 提出问题：如何实现 0 价、+4 价、+6 价硫元素之间的相互转化？ 引导学生得出：$\overset{0}{S}\xleftarrow{\text{还原剂}}\overset{+4}{S}\xrightarrow{\text{氧化剂}}\overset{+6}{S}$ 【讲解】复习氧化剂和还原剂的概念： 氧化剂是在氧化还原反应中，所含某种（或某些）元素化合价降低的反应物。 还原剂是在氧化还原反应中，所含某种（或某些）元素化合价升高的反应物。	认识硫的转化对环境保护的意义和价值，带着任务进行二氧化硫在类别角度的转化和在价态上 S（0 价）、S（+4 价）、S（+6 价）的相互转化的学习。
问题 1：利用价类二维图，预测 SO_2 的性质，并推测 SO_2 可能实现什么转化？并说明理由。	学生回答问题 1： 通过类比 CO_2 酸性氧化物的性质可以得到 SO_2 与水反应生成亚硫酸，与氢氧化钠反应生成亚硫酸钠。 通过二氧化硫中硫是+4 价，推测可以向+6 价的硫酸（或硫酸盐）和 0 价的硫单质转化。

（续表）

教师活动	学生活动
问题2:从氧化还原的角度分析如何实现S(+4价)向S(0价)和S(+6价)的转化?(加入什么类型的试剂)	学生回答问题2: 氧化剂、还原剂。
问题3:从物质的性质和实验的可操作性选择合适的含硫试剂和转化试剂并说明理由。	学生回答问题3: 选择SO_2(或H_2SO_3或Na_2SO_3),因为S元素为+4价。
PPT展示参考试剂: SO_2水溶液、Na_2SO_3溶液、Na_2S溶液、稀盐酸、NaOH溶液、酸性$KMnO_4$溶液、新制氯水。	S(+4价)→S(+6价):酸性$KMnO_4$溶液(或新制氯水等),因为S元素升价需要加入氧化剂。 S(+4价)→S(0价):Na_2S溶液,因为S元素降价需要加入还原剂。
【讲解】交流后请同学再次讨论确定最佳实验方案后,举手示意,经老师同意后方可开始实验。 本次实验秉承绿色化学原则,采用注射器与密封玻璃瓶进行实验。操作方法如PPT所示:第一步,用注射器刺穿橡胶塞吸取少量A试剂;第二步,注入B试剂中;第三步,轻轻振荡玻璃瓶,观察现象。 【实验提示】: 1. 氯水、酸性$KMnO_4$溶液具有腐蚀性,取用时应避免粘到皮肤或衣服上。 2. 注射器针头尖锐,使用时注意安全。 3. 实验结束后完成学案表格中的“实验及现象”和“结论”,并讨论实验现象。 观察学生实验过程,并进行适当点拨。	
问题1:根据参考试剂,设计实验方案,实现+4价到0价和+4价到+6价硫元素的转化,并预测产物和实验现象,填写学案。	学生回答问题1: S(+4价)→S(+6价): Na_2SO_3溶液/SO_2水溶液+酸性高锰酸钾溶液→紫色褪去 Na_2SO_3溶液/SO_2水溶液+氯水→黄绿色褪去 S(+4价)→S(0价): Na_2SO_3溶液/SO_2水溶液+Na_2S溶液→有黄色沉淀生成 组内再次讨论实验方案,交流确定最佳方案后,以小组为单位完成实验。 设计方案并预测现象。

（续表）

教师活动	学生活动
问题2：请小组汇报，观察到什么现象？对实验中观察到的现象进行解释，与预测是否一致？可以得出什么结论？	学生回答问题2： Na_2SO_3 溶液/SO_2 水溶液+酸性高锰酸钾溶液→紫色褪去 Na_2SO_3 溶液/SO_2 水溶液+氯水→黄绿色褪去 SO_2 水溶液+Na_2S 溶液→有黄色沉淀生成 Na_2SO_3 溶液+Na_2S 溶液+稀盐酸→有黄色沉淀生成 SO_2 具有氧化性和还原性。
问题3：结合硫的转化途径，分析硫酸型酸雨的成因。 【讲解】在工业生产中利用 SO_2 的还原性，通过钙基固硫法可将 SO_2 最终转化为硫酸钙，用作石膏材料；利用 SO_2 氧化性，用还原细菌将其还原为硫单质。 【讲解】两种成因都存在，但是由于 SO_2 变为 SO_3 条件复杂，所以主要成因为 SO_2 与水反应生成 H_2SO_3，再被氧化为 H_2SO_4。 $2SO_2+O_2 \underset{\triangle}{\overset{催化剂}{\rightleftharpoons}} 2SO_3$ $SO_3+H_2O=H_2SO_4$ $SO_2+H_2O=H_2SO_3$ $2H_2SO_3+O_2=2H_2SO_4$	学生回答问题3： SO_2 先被氧化为 SO_3，再与水反应生成 H_2SO_4；SO_2 与水反应生成 H_2SO_3，再被氧化为 H_2SO_4。

教学环节三：总结提升——总结并应用模型

教师活动	学生活动
【小结】我们不仅仅学习了S和 SO_2 的性质，而且得到了陌生的元素化合物的性质探究思路。即先通过分类方法得到物质的核心元素化合价和物质类别，再由价态转化确认氧化性和还原性，并通过类别通性预测物质可能发生的反应，最后在实验探究过程中寻找能够证明推测的现象和证据。 【反思】学习了本节课的知识，我们认识了硫及其化合物的研究价值，同时也体会到在开采和利用含硫资源时带来的严重污染，不论是采矿时的有毒气体还是我们身边的酸雨危害，解决此问题的根本在于了解其性质，实现科学转化。	学生总结元素化合物学习方法，体会化学实验设计的基本步骤。 学生完成课堂检测。

板书设计

硫的转化

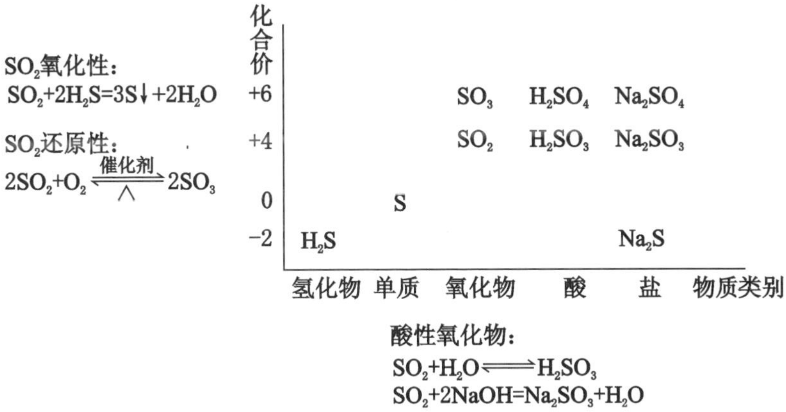

教学反思

1. 针对学生遇到的问题，需要加强思路方法的梳理。

2. 学生在进行陌生物质价态预测时没有建立价类思维，需要引导结构与价态的关联，加强类别视角。

3. 素材多，需要精选，认真钻研，充分利用。

4. 在 SO_2 性质研究环节中进程需要放慢，进行分步讨论。

培养模型认知素养的教学实践
——太原硫酸厂的去或留

刘姝君

（太原市第十二中学校　山西太原）

课标分析

本教学设计按照课标中的内容及学业要求确定教学内容为：含硫物质的转化，围绕学科核心素养中“科学态度与社会责任”，确定教学中的社会性议题为“硫酸厂的去留问题”。通过选取不同的原料，设计含硫物质转化为硫酸的路径，通过价类二维的思想将含硫物质的转化贯穿其中。本教学围绕两条线索解决问题：①如何实现从原料到硫酸的转化；②如何解决生产线中的污染问题。最后，从社会、经济和环境角度得出硫酸厂的去留。在教学过程中教师将主动权交给学生，由学生小组合作共同设计硫酸的生产路线，在分析过程中发现产生污染的物质，并结合所学化学知识解决污染问题。在对硫酸厂有了更为科学的认识之后，学生再从多角度重新审视硫酸厂的存在，提出更为客观的去留建议。

教材分析

人教版：不同价态之间硫的转化在硫、二氧化硫、硫酸性质的研究之后。在教材中“不同价态含硫物质的转化”内容下，资料卡片中呈现了自然界中硫的存在和转化关系，并提出硫酸的工业生产是人类通过控制化学反应条件而实现的含硫物质的相互转化。

鲁科版：课本在讲解铁及其化合物之间的转化时，已渗透价类二维的思想，在硫的转化这一节，先以自然界中的硫展开，紧接着探究不同价态硫元素的转化，再讲二氧化硫与硫酸的性质，实际上是知识的应用过程，即以具体物质利用价类二维的思想进行研究。因此，本节课选取硫酸工业为情境，从实际工业生产出发，进行物质转化分析模型的学习与应用。

学情分析

学生在钠及其化合物的学习中，知道了研究物质性质的一般方法：结构决定性质，性质决定用途。在氯及其化合物的学习中学生对这一方法进行了应用：从氧还视角和价类二维的角度对物质性质进行预测，运用化学实验验证其性质，并能运用所学知识分析、解释现象。因此，学生在硫及其化合物的性质学习中，具备了学习物质性质的一般方法，本节课为硫及其化合物的第二课时，在物质性质学习之后，重点学习从类别和价态分析物质转化的思路，加深对物质间转化关系的认识，同时渗透生态保护思想，通过控制条件的方法在工业上利用这些转化关系，获得相应的化工产品，从而实现环境保护与资源利用的和谐统一。

备课资源及设计理念

在当时山西环境问题较为严重的背景下，提出太原是否要进行工业转型，将硫酸厂废弃。面对社会性议题，学生开始或许只能用简单的化学知识和生活常识发表对这一问题的看法，但对硫酸工业流程及原理认识后，就能从社会价值和环境污染角度出发对硫酸厂的去留展开讨论。最终，经过本节课的学习后，学生能够基于科学、技术、社会和环境的综合分析，较为全面和科学地对社会性议题进行讨论，意识到社会性议题与自身的紧密相关，从而形成社会责任感。

教学目标

1. 能够依据实际选择生产原料，通过分析从原料到产品的含硫物质转化路径，得出生产过程中出现的污染物，并提出消除污染物的解决方案且能够书写相关化学方程式及离子方程式。

2. 能够基于物质类别和硫元素化合价（氧化还原理论）的模型分析含硫物质间的转化关系，并利用价类模型对未知物质（FeS_2）的氧化还原性进行预测，并能够设计从原料到产品的转化途径。

3. 通过科学、技术、社会和环境综合分析“硫酸厂应何去何从”，可培养学生的证据推理能力、社会议题参与能力及社会责任感。

教学实录

教学环节一：

教师活动	学生活动
环节一：感知硫酸工业 【图片】图片展示：国营硫酸厂之殇。 曾经，老旧的硫酸厂给环境和周围的居民带来了不可弥补的危害，根据大家课下收集的资料，你觉得太原硫酸厂该去还是留？太原硫酸厂该何去何从？ 【在当时山西环境问题较为严重的背景下，提出太原是否要进行工业转型，将硫酸厂废弃。学生此时只能用简单的化学知识和生活常识发表对这一问题的看法。教师从环境污染角度出发引出对硫酸工业流程及原理的辨识。】	【交流讨论】 根据课下收集的资料以及生活常识，发表对硫酸厂去留问题的看法。 （学生多从环境问题角度出发，指出硫酸厂会造成环境污染。）

教学环节二：

教师活动	学生活动
【过渡】大多数同学都认同硫酸厂会造成环境污染，但要知道污染物是什么我们必须知道硫酸生产的工艺，分析工艺流程中可能出现的污染物。 环节二：初探硫酸工业 【资料卡片】提供文献截图：呈现目前工业制备硫酸的原料、太原矿产资源情况以及全国城市空气质量检测报告。 工业生产中原料的选择要因地制宜，因此太原硫酸厂制备硫酸的原料也会根据太原本土的特色合理选择。请大家根据文献资料，小组讨论，选择生产硫酸的原料，画出制备硫酸的物质转化图，分析生产过程中可能产生的污染物。	【小组合作】 结合文献资料以及太原本土特色，选择相应的工业原料，小组讨论制备硫酸的生产原理，选择要添加的试剂，画出物质的转化关系图，写出化学方程式。
【师生交流汇报】 聆听学生的发言，不同之处共同探讨分析。	【小组代表发言】 小组代表发言，说出选择该原料的理由，并展示转化关系图。 1. 选择硫黄：原料简单，生产简便，副产物少。转化：硫与氧气产生二氧化硫，二氧化硫继续被氧化产生三氧化硫，三氧化硫与水反应生成硫酸。
【图片】展示黄铁矿制备硫酸的工业设备，与学生共同分析，二硫化亚铁要想转化为二氧化硫必须加入氧化剂，最便宜简单的氧化剂即为氧气，反应中亚铁离子被氧化为氧化铁，硫离子被氧化为二氧化硫。依据工业设备可以看出存在二氧化硫对空气的污染，以及废水、废渣的排放，进而继续提问，如何处理三废。	2. 选择黄铁矿：依据太原矿产资源分布情况，黄铁矿资源丰富。黄铁矿与氧气产生二氧化硫，二氧化硫继续被氧化产生三氧化硫，三氧化硫与水反应生成硫酸。 3. 选择二氧化硫气体：工业冶炼废弃物的重复利用。 【与教师探讨】 (1)三废的处理：二氧化硫可循环利用或利用物质类别的思想，使用碱液进行尾气处理。废渣可用于炼铁。（教师提出太钢集团工业园区冶铁制酸一体化） (2)如何运输浓硫酸（铁罐车）

教学环节三：

教师活动	学生活动
环节三：再看硫酸工业 在分析了硫酸工业生产原理以及污染物的处理办法之后，我们来看看硫酸产品在工业生产中的重要作用。 【PPT】图片展示硫酸产品在工业上的重要作用。 请同学们再重新审视下硫酸厂，除了产品在工业生产中的重大作用，你认为硫酸厂的存在对社会还有什么重要作用？	【自由发言】 从社会角度看，硫酸厂可以缓解就业压力，提供就业岗位。 从经济角度看，工业产品用途广泛，促进工业生产，增加经济效益。 从环境角度看，产物中的二氧化硫虽为大气污染物，但可在硫酸工艺中循环使用，而且通过尾气处理可减少对大气的污染，产生的废渣也可用于冶铁，同时冶铁产生的废气也可在硫酸厂中得以利用，在一定程度上既利用了资源又帮助解决了环境问题。
【总结】 这节课我们以硫酸厂的去留问题展开对硫酸工艺的研究，通过这节课你收获了什么知识和社会性内容？	【发言】 1. 从知识方面看，学生知道了含硫物质之间的转化关系，在思考时要利用氧化还原和物质分类及转化的思想，通过价态和物质类别的角度进行分析。 2. 关于社会性议题。学生感受到化学知识是服务于社会且与社会密不可分的，我们学到的知识是有用的。在提出对社会议题的看法时，我们不能空口无凭，要有依据，能提出合理客观的建议。

板书设计

主板书

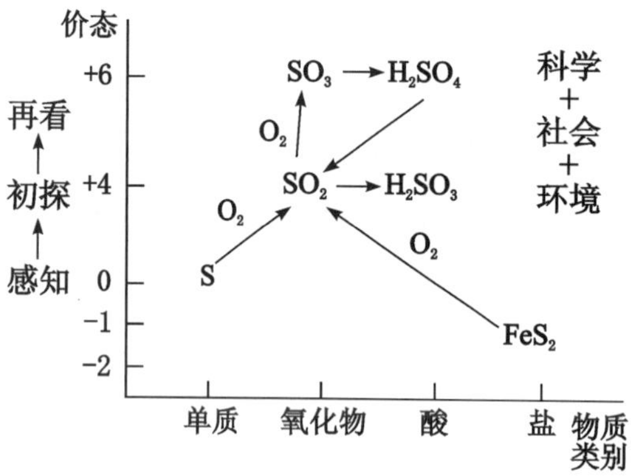

副板书

单质:S

$S+O_2 \xlongequal{点燃} SO_2$

氧化物:SO_2

价态角度:氧化性 $SO_2+2H_2S=3S\downarrow+2H_2O$

还原性 $2SO_2+O_2 \underset{\triangle}{\overset{催化剂}{\rightleftharpoons}} 2SO_3$

类别角度:酸性氧化物

$SO_2+2OH^-=SO_3^{2-}+H_2O$

$SO_2+H_2O \rightleftharpoons H_2SO_3$

特性:漂白性,使品红溶液褪色,加热恢复

酸:浓 H_2SO_4 强氧化性　铁铝钝化

$2H_2SO_4(浓)+Cu \xlongequal{\triangle} CuSO_4+SO_2\uparrow+2H_2O$

$2H_2SO_4(浓)+C \xlongequal{\triangle} CO_2\uparrow+2SO_2\uparrow+2H_2O$

吸水性

教学反思

本节课围绕太原硫酸厂去或留的问题情境展开,模拟小型辩论会,指导学生多角度全面地对社会性问题进行科学分析,提升学生的思辨能力,同时围绕议题展开硫酸厂工艺流程的研究,结合山西本土特色,从不同原料出发完成硫酸的制备,开放性极高。课堂上教师可指导学生利用价类二维模型分析物质的转化,进而依据科学原理,从技术、经济和环境角度进一步分析硫酸厂给社会带来的利和弊,让学生体会利用学到的化学知识和思维模型,解决真实问题的过程,帮助学生打开科学视野,培养社会责任感。

探究雾霾的成因与防治
——基于氮及其化合物有关物质的转化

李佳琦
（太原市第三十中学校　山西太原）

课标分析

《普通高中化学课程标准（2017 年版 2020 年修订）》对“氮及其化合物”的内容要求是：结合真实情境中的应用实例或通过实验探究，了解氮及其重要化合物的主要性质，认识这些物质在生产中的应用和对生态环境的影响；结合实例认识氮及其化合物的多样性，了解通过化学反应可以探索物质性质、实现物质转化，认识物质及其转化在促进社会文明进步、自然资源综合利用和环境保护中的重要价值。

本节课可以通过引导学生以“雾霾”为主线将氮及其化合物的物质转化关系联系起来，构建价类二维图并加以应用，使学生形成完整的非金属元素及其化合物研究思路，发展化学学科核心素养。

教材分析

从教材体系看，氮及其化合物的学习在硫及其化合物之后，可以让学生应用前一节掌握的研究硫及其化合物性质的基本思路，利用价类二维图及氧化还原反应原理设计氮元素物质间的转化路径，为非金属元素及其化合物的学习形成更完整、更系统的认识与总结。

从教材内容看，教材根据物质类别先后研究了氮气、一氧化氮、二氧化氮、氨和铵盐、硝酸的性质，并以工业合成氨、工业制硝酸的生产原理为载体设计含氮元素物质间的转化，这样安排的缺点是没有从学生的生活实际出发，学生难以感知物质转化的意义与价值。

学情分析

学生虽然已具备一定的迁移应用和分析思考的能力，在学习氮及其化合物之前，已经学习过氯、硫及其化合物等知识，已掌握研究非金属元素及其化合物性质的一般思路；但学生在“价类二维图”模型的应用上还不熟练，仍需要在教师的引导下从物质类别和元素价态两个视角去预测分析物质的性质，才能应用于陌生的情境中。

三 备课资源及设计理念

▶▶备课资源

资料1：雾霾主要由二氧化硫、氮氧化物和可吸入颗粒物这三项组成，前两者为气态污染物，最后一项颗粒物是加重雾霾天气污染的罪魁祸首。

资料2：汽车排放的尾气、冬季取暖燃煤产生的废气、工业生产排放的废气中都含有大量的氮氧化物。汽车行驶过程中，在内燃机燃烧产生的高温和富氧条件下生成氮氧化物；燃煤取暖过程中，也是由于高温条件而生成氮氧化物；工业生产中，硝酸厂在生产硝酸的过程中也会生成氮氧化物。

资料3：氮氧化物碰上雾天，很容易转化为二次颗粒物硝酸铵。2020年5月13日，发表在《自然》上的一项最新研究为我们揭示了其中的奥秘：氨气与硝酸气体相遇，生成的二次颗粒物硝酸铵是雾霾形成的关键。它们凭借超快的反应速度，成为致霾的主力，氨气也成为大气中气态污染物转变成固态污染物的重要推手。

资料4：环保部发布的《氨源排放清单编制技术指南》中明确指出，氨排放源包括农田化肥、畜禽养殖业以及生物质燃烧、人体排放、化工行业、废物处理等行业。我国的大气氨排放源追踪结果表明，畜禽养殖和化肥施用总共占据80%～90%的氨排放，成为氨排放的最大来源。

作为一个农业大国，我国拥有全球7%的耕地面积，做好氨减排，也是对我国农业和畜牧业的审视与反思。因此，传统农牧业氨排放比重过高与治霾必治氨的矛盾状态应给予重视。

资料5：有一段时期，太原雾霾颗粒中汽车尾气占32.17%，燃煤占27.50%，工业占22.21%。太原作为汽车保有量较大的城市，管理者应控制机动车排放标准，避免雾霾天气的形成。因此，汽车尾气是太原治理雾霾的重要抓手。

▶▶设计理念

“三新”背景下强调要在真实的情境中提出一系列问题，让学生在解决实际问题的过程中获得核心知识、提升核心素养。本节课选取“雾霾”这一贴近学生生活的自然现象作为情境线索贯穿始终，通过探究雾霾的成因和防治，建构氮及其化合物的价类二维图，并设计了物质间的转化路径，同时还对“汽车限行是否合理”这一社会性议题进行辩论，最后将所学知识迁移应用到合成氮肥上，突显学科价值和育人目标。

教学目标

1. 能在硫及其化合物研究思路的基础上，列举含氮元素的物质，并标在价类二维图对应的位置上。

2. 通过资料卡片的阅读，了解雾霾的成分及成因，能从资料中收集证据并结合已有知识，从价类视角选择合适的转化剂，得出从氮气到硝酸铵的一系列转化路径，并能用化学方程式正确表达，提升“变化观念”的学科核心素养。

3. 能从价类视角分析得出处理汽车尾气、燃煤以及工业生产排放的一氧化氮和二氧化氮的方法，并能正确书写出化学方程式。

4. 通过对雾霾的组成、成因及防治的探究学习，寻求证据参与社会性议题的讨论，发展“证据推理与模型认知”的学科核心素养，增强绿色环保的社会责任感和资源合理利用的意识。

教学实录

教学环节一：创设情境

教师活动	学生活动
【情境】氮元素是自然界各种生物生命活动不可缺少的重要元素，展示氮循环示意图。 图片展示人工固氮过程中，如何解决汽车尾气、化石燃料燃烧、工业生产排放的废气等一系列环境污染问题。 【设计意图】运用首尾呼应的方式，使学生体会氮循环、氮转化的意义与价值，感受人类活动对自然环境的影响。	观看图片，联系生活实际，感知生活。

教学环节二：认识雾霾及其危害

教师活动	学生活动
图片展示太原的雾霾情况，视频介绍雾霾及其危害。 【设计意图】利用视频、图片等素材吸引学生注意力，激发学生兴趣。创设雾霾这类贴近学生生活实际的情境，更容易产生共鸣、激发学生的求知欲和探索欲，同时也让学生意识到治理雾霾的必要性。	观看图片，联系生活实际，感知生活。 观看视频，了解雾霾及其危害。

教学环节三:雾霾形成的转化路径

教师活动	学生活动
【布置任务】根据资料1-3,将提到的含氮元素的物质标在价类二维图中,并思考交流以下三个问题: 1. 雾霾组成中最关键的成分是什么? 2. 氮氧化物主要是指什么物质?其来源是什么? 3. 氮氧化物是通过怎样的反应路径生成的?氮氧化物又是怎样一步步地最终转化为硝酸铵的? 在资料中找出你的依据,用箭头画出物质间的转化路径,在箭头上写出你选择的转化剂,并说出选择的理由。 【设计意图】利用资料素材,提升学生阅读理解、分析问题、提炼关键信息的能力。 在资料中寻找证据、结合所学的化学知识和化学反应完善价类二维图,画出转化路径,有利于学生“证据推理与模型认知”的核心素养的培养。	认真阅读资料,提炼关键信息,思考回答问题。 在价类二维图中写出含氮元素物质的化学式。 在资料中寻找依据,画出两条转化路径,阐述选择转化剂的理由。 完成学案,写出转化相关的化学方程式。
【拓展延伸】二氧化氮和水反应的原理:二氧化氮溶于水后会先反应生成硝酸和亚硝酸 $2NO_2+H_2O=HNO_3+HNO_2$,而亚硝酸不稳定,又会分解产生一氧化氮和二氧化氮 $2HNO_2=NO_2\uparrow+NO\uparrow+H_2O$。 将两个反应方程式联立起来,最终就可以得出二氧化氮和水反应的总反应方程式 $3NO_2+H_2O=2HNO_3+NO$。 【设计意图】剖析 NO_2 与水反应的机理,为后面学生能分析出 NO_2 和 NaOH 反应的产物是亚硝酸钠和硝酸钠做铺垫。	聆听,理解,根据氧化还原反应原理推理产物。
【提问】剖析第二条转化路径,也是工业上硝酸厂生产硝酸的过程:结合工业生产需要考虑的因素,思考为什么不直接用氮气和氧气一步反应生成一氧化氮,而选择先合成氨,再以氨的催化氧化这样的间接方法生成一氧化氮。 【设计意图】从工业生产效益最大化的角度出发,提升学生从多角度、多方面思考问题的能力,培养发散性思维。 在本环节中,教师设置问题情境不断引导、追问,能让学生进一步熟练巩固“利用价类二维图,从价类两个视角分析物质性质、实现物质转化”这一思路,提升“变化观念”的学科核心素养。	归纳总结出工业生产需要考虑的因素:成本低、耗能少、产量高等。

教学环节四:寻找防治雾霾的方法

教师活动	学生活动
【提问】结合资料3-4分析如何防治雾霾,以及如何做好氨减排。 根据资料2-5分析如何减少氮氧化物的排放,探讨太原有哪些控制汽车尾气排放的举措,并以“假如你是城市居民/经济学家/环保人士……你认为汽车限行是否合理?为什么?”展开辩论,各抒己见。 【设计意图】在本环节中,教师带领学生参与到社会性议题的讨论中,展开激烈辩论,既能活跃课堂气氛,同时也能增强学生保护环境的责任感,感受学习化学能够造福人类和社会。 【深入启发】解决汽车尾气问题的根本不能只靠管控汽车的出行,而应该是对汽车尾气排放出的有害气体一氧化氮、二氧化氮进行处理。学习化学是为了让化学造福人类,利用化学知识去解决实际问题,这就是本节课学习含氮元素物质之间转化的意义所在。 思考分析如何将汽车尾气产生的有害气体一氧化氮和二氧化氮及时转化为无毒的气体再排放到大气中,应加入怎样的转化剂。 视频介绍三元催化转化器,写出反应的化学方程式。 【设计意图】科普三元催化转化器,激发学生兴趣的同时,也能让学生自主从视频中寻找信息来解决问题,从而推动课程的进展。 【提问】再分析如何处理燃煤和工业生产排放的一氧化氮、二氧化氮。尝试书写出二氧化氮与NaOH反应的化学方程式。从价态角度分析NO与NO_2一起通入NaOH溶液中生成的产物是什么。 【呼应开头】生成的亚硝酸盐转化为硝酸盐后就可以再参与到氮循环中,实现再利用。 【小结】防治雾霾的方法: 1. 减少氨气的排放量——需调控畜禽养殖和化肥施用 2. 减少汽车尾气的排放——汽车限行、三元催化转化器处理尾气 3. 处理燃煤、工业生产排放的废气——碱液吸收法	认真阅读资料,提出减少硝酸铵产生的方法:氨减排、减少一氧化氮和二氧化氮排放等。 联系太原实际回答。 小组内展开激烈的辩论,论述自己的观点:假如我是城市居民,我觉得不合理,出行不方便,公交车拥挤;假如我是经济学家,我觉得合理,能促进新能源汽车行业的发展;假如我是环保人士,我觉得合理,可以改善空气质量,有利于身心健康…… 联系物质间的转化,实现价态变化,思考回答:加入还原剂。 $2NO+2CO \xlongequal{\text{催化剂}} 2CO_2+N_2$ $2NO_2+4CO \xlongequal{\text{催化剂}} 4CO_2+N_2$ 联系二氧化氮与水反应的原理,书写方程式,生成硝酸钠和亚硝酸钠。 从价态视角,利用氧化还原反应原理,得出一氧化氮、二氧化氮和氢氧化钠反应生成亚硝酸钠。 回顾、总结。

教学环节五：总结与提升

教师活动	学生活动
【迁移应用】科学合理地应用氮及其化合物有关物质的转化，如合成氮肥。 展示氮肥图片，并结合本节课的价类二维图，将已学的两条含氮元素物质间的转化路径应用到合成氮肥中。 【课堂总结】认识到学习化学的意义与价值，意识到绿色环保的重要性，相信在我们的共同努力下，蓝天白云会离我们更近。 【设计意图】升华本节课主旨，通过从雾霾到氮肥的迁移应用，学生能更加深刻地意识到学习物质转化的意义与价值，增强为人类、社会、环境做贡献的使命感。	联系生活实际，回顾本节课设计的两条转化路径及价类二维图。 联系环境，联系社会。

教学环节六：作业与练习

教师活动	学生活动
【布置作业】对本节课进行梳理总结，可以形成一套以解决雾霾为主题的方案，为保卫蓝天白云贡献自己的一分力量。 【练习】1. 不能通过一步转化实现的是（ A ） A. $N_2 \rightarrow NO_2$　　B. $NH_3 \rightarrow NO$ C. $N_2 \rightarrow NO$　　D. $NO_2 \rightarrow NO$ 2. 下列叙述错误的是（ B ） A. N_2 既可作氧化剂又可作还原剂 B. NO_2 可以和碱反应，所以 NO_2 是酸性氧化物 C. 氨气遇到硝酸会产生白烟，是因为生成了硝酸铵固体颗粒 D. 1 mol N_2 与 3 mol H_2 反应，生成的 NH_3 小于 2 mol	思考，作答，并解释原因。

板书设计

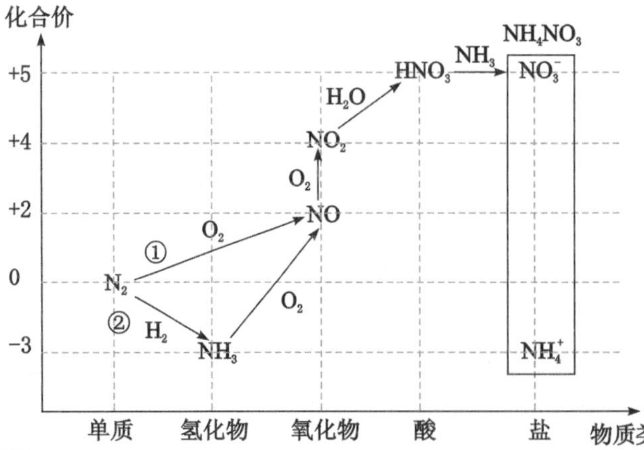

$$N_2+O_2 \xlongequal{\text{放电或高温}} 2NO$$

$$2NO+O_2 = 2NO_2$$

$$3NO_2+H_2O = 2HNO_3+NO$$

$$N_2+3H_2 \underset{\text{高温、高压}}{\overset{\text{催化剂}}{\rightleftharpoons}} 2NH_3$$

$$4NH_3+5O_2 \underset{\triangle}{\overset{\text{催化剂}}{=\!=\!=}} 4NO+6H_2O$$

教学反思

整节课授课过程顺利，教学流程完整，学生交流讨论、展示讨论结果、阐述分析思路等环节的效果也都很好，其间运用了学案导学、任务驱动、问题引导、证据推理、构建模型、材料分析、合作探究、迁移应用、交流辩论等多种教法和学法，充分发挥了学生的主观能动性，调动了学生的积极性，课堂氛围很活跃。

本节课的设计注重对学生“变化观念、证据推理、模型认知”等化学学科核心素养的培养，也体现了思政元素，将化学知识与生产生活、环境保护联系起来。

“探究雾霾的成因与防治——基于氮及其化合物有关物质的转化”这一选题很新颖，有创新，也有对实际问题的解决。这一引领式的学习主题，在氮及其化合物的化学知识基础上，以雾霾为整节课的情境线索，从价类视角设计含氮元素物质间的转化路径，符合深度学习的特征。

在让学生设计转化路径的教学环节三中，问题的语言设计是一大亮点，如“在资料中找出你的依据，用箭头画出物质间的转化路径，在箭头上写出你选择的转化剂，并说出选择的理由”，这样就给学生设置了挑战性的学习任务，体现出了高水平的探究活动，符合深度学习的要求。

在课堂最后，为了避免学生产生“化学危害环境”“谈化学色变”这样片面的想法，增加了硝酸铵可以作氮肥促进农作物生长的内容，在升华主题的同时，给予学生正面的引导，让学生认识到这节课学习的物质转化知识是可以解决污染问题并生产有用物质的，可以让学生更加深刻地意识到学习化学的意义与价值。

除此之外，笔者在课堂实施教学的过程中也发现了问题。学生对前两节课学习的相关反应方程式的书写不太熟练，对生产硝酸的一系列反应也不熟悉，没有及时复习巩固到位，不能很快地对有关反应进行迁移应用，因而在本节课设计转化路径时，有些学生就会有障碍，会出现忘记相关物质的性质及反应、忘记如何生产硝酸等现象。除此之外，学生提取材料关键信息的能力也有待加强，会出现不会用资料、找不全信息、无法将信息与所学知识关联起来等现象，在交流讨论中也缺乏发散性思维，不能全面地分析问题、解决问题。作为教师在课前应该多注重对学生已学知识的落实，在平时的教学中也应该多启发学生思考，培养学生的发散思维，多引导学生从不同角度、不同方面分析和思考问题。

氨的性质探究

要飞虎

（太原师范学院附属中学　山西太原）

课标分析

根据课标中“学业质量标准”部分的化学学科核心素养水平划分要求，通过对该部分知识的学习，学生应该获得的化学学科核心素养主要表现在：

素养1：宏观辨识与微观探析

水平(1)能根据实验现象辨识物质及其反应，能联系物质的组成和结构解释宏观现象。

水平(2)能从物质的微观结构说明同类物质的共性和不同类物质性质差异及其原因，解释同类的不同物质性质变化的规律。

素养2：变化观念与平衡思想

水平(1)能认识物质运动和变化是永恒的，能根据观察和实验获得的现象和数据概括化学变化的发生条件、特征与规律。

水平(2)能运用动态平衡的观点看待和分析化学变化。

素养3：证据推理与模型认知

水平(1)能从物质及其变化的事实中提取证据，对有关化学问题提出假设，能依据证据证明或证伪假设；能识别化学中常见的物质模型和化学反应的理论模型，能将化学事实和理论模型进行关联和合理匹配。

水平(2)能从宏观和微观结合上收集证据，能依据证据从不同角度分析问题，推出合理的结论；能理解、描述和表示化学中常见的认知模型，指出模型表示的具体含义，并运用理论模型解释或推测物质的组成、结构与变化。

素养4：科学探究与创新意识

水平(1)能根据教材中给出的问题设计简单的实验方案，完成实验操作。

水平(2)能对简单化学问题的解决提出可行的假设，依据假设设计实验方案。

素养5:科学态度与社会责任

水平(1)能列举事实说明化学对人类文明的伟大贡献,主动关心与环境保护、资源开发等有关的社会热点问题,形成与环境和谐相处、合理利用自然资源的观念。

水平(2)具有“绿色化学”理念,能运用所学知识分析和探讨某些化学过程给人类健康、社会可持续发展可能带来的双重影响,并对这些影响从多个方面进行评估。

教材分析

1. 从教材内容体系看,“氮及其化合物”该部分内容包含:“氮气与氮的固定”“一氧化氮与二氧化氮”“氨和铵盐”“硝酸”和“酸雨及防治”五部分。

2. 整合教材资源,将氨气与水或酸的反应整合、增补;创新、改进教师演示喷烟喷泉实验。这样既可以激发学生学习的兴趣,又可以避免大量 NH_3 和 HCl 散逸,防止室内空气被污染。

3. 关于氮的固定、铵盐的性质和实验室制氨气等内容,计划放在第二课时做介绍。

4. 重视知识结构,知识结构由主干知识和基本知识构成,以主干知识作支撑。本节的主干知识是氨容易与水反应,水溶液呈碱性,与酸反应生成盐。

5. 演示好改进实验,充分发挥实验的功能。加强实验指导,实验前阐明实验目的和要求,实验过程中强调操作,及时纠正错误,仔细观察,认真分析和小结,培养学生的实验能力和正确认识事物的方法。

6. 针对学生运用理论指导元素化合物知识学习的能力不足,在探究过程中,教师应帮助他们建立起科学的思维模式(性质决定用途,用途体现性质),关注探究过程,注重分析方法,并做好小结。

学情分析

在初中阶段,学生已经掌握镁条在氮气中燃烧生成氮化镁的反应,该反应成为学生已知的固氮方法。高中此阶段学生已经学过非金属硫的相关知识,可以类比思考单质氮气可能发生的化学反应。再从同族元素的周期律思考,硫的非金属性弱于氧;从同周期的周期律思考,氮的非金属性也弱于氧。因此,氮和硫的非金属性无法准确推理。但从氮气的电子式和结构式出发,学生应该能猜测出氮气分别和氧气与氢气的反应均比较困难的结论。这样对于学生后续理解氮气和氢气反应生成氨的条件较为苛刻,就比较容易。

三 备课资源及设计理念

▶▶备课资源

工业合成氨的发展史

早期氰化法

1898 年,德国 A. 弗兰克等人发现空气中的氮能被碳化钙固定而生成氰氨化钙(又称石灰氮),进一步与过热水蒸气反应即可获得氨:$CaCN_2+3H_2O \rightarrow 2NH_3+CaCO_3$。

1905 年,德国建成世界上第一座生产氰氨化钙的工厂,这种制氨方法称为氰化法。但是这种方法生产氨气成本很高,这个阶段生产的氨气主要用于军事领域。

失败者

利用氮气与氢气直接合成氨的工业生产曾是一个较难的课题。

1900 年,法国化学家勒夏特列通过理论计算,认为氮气和氢气可以直接化合生成氨。他在用实验验证过程中发生了爆炸,一个助手差点丧命。他没有调查事故发生的原因,而是觉得这个实验有危险,就放弃了。后来查明实验失败的原因是他所用混合气体中含有氧气。(勒夏特列临终前曾说:我让合成氨的发现从我手边溜走了。这是我科研生涯中最大的疏忽。)同时期,许多著名化学家如泰纳、德维尔、贝托洛都在这项工作中失败。

之后,德国物理化学家能斯特(能斯特方程、热力学第三定律的提出者)通过理论计算,竟然认为合成氨是不能进行的。后来才发现,他在计算时误用一个热力学数据,以致得到错误的结论。由于能斯特在物理化学领域的权威性,人工合成氨的研究陷入低潮。

成功者

1909 年,德国物理化学家 F. 哈伯用锇催化剂将氮气与氢气在 17.5 MPa~20 MPa 和 500~600 ℃下直接进行合成,反应器出口得到 6%的氨,并于卡尔斯鲁厄大学建立一个每小时产生 80 g 合成氨的试验装置,因此他获得 1918 年度诺贝尔化学奖。

德国巴登苯胺纯碱公司(这个公司就是现在著名的巴斯夫股份公司,世界最大的化工厂之一)看到了合成氨工业的前景,投入巨资进行研究和改进。该公司在德国化学家 A. 米塔斯提议下,于 1912 年用 2 500 种不同的催化剂进行了 6 500 次试验,终于研制成功含有钾、铝氧化物作助催化剂的价廉易得的铁催化剂。另外,在合成氨工业化过程中碰到的一些难题,如高温下氢气对钢材的腐蚀、碳钢制的氨合成反应器寿命仅有 80 h 以及合成氨用氮氢混合气的制造方法，则都被该公司的工程师卡尔·博施所解决。他组织科研力量足足花了5年时间，进行上万次试验，最终在1913年确定适合于合成氨用的高效催化剂，并研制建造出能耐高温和高压且能长期使用和操作简便的合成氨装置。1910年，博施曾为巴登苯胺和苏打公司建立了世界上第一座合成氨试验工厂，1913年再次建立起年产7 000吨工业规模的合成氨厂。此外，他还发明了大规模制氢的博施法。1931年，瑞典皇家科学院将诺贝尔化学奖授予德国化学家卡尔·博施，诺奖再次垂青工业合成氨的研究，而博施的主要贡献是将哈伯发明的合成氨研究成果付诸实施于大规模的工业化生产，改革合成氨工业体系，发展了哈伯的研究成果，它标志着工业上实现高压催化反应的第一个里程碑。第一次世界大战后，世界许多国家引进了哈伯—博施法生产合成氨。

▶▶参考文献

袁翰青，应礼文. 化学重要史实. 北京：人民教育出版社，2000年.

▶▶设计理念

1. 通过对比、归纳、整理等方法，使所学知识系统化、结构化。

2. 注重实验的趣味性和探究性，激发学生的学习兴趣，提高学习效率。

教学目标

1. 学生经历观察思考活动，能说出氨的物理性质，知道工业上合成氨的方法。

2. 学生经过实验探究，能写出氨气与水或酸反应的化学方程式，知道实验室检验氨气的方法。

3. 结合氨的催化氧化系列实验，知道该反应是工业上制取硝酸的基础，体会从实验室研究到工业生产的过程，渗透化学与技术，领悟“元素观”。

4. 以氨的性质学习为载体，经过实验探究，提高学生观察现象、分析问题、解决问题、实验操作和总结分析物质性质的能力。

5. 通过氨的性质、用途和化学史的学习，让学生领悟化学科技的进步对人类文明发展的作用，认识化学家对人类文明的贡献。

三 教学实录

教学环节一:工业上合成氨——氮的固定

教师活动	学生活动
【导入】 (魔术导入,新颖。吸引学生注意力,调动积极性,使其能够尽快进入学习状态。) 先给大家表演一个魔术,这是一支老师自己折的白玫瑰,放入一个空塑料盒中,见证奇迹的时刻到了。现象:__________,在酒精灯上加热,发现__________,用小喷壶喷无色酚酞,再放入一个空塑料盒中,__________,用小喷壶喷稀盐酸,发现__________。	白玫瑰变成了红玫瑰 红玫瑰又变成了白玫瑰 白玫瑰又变成了红玫瑰 红玫瑰又变成了白玫瑰
到底是什么原因呢?学好本节课的内容大家就可以为这个魔术解密了。 原来,这个魔术背后的秘密就是科学。今天老师要为大家介绍三位伟大的科学家,他们都是因为研究同一种物质而获得诺贝尔化学奖,这种物质是什么? (体现氨的重要性,引出研究氨的意义。)	氨
【PPT展示】 三位科学家使氮气和氢气在高温、高压和催化剂的条件下合成氨,其中哈伯法合成的氨气,约80%用于制造化肥,提高粮食产量。	写出有关化学反应方程式: $N_2+3H_2 \xrightarrow[\text{高温 高压}]{\text{催化剂}} 2NH_3$
【PPT展示】 直到现在工业上合成氨依然沿用此法。氨在生产、生活和科研中都有着广泛的应用。 【过渡】氨到底具有什么性质和用途使这么多科学家都对它如此感兴趣?今天我们一起来认识和研究它。 【板书】第一课时 氨	

教学环节二:氨的物理性质

教师活动	学生活动
【思考、预测】 请大家从生活经验思考氨的物理性质,通过理论分析判断该气体与空气的密度关系,并通过所给数据分析氨气的其他物理性质。 宏观辨识: 从生活中对氨的体验来感受氨的物理性质。	生活中对氨的体验: 生物蛋白质水解为氨基酸,氨基酸在人体内转变为尿素和氨气排出体外。 阿伏加德罗定律推断氨气与空气密度的关系——比空气密度小。
【相关资料】某些气体的液化温度: 氧气:-183 ℃ 氢气:-252.8 ℃ 氨气:-33.5 ℃ 氨易液化,液化时放热,液氨汽化时要吸收大量的热,使周围温度降低,所以氨常用作制冷剂。 【实验验证】	易液化。 实验:取一试管氨,观察氨的色、态、味,通过理论分析判断该气体与空气的密度关系,并通过所给数据分析氨气的其他物理性质。
(请大家把实验用品放回水槽,请一个小组为我们介绍你们找到氨的哪些性质……根据大家的讨论,我们把氨的物理性质总结如下。) 【板书】展示:氨的物理性质。	氨的物理性质: 无色、有刺激性气味的气体,密度比空气小,极易溶于水(1∶700)。

教学环节三：氨的化学性质探究

教师活动	学生活动
【过渡】氨气在水中的溶解度如何，有哪些化学性质，我们一起通过实验来研究。 【演示实验改进与创新】实验探究氨与水、与酸反应——喷泉喷烟联合实验 【相关资料】指示剂：橙色的甲基橙，常温下溶液显酸性（pH<3.7）时，溶液显红色。 实验成功的要点： 1. 装置的气密性要好。 2. 圆底烧瓶内 NH_3 和 HCl 的量要充足，HCl 比 NH_3 略多点。 3. 中间的活塞只需略旋转少许即可，使少量的 HCl 进入 A 即可，为喷泉的现象做好充分铺垫。 实验步骤： 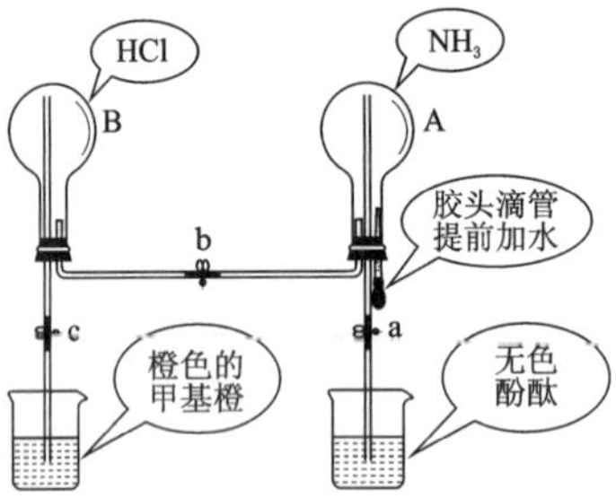 1. 如图组装好：烧瓶 A 中收集 NII_3，烧瓶 B 中收集 HCl。 2. 挤压胶头滴管，使胶头滴管中的少量水进入烧瓶。 3. 打开止水夹 b，观察现象，关闭止水夹 b。 现象： 解释：	烧瓶 A 内产生白烟，充水的胶头滴管变瘪。 由于胶头滴管中的少量水进入烧瓶 A，NH_3 易溶于水，使烧瓶 A 中气体的压强小于烧瓶 B 中压强。烧瓶 B 中 HCl 沿导管进入 A 中与 NH_3 相遇形成白烟，此白烟是氨气与氯化氢气体化合生成的微小的 NH_4Cl 晶体。

（续表）

<table>
<tr><th>教师活动</th><th>学生活动</th></tr>
<tr>
<td>结论：

相关的化学方程式：
4. 同时打开止水夹 a、c，观察现象。
现象：

结合相关资料解释：

结论：

氨水中的 $NH_3 \cdot H_2O$ 是一种弱碱，也是一种弱电解质，但由于氨水是混合物，所以氨水既不是电解质也不是非电解质。
氨水不稳定，遇热易分解。
相关的方程式：
【过渡】通过刚刚的学习我们知道氨气易液化，形成液氨，液氨和氨水有何区别呢？请从三个不同角度区分：</td>
<td>氨气极易溶于水且能与挥发性酸反应生成微小的 NH_4Cl 晶体（白烟）。

$NH_3+HCl=NH_4Cl$
两边烧杯中的液体快速进入烧瓶，A 烧瓶形成红色喷泉，烧杯内原来是无色溶液；B 烧瓶内也形成红色喷泉，烧杯内原来是橙色溶液。
打开止水夹 a、c 后，由于氨气和氯化氢气体反应生成固体，两个烧瓶内的压强都小于大气压强，所以两边烧杯中的液体很快进入烧瓶，立即形成红色（因为指示剂甲基橙遇 HCl 显红色，指示剂无色酚酞溶液遇碱变红）喷泉。
氨极易溶于水，氨的水溶液称为氨水。实验形成的氨水是显碱性的，因为氨溶于水，大部分氨与水发生反应，生成一水合氨。一小部分 $NH_3 \cdot H_2O$ 电离出 NH_4^+ 和 OH^-，遇酚酞变红。
$NH_3+H_2O \rightleftharpoons NH_3 \cdot H_2O \rightleftharpoons NH_4^+ + OH^-$
$NH_3 \cdot H_2O \xlongequal{\triangle} NH_3\uparrow + H_2O$
<table>
<tr><th>物质</th><th>氨水</th><th>液氨</th></tr>
<tr><td>物质类别</td><td>混合物</td><td>纯净物</td></tr>
<tr><td>粒子种类</td><td>一水合氨分子
氨分子
水分子
铵根离子
氢氧根离子
氢离子</td><td>氨分子</td></tr>
<tr><td>主要物质</td><td>碱性（通性）
易分解</td><td>汽化吸热</td></tr>
</table>
</td>
</tr>
</table>

（续表）

教师活动	学生活动
【过渡】通过喷烟喷泉联合实验我们知道，氨气与氯化氢相遇会有氯化铵的白烟产生，那么氨气和其他酸相遇会有白烟生成吗？比如，氨气和硫酸反应吗？让我们一起通过实验来探究。 (1)将装有氨气试管的橡胶塞打开，用镊子取湿润的红色石蕊试纸放在试管口，观察现象。 (2)然后快速加入稀硫酸至过量，并充分振荡试管，边滴边闻气味有何变化？重新用镊子取湿润的红色石蕊试纸放在试管口，再次观察现象。 【追问】说明了什么问题？ 【追问】为什么没有白烟呢？ (提示：盐酸有挥发性) 结论： 写出氨气和硫酸反应的化学方程式。 $(NH_4)_2SO_4$ 和 NH_4Cl 都属于铵盐，有关铵盐的学习我们将在下节课进行。 应用： (1)实验室用湿润的红色石蕊试纸检验氨气。 (2)由于氨气有毒，实验室利用蘸有稀硫酸的棉花来吸收多余的氨气。 【PPT展示】总结检验氨气的方法 (通过实验，在一瓶盛有氯气的试剂瓶中用滴管滴加浓氨水，可以看到白烟，通过实验现象书写化学方程式，体现氨气的还原性，学生从实验观察研究物质，体现实验探究的核心素养。)	无白烟生成，但能使湿润的红色石蕊试纸变蓝。 试管内刺激性气味消失。 无明显变化。 说明硫酸可以将氨气吸收。 硫酸没有挥发性。 氨气和酸反应，只能和挥发性酸才能生成白烟。 $2NH_3+H_2SO_4=(NH_4)_2SO_4$ 完善学案。 方法(1)蘸浓盐酸的玻璃棒。 方法(2)湿润的红色石蕊试纸。 观看演示实验，体验如何检验。 氯气与氨气反应，若生成白烟，说明氯气管道漏气。

（续表）

教师活动	学生活动
【过渡】工业上如何应用呢？ 工业上化工厂的管道工人通常用浓氨水检验氯气管道是否漏气，请依据氨的性质解释其中的原因。 【演示实验】 提示信息：$2NH_3+3Cl_2=N_2+?$ 请根据提示信息得出“?”的物质是什么，再结合今天所学知识解释其中的原因。 请你从氧化还原的角度分析氯气和 NH_3 分别作什么剂？体现什么性？	Cl_2 作氧化剂，NH_3 作还原剂。NH_3 体现还原性。 空气中的氧气
再结合氮元素的化合价分析出 NH_3 可以体现还原性。 【过渡】通过学习我们知道，NH_3 作还原剂，体现还原性。NH_3 的还原性还体现在哪些方面呢？能否可以被我们生活中常见的氧化剂氧化呢？氧化产物是什么呢？ 展示工业制硝酸流程图，通过流程图中提供给我们的信息发现，氧气也可以在催化剂和加热条件下氧化 NH_3 使氨气体现还原性，请根据流程图中的信息，尝试写出该反应的化学方程式。 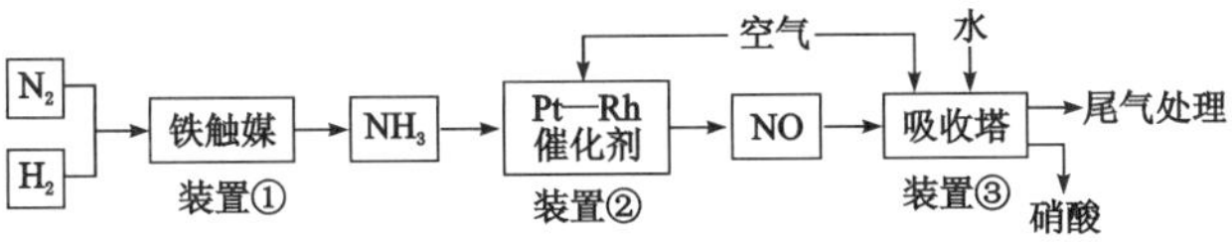 该反应叫氨的催化氧化反应，它是工业上制硝酸的基础。该反应中，氨气从-3价升至+2价，被氧化，作还原剂，体现还原性。 【板书】NH_3 具有还原性	$4NH_3+5O_2 \xlongequal[\triangle]{\text{催化剂}} 4NO+6H_2O$
刚开始提到的化学家哈伯，在获得诺贝尔化学奖时却引起了争议。因为在哈伯的建议下，德国用氨合成了硝酸（体现了氨气的还原性），再合成硝酸钾等炸药而且还制成毒气，致使第一次世界大战中有大量人员死于毒气，所以，英法两国说哈伯是个魔鬼，诺贝尔奖不应该授予这么一位不人道的科学家。但瑞典皇家科学院更看重科学本身，虽然有争议，最终还是授予了哈伯诺贝尔奖。	“天使还是魔鬼?”

教学环节四:氨的用途

<table>
<tr><th>教师活动</th><th>学生活动</th></tr>
<tr><td>【过渡】今天我们进行氨的性质探究,我们知道性质决定用途,用途体现性质,通过学习氨的性质,大家觉得氨有什么用途呢?请根据每种用途对应氨的性质。</td><td></td></tr>
<tr><td>通过学生回答的用途回顾本节课所学关于氨的性质,对板书中的化学性质进行标号。
掌握某种物质的性质是为了能更好地为人类服务,所以工业上利用氨的性质将其用于制作制冷剂、化肥、硝酸、纯碱、化工原料、医用氨水等。
【PPT 展示氨的用途】
【学以致用】
以下是本节课所学物质氨水(医用稀氨水)在生活中的妙用,同学们课下一定试一试哦!
1. 书籍上长了霉斑,可用棉花蘸上氨水,轻轻擦拭,霉斑即可除去,使书面恢复清洁。
2. 皮衣发硬时,将几滴氨水溶进热水中,然后将皮衣浸泡在溶液中一段时间,或者用软布蘸取溶液轻轻擦拭皮衣表现,即可使发硬的皮衣变软。
3. 抽烟的家人,手指上常被染上烟迹,可在 1 杯温水中,滴上几滴浓氨水,把手指浸入泡一会儿,烟迹便没有了。</td><td>制冷剂——氨易液化
化　肥——氨与酸反应能生成铵盐
硝　酸——氨的氧化反应(还原性)</td></tr>
<tr><td>【当堂检测】液氨泄露事件。</td><td><table><tr><th colspan="2">处理方法</th></tr><tr><td>求助</td><td>报警:110　119</td></tr><tr><td>自救互救逃生</td><td>闭眼
戴眼罩
防毒面具
低头弯腰
低处跑
披棉被、穿棉衣
捂湿毛巾、喷水
捂酸毛巾、喷酸</td></tr></table></td></tr>
</table>

板书设计

第一课时 氨的性质探究

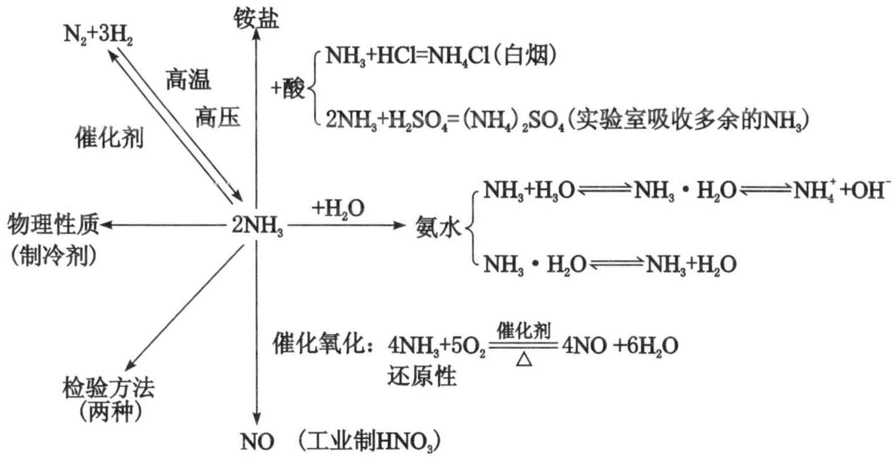

教学反思

本节课各环节之间在“结构决定性质，性质决定用途”大概念的统摄下紧密联系、相辅相成。例如，氨的催化氧化是工业制硝酸的基础，氨喷泉喷烟的联合探究实验又是氨气与水、与酸反应的具体体现，同时压强差（即负压）是形成喷泉喷烟的必要条件，将这些有机统一在一起，以大概念统摄教学，不仅有利于教师把握内容的本质联系，还有利于学生将知识结构化，进而实现知识的功能化和素养化。

基于“宏观辨识与微观探析和社会责任”的无机非金属材料——无机非金属材料的前世、今生和未来

孙　哲

（太原市成成中学校　山西太原）

课标分析

《普通高中化学课程标准(2017 年版 2020 年修订)》中对无机非金属材料相关内容有这样的要求“知道金属材料、无机非金属材料、高分子材料等常见材料类型，结合实例认识材料组成、性能与应用的联系”。给出的教学提示是“精选教学素材和应用案例，促进学生赞赏化学、体会化学科学对人类文明和社会发展的促进作用”，情境素材建议是“化学与材料开发：陶瓷、水泥、玻璃、光导纤维和单晶硅等无机非金属材料”。所以，要引导学生通过学习并结合生活经验了解材料的分类和用途，了解无机非金属材料的组成、性能以及应用，更要让学生感受化学在材料发展中的巨大作用，培养学生投身祖国建设的社会责任感。

教材分析

本节内容主要包括传统硅酸盐材料和新型无机非金属材料。教材首先从物质的组成和结构入手，介绍无机非金属材料的性能特点，介绍传统无机非金属材料陶瓷、玻璃、水泥等在人类日常生活中的广泛应用，以及材料对人类文明的推动作用。之后，介绍新型无机非金属材料，包括硅和二氧化硅、新型陶瓷、碳纳米材料，以及这些材料在信息、能源等领域产生的影响，展现化学科学对新材料研发的重要作用。

本节课是元素化合物的最后一节内容，除了需要让学生了解无机非金属材料的组成、性质和应用，还需要将学习元素化合物时的物质分类、氧化还原反应、离子反应和元素周期律等理论应用到本节课中，使本节课融入元素化合物的大单元教学中。

学情分析

学生刚刚学习了硫及其化合物和氮及其化合物。在这两节课的学习中，学生很注重

各物质间的相互转化及应用，所以学生能够很容易从物质分类和氧化还原反应的角度去分析 SiO_2 的性质，而且本节内容与生活更加贴近，更容易引起学生的兴趣。

三 备课资源及设计理念

▶▶备课资源

生活中硅酸盐材料无处不在。水杯、建筑物玻璃幕墙、光学晶片、化学玻璃仪器、餐具、花盆、建筑物、三峡大坝等都能够让学生直观感受硅酸盐材料的性能和用途。硅半导体是集成电路的主要材料。单晶硅作为半导体器件的核心材料，大大促进了信息技术的革命。信息材料技术是新材料技术的重要组成部分，也是信息技术尤其是电子信息技术发展的基础。

光导纤维是从高纯度的二氧化硅或石英玻璃熔融体中，拉出直径约100微米的细丝。与传统电缆相比，光导纤维或由其制成的光缆具有质量轻、体积小、结构紧凑、绝缘性能好、寿命长、输送距离长、保密性好、成本低等优点。

C_{60} 被称为布基球，又叫富勒烯，它是继石墨、金刚石后发现的纯碳的第三种独立形态，也是碳的真正第三类同素异形体。富勒烯作为一种新型纳米碳材料，在功能材料、超导、磁性、光学、催化、半导体、蓄电池、药物及生物甚至机械等方面都表现出优异的性能，有极为广阔的应用前景。

最细的、可以导电的管子——碳纳米管，1991年被意外发现。碳纳米管是由单层或多层石墨片围绕中心轴按一定的螺旋角卷绕而成的无缝、中空的“微管”。

最薄的材料——石墨烯。2004年，曼彻斯特大学物理和天文学院的安·盖姆（Andre Geim）和康·诺沃肖洛夫（Konstantin Novoselov）两位教授，应用特殊的胶带粘在石墨上剥离出一个石墨单层，这就是石墨烯——这是当今最薄的人工合成材料，也是同等厚度材料中强度最大的。

▶▶参考文献

[1]中华人民共和国教育部. 普通高中化学课程标准（2017年版2020年修订）. 北京：人民教育出版社，2020. 5.

[2]人民教育出版社课程教材研究所化学课程教材研究开发中心. 普通高中教科书教师教学用书：化学必修第二册. 北京：人民教育出版社，2019. 7.

[3]金涌.探索化学化工未来世界:值得为之付出一生.北京:清华大学出版社,2016.

▶▶设计理念

本节课在平时的教学中主要介绍无机非金属材料分类、性能和应用,但是对硅酸盐材料的结构只是简单的描述,学生没有深入了解硅氧四面体结构对硅酸材料性能的影响,笔者想在本节的教学设计中尝试突破。首先,学生能够通过物质分类和氧化还原反应得出二氧化硅的主要性质,但是没有直观体验碱性物质对玻璃等含有二氧化硅的物质的腐蚀作用,因此,本节通过熔融氢氧化钠腐蚀试管的视频以及实物,可以让学生在这方面有更直观的感受。其次,在新型无机非金属材料的学习中,由于学生在日常学习、生活中很少接触这些材料,所以为了让学生了解化学学科对社会进步所做的贡献,提升"科学态度与社会责任"等学科核心素养,本节课中设置了学生活动"神秘的红色信号",让学生亲身体会新型无机非金属材料的特性。最后,通过视频了解碳纳米材料等新型无机非金属材料的性能及其在高科技领域所发挥的重要作用。

教学目标

1. 通过视频资料,结合生活经验,了解材料的分类及用途,感受材料的发展对人类进步的巨大贡献。

2. 通过实物观察、阅读教材获取信息,了解陶瓷、水泥、玻璃等传统硅酸盐材料的生产原料、性能和主要用途,提升学生的信息分析和整合能力。

3. 参与趣味活动,了解晶体硅、二氧化硅的性能和用途;尝试依据元素周期表和元素周期律,从价类二维的角度解释材料使用和制备过程中的具体问题。

4. 结合图片及视频,了解新型陶瓷、碳纳米材料等新型无机非金属材料的性能及其在高科技领域所发挥的重要作用,感受化学在材料发展中的巨大作用,培养投身祖国建设的社会责任感。

教学实录

教学环节一:材料的分类及用途

教师活动	学生活动
【引课】今天我们这节课,学习的内容是材料。在我们生活中小到一个笔尖,大到遨游太空的火箭,都是用各种材料制成的。如果翻看人类的发展历程,每一个时期都有一些材料伴随其发展。 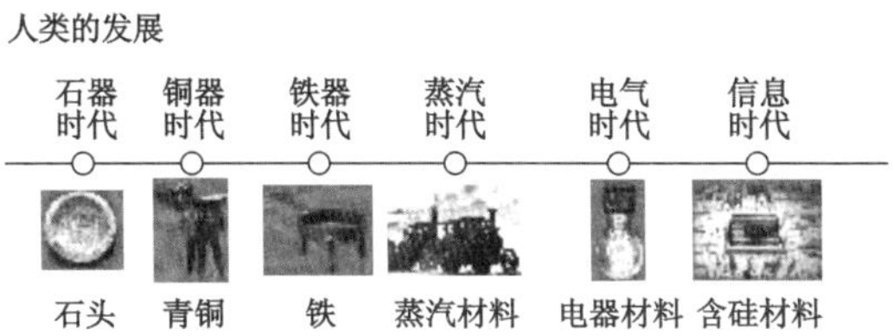 材料的发展 也可以是说是材料的发展,带动了人类进步。 【任务1】我们接下来看一段有关材料发展史的视频,在看视频的过程中,注意出现了哪些材料。 视频:材料的发展史。 【任务2】现在让我们把这些材料进行分类。	认真观看视频,并记录出现了哪些材料。 说出视频中出现的材料,并根据组成特点进行分类。 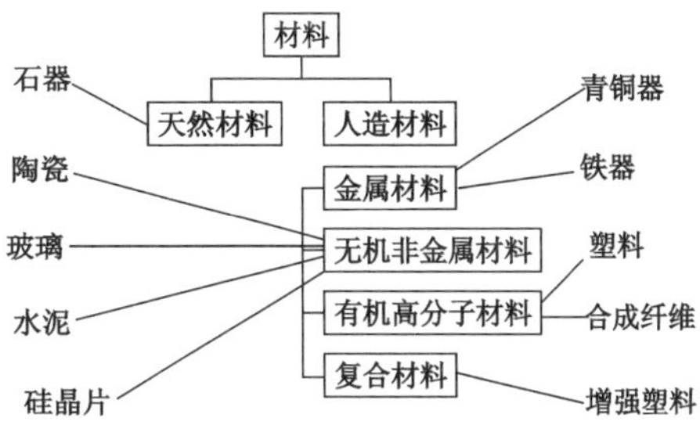

教学环节二:无机非金属材料的前世——硅酸盐材料

教师活动	学生活动
【情境】早期人们使用的无机非金属材料有陶瓷、玻璃和水泥。它们也称为传统无机非金属材料。三类材料的图片展示。 【任务1】在我们面前的试剂盒里也有这三种材料,学生根据生活经验,总结这三种材料在性能方面有哪些相似性。 ①美观　②熔点高　③硬度大　④耐腐蚀　⑤防水　⑥性质稳定　⑦水硬性(遇水逐渐变硬) 【任务2】了解传统无机非金属材料 阅读教材20页、21页,在教材中找出陶瓷、玻璃、水泥的生产原料、生产设备和产品成分,并试着找到这三种材料性能相似的可能原因。	观察三种材料样品,结合生活经验,讨论并回答这三种材料在性能方面有哪些相似性。 阅读教材,找到玻璃、水泥、陶瓷的主要原料和主要成分,并回答原因。

（续表）

<table>
<tr><th>教师活动</th><th>学生活动</th></tr>
<tr><td>【任务 3】了解硅酸盐材料的结构特点。
层状结构硅酸盐：
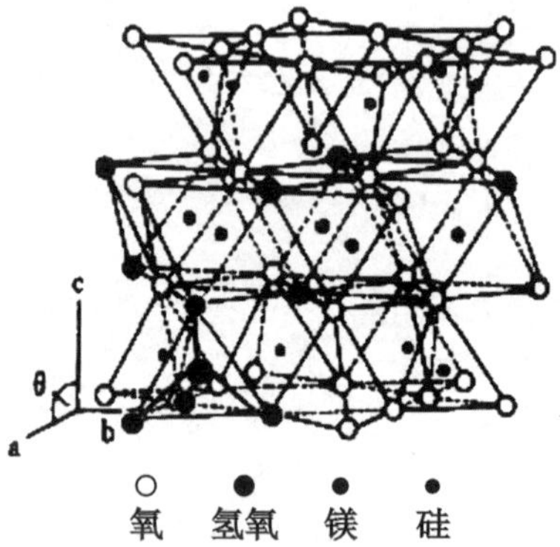

层状硅酸盐结构
链状硅酸盐材料：
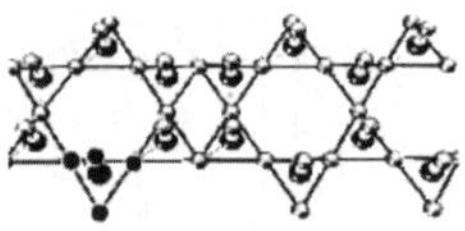
多链状硅酸盐结构

单链状硅酸盐结构
【总结】其实不论是在链状还是层状结构，甚至更复杂的结构中，也都广泛存在着这种硅氧四面体结构，而这样的结构也就是陶瓷、玻璃、水泥具有高熔点、高硬度、难溶于水、耐腐蚀等性质的原因。
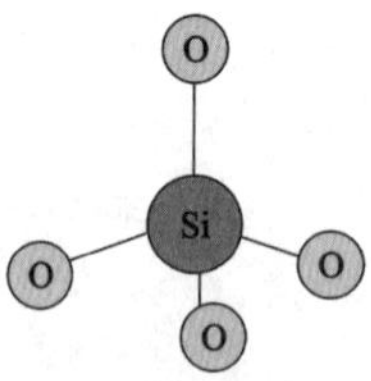

硅氧四面体结构</td><td>观察硅酸盐材料结构，找出共性结构，硅氧四面体。</td></tr>
</table>

教学环节三：无机非金属材料的今生——硅、二氧化硅、新型陶瓷

教师活动	学生活动
【情境】随着科学技术的发展，人类社会也进入了信息时代。有两种含硅元素的材料，依靠它们特有的光学和电学性能，成为当代无机非金属材料的典型代表。它们就是硅和二氧化硅。 【任务1】说出你知道的硅和二氧化硅在生活中的用途。	
【情境】在研究二氧化硅应用时，人们发现纤维状的二氧化硅，有一个特别的现象。 展示光纤玩具。	参与讨论所知道的有关硅和二氧化硅的内容。
【任务2】观察光导纤维传导光时的特殊之处。 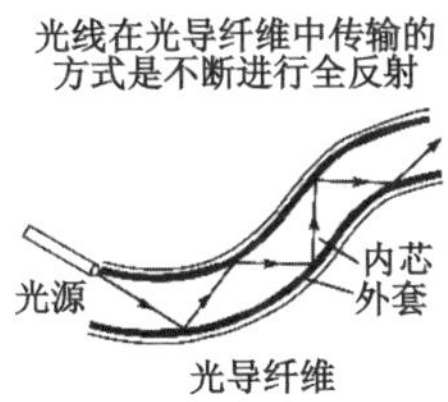	描述观察得到的现象。
【讲解介绍】 光线在光导纤维中传输的方式是不断进行全反射。光纤具有很好的保密性和抗干扰性，而且传送距离远。 【学生活动1】神秘的“红色”信号。 	参与活动，体验光导纤维传送光信号时的基本原理。（全反射、传送距离远）
【任务3】探究新型无机非金属材料。 1. 芯片中的硅是半导体材料，为什么？ 2. 光导纤维为什么在碱性条件下易断路？ 3. 工业制粗硅的两种方案中，你会选择哪一种？为什么？ ①$SiO_2+2C \xlongequal{\geqslant 1\,612.2\ ℃} Si+2CO\uparrow$ ②$SiO_2+2C \xlongequal{\geqslant 2\,521.6\ ℃} Si+CO_2\uparrow$	小组交流讨论： 两位同学书写二氧化硅与氢氧化钠反应的化学方程式。 制粗硅，方法②温度高，方法①有污染物。

（续表）

教师活动	学生活动
【学生活动 2】观看视频“熔融 NaOH 腐蚀试管”。 【过渡】当今社会飞速发展，新型无机非金属材料也在不断涌现，其中新型陶瓷已经成为一颗闪亮的新星。 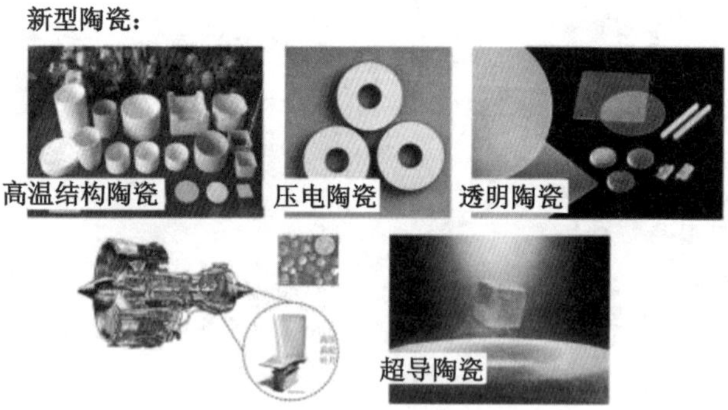	观看视频并找出试剂盒中被腐蚀的试管。

教学环节四：无机非金属材料的未来——碳纳米材料

教师活动	学生活动
无机非金属材料的未来发展方向——碳纳米材料。 播放视频。	观看视频。 了解前沿材料科学的发展。

教学环节五：结课

教师活动	学生活动
【结束语】今天我们了解了无机非金属材料的前世、今生和未来，这些材料正在推动人类社会不断进步。我国的材料制造也在飞速发展，比如，笔尖钢、手撕钢等等，希望同学们以后能立志从事材料科学，为中国材料事业的腾飞做出贡献。	

板书设计

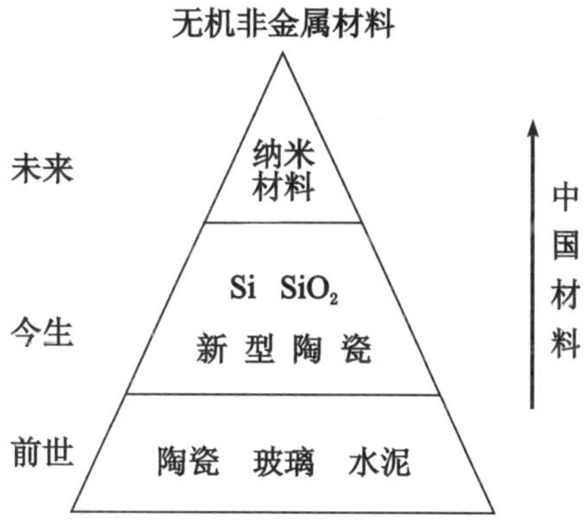

教学反思

通过图片展示、视频观看、实物展示等，化学与生活中的材料联系起来，学生不仅能够了解生活中各种材料的组成、性质和用途，还深切体会到化学就在身边。感受硅酸盐材料在城乡建设方面，新型无机非金属材料在高科技领域方面所起的作用，激发学生学习化学的兴趣。最后通过笔尖钢和手撕钢成功研制的案例，激发学生的民族自豪感，落实教育的意义，不仅传授知识，而且要培养学生成为有理想、有本领、有担当的人。

第四章　必修模块主题 3“物质结构基础与化学反应规律”教学案例

原子结构与元素性质
——基于 POE 策略和证据推理的“位—构—性”模型建立

武志刚
（阳泉市第二中学校　山西阳泉）

课标分析

《普通高中化学课程标准(2017 年版 2020 年修订)》(以下简称“课程标准”)在必修课程主题 3“物质结构基础与化学反应规律”中指出,以第三周期的钠、镁、铝、硅、硫、氯,以及碱金属和卤族元素为例,了解同周期和主族元素性质的递变规律,体会元素周期律(表)在学习元素化合物知识与科学研究中的重要作用。

通过本内容的学习,学生可以在已有知识的基础上,进行深化、概括、综合,并从理论上进一步认识物质的性质和化学反应的本质,提升从宏观到微观,从感性到理性的认识。原子结构、元素周期律为学生后续学习、探索、研究元素化合物及化学反应原理打下理论基础。

教材分析

从微观粒子结构(原子结构)的视角,引导学生研究元素周期表(律),认识和解释元素性质及其变化规律,探究元素间的内在联系。教材从原子结构入手,以典型金属元素(碱金属元素)族和典型非金属元素(卤族元素)族为代表,引出元素性质的相似性和递变性;以第三周期元素为代表,引出元素性质的差异性及变化规律;最终归纳出元素周期律,突出“位”“构”“性”的关系,体现结构决定性质的观念。

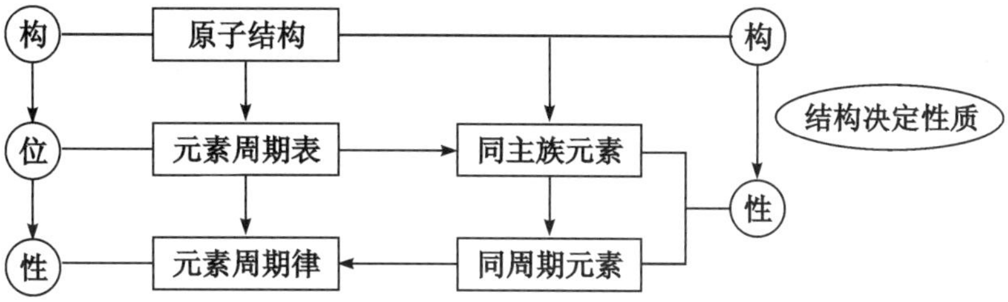

学情分析

学生已经学习了原子结构，了解和熟悉了元素周期表的结构，但部分学生还不能在了解原子结构的基础上认识元素周期表的排布规律，还有部分学生不能运用第一章学过的理论工具（氧化还原反应）来分析物质的化学性质。

备课资源及设计理念

▶▶备课资源

本案例的主要备课资源是人民教育出版社课程教材研究所化学课程教材研究开发中心编著的《普通高中教科书教师教学用书》化学必修第一册。

▶▶设计理念

本节课的设计理念主要有四点：

1. 以化学史引入，以问题为导向，以情境为平台，引导学生阅读教材、分析归纳、探究发现，促成学生自主构建“位—构—性”模型。

2. 运用POE策略（即预测Predict—观察Observe—解释Explain）进行教学，在实验演示前，学生先根据自己已有的知识对实验现象进行预测；演示实验时，学生观察现象；实验结束后，学生对所观察到的现象进行解释。

3. 本节课的设计重在发展学生化学学科核心素养之一的“证据推理与模型认知”，即具有证据意识，能基于证据对物质组成、结构及其变化提出可能的假设，通过分析推理加以证实或证伪。知道可以通过分析、推理等认识方法认识研究对象的本质特征、构成要素及其相互关系，建立认知模型，并能运用模型解释化学现象，揭示现象的本质和规律。

4. 本节课的育人价值主要体现在对学生的安全教育。“课程标准”明确提出要树立“安全意识”，因此在教学中结合本学科的特点和教材内容有机地渗透安全教育，是我们化学教师义不容辞的责任，而且要使学生在获得化学知识的同时，牢固树立“多一分懂得,少一分危险”的理念,明白掌握更多的化学知识有助于避免一些危险和悲剧的发生。

教学目标

1. 以碱金属和卤族元素为例,通过探究认识同主族元素性质的递变规律,并能用原子结构理论初步加以解释。

2. 自主构建、完善和应用“位置—结构—性质”的思维模型,能根据原子结构、元素的位置预测元素的金属性和非金属性。

3. 学会观察、分析和利用证据(数据、实验事实等)进行推理和验证,尝试运用预测、对比、归纳等方法对信息进行加工,发展应用元素周期表工具解决问题的能力。

4. 树立安全意识和严谨的科学态度,关注与化学有关的社会热点问题,提升社会责任意识。

教学实录

教学环节一:初建“位置—结构—性质”模型

教师活动	学生活动
【情境导入】在上课前老师想给同学们介绍一位非常帅的英国化学家——戴维,麻烦语文课代表朗读《戴维发现元素的故事》。 前面我们学习过 Na、Cl、Fe 等元素形成单质及其化合物的性质,但这些知识比较零散,学起来很辛苦。其实科学家在探索元素的道路上走得也并不轻松,比如刚才介绍的化学家戴维,他的一生也仅发现和研究了 7 种元素。主要原因是当时的人们并不了解原子结构和元素性质之间的内在关联,没有一种较为系统的研究方法。所以今天这节课我们就以戴维发现的 K、Na、Mg 为研究对象,并以此建立一种系统研究元素性质的思维模型。	倾听、回顾。
【环节一】初建“位—构—性”模型 【活动】任务 1:请你预测 Na、Mg 两种元素的原子失电子能力的强弱,并说明判断依据。 (提示:从原子结构示意图分析。) 新知拓展:(1) 我们把金属元素的原子失去电子的能力或金属元素具有的性质称为金属性,因为 Na 和 Mg 的失电子能力强弱为:Na>Mg,所以金属性强弱为:Na>Mg。	小组讨论推理得出:原子的最外层电子数<4,容易失去电子;原子的电子层数相同时,核电荷数越大,对核外电子的吸引力越强,失电子能力越弱。 Na 和 Mg 的失电子能力强弱为:Na>Mg。

（续表）

教师活动	学生活动
(2)在化学中,我们可以用原子半径描述原子的大小。能否利用原子半径的数据预测Na和Mg的失电子能力强弱? 我们把刚才的内容进行一个简单归纳和梳理。(边投影边回顾) 任务2:Na的化学性质。请设计实验验证Na、Mg的金属性强弱。 提示:金属性的强弱可以用单质与水(或酸)置换出氢的难易程度以及氢氧化物的碱性强弱来比较。	发现原子半径的大小与失去电子能力的强弱一致,认识到决定原子得失电子能力的关键因素是原子核对核外电子的吸引能力,认识到从电子层数、核电荷数、最外层电子数、原子半径等多个角度认识原子得失电子的能力。
参考实验步骤: ①用镊子取出一小段镁条,用砂纸打磨后,再用镊子放到试管中。 ②向试管中加入2滴管蒸馏水,并滴入2滴酚酞溶液,观察现象。 ③过一会儿,用酒精灯加热至液体沸腾,然后停止加热,观察现象。 注意: ①全程站立做实验,限时5 min。做完的同学可以坐下,并收拾实验用品到塑料盒中。 ②在使用滴管滴加液体药品时,一定要“垂直悬空”于试管上方,不能伸入试管内部。 ③加热试管中的液体时,一定要将试管口向上倾斜45°,避免烫伤自己和别人。 梳理归纳:有哪些证据能证明Na的金属性比Mg强? 如果我们将实验依据和理论依据相结合,就可以构建起一种认知模型。	设计实验方案,预测实验现象,进行小组实验,记录实验现象,书写化学方程式。
模型认知:原子结构的相似性和递变性决定了元素性质的相似性和递变性,具体表现在单质及其化合物也有相似性和递变性,这就是我们构建的“结构—性质”思维模型。(边投影边回顾) 我们如果再去考察Na和Mg在元素周期表中的位置,你有什么新的发现? 原子结构也决定了元素在周期表中的位置,因此三者彼此关联,这就是“位置—结构—性质”思维模型。	体会元素的位置与原子结构、元素的性质也有关联,可以从元素的位置直接判断原子结构和元素的性质。

教学环节二:完善“位置—结构—性质”模型

教师活动	学生活动
【环节二】完善“位—构—性”模型	
【总结】如果把周期表当成一个大楼,每一种元素当成一个住户的话,那么在环节一中我们研究的是Na和Mg这两个对门的邻居,接下来我们要研究的是Na和K这两个楼上楼下的邻居,和Mg相比,K我们并不熟悉。但是只要我们掌握了认识它们的基本程序,也就是刚才的思维模型,那么就可以由已知来推测未知。	
任务1:请结合教材93页的有关信息,预测Na、K两种元素的原子失电子能力的强弱,并说明依据。	运用环节一的思路和方法进行分析。
任务2:请设计实验方案,比较K和Na的金属性,并验证你的预测是否正确。	观看K的实验视频。
模型认知:我们在经历了刚才的一系列探究后,你又有什么新的发现? (边投影边回顾) 如果我们再去看看Na、K的楼上、楼下的邻居们,你对它们熟悉吗? 新知拓展——碱金属 ①请预测这几种金属单质的化学性质。 ②与Na、K相比,它们的金属性更强,还是更弱,说明判断依据。	仿照同一周期元素的性质思维模型建立过程,自主构建同一主族元素的思维模型。 观看Li与氧气的反应,Rb、Cs与水反应的视频。
【思政教育】在2019年3月31日,江苏昆山发生一起燃爆事故。后经相关部门调查起火原因才知道,是镁合金碎屑与水反应生成氢气引起的。通过今天的学习,我们不难理解这个过程。可是同学们仔细想一想,这是化学的错吗,是氢气的错吗?这是不懂化学的错,通过今天的学习我们知道除了金属镁,很多性质活泼的金属遇到水都会生成可燃性气体,但是如果我们能规范操作就能避免以上悲剧的发生。因为“多一分懂得”就能“少一分危险”,而“少一分危险”就能“多一分安全”!所以,学好化学知识有助于在关键时刻保障自己和他人的安全。	倾听、回顾。

（续表）

教师活动	学生活动
【课堂小结】今天这节课，同学们收获了新的化学知识：金属性、非金属性、原子半径、碱金属等，收获了新的思维模型。我们常说“结构决定性质”，今天我们就了解了“原子结构如何决定元素的性质”。通过今天这节课的学习，希望同学们能开始关注元素在周期表中的位置，因为它与结构、性质密不可分，基于此我们还收获了新的学习方法。之前我们学习元素化合物的性质时，用得比较多的方法是观察和对比，而今天我们用得最多的学习方法是“预测”，预测不是瞎猜，而是在已有信息的基础上，根据一定的规律和方法对未知事物所进行的一种推测。	

板书设计

原子结构 —预测→ 元素性质 ←验证— 实验

单质与水反应，氢氧化物碱性

原子结构：电子层数、最外层电子数、核电荷数

元素性质：金属性、非金属性

教学反思

本节课内容较抽象，理论性强，教学必须具有严密的逻辑性，课堂教学的结构应当体现出教材本身逻辑系统的要求，要重视理论推理。为了提高学生学习的积极性，笔者通过课堂讨论的形式和实验现象进行适当地引导，多让学生自主思考和交流，启发学生动脑、动口、动手，积极主动地进行学习，以提高他们的逻辑思维能力和语言表达能力，从而提高教学质量。

此外，在本节课的授课过程中，笔者有两处重点提出安全教育：一是在学生分组实验中，提醒学生在加热试管中的液体时，一定要将试管口向上倾斜45°，避免烫伤自己和他人。化学实验是化学教学的重要组成部分。安全实验的关键是严格按照操作规程进行实验，我们化学教师应该把实验作为安全教育的主战场，利用每一次实验进行正确的示范和引导，增强学生的安全意识。二是结合“江苏昆山爆燃事故”这一具有影响力的化学事件，明确指出“安全重于一切”。我们化学教师应该让同学们了解一些危险化学品的存放和使用注意事项，为自己和他人创造出一个安全的实验环境或生活环境。为自己负责，也为他人负责。

查“理”定“律”——选择储氢材料

郭胜男
（太原市外国语学校　山西太原）

课标分析

新课标对必修课程中元素周期律的教学内容要求是：知道元素周期表的结构，结合有关数据和实验事实认识原子结构、元素性质呈现周期性变化的规律，建构元素周期律。以第三周期的钠、镁、铝、硅、磷、硫、氯，以及碱金属和卤族元素为例，了解同周期和主族元素性质的递变规律，体会元素周期律在学习元素化合物知识与科学研究中的重要作用。学业要求是：能用原子结构解释元素性质及其递变规律，并能够结合实验和事实进行分析。另外，“情境素材建议”中提出“元素周期律（表）的发现史料”“用铝与氢氧化钠的反应疏通下水管道”等探究活动建议。可见，新课标对元素周期律教学中的“证据推理与模型认知”核心素养的进阶，提出了可视化的要求。

教材分析

本节课是人教版高中化学必修第一册第四章第二节的内容，是高中化学课程中的重要知识和反应规律，是学生宏观辨识与微观探析、证据推理与模型认知等核心素养养成的重要载体。这一阶段，原子结构、元素周期表刚刚学完，学生对原子结构与元素性质的关系有了初步认识，可以通过实验探究和联系实际的方式加深本节课内容的学习，而且在此基础上，还可以设计联系实际生活、以综合问题解决为核心任务的教学活动，建构完整的元素周期律，帮助学生巩固结构与性质的关系，体会周期律的归纳和预测作用。这样的教学有助于不同素养的整合培养，有助于教学目标的高效落实。

学情分析

学生在初中学习了 C、H、O 和 Fe 等元素及其化合物的相关知识，进入高中后又系统学习了 Cl、Na、Fe、Al 几种元素的相关知识，对元素化学已有一定的认识，也初步具备简单的数据处理能力和基本实验技能，同时乐于展现自我，容易交流。但对于化学实验缺乏操作经验和自主探究能力，本案例设计了自主实验探究。另外，上一节内容中，学生学习了同主族元素原子结构及性质递变规律，为研究同周期元素打下了良好的基础，本节课只需将研究思路和方法进行迁移和强化。

三 备课资源及设计理念

▶▶备课资源

党的二十大报告中强调，立足我国能源资源禀赋，坚持先立后破，有计划分步骤实施碳达峰行动。完善能源消耗总量和强度调控，重点控制化石能源消费，逐步转向碳排放总量和强度“双控”制度。现阶段，我国能源消费的结构主体依然以化石能源为主，如何最大程度降低化石能源消耗总量，提高清洁能源在我国能源结构中的占比，实现碳排放总量和强度“双控”目标成为实现“碳达峰”和“碳中和”的必然要求。

氢能，因具备零排放、无污染、储能密度高（142 kJ/g）、来源丰富等优势，被评为“21世纪最理想的新型能源”，有望成为助推我国能源转型的中坚力量。由于氢气在常温常压下是所有能源中密度最低的且易燃、易爆、易扩散，所以，氢气的储存和运输已成为制约氢能规模化应用的瓶颈。开发安全、高效、经济的氢气储运技术是发展氢能经济的关键环节。理想储氢技术，需满足含氢质量分数和体积密度高、循环寿命长、安全性高等条件。此外，还应尽量降低储氢成本，提高充放氢速率。

▶▶设计理念

目前，多数关于元素周期律的教学案例中存在的不足是：缺乏真实情境素材和认知性任务，即注重知识本体，不重视元素周期律的认知功能，不能体现元素周期律在真实问题解决中的价值。本案例在储氢材料研发的真实情境中进行了一次微型项目教学，聚焦真实情境，关注社会热点，将抽象的元素周期律应用于实际的科研生产中，以储氢材料的选择贯穿始终，首尾呼应，并在结尾升华至“双碳”战略，画龙点睛。

教学目标

1. 以选择储氢材料为主线，创设真实情境，解决实际问题——储氢材料的选择。重视元素周期律的认知功能，体现元素周期律在真实问题解决中的价值，发展学生“科学态度与社会责任”核心素养。

2. 通过原子结构解释元素性质递变规律，通过元素性质推测物质的用途，深化“结构决定性质，性质决定用途”这一认知模型，发展学生“宏观辨识与微观探析”的学科核心素养。

3. 学生自主思考并设计实验方案验证第三周期元素性质递变规律，强化元素金属性、非金属性判断依据模型，发展“证据推理与模型认知”学科核心素养。

4. 通过小组讨论、合作探究，提高学生的合作能力、综合思维能力；在小组实验中学生通过操作、观察、记录，能提升实验探究能力。

教学实录

教学环节一：根据几种储氢材料中的化合价，推测第二周期元素性质变化趋势，从结构角度进行解释，推理原子半径、化合价变化规律。

教师活动	学生活动
【创设情境】氢能，因具备零排放、无污染、储能密度高、来源丰富等优势，被评为“21 世纪最理想的新型能源”，有望成为助推我国能源转型的中坚力量。但是由于氢气在常温常压下是所有能源中密度最低的，且易燃、易爆、易扩散，所以，氢气的储存和运输已成为制约氢能规模化应用的瓶颈。开发安全、高效、经济的氢气储运技术是发展氢能经济的关键环节。 在一定条件下储氢材料通过化学反应释放氢气。理想的化学储氢材料应具备什么特点？	【思考】 氢的质量分数大。 密度小。 常温下性质稳定。 易吸氢和释氢，吸放氢速率快。 【设计意图】聚焦真实情境，关注社会热点，不只注重知识本体，更重视元素周期律的认知功能，体现元素周期律在真实问题解决中的价值。发展学生“科学态度与社会责任”的核心素养。
【提问】常见的释氢反应为+1 价 H 与−1 价 H 发生归中反应生成 H_2，即 $\overset{+1}{H}+\overset{-1}{H} \longrightarrow \overset{0}{H}$。这一原理对你有何启发？ 【任务】从元素周期表中选择合适的元素，制备含−1 价 H 的储氢材料，并说明理由。	【思考回答】 含+1 价 H 的化合物很常见，如 H_2O。只要制备出含−1 价 H 的储氢材料就可以完成释氢反应了。 【小组讨论】可选择 Ⅰ A 族的 Li、Na、K。因为这些元素金属性强，易将电子转移给氢元素使 H 显−1 价。

（续表）

教师活动	学生活动
【资料卡片1】储氢材料 NaH：白色晶体，低温、干燥，与氧化剂或强酸分开存放。制备反应：$2Na+H_2 \xlongequal{290\ ℃} 2NaH$，释氢反应之一：$NaH+H_2O=NaOH+H_2\uparrow$ 【资料卡片2】储氢材料 LiH：白色结晶粉末，制备反应：$2Li+H_2 \xlongequal[50\ kPa]{700\ ℃} 2LiH$，常用作储氢材料。 【补充】资料证明ⅠA族金属氢化物确实存在，可通过-1价H与水中+1价H反应释放氢气。考虑H元素的质量分数，KH使用较少。	观看、思考。 【设计意图】（1）整体设计，分步落实。利用问题教学法，以问题的形式将内容具体化，引导学生思考，逐步将储氢材料选择的思路聚焦到含-1价H的化合物中，并且利用已知同族元素金属性非金属性递变规律初步选择-1价储氢材料。 （2）教师多次提供资料卡为学生的预测提供证据支持，验证结论，加深印象。
【资料卡片3】储氢材料氨硼烷（NH_3BH_3）：常温常压下为白色固体，储氢容量高而放氢温度较低，是颇具潜力的化学储氢材料之一。释氢反应：在110 ℃时，$NH_3BH_3 \rightarrow NH_2BH_2+H_2$。分析 NH_3BH_3 中H的化合价。 【设计意图】关注现代科学前沿，将新物质、新理念引入中学课堂，突显化学与科技、社会的紧密联系。	【交流研讨】氨硼烷中有两种H，分别为+1价和-1价，二者发生反应生成 H_2。通过学过的 NH_3 可知与N成键的H为+1价，推测与B成键的H为-1价。
【追问】由此推测N和B吸引电子能力哪个强呢？	【思考回答】N比H强，H比B强，故N比B强。
【总结提问】综合以上，Na、B、N得电子能力逐渐增强，推测出第二周期元素从左到右，金属性逐渐减弱，非金属性逐渐增强，结合之前学过的同一主族的元素性质递变规律，大家可以推测一下原因吗？ 【设计意图】提出问题—预测结论—验证结论。从性质到结构，从宏观到微观，以学生为主体，逐步探究，提高宏微结合、概括关联、分析解释、系统探究能力，引出对原子半径、化合价的探究。发展学生“宏观辨识与微观探析”的核心素养。	【分析解释】结构决定性质⇒第二周期元素从左到右原子半径逐渐减小⇒电子层数相同，从左到右，核电荷数逐渐增多，原子核对核外电子吸引能力逐渐增强，原子半径逐渐减小⟶得电子能力逐渐增强，失电子能力逐渐减弱。
	【阅读】学生阅读教材表4-5中短周期元素原子半径数据验证原子半径递变规律。 【设计意图】阅读教材，回归教材。

（续表）

教师活动	学生活动
	【建模】构建比较原子半径大小的方法，进一步拓展比较微粒半径的方法。 【设计意图】构建微粒半径大小比较模型，发展“证据推理与模型认知”素养。
【提问】刚才我们看到H元素化合价有正有负，那么大家根据自己的理解推测同一元素最高正化合价和最低负化合价与原子结构有什么关系？ 【设计意图】主动推理，积极思考。	【交流研讨】主族元素最高正化合价是最外层电子全部失去或全部偏离时所显示的化合价，故等于最外层电子数；最低负化合价即元素原子变成稳定结构所需要得到或偏向的最多电子数，故等于最外层电子数减8(H除外)。
	【阅读】学生阅读教材表4-5中短周期元素主要化合价数据验证元素主要化合价与原子结构的关系。 【总结】元素主要化合价递变规律：同一周期，从左到右，元素主要化合价呈现最高正化合价从+1→+7(O、F无正价)，最低负化合价从-4→-1逐渐递增的变化规律。

教学环节二：类比推测第三周期元素性质递变规律，并自主设计方案进行验证。推出元素周期律，拓展储氢材料选择范围。

教师活动	学生活动
【过渡】类比第二周期的金属性、非金属性递变规律，结合原子半径和化合价数据，第三周期是否有类似的递变规律呢？如何验证？	思考。 【设计意图】类比推理，承上启下，将重心转移到探究第三周期元素上。

（续表）

教师活动	学生活动
【创设情境】从生活中的麻烦事——管道堵塞说起，抛出问题，日常生活中的管道疏通剂可以疏通铝制管道吗？大家一起看视频找真相。 【设计意图】选取和现实生活联系密切的案例，感受化学与生活的联系，发展学生“科学态度与社会责任”的核心素养。	【观看】学生观看视频。 【猜想】铝虽为金属但已具备了非金属的某些性质。 【预测】第三周期金属元素钠、镁、铝金属性逐渐减弱。
【提问】回顾之前所学的金属性判断依据模型，说出比较金属性强弱的方法。 【设计意图】(1)温故知新，强化金属性判断方法模型，发展“宏观辨识与模型认知”的核心素养。 (2)自主设计实验方案，激发学生学习主动性，促进深度学习。 (3)分组实验不仅能够让学生充分融入课堂，以学生为主体，提升学生的动手操作能力和综合思维能力，还能加强学生的沟通合作能力，有助于学生分享实验成果，共同提高。	【回顾】比较金属性强弱方法模型： (1)单质与水或酸反应置换出氢的难易程度。 (2)最高价氧化物的水化物—氢氧化物的碱性强弱。 (3)金属单质间的置换反应。 (4)金属离子氧化性的强弱。 (5)…… 【自主设计】结合所提供试剂和提示，各小组设计实验方案并进行验证。 【分组实验】 1组和2组：Na、Mg、Al分别与水反应。 3组和4组：Mg、Al分别与盐酸反应。 5组和6组：先制备 $Al(OH)_3$ 和 $Mg(OH)_2$，再分别与盐酸、NaOH反应。 注意：要将镁条和铝条打磨后使用。 动手实验，分工合作，观察现象，勇于展示，分享成果。

(续表)

教师活动	学生活动
【引导】根据课本 103 页表中事实,探究 Si、P、S、Cl 元素非金属性的强弱。回顾非金属性强弱判断方法模型,各小组交流汇报课前查阅的资料,还有哪些资料数据可以用来比较这些元素的非金属性强弱? 【设计意图】(1)通过课前查阅资料、阅读探究、归纳整理,培养学生自学能力以及获取并整合信息的能力。 (2)回顾非金属性强弱判断方法,强化模型认知。	【分析解释】非金属元素最高价氧化物对应的水化物酸性越强,元素非金属性越强,Si、P、S、Cl 元素非金属性依次增强。 【汇报】 (1)与氢气化合的难易程度。 (2)简单气态氢化物的稳定性。 (3)单质间的置换反应,如氯气可以置换出硫。 (4)与变价金属反应,如氯气、硫分别与铜或铁反应。 (5)离子还原性强弱。 (6)……
【结论分析】将金属与非金属联合起来,总结出第三周期元素性质的递变规律,进而归纳出完整的元素周期律。 【设计意图】概括关联,明确概念,突显课堂要点。 【补充】元素性质的周期性变化是元素原子的核外电子排布周期性变化的必然结果。	【小结】第三周期元素,随着核电荷数的增多,元素金属性逐渐减弱,非金属性逐渐增强。结合第二周期,可以得出,元素的金属性和非金属性随原子序数递增而呈现周期性的变化。 【归纳】元素的性质随着原子序数的递增而呈周期性的变化。这一规律叫做元素周期律。
【提问】根据第三周期元素性质,还有哪些合适的元素,可以制备含-1 价 H 的储氢材料? 【补充说明】NaH、MgH_2、$LiAlH_4$ 都是常见的储氢材料。 【设计意图】根据第三周期元素性质,拓宽储氢材料选择范围,深化了"结构决定性质,性质决定用途"这一认知模型。 【视频】丁文江院士:固态储氢,前程在"镁"。 【设计意图】从科学态度与社会责任的视角通过视频展示现代化学前沿中镁基储氢材料的飞速发展。 【结尾】储氢材料的选择对氢能源的推广使用具有极其重要的意义。希望同学们未来积极投身于新能源开发,早日实现"碳达峰""碳中和"! 【设计意图】以储氢材料的选择贯穿始终,首尾呼应,结尾升华至"双碳"战略,画龙点睛。	【思考】NaH、MgH_2、AlH_3 等可作储氢材料。

板书设计

查“理”定“律”—选择储氢材料

同一周期　从左到右(位置)

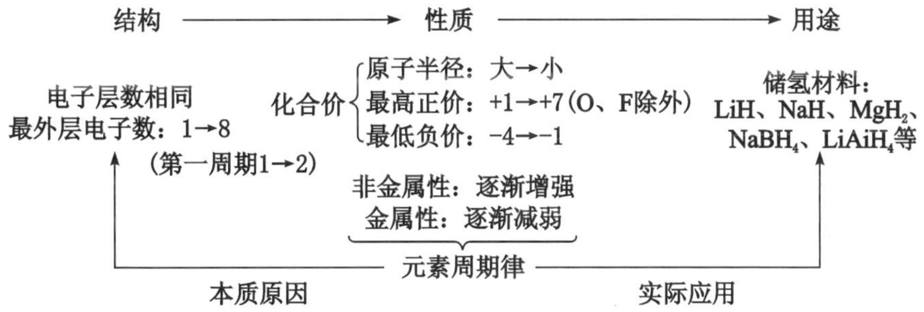

教学反思

本节课在储氢材料研发的真实情境中进行了一次微型项目教学。避开复杂的反应与原理，仅以H元素的化合价为核心，围绕其他元素的选择设计进阶性的情境路线。基于上一节同族元素性质递变规律，学生很容易想到碱金属元素与同主族的H元素形成的化合物中H显-1价，就此展开金属氢化物的研究。先通过第二周期元素形成的储氢材料中元素化合价不同推理出同周期元素性质变化趋势，然后分析原因，引出原子半径和化合价递变规律。类比推理出第三周期元素性质递变规律。然后由学生自主思考、设计实验方案验证规律，巩固元素金属性、非金属性比较方法模型。验证之后，总结出元素周期律概念，根据元素性质，拓宽储氢材料选择范围，深化了“结构决定性质，性质决定用途”这一认知模型。

探究过程中，教师多次提供资料卡为学生的预测提供证据支持，学生在实验探究中也锻炼了探究能力、实验能力、观察能力，同时也展现了相互合作、相互探讨的精神。整个教学过程，教师讲的内容并不多，更多的是一种引导，大部分环节由学生自主完成，充分体现了新课程以学生为主体的教学理念。为学生提供主动参与、乐于探究和实践的机会，让学生体验了过程，同时也学到了知识。最后从科学态度与社会责任的视角通过视频展示现代化学前沿的镁基储氢材料的飞速发展，引导学生关注新能源的开发和“碳达峰”“碳中和”的实现。

本节课最大的亮点是创设了真实情境素材和认知性任务，克服了只注重知识本体，不重视元素周期律的认知功能，不能体现元素周期律在真实问题解决中的价值的缺点。

基于宏微视角认识构成物质的微粒及微粒间的相互作用——化学键(第1课时)

齐　婧

(太原市第四十八中学校　山西太原)

课标分析

必修课程

主题3:物质结构基础及化学反应规律。

3.2　化学键

认识构成物质的微粒之间存在相互作用,结合典型实例认识离子键和共价键的形成,建立化学键概念。知道分子存在一定的空间结构。认识化学键的断裂和形成是化学反应中物质变化的实质及能量变化的主要原因。

教材分析

本节从微观粒子间相互作用的视角,讨论物质的构成并揭示化学反应的本质。本节课的教学重点是认识构成物质的微粒之间存在相互作用,结合典型实例认识离子键和共价键的形成,建立化学键概念。本节基本概念较多且抽象,在必修阶段的学业水平要求不高,教材只介绍了简单的离子化合物和共价化合物中的化学键类型。学生已经知道活泼的金属钠与活泼的非金属氯可以反应生成氯化钠。因此,本节从学生熟悉的物质入手,提出"从原子结构的角度来看钠原子和氯原子是怎样形成氯化钠的"这一问题,接下来再从微粒间相互作用的视角,讨论钠原子和氯原子如何相互作用以达到稳定结构,来解释 NaCl 的形成,从而引出离子键的概念。与共价键相比,离子键的概念相对容易理解,先介绍离子键,再利用"相互作用达到稳定结构"这一思路来讨论共价键,可以使学生更容易地认识共价键的概念。为此,教材还引入了电子式、分子结构模型等,以帮助学生形象地认识微观、抽象的概念。电子式的呈现突出其工具性,使学生易于理解原子核外电子排布,说明物质的形成过程;分子结构模型是一种实物模型,在本节呈现重在体现分子的结构,帮助学生认识分子是有一定的空间结构的,并且还可以形象地解释化学反应的本质。

学情分析

初中化学有离子的概念，学生知道带正电的 Na^+ 与带负电的 Cl^- 形成了 NaCl，也知道物质是由分子、原子或离子构成的，但学生并不知道离子化合物、共价化合物的概念，也不知道它们是如何形成的。

备课资源及设计理念

▶▶备课资源

胡久华教授在“高中必修阶段‘化学键’教学问题的确立与分析”一文中，基于教学案例、教科书、学生学习效果三个方面确立了“化学键”的教学问题。它包括“化学键与离子键、共价键的教学顺序”“怎么处理用电子式表示离子键和共价键形成过程这一内容”“电子式的教学功能与要求是什么”和“选取怎样的例证更有利于学生形成离子键和共价键的认识”等。文章通过调查问卷的形式对以上教学问题进行了分析阐释。关于“化学键与离子键、共价键的教学顺序”，文章表示，在教学中应尽量创设情境，以化学键为先行组织者构建下位概念离子键和共价键，就是将学生置于一个下位学习环境中，有益于学生构建化学键知识整体结构。也就是说应该先介绍化学键，再介绍离子键和共价键。关于“怎么处理用电子式表示离子键和共价键形成过程这一内容”，首先得明确电子式的教学功能，即电子式是作为工具来帮助学生学习化学键的相关知识。因此没有必要将电子式作为技能要求，电子式应该作为一项工具来服务于化学键的教学和化学键的学习。在教学实践中，教师应关注电子式学习背后的功能和价值，不能片面要求学生死记硬背，或者单纯记忆某物质的电子式或形成过程的电子式表示，而应该在简单了解电子式这种表达后，让学生学会在随后的课堂教学中使用电子式这个工具。关于“选取怎样的例证更有利于学生形成离子键和共价键的认识”这一问题，一定是选取跟学生生活经验相关的例证，更有助于学生把已有知识经验和将要学习的知识联系起来。

▶▶参考文献

[1]胡久华，高冲，张晓雷. 高中必修阶段“化学键”教学问题的确立与分析[J]. 化学教育，2014，35(15)：13-17.

[2]杨艳红.“化学键”单元教学设计的认识过程与思考[J]. 化学教育，2010，31(08)：32-34.

[3]吴晗清,孟博研,苏鑫.高中生对化学核心概念掌握情况的测查分析——以"电解质、离子反应、化学键"概念群为例[J].化学教育(中英文),2020,41(15):34-38.

[4]徐志军,王存宽.国外化学键迷思概念研究对我国高中化学键教学的启示[J].化学教育,2010,31(06):49-52.

▶▶设计理念

化学键的本质是直接相邻微粒间的强相互作用。在教学时我们首先应该关注学生头脑中微粒间作用的已有认识,通过宏观现象让学生感知微粒间存在相互作用,进而引导学生认识化学键是一种强的相互作用,再根据相互作用的方式不同,帮助学生建立离子键和共价键的概念。这样的教学组织关注概念的来龙去脉,有利于学生构建化学键的概念。

教学目标

1. 以典型物质 H_2O 和 NaCl 的三态变化为例,感受构成物质的微粒之间存在相互作用。

2. 利用电子式这一工具分析、描述并表征典型物质氯化钠和水的形成过程,感知离子键和共价键的不同,能判断简单离子化合物和共价化合物中化学键的类型,建立化学键的理论模型。

3. 通过所给信息——部分元素原子得电子能力的差异,预测电子得失的可能性,感悟不同元素原子的成键规律。

教学实录

教学环节一:感受微粒间的相互作用

教师活动	学生活动
【导入】上课伊始,老师想带领大家穿越时空,来一场奇妙的时空旅行。 【视频】奇妙的时光旅行。 从浩瀚的太空到原子、夸克,从丰富多彩的宏观世界到变幻莫测的微观世界,都留下了人类探索的痕迹。这节课让我们一起打开物质世界的大门,探索构成物质的微粒及微粒间的相互作用,辨识宏观现象,探析微观本质。现在,就从我们生活中最熟悉的两种物质 H_2O 和 NaCl 开始。	观看视频,从不断缩小的视角,体会宏观和微观的差异。

（续表）

教师活动	学生活动
【投影】PPT展示。 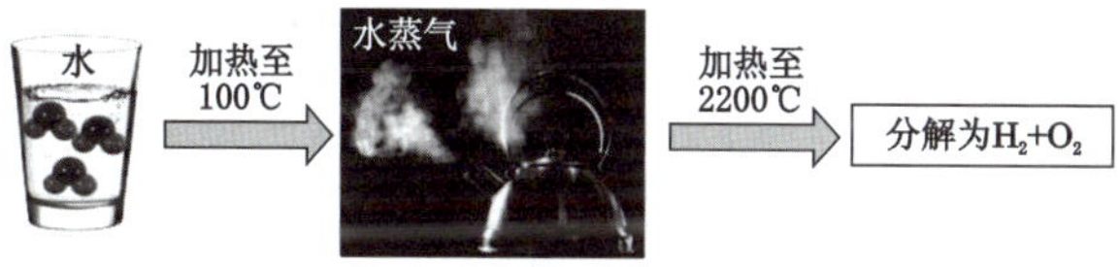 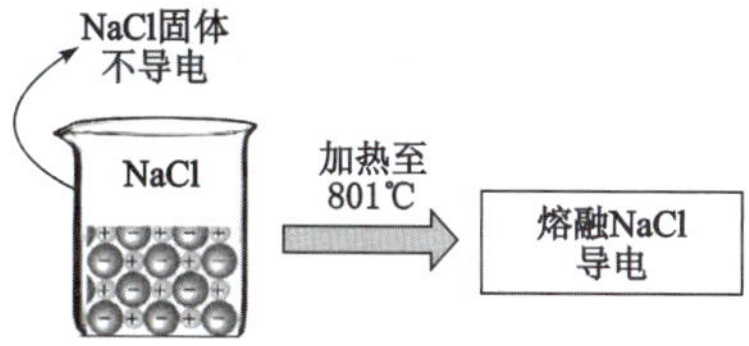 	
【讲解】我们都知道，将水加热至100 ℃，水能沸腾变成水蒸气，继续加热至2 200 ℃，水能分解为H_2和O_2。学习电离的时候，我们知道NaCl固体不导电，将其加热至801 ℃，熔融NaCl可以导电。请同学们从微观角度表示以上过程，并对图示进行说明，从数据上分析，你能获得哪些启示？填写在学案上。 【评价】对学生的图示和说明进行点评，鼓励并肯定学生。	活动1： （1）请从微观角度表示以上过程，并对图示进行说明。（用小球表示原子或离子） （2）从数据上分析，你能获得哪些启示？ 小组派代表用投影仪展示自己的结果，并讲解。
【追问】（1）加热至100 ℃时，水会沸腾变成水蒸气。在这一变化过程中，外界提供的能量的作用是什么？说明了什么？ （2）加热至2 200 ℃以上时，水会分解，在这一过程中，外界提供的能量的作用是什么？说明了什么？ （3）加热至801 ℃，NaCl能导电，在这一变化过程中，外界提供的能量的作用是什么？说明了什么？ （4）为什么使水分解需要加热到2 200 ℃以上，使氯化钠电离需要加热到801 ℃，而使水沸腾只需要加热到100 ℃？ 【评价】总结得非常好。 【讲解】我们感受到了水分子之间的作用力比较弱，而水中氢、氧原子之间的作用力和氯化钠中钠离子和氯离子之间的作用力比较强。将这种相邻原子或相邻离子之间强烈的相互作用叫作化学键。	学生回答：将水分子间距变大。水分子之间有相互作用。 将水分子分解。H原子、O原子之间有相互作用。 使NaCl电离。说明Na^+和Cl^-之间有作用力。 说明水分子之间的作用力不如水分子中氢原子、氧原子之间的作用力和钠离子和氯离子之间的作用力强。

教学环节二:感知微粒间相互作用的类型

<table>
<tr><th>教师活动</th><th>学生活动</th></tr>
<tr><td>【过渡】氯化钠和水中的化学键相同吗?让我们从化学反应的角度来说明。钠和氯气反应能生成氯化钠,氢气和氧气能反应生成水。在物质发生反应的时候,物质中的原子一定会发生相互碰撞。</td><td>从化学反应中原子碰撞的角度看,由于最外层电子的碰撞方式不同,因此原子之间碰撞形成的化学键也不同。</td></tr>
<tr><td>【投影】图片(电子云示意图动图)
【提问】这是原子结构模型图。同学们认为原子相互碰撞的时候是谁在发生碰撞?是哪些电子?</td><td>集体回答:
电子,最外层电子。</td></tr>
<tr><td>【过渡】正是由于最外层电子相互碰撞的方式不同,导致所形成的化学键类型不同。为了研究方便,有没有一种简单的方式来表示原子的最外层电子呢?
【投影】聪明如科学家,他们提出了电子式这一化学用语。为方便起见,我们在元素符号周围用“·”或“×”来表示原子的最外层电子(价电子)。这种式子叫作电子式。我们利用电子式这一工具,可以分析化合物的形成过程。</td><td>活动2:请根据所给资料卡片,写出以下原子的电子式。<table><tr><th>最外层电子数</th><th>1</th><th>2</th><th>3</th><th>4</th><th>5</th><th>6</th><th>7</th><th>8</th></tr><tr><td>原子</td><td>Na</td><td>Mg</td><td>Al</td><td>Si</td><td>P</td><td>S</td><td>Cl</td><td>Ar</td></tr><tr><td>原子</td><td>Na</td><td>Mg</td><td>Al</td><td>Si</td><td>P</td><td>S</td><td>Cl</td><td>Ar</td></tr><tr><td>电子式</td><td>Na·</td><td>·Mg·</td><td></td><td></td><td>$\cdot\underset{\cdot}{\dot{P}}:$</td><td></td><td></td><td></td></tr></table>二位学生代表展示自己的结果。</td></tr>
<tr><td>【点评】学生书写的原子的电子式。
【讲解】电子式的书写规则是这样的:在元素符号上下左右四个对称位置画“·”或“×”来表示原子的最外层电子,电子优先单独占据一个位置,当原子的最外层电子数超过4时,再逐个成对。至于深层次的原因,在高二化学选择性必修2讲到原子轨道的时候,就清楚了。
【过渡】钠原子和氯原子碰撞的时候最外层电子发生了什么变化,氢原子和氧原子碰撞的时候最外层电子又发生了什么变化?请同学们完成“活动3”。
【投影】在此之前,给大家一个小提示:如果原子的最外层能达到8个电子(对于一些小原子也可以为2个),这个原子就会变得稳定。请大家根据信息填写在学案上。</td><td>活动3:请根据所给资料卡片,用电子式表示Na和Cl形成NaCl及H和O形成H_2O的过程。
两位学生代表展示自己的结果,并分析自己的结果。
学生回答:钠原子失去最外层的一个电子变成钠离子,氯原子得到一个电子,变成氯离子,然后形成氯化钠。</td></tr>
<tr><td>【追问】弯箭头代表什么?钠原子为何会失去一个电子,氯原子为何会得到一个电子?</td><td></td></tr>
</table>

（续表）

教师活动	学生活动
你认为氯化钠中钠原子和氯原子之间的化学键是一种怎样的作用？ 【模型演示】将钠离子与氯离子靠近形成NaCl。 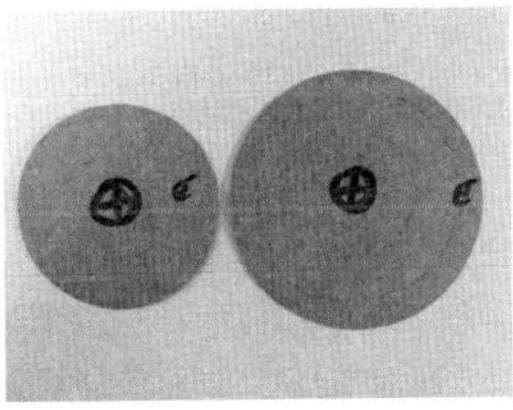	学生回答：吸引。
【追问】只有吸引吗？如果只有吸引的话，离子会不会无限靠近？ 【追问】谁和谁之间有排斥？ 【讲解】这种吸引和排斥会达到平衡状态，将这种作用叫作静电作用。钠离子和氯离子之间通过静电作用形成的化学键叫作离子键。像氯化钠一样，阴阳离子之间通过离子键形成的化合物叫作离子化合物。	齐答：还有排斥。 个别回答：原子核和原子核之间，电子和电子之间。
【提问】水中的化学键又如何呢？和氯化钠相同吗？ 【追问】氢原子趋向于得电子还是失电子？氯原子呢？都想得电子，该怎么办？ 【点评】大家的想法跟100多年前的美国科学家路易斯的想法不谋而合。 【投影】1916年，路易斯通过对实验现象的归纳总结，提出分子中原子之间可以通过共享电子对而使分子中的每一个原子具有稀有气体的稳定结构，这样形成的分子称为共价分子。 【讲解】我们将原子之间通过共用电子对形成的化学键叫作共价键。像水这样，氢原子、氧原子之间通过共价键形成的化合物叫作共价化合物。请大家注意体会离子键和共价键的区别。	两位同学分别讲述自己的观点，一种为离子键，一种为共价键。 齐答：共用。
【提问】氯分子中两个氯原子之间的化学键是哪一种？这种共价键和水分子中氢原子、氧原子之间的共价键是否完全相同？你是怎么想的？ 【点评】说得非常棒。我们把相同元素原子之间的共价键称为非极性共价键，简称非极性键；把不同元素原子之间形成的共价键叫作极性共价键，简称极性键。可见，相同原子之间可以通过非极性键形成单质。	活动4：用电子式表示Cl_2的形成过程。 齐答：共价键。 一学生回答：不同。原子对共用电子对吸引不同。氯分子中共用电子对不偏向于任何一方，水分子中偏向氧原子，所以氧显负价，氢显正价。

教学环节三:感悟不同元素原子成键的规律

教师活动	学生活动
【过渡】通过前面的学习,我们知道了阴阳离子之间可以通过离子键形成离子化合物,原子之间可以通过共价键形成共价化合物或者单质。目前,人类发现的元素有118种,原子更多,由此形成的物质有超过一亿种。大家一定迫切地想知道该如何去判断物质中的化学键类型。大家认为,元素原子之间形成离子键还是共价键取决于什么?	一学生回答:取决于原子对电子的吸引能力大小。如果相差很大,就分别得失形成离子键,如果相差不大,就共用,形成共价键。
【点评】分析得非常对。请根据提供的几种不同元素原子得电子能力差异的信息与形成化学键类型的关系,判断元素原子的成键特点。完成活动5。	活动5:请结合元素周期表中元素所处的位置回答,哪些元素的原子易形成离子键,哪些元素的原子易形成共价键。 一学生代表发言:ⅠA、ⅡA和ⅥA、ⅦA族元素的原子之间容易形成离子键。
【投影】再次回到水分解的例子。请分析水分解过程中化学键的变化,说出化学反应的本质。	一学生回答:极性键断裂,非极性键形成。本质:化学键断裂和形成。
【投影】化学反应的本质:旧化学键断裂,新化学键形成。 【小结】本节课我们从化学键的角度认识了物质及物质之间的化学反应。 希望大家以后在学习化学的时候有善于观察的眼睛,善于分析的头脑和善于探索的勇气。	

板书设计

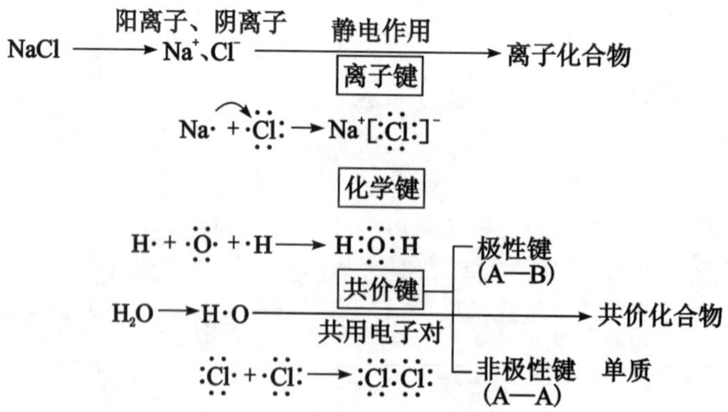

教学反思

第一环节:从学生熟悉的物质的三态变化入手,让学生利用微观图示表示变化过程,并对图示进行说明,在此过程中通过追问学生温度差异对物质变化的影响,让学生感受构成物质的微粒间确实存在相互作用,从而建构化学键的概念。这一环节完成效果很好,学生通过画图确实感受到微粒间的相互作用并接受了化学键的概念。

改进:改成实物投影展示学生的图示效果会更好。

第二环节:学生通过接受新的工具——电子式,来表示 NaCl 和 H_2O 的形成过程,体会离子键和共价键的区别,在组间互评过程中突破共价键是通过共用电子对成键这一难点,最后以化学史佐证,完成效果很好。

第三环节:通过所给信息——元素原子得电子能力差异与形成化学键类型的关系,归纳出元素原子的成键特点,学生通过小组讨论得出结论,完成效果很好。

基于“化学反应速率”选择工业废气合成甲醇的条件

赵瑾杰

（太原市第五十九中学校　山西太原）

课标分析

在《普通高中化学课程标准(2017 年版 2020 年修订)》必修模块主题 3 中明确指出：“知道化学反应平均速率的表示方法。通过实验探究影响化学反应速率的因素，认识化学变化是有条件的，学习运用变量控制方法研究化学反应。能从快慢的角度解释生产、生活中简单的化学现象，了解控制反应条件在生产和科学研究中的作用。体会从快慢角度认识和调控化学反应的重要性。”在学习“化学反应速率概念及表示”和“实验探究影响化学反应速率的因素”的过程中发展“变化观念”“证据推理”“科学探究”的核心素养。

教材分析

本节属于人教版高中化学必修二第六章第二节“化学反应的速率与限度”的内容，具有承前启后的作用，发展学生从快慢角度认识化学反应，实现从定性到定量的认识，为选择性必修课程主题 2“化学反应的方向、限度和速率”模块的学习奠定基础。

教材“思考与讨论”栏目用图片直观呈现学生熟悉的生活现象，让学生感受化学反应有快有慢，引出化学反应速率的概念，学习化学反应平均速率的表示方法。针对影响速率的因素，教材设计了“探究”“方法导引”“思考与讨论”三个栏目，在教学中将这些栏目结合起来，引导学生自主设计实验探究影响化学反应速率的因素，学会变量控制的方法，体会化学反应的可控性。

学情分析

在知识层面，学生已经能从化学反应物质变化的实质及能量变化的角度认识化学反应，对化学反应的快慢有感性认识，知道催化剂可以改变化学反应进行的快慢。通过本节课的学习，要构建化学反应速率的概念，定量认识化学反应的快慢，加深温度、浓度、压强、催化剂等因素对化学反应速率的影响的理解。在能力层面，学生具备一定的实验设计能力，有“变量控制”的想法，但实验过程中“如何控制变量”“选择什么观察指标”还不是很清晰，存在实验思维不够严谨，操作不够规范的问题。本节课的学习正好是实验操作的提升和进阶，学生可在探究过程中体会化学反应的可调控性，发展“变化观念”“证据推理”和“科学探究”的核心素养。

三 备课资源及设计理念

▶▶备课资源

气候变暖是人类面临的全球性问题，在这一背景下，世界各国以全球协约的方式减排温室气体。在十四五规划中，习近平总书记提出“碳达峰”和“碳中和”两个目标。那么，化学学科在解决该问题中可以做些什么？如我们可以利用化学知识在源头上减少碳排放，也可以利用化学知识将二氧化碳气体进行转化。

2023年9月23日，杭州亚运会开幕式在世界上首次使用零碳甲醇燃料，而甲醇明明含碳，燃烧又生成二氧化碳，为什么说是“零碳”燃料？绿色零碳甲醇是利用焦炉气中的副产品氢气和从工业尾气捕捉的二氧化碳合成的，实现了二氧化碳资源化利用。这是人类历史上第一次使用废碳再生的零碳甲醇点燃亚运圣火，也是历史上首届“碳中和亚运会”。

▶▶设计理念

关于化学反应速率的教学分为必修模块和选择性必修模块两个层次，依据《普通高中化学课程标准(2017年版2020年修订)》的要求，要界定好教学内容的深度和广度，运用好教材提供的丰富多彩的栏目，突破重难点。课标明确指出，教学过程中要重视以学科大概念为核心，使课程内容结构化；以主题为引领，创设真实且富有价值的问题情境，使课程内容情境化；精心设计实验探究活动，促进学科核心素养的落实。在实际的化学课堂教学中，由于种种原因，科学探究被等同于“做实验”，具备科学探究能力被等同于“会做实验题”。课堂实验变成一种形式化的教学过程，学生按照教师课前设计好的方案进行实验操作、记录现象、汇报结论。在这样的过程中，学生只能收获局限于识记层次的实验操作和现象，缺乏深层次的思维活动，学生的科学探究能力与创新意识很难得到发展。因此，本课时基于“化学反应有一定的速率，是可以调控的”这一学科大概念，以加快反应“工业废气 CO_2 合成甲醇”为主题设计问题情境，学生自主设计实验方案探究影响化学反应速率的外界因素。

▶▶参考文献

[1]中华人民共和国教育部. 普通高中化学课程标准(2017 年版 2020 年修订)[S]. 北京:人民教育出版社,2020.

[2]鲍红家,李燕. 在实验教学中提升学生科学探究能力的策略-以"探究化学反应速率的影响因素"为例[J]. 新教育,2021(19):18-20.

[3]李可峰. 境脉教学的实践范式与创意设计[M]. 上海:华东师范大学出版社,2023:221-231.

教学目标

1. 通过观察日常生活中的现象,认识化学反应有快慢之分,在"比较工业废气 CO_2 合成甲醇反应的快慢"过程中建构化学反应速率的概念,能准确表示化学反应的平均速率。

2. 通过实验探究影响化学反应速率的外界因素,能够准确描述温度、浓度、压强、催化剂对化学反应速率的影响,体会化学反应的可控性,形成"变化观念"。

3. 通过实验探究影响化学反应速率的外界因素,学会变量控制探究反应规律的实验操作方法,能准确选择观测指标分析实验得出结论,发展"证据推理"和"科学探究"的核心素养。

4. 能从化学反应速率角度选择工业废气 CO_2 合成甲醇的条件,体会从快慢角度认识和调控化学反应的重要性,认识控制反应条件在生产和科学研究中的作用。

教学实录

教学环节一：认识化学反应有快慢之分

教师活动	学生活动
【播放视频】杭州亚运会“数字人点燃零碳主火炬”。 【讲授】绿色零碳甲醇是利用焦炉气中的副产品氢气和从工业尾气捕捉的二氧化碳合成的，实现了二氧化碳资源化利用。这是人类历史上第一次使用废碳再生的零碳甲醇点燃亚运圣火，也是历史上首届“碳中和亚运会”，而零碳甲醇这项技术也是“中国造”，由我国的吉利集团负责生产设备和提供技术支持。	【观看视频并思考】观看视频，感受“绿色亚运”和“中国科技”。思考：主火炬采用了“绿色甲醇”作为燃料，甲醇含碳元素，燃烧生成二氧化碳，为什么说“零碳”？ 【设计意图】紧扣社会热点构建情境，启发学生感受化学学科在科技与日常生活中发挥的关键作用，激发其学习热情和民族自豪感。
【过渡】化工生产中为提高单位时间内的产量，需重点考虑化学反应的快慢，你知道化学反应有快慢之分吗？请举例说明。 【展示图片】：爆炸、牛奶变质、铁桥生锈、溶洞形成。 	【活动 1】感受化学反应的快慢 观察图片、联系生活和熟悉的化学反应，思考并回答问题。 举例：煤和石油的形成很慢，需要几百万年；镁条的燃烧很快。
【提问】(1)以上反应哪些快、哪些慢？ (2)快到什么程度？慢到什么程度？ (3)在化学实验中，通常通过什么现象来判断化学反应进行的快慢？ 【讲授】不同化学反应进行的快慢千差万别，快与慢是相对的，是一种定性的描述。	【回答】(1)爆炸很快、牛奶变质较快、铁桥生锈较慢、溶洞形成很慢。 (2)爆炸只需要一瞬间，常温开封鲜牛奶一般 12 个小时到 24 个小时会变质，铁桥生锈需要几年或者几十年，溶洞形成一般在几万年到几百万年之间。 (3)可以通过冒气泡快慢、固体量的改变、浑浊程度、颜色变化等判断化学反应的快慢。 【设计意图】形象直观地感受化学反应的快慢；描述快慢的程度，将快慢的描述与时间建立关联。

教学环节二:探索定量描述化学反应快慢的物理量

教师活动

【过渡】我们可用哪个物理量来定量描述化学反应的快慢?

【展示资料】制取甲醇发生的主要反应是:

$$CO_2(g)+3H_2(g)\rightleftharpoons CH_3OH(g)+H_2O(g)$$

某温度下向 a 容器中分别投入 2 mol CO_2 和 6 mol H_2,向 b 容器中投入 5 mol CO_2 和 15 mol H_2,一段时间后测量生成甲醇的物质的量,数据记录如下:

	体积/L	时间	$n(CH_3OH)$
a	2	10 min	1.5 mol
b	10	10 min	3 mol

【提问】(1)哪个容器中的反应快?

(2)选用哪个物理量表示化学反应的快慢?

【引导】用单位时间内物质的量的变化和单位时间内浓度的变化表示反应快慢,结果不一样,通过以下数据再次进行计算,并思考用哪个物理量更合理?计算得出的数据表示平均反应快慢还是瞬时快慢?

补充数据(PPT):

	体积/L	时间	$\Delta c(CO_2)$
a	2	10 min	0.75 mol/L
b	10	10 min	0.3 mol/L

【讲授】化学反应速率。

(1)含义:表示化学反应快慢的物理量,通常用单位时间内反应物浓度的减少量或生成物浓度的增加量(均取正值)表示。

(2)符号:v。

(3)计算公式:$v=\dfrac{\Delta c}{\Delta t}$

(4)单位:mol/(L·min)或 mol/(L·s)。

学生活动

【活动 2】探索描述化学反应快慢的物理量

【学生交流】第一种思路:用单位时间内 CH_3OH 的物质的量的变化表示化学反应快慢。

a 容器中:

$v(CH_3OH)=0.15$ mol/min

b 容器中:

$v(CH_3OH)=0.3$ mol/min

得出 b 容器中化学反应快。

第二种思路:用单位时间内 CH_3OH 的物质的量浓度的变化表示化学反应快慢。

a 容器中:

$v(CH_3OH)=0.075$ mol/(L·min)

b 容器中:

$v(CH_3OH)=0.03$ mol/(L·min)

得出 a 容器中化学反应快。

【再次计算】用浓度变化表示。

a 容器中:

$v(CO_2)=0.075$ mol/(L·min)

b 容器中:

$v(CO_2)=0.03$ mol/(L·min)

得出 a 容器中化学反应快。

【结论】(1)常见化学反应的体系为气体或溶液,用单位时间内物质的量浓度的变化表示反应快慢更合理。

(2)以上计算出的数据表示一段时间内化学反应的平均快慢。

教学环节三：实验探究影响化学反应快慢的外界因素

教师活动	学生活动
【过渡】化学反应有快有慢，有利的反应适当快一些好，有害的反应越慢越好。如工业上合成氨、合成甲醇等，快一些好；食物的变质、金属的腐蚀，越慢越好。调控化学反应速率常常是化工生产的关键，有哪些因素影响化学反应快慢？如何影响？ 【举例】根据学生情况补充实例。 (1)钠、镁分别与水的反应。 (2)铁在空气中和在纯氧中反应的剧烈程度。 (3)把食物存放在冰箱里。 (4)实验室用过氧化氢溶液制取氧气时加入二氧化锰。 (5)向炉膛内鼓风，用煤粉代替煤块可以使炉火更旺。	【活动3】举例说明影响化学反应快慢的因素。 列举生活中的现象或学过的化学反应，说明影响化学反应速率的因素。 (1)反应物本身性质决定化学反应的快慢。 (2)反应物浓度影响化学反应的快慢，反应物浓度越大，化学反应越快。 (3)温度影响化学反应的快慢，温度越高，化学反应越快。 (4)催化剂可以改变化学反应的快慢。 (5)反应物接触面积影响化学反应的快慢，接触面积越大，化学反应越快。 【设计意图】通过生生交流及教师的追问，对影响化学反应快慢的因素进行提炼和总结。通过交流表达让学生的思维外显，同时诊断学生对相关概念的理解。
【过渡】影响化学反应快慢的因素有反应物本身的性质、温度、浓度、催化剂等多个因素，我们如何设计实验探究外界因素对反应快慢的影响呢？ 【设问】(1)设计实验时首先要选择化学反应，什么样的化学反应适合作为研究对象进行实验探究？ (2)化学反应快慢的影响因素不止一个，实验中如何探究某一因素对化学反应快慢的影响呢？	【讨论交流】实验探究选取的化学反应：快慢适中、有明显且易观察的实验现象、操作方便、安全无污染。 变量控制法：只改变一个条件进行对比实验。 【活动4】小组合作，设计实验探究反应温度、反应物浓度和催化剂对化学反应快慢的影响。 【实验用品】5% H_2O_2 溶液、1 mol/L $FeCl_3$ 溶液、0.1 mol/L 盐酸、1 mol/L 盐酸、大理石碎块、冷水、热水、试管、试管夹、烧杯、量筒、胶头滴管。

（续表）

<table>
<tr><th>教师活动</th><th>学生活动</th></tr>
<tr><td>【追问】(1)选择的反应是什么?
(2)探究哪个因素对化学反应快慢有影响?如何改变单一变量?
(3)哪些因素需要控制?
(4)借助什么指标观察化学反应的快慢?</td><td>【设计并交流实验方案】
A 组实验方案:
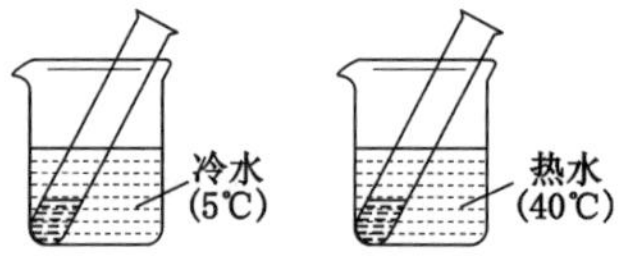

实验操作:在两支试管中分别加入 5% H_2O_2 溶液,分别滴入 1 mol/L $FeCl_3$ 溶液。
预设现象:放入热水的试管中生成气体更快。
【设计意图】学生有变量控制的意识,但具体操作思路没有建立起来,通过教师的追问,帮助学生建立“变量控制”的思维模型,学会“如何控制变量”。
对 A 组的实验方案进行评价和改进。
(1)选择的反应:
$2H_2O_2 \xlongequal{催化剂} 2H_2O+O_2\uparrow$
(2)单一变量:反应温度。
操作方法:将装有反应物的试管分别放在盛有冷水和热水的烧杯中。
(3)控制因素:反应物的浓度和用量、加入催化剂的量。
(4)具体操作:向两支大小相同的试管中加入 2 mL 5% H_2O_2 溶液,同时滴入 2 滴 1 mol/L $FeCl_3$ 溶液。待试管中均有适量气泡出现时,将其中一支试管放入盛有冷水的烧杯中,另一支试管放入盛有热水的烧杯中。
(5)观察产生气泡的快慢。
【小组实验】小组合作完成实验,记录实验现象,总结结论。
实验现象:冷水中,产生气泡较慢;热水中,产生气泡较快。
实验结论:反应温度升高,化学反应加快。</td></tr>
</table>

（续表）

<table>
<tr><th>教师活动</th><th>学生活动</th></tr>
<tr><td>

【展示实验方案设计思路表】

<table>
<tr><td>选择的反应</td><td></td></tr>
<tr><td>影响因素（单一变量）</td><td></td></tr>
<tr><td>改变单一变量的操作</td><td></td></tr>
<tr><td>控制哪些因素不变，具体操作方法</td><td></td></tr>
<tr><td>观测指标</td><td></td></tr>
</table>

</td><td>

B组实验方案：

<table>
<tr><td>选择的反应</td><td>$CaCO_3 + 2HCl = CaCl_2 + H_2O + CO_2\uparrow$</td></tr>
<tr><td>影响因素（单一变量）</td><td>反应物浓度</td></tr>
<tr><td>改变单一变量的操作</td><td>分别选 1 mol/L、0.1 mol/L 盐酸实验</td></tr>
<tr><td>控制哪些因素不变，具体操作方法</td><td>大小相同试管中加入等量大理石碎块，分别同时加入 2 mL 1 mol/L 盐酸与 0.1 mol/L 盐酸</td></tr>
<tr><td>观测指标</td><td>生成气泡的快慢</td></tr>
</table>

C组实验方案：

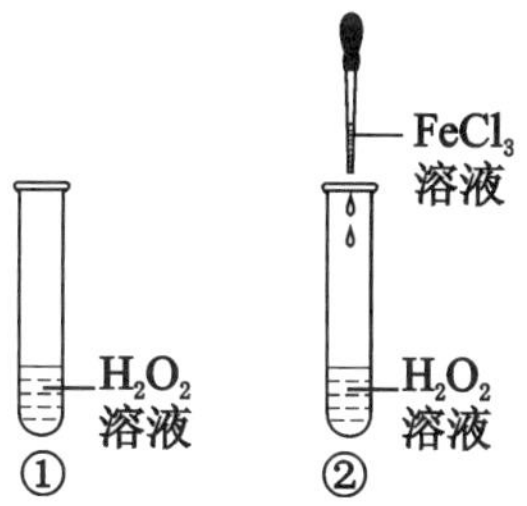

探究催化剂对化学反应快慢的影响。

（1）选择的反应：

$2H_2O_2 \xlongequal{催化剂} 2H_2O + O_2\uparrow$

（2）单一变量：催化剂。

操作方法：一支试管中不加催化剂、另一支加入 2 滴 1 mol/L $FeCl_3$ 溶液。

控制因素：反应物的浓度和用量、反应温度。

观察指标：产生气泡的快慢。

【设计意图】通过不断改进和完善实验方案，学会科学探究的方法，增强证据推理意识。

</td></tr>
</table>

（续表）

<table>
<tr><th>教师活动</th><th>学生活动</th></tr>
<tr><td>【设问】有气体参加的反应，除了温度、浓度、催化剂以外，压强是否会影响化学反应速率？如何影响？为什么？
【展示图片】
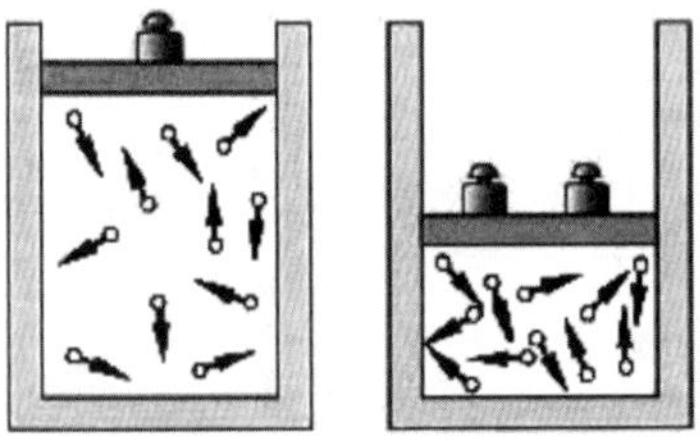
压强增大，气体浓度增大</td><td>【思考】压强对反应速率的影响。
对于气体来说，增大压强（减小体积）相当于增大反应物的浓度，化学反应速率增大。

【总结】影响化学反应速率的因素。</td></tr>
</table>

教学环节四:指出如何加快工业废气 CO_2 合成甲醇的速率

<table>
<tr><th>教师活动</th><th>学生活动</th></tr>
<tr><td>【过渡】工业生产中,选择化学反应条件时,“化学反应速率”是一个重要的分析因素,那么,在工业生产中如何加快二氧化碳加氢制甲醇的速率?
【资料】河南安阳建成全球首个十万吨级绿色低碳甲醇工厂,其二氧化碳直接制备甲醇的技术也是世界最先进的。10 多万吨产能的甲醇工厂正常运转一年,可直接减排二氧化碳 16 万吨,相当于增加森林面积 16 万亩。这一成就的达成,中国走了 40 年,其难点在于反应催化剂的设计和制备,是化学家们夜以继日地研究,才攻破了该难关。催化剂是现代化学中关键而神奇的物质之一。目前,广泛使用的为铜基催化剂,根据以下信息,你认为选择哪组催化剂好,为什么?</td><td>【交流】基于影响化学反应速率的外界因素,要加快合成甲醇的反应速率,可以增大压强,增大反应物二氧化碳和氢气的浓度,升高温度,使用合适的催化剂。
【设计意图】利用所学知识解决生产生活中的问题,感受化学反应速率的调控在生产生活中的重要作用。</td></tr>
<tr><td><table>
<tr><th>组成(质量分数/%)</th><th>CH_3OH 产量</th><th>选择性/%</th></tr>
<tr><td>1 组:CuO/Al_2O_3</td><td>78</td><td>40</td></tr>
<tr><td>2 组:$CuO/ZnO/ZrO_2$</td><td>96</td><td>88</td></tr>
<tr><td>3 组:$CuO/ZnO/ZrO_2(3.6)/MnO(4)$</td><td>88</td><td>100</td></tr>
<tr><td>4 组:$CuO/ZnO/ZrO_2(5.6)/MnO(2)$</td><td>138</td><td>91</td></tr>
</table>
注:(1)反应条件为:氢气和二氧化碳的投料比为 3∶1。
(2)选择性:生成甲醇的二氧化碳在全部二氧化碳反应物中占的比例。
(3)甲醇产量/[$g\cdot(kg^{-1}\cdot h^{-1})$]:单位质量催化剂在单位时间内所获得的产物质量,常用于评价催化剂活性。</td><td>分析数据,选择合适的催化剂。
3 组和 4 组催化剂更合适,而且各有优点。
3 组选择性为 100%,没有副产物,但产量没有 4 组高;4 组催化剂所得甲醇产量最高,反应速率最快,但选择性没有 3 组高。
【设计意图】学生根据提供的数据选择合适的催化剂,提高信息获取和数据分析能力。</td></tr>
<tr><td>【总结】本节课主要学习了哪些知识?应用了什么研究方法?对你有什么启发?</td><td>【总结】化学反应速率及其影响因素;变量控制的操作方法。</td></tr>
</table>

板书设计

- 基于“化学反应速率”选择工业废气合成甲醇的条件
  - 如何描述化学反应的快慢
    - 化学反应速率
    - (1)符号：v
    - (2)计算公式：$v=\frac{\Delta c}{\Delta t}$
    - (3)单位：mol/(L·min)或mol/(L·s)
  - 如何改变化学反应的快慢
    - (1)反应物本身性质决定化学反应速率
    - (2)影响化学反应速率的外界因素：反应物浓度、压强、温度、催化剂等
    - (3)实验探究方法：变量控制
  - 如何提高工业废气合成甲醇的速率
    - (1)增大压强、增大反应物浓度
    - (2)升高温度
    - (3)选择合适的催化剂

教学反思

依据课标的要求，在界定好教学内容深度和广度的前提下，将教材中给出的栏目进行整合，围绕学科大概念“化学反应有一定的速率，是可以调控的”展开教学，用亚运会零碳甲醇创设问题情境，探讨利用工业废气中的二氧化碳合成甲醇的条件的选择，感受调控化学反应速率对于工业生产和生活的重要性，整节课学生学习热情很高，课堂参与度也很高。

本节课的重难点是实验探究影响化学反应速率的因素，在给定的实验药品条件下，鼓励学生通过小组合作自主设计实验探究方案并进行操作，学生在实验过程中认识化学变化是有条件的，感受化学反应的可调控性。学生在完善实验方案设计思路表和实验改进的过程中，逐步建立“变量控制”的操作模型，经历完整的实验探究过程，思维能力和实验操作能力都有所提高。

第五章　必修模块主题 4 “简单的有机物及其应用”教学案例

乙烯与有机高分子材料——乙烯

李兴龙
（太原市第四十八中学校　山西太原）

课标分析

乙烯是《普通高中化学课程标准（2017 年版 2020 年修订）》必修课程主题 4“简单的有机化合物及其应用”的内容。

1. 内容要求

（1）知道有机化合物分子是有空间结构的，以乙烯为例认识碳原子的成键特点，以乙烯为例认识有机化合物中的官能团。

（2）认识乙烯的结构及其主要性质与应用；结合典型实例认识官能团与性质的关系，知道氧化、加成、取代、聚合等有机反应类型。知道有机化合物之间在一定条件下是可以转化的。

（3）搭建球棍模型认识有机化合物分子结构的特点。

2. 学业要求

（1）能辨识常见有机化合物分子中的碳骨架和官能团。能概括常见有机化合物中碳原子的成键类型。能描述乙烯的分子结构特征。

（2）能描述乙烯的主要化学性质及相应性质实验的现象，能书写相关的反应式，能利用这些物质的主要性质进行鉴别。

教材分析

本节课的内容位于人教版化学必修第二册的第七章第二节“乙烯与有机高分子材料”。教材介绍了乙烯是一种重要的石油化工原料，它的产量可以用来衡量一个国家的石油化工发展水平，从乙烯用途的角度引入，可以激发学生的学习兴趣。本节课重点介绍乙烯分子结构和性质。结构决定性质，乙烯的分子结构是建立乙烯化学性质的基础，化学性质是性质中的重点内容。学生在学习乙烯的性质时，可以紧紧围绕乙烯的结构展开，重点从乙烯分子中碳碳双键的特点出发，以便于学生更好地感悟结构决定性质的含义。

学情分析

乙烯在生产生活实践中有较多应用，从生活到课堂再从课堂理论解释生活现象符合学生的认知规律，将课堂知识与生活实践结合，使学生能够学以致用。在本节课之前，学生已经学习了甲烷等烷烃的性质，能初步从结构的角度认识有机物的性质，但需要对“结构与性质”的关系进一步强化认识，本节内容就是一个很好的机会。学生在上一节学习的碳四价理论和饱和烃的概念，也为本节课不饱和烃的引入打下基础。

备课资源及设计理念

乙烯是一种重要的化工原料，其产品已渗透到许多领域，尤其在生活和工农业生产中具有广泛用途。本节课利用乙烯在农业生产中的重要应用，帮助学生进一步认识乙烯，建立“结构决定性质，性质决定用途”的认知模型。

催熟果实：乙烯能够加速某些水果，如香蕉、菠萝、西红柿等的成熟。

影响植物生长：乙烯的作用还包括抑制植物的纵向生长并促进横向生长，以及促使叶片向上生长而非正常向下卷曲。

促进果实和叶片脱落：在特定的气候条件下，如秋季霜降时，乙烯可以促进棉花的果实和叶片脱落，以适应环境变化。

调控花期：乙烯还能通过促进雌花的发育来调整植物的花期比例，减少雄花的存在。

抗旱和除草：乙烯也被用于帮助植物更好地应对干旱条件，并且可以用于控制杂草的生长。

乙烯作为一种重要的植物激素，在农业生产和园艺活动中发挥着重要作用。

教学目标

1. 通过认识乙烯的组成、结构，加深对有机物中碳原子的成键特点的理解，建立有机物学习模型——“结构决定性质，性质决定用途”。

2. 能辨识、描述乙烯常见的物理性质。

3. 通过认识乙烯的广泛用途，知道乙烯的化学性质，并能够用化学方程式表示。

4. 通过认识乙烯的一般流程，建立认知模型，进一步加深对“结构决定性质，性质决定用途”的理解，提升“模型认知”的学科核心素养。

教学实录

情境导入

教师活动	学生活动
【情境导入】 随着网络的发展，网购走进了我们的生活。前几天网购的香蕉到货以后都是绿的，这让我很苦恼，因为生香蕉不可食用，同学们有什么办法可以让我很快吃上熟香蕉呢？ 放一个苹果就可以？为什么？ 视频展示苹果催熟香蕉的原因。 原来使香蕉变黄的原因是苹果释放出的乙烯气体具有催熟功能。乙烯是一种植物生长调节剂。 乙烯的用途广泛，除了是植物生长调节剂以外，其产量还可以用来衡量一个国家石油化学工业的发展水平。 今天就让我们一起认识乙烯。	学生思考。

教学环节一：认识乙烯的物理性质

教师活动	学生活动
【环节一：认识乙烯的物理性质】 【活动】请结合生活经验观察实验制得的乙烯（C_2H_4），推测乙烯（C_2H_4）可能具有的物理性质。 （大棚+收集满的乙烯气体） 物理性质除了学生所观察到的，还有熔沸点和密度。 数据 乙烯 熔点：-169℃ 沸点：-104℃ 密度：1.25 g/L 无机物的化学性质主要与组成化合物原子的结构以及所含元素的化合价有关。 有机物的化学性质主要与有机物的结构和所含官能团有关。 认识乙烯的化学性质，先让我们认识乙烯的结构。	通过观察并结合生活经验，闻气体气味，填写学案。 无色（观察）。 稍有气味（闻）。 气体（观察）。 难溶于水（观察）。 密度比空气略小（信息）。

教学环节二:认识乙烯的化学性质

<table>
<tr><th>教师活动</th><th>学生活动</th></tr>
<tr><td>

【环节二:认识乙烯的化学性质】

【活动 1】根据乙烷(C_2H_6)的球棍模型及碳原子的成键方式,搭建乙烯(C_2H_4)的球棍模型,并完成下列表格。

<table>
<tr><th></th><th>乙烯(C_2H_4)</th><th>乙烷(C_2H_6)</th></tr>
<tr><td>结构式</td><td></td><td></td></tr>
<tr><td>结构简式</td><td></td><td></td></tr>
<tr><td>碳原子与碳原子的成键方式</td><td></td><td></td></tr>
<tr><td>空间结构</td><td></td><td></td></tr>
</table>

了解了乙烯与乙烷的不同结构。

</td><td>

通过乙烷球棍模型及碳原子的成键方式,搭建乙烯的球棍模型,分析乙烯与乙烷的结构。完成表格内容。

</td></tr>
<tr><td>

【活动 2】回顾乙烷的化学性质,结合乙烷和乙烯的不同结构,思考并预测乙烯可能具有的化学性质?

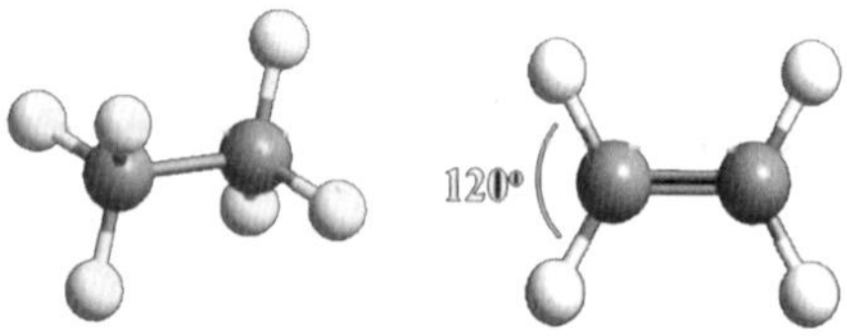

</td><td>

回忆乙烷的性质。

根据结构不同,预测乙烯的化学性质。

</td></tr>
<tr><td>

同学们通过结构,有了一定的预测,检验大家预测最好的方法就是实验。接下来根据大家的预测,有以下实验试剂:

乙烯(60 mL 大针管注射器)、酸性高锰酸钾溶液、溴的四氯化碳溶液、硝酸酸化的硝酸银溶液。

请同学们思考,为什么提供了硝酸酸化的硝酸银溶液?

</td><td>

学生思考作答。

检验乙烯与溴的四氯化碳发生的反应是否是取代反应。

</td></tr>
</table>

（续表）

<table>
<tr><th>教师活动</th><th>学生活动</th></tr>
<tr><td>
很好，接下来请同学们根据预测进行相应实验。
【实验探究】学生根据预测进行实验，观察并记录实验现象。

<table>
<tr><th></th><th>试剂选择</th><th>实验操作</th><th>实验现象</th><th>分析解释</th></tr>
<tr><td>1</td><td></td><td></td><td></td><td></td></tr>
<tr><td>2</td><td></td><td></td><td></td><td></td></tr>
<tr><td>3</td><td></td><td></td><td></td><td></td></tr>
<tr><td>4</td><td></td><td></td><td></td><td></td></tr>
</table>

【温馨提示】1. 实验时注意针头使用，不要扎手。
2. 点燃操作时，火柴点燃以后及时熄灭；缓慢推动注射器活塞，保持燃着状态；火焰熄灭，不用手触摸针头，防止烫伤。
3. 气体注入溶液时，要先拉活塞，后缓慢推动活塞。
学生分析，并做好板书补充。
（1）可燃性。
现象：火焰明亮并伴有黑烟。（对比乙烷，从结构分析含碳量）
$CH_2=CH_2+3O_2 \xrightarrow{点燃} 2CO_2+2H_2O$
（2）被（酸性 $KMnO_4$ 溶液）氧化。
现象：溶液的紫色褪去。
经过研究：乙烯被酸性 $KMnO_4$ 溶液氧化成二氧化碳，1 mol C_2H_4 理论上被氧化生成 2 mol 二氧化碳。
（3）与溴的四氯化碳溶液反应。
溴水褪色，完全褪色以后的溶液中滴加硝酸酸化的硝酸银溶液，没有看到淡黄色沉淀生成，说明该反应不是取代反应。（学生从结构角度分析原因）
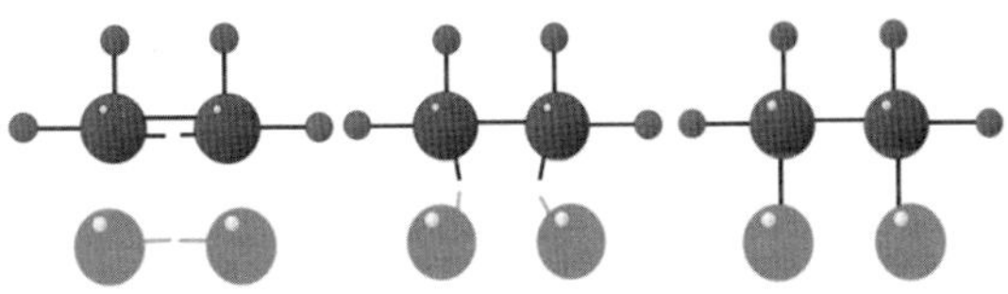
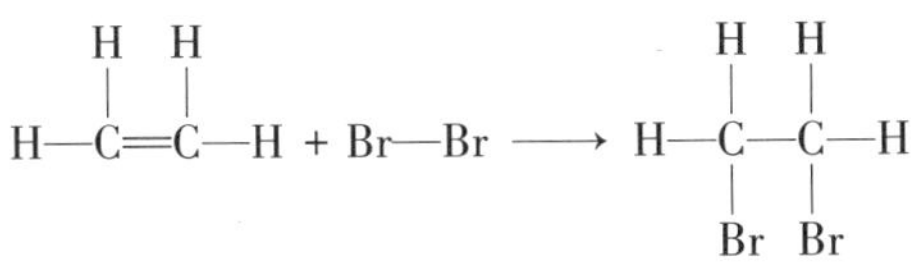
</td><td>
学生实验，做好实验现象记录，并对现象做分析。

思考：乙烯与溴的四氯化碳溶液是如何反应的?
</td></tr>
</table>

（续表）

教师活动	学生活动
双键断裂，两个溴原子分别加到了断开的两个碳原子的半键上。我们把这种： 有机物分子中的不饱和键（双键或三键）两端的碳原子与其他原子或原子团直接结合成新化合物的反应叫加成反应。	
为什么容易发生加成反应呢？ 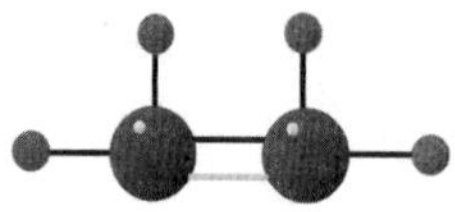	思考作答：碳碳双键不稳定，容易断裂。 （引导学生从结构角度分析加成反应的原因。）
从微观数据分析：乙烯分子内碳碳双键的键能（615 kJ/mol）小于碳碳单键键能（348 kJ/mol）的二倍，说明其中有一条碳碳键键能小，容易断裂。 像这种决定有机物化学特性的原子或原子团叫做官能团。 乙烯的官能团：碳碳双键 $\rangle C=C\langle$。	
乙烯不仅可以与溴发生加成反应，在一定条件下，还可以与氯气、氢气、氯化氢和水等物质发生加成反应。请同学们试着写出相应的化学反应方程式。	
由于双键容易断裂，所以多个乙烯分子同时断裂时， $—CH_2—CH_2—$ $—CH_2—CH_2—$ …… $—CH_2—CH_2—$ 可以连接在一起。 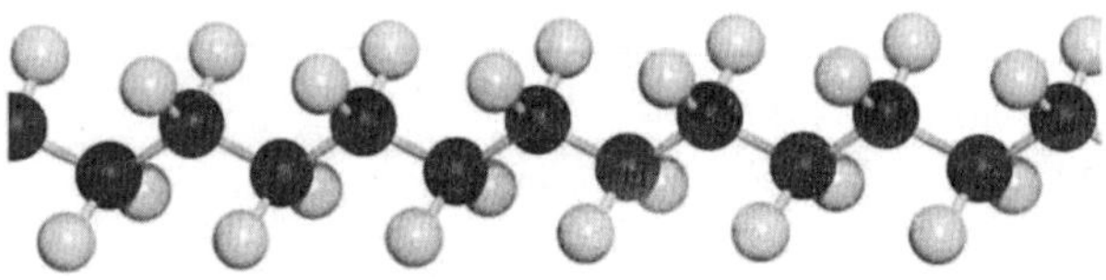	学生书写反应的化学方程式。
像这种双键发生断裂，相互间通过碳碳单键结合，形成具有很长碳链的高分子化合物的反应，我们称之为加成聚合反应（加聚反应）。 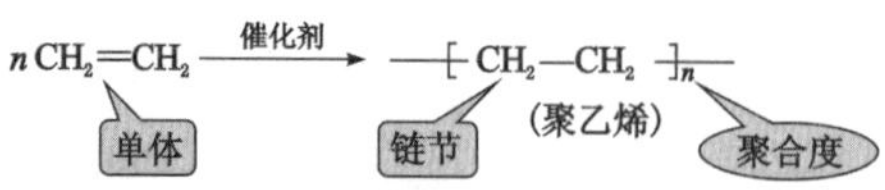 分析加聚反应中的单体、链节、聚合度。 认识有机物，“结构决定性质，性质决定用途”。	从结构角度认识加聚反应的原因，进一步认识结构决定性质。

教学环节三：认识乙烯在生产生活中的用途

教师活动	学生活动
【思考】1. 如果你是香蕉的运输商，应如何做好香蕉的保鲜？ 2. 如果你是香蕉的经销商，如何保证3天内让香蕉上市销售？ 3. 工业上可以利用乙烯与水的加成反应制取乙醇，请写出反应方程式。 4. 乙烯是石油化学工业重要的基本原料，可以合成高分化合物，如塑料(聚乙烯)。在实验室制备乙烯时，如何收集原料乙烯？ 5. 乙烷中混有少量的乙烯，现在要除去乙烯，有下列四种方案： A. 一定条件下通入氢气 B. 混合气体通入盛有溴水的洗气瓶 C. 混合气体通入盛有高锰酸钾溶液的洗气瓶 D. 混合气体通过盛有溴的四氯化碳溶液的洗气瓶 请选择最佳方案________，并作出评价__________。 【总结】 本节课我们从物理性质、结构、化学性质、用途四个角度出发，学习认识有机物的一般思路，并以乙烯性质的研究为例，共同构建“结构决定性质，性质决定用途”的思维模型。	学生应用乙烯的性质，结合生活实际，认识用途，建立“性质决定用途”的思维模型。 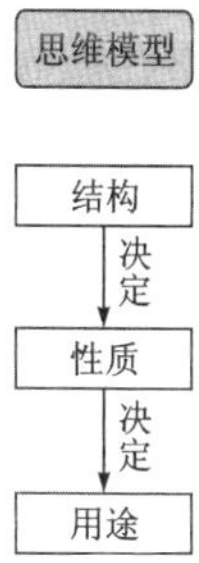

板书设计

乙　烯

物理性质　　结构 —决定→ 化学性质 —决定→ 用途

无色
稍有气味
难溶于水
密度比空气略小
熔沸点低

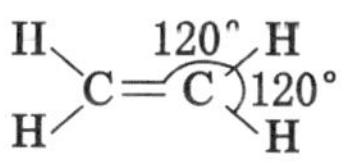

官能团：
碳碳双键

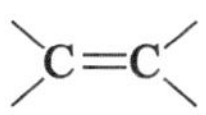

(1)可燃性：火焰明亮并伴有黑烟

$$CH_2{=}CH_2+3O_2 \xrightarrow{点燃} 2CO_2+2H_2O$$

(2)被氧化：使高锰酸钾溶液的紫色褪去

(3)加成反应：

$$CH_2{=}CH_2+Br_2 \rightarrow CH_2BrCH_2Br$$

(4)加成聚合反应(加聚反应)

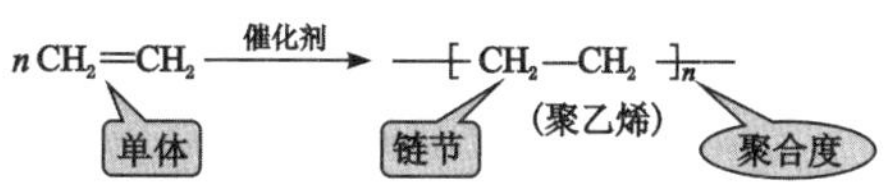

(1)植物生长调节剂
(2)工业制备乙醇
(3)塑料
(4)水果保存与催熟

教学反思

本节课设计的指导思想为“学为主体，教为主导”。通过任务牵引、问题驱动、活动支持、知识落实等多条线索并进，开展学生自主学习和实践体验。设计中突出“结构决定性质，性质决定用途”的核心学科思想，暗藏“由生产生活到实验室，再从实验室回到社会生活”的情境线索，渗透“认识物质、改造物质、应用物质”的化学学科价值理念。

基于化学学科核心素养的“深度学习”教学案例研究
——以“简单的有机物及其应用:乙醇”为例

王婷婷
(太原市第十二中学校　山西太原)

课标分析

《普通高中化学课程标准(2017年版)》中提及,从内容上要求知道乙醇的组成和主要性质,辨识乙醇的分子结构和官能团,知道有机物之间在一定条件下是可以相互转化的。从学业上要求描述乙醇的主要化学性质(与金属钠反应、催化氧化等)及相关性质实验的现象,能书写相关的反应式以及乙醇的主要用途。

通过本节的学习,引导学生进一步强化有机化合物的认知模型,培养学生创新意识、自主探究、实验能力的核心素养,使学生能从定性、定量的角度确定分子的结构,通过层层递进,打通从乙烯到乙醇、乙醛、乙酸的物质转化链,深化对有机物的性质与转化关系的认识。

教材分析

乙醇是人教版高中化学必修二第七章“有机化合物”第三节“乙醇与乙酸”的第一课时。乙醇是烃向烃的衍生物延伸的关键,关系大部分有机物之间的相互转化,对后面有机物的学习具有指导性作用。通过学习乙醇,可以让学生掌握结构决定性质,性质反映用途这一普遍性规律,体验和了解学习有机物的一般过程和方法。

学情分析

本次教学对象为高一学生,由于乙醇这节的内容很贴近生活,接受起来比较容易,但学生缺乏独立思考和分析本质的能力,对有机物还未形成系统认识,需要老师的引导。从学习能力上看,经过高一上学期的化学学习,学生已经掌握一定的基本实验技能,也初步具备一定的提出问题、分析问题、解决问题的能力,但乙醇的结构在之前并未接触过,所以要让学生逐步树立结构—性质—用途的学习模式。

三 备课资源及设计理念

▶▶备课资源

乙醇是一种性能良好的理想燃料，生物燃料乙醇已发展成为全球可再生能源领域的战略性新兴产业，具有循环经济、环境友好等优点。2019 年 9 月，我国有关国家部门联合发布的《关于扩大生物燃料乙醇生产和推广使用车用乙醇汽油的实施方案》中提出：到 2020 年，乙醇汽油在全国实现全覆盖，到 2020 年建成我国第一座 5 万 t/a 的纤维素乙醇示范工厂，到 2025 年实现纤维素乙醇技术全面工业化。目前，生物燃料乙醇生产技术按原料来源可分为 3 代：以玉米、小麦、甘蔗、甜菜等为原料的第 1 代燃料乙醇；使用木薯、甘蔗等非粮经济作物作为原料的第 1.5 代燃料乙醇；以农、林废弃物（秸秆等）为主要原料的第 2 代燃料乙醇和以微藻为主要原料的第 3 代燃料乙醇技术。

酒精在人体内的代谢过程主要是在肝脏中进行，少量酒精进入人体后，马上随肺部呼吸或经汗腺排出体外，绝大部分酒精在肝脏中先与乙醇脱氢酶作用生成乙醛，乙醛的毒性比乙醇大，它不仅会让人脸红和不舒服，还会对身体器官造成损伤，但它很快会在乙醛脱氢酶的作用下转化成乙酸。乙酸是酒精进入人体后产生的唯一有营养价值的物质，它可以提供人体需要的热量，最终转化为水和二氧化碳。

▶▶参考文献

[1]中华人民共和国教育部. 普通高中化学课程标准（2017 年版 2020 年修订）[S]. 北京：人民教育出版社，2020.

[2]秦汉俊，徐建东，开金龙，束震. 中国燃料乙醇的应用现状及推广建议[J]. 化工管理，2021(2)：3-4.

[3]方方，马善恒. 醉酒 · 酒驾 · 化学[J].《中学生数理化（八年级物理）（配合人教社教材）》，2016(Z2)：92.

▶▶设计理念

(1)创设情境，利用化学小魔术导入，激发学生的学习兴趣和探究欲望，在教学设计中，从学生已有的经验和知识出发，通过揭秘魔术让学生自己总结乙醇的相关物理性质，培养学生总结、归纳和语言表达的能力。

(2)采用探究学习的教学模式，设置思路明晰的三大学习任务，通过“搭建乙醇的分子结构、探究乙醇的化学性质、总结乙醇的主要用途”三大主题活动，引导学生自主探究，感受乙醇的结构特点、化学性质及用途，有效实现教学目标。

（3）以“结构—性质—用途”为暗线索贯穿课堂，引导学生学会通过结构预测物质的性质，通过实验现象得出结论，进一步认清反应的本质，加深对这一性质的理解，更加体会科学探究的喜悦和合作探究的良好品质，让学生充分感受有机化学的学习思路，落实核心素养。在教学中，通过将乙醇与水的结构比较，引导学生预测乙醇与金属钠反应可能的断键位置；将乙醇的完全燃烧、催化氧化、在人体内氧化过程进行比较，分析乙醇催化氧化过程，最终回归乙醇在生活中的广泛应用和相关知识，进一步突破教学难点。

（4）在教学过程中，实时引入酒精固体燃料、乙醇汽油，引导学生关注乙醇的能源价值；引入饮酒“断片”，检测酒驾原理等生活常识，使学生了解乙醇与生命、营养和健康的密切联系；引入乙醇在工业生产、生活中的各种用途，使学生在学习知识的同时，提高化学学科素养，进一步感受有机化学的“有趣、有用”。

教学目标

1. 宏观辨识与微观探析：了解乙醇的物理性质，能从乙醇的微观结构出发，利用官能团解释乙醇的化学性质。

2. 科学探究与创新意识：通过探究乙醇化学性质的实验，学会组装实验仪器，与同学合作完成实验操作，并能运用多种恰当方式收集实验证据，基于证据推断概括乙醇的化学性质，书写相关化学方程式。

3. 变化观念与平衡思想：通过对乙醇等典型代表物的学习，体会有机化学反应与无机化学反应在反应条件、反应试剂及反应产物等方面的差异，深化“结构决定性质，性质反映结构，性质决定用途”等学科观念。

4. 科学态度与社会责任：通过对乙醇的性质与用途的分析，体验有机化合物在能源、材料领域中的应用价值及有机化学对人类社会发展做出的巨大贡献。

教学实录

教师活动	学生活动
【情境引入】在开始新课前我们先来做一个小魔术 【魔术实验】点燃酒精灯，将一张纸巾放在盛有无色液体的烧杯中浸泡，将纸巾铺展，用两个镊子夹住纸巾，点燃。(提示学生注意观察现象)纸巾剧烈燃烧，火焰熄灭后，纸巾完好无损。	结合化学小魔术创设情境，让学生产生兴趣，激发学生的学习热情。 学生观察现象。
【提问】通过魔术可以发现，点燃纸巾，纸巾燃烧，但是等火焰熄灭后发现纸巾完好无损，纸巾没烧着，那是什么在燃烧呢？魔术的奥秘就在纸巾之前泡过的这种无色溶液中。神奇的无色液体是什么呢？(酒精/乙醇)这就是我们今天要学习的主角——乙醇。 【板书】乙醇	学生思考。
【揭秘魔术】(展示无色溶液)该溶液中乙醇与水的体积比约为2:1。点燃纸巾时，酒精燃烧产生热量，纸巾上的水汽化吸热。因此，传递到纸巾上面的温度始终无法达到纸巾的着火点，也就无法燃烧起来！在整个过程中这体现乙醇的哪些性质呢？ 请各小组讨论1 min，并说出你的判断依据。开始！ 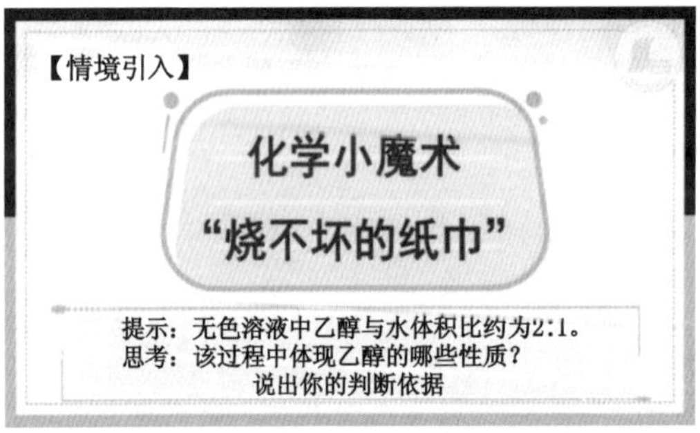	小组讨论、共同总结并填写学案。通过探讨交流，培养学生的归纳总结和表达能力。 1. 物理性质 颜色： 气味： 状态： 密度： 熔沸点： 挥发性： 溶解性：
【过渡】乙醇为什么可以与水互溶呢？结构决定性质，乙醇的分子结构是什么呢？	学生回答：C_2H_5OH
其分子式是C_2H_6O，这和我们所学过的哪种烷烃类似？(乙烷)两者的不同在于多了一个“O”。那么O原子可以安插在哪个位置呢？请同学们利用手中的球棍模型拼插C_2H_6O可能的结构。 开始！	培养学生的动手能力，学习有机物要充分利用模型。

教学环节一:搭建乙醇的分子结构

<table>
<tr><th>教师活动</th><th>学生活动</th></tr>
<tr>
<td>
【自主探究】展示学生搭建的球棍模型
1. 乙醇的分子结构到底是哪一种呢？A还是B(停顿,等学生回答A)
2. 如何用实验验证是A这种结构呢？(停顿,让学生思考)
【引导提问】
1. 从结构来看,A中有什么键？
2. C—H键存在于什么中
3. 而O—H键广泛存在于什么中？
【引导】水是一种比较稳定的溶剂,但遇到非常活泼的金属时,水也能发生反应。水可以和什么发生反应？(钠)乙醇和钠能反应吗？(停顿,学生猜测能或不能)如果能,是不是就能说明乙醇中也含有O—H键呢？到底能不能？现象如何呢？我们来做一个演示实验。
【设问】
1. 联想水和钠的反应,预测一下产物中可能是什么气体？
2. 如何检验是否是氢气？
【演示实验】(提前点燃酒精灯)在一个10 mL的注射器中,加入一块黄豆大小、新切的、用滤纸擦干表面煤油的钠,排出注射器里面的空气,吸入4 mL的无水乙醇,排尽空气,用手堵住针孔,观察现象。待注射器中产生一定量气体后点燃,验证气体是否是氢气。
【联想质疑】联想水和钠,对比乙醇和钠的实验,分析二者有何异同？
<table>
<tr><th colspan="2"></th><th>与水反应</th><th>与乙醇反应</th></tr>
<tr><td colspan="2">现象</td><td>浮熔游响红</td><td>沉慢且不熔</td></tr>
<tr><td colspan="2">分子结构
断键位置</td><td>H—O—H</td><td>H　H
|　|
H—C—C—O—H　羟基 —OH
|　|
H　H</td></tr>
<tr><td colspan="2">化学反应式</td><td>$2Na+2H_2O=2NaOH+H_2\uparrow$</td><td>$2CH_3CH_2OH+2Na\rightarrow 2CH_3CH_2ONa+H_2\uparrow$</td></tr>
<tr><td>结论</td><td>羟基氢的活泼性</td><td colspan="2">$H_2O>CH_3CH_2OH$</td></tr>
</table>
</td>
<td>
【学生分组】搭建模型并展示:
A: 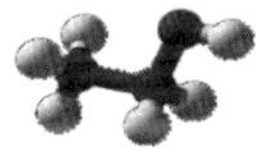 B: 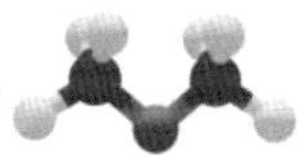
【学生回答】
1. C—H键、O—H键
2. 烷烃
3. 水分子中
【学生猜想】
1. 氢气
2. 点燃
请两位同学近距离观察,并描述现象。
认真观察实验并记录现象,对比并说明理由。培养学生的实验观察能力,分析能力。
【学生思考并回答】
1. 从反应的剧烈程度来看,乙醇反应更慢。
2. 断键位置都在O—H键。
3. 从产物角度都生成了H_2。
</td>
</tr>
</table>

（续表）

教师活动	学生活动
【讲解】从反应现象来看，钠与水的反应可以用五个字概括：浮熔游响红。而乙醇与钠反应是，不浮，即反应开始时钠沉在乙醇液面下，说明乙醇密度比钠还小；不熔，不游，不响，说明乙醇与钠反应的速率缓慢；在这个过程中可以看到钠一会儿又浮起来了，说明有无色气泡放出；钠不熔化，说明反应放热但不剧烈。同样用五个字概括：沉慢且不熔。二者都放出氢气，说明钠可以置换出水分子、乙醇分子中的氢。从反应的剧烈程度来看，乙醇反应更慢。 【引导】从化学方程式来看，水和钠反应生成氢氧化钠和氢气，断键位置发生在O—H键，乙醇也能和钠反应生成氢气，所以乙醇中一定有O—H键和钠反应，断键发生在O—H键，生成乙醇钠和氢气，请写出化学方程式，该反应属于什么类型呢？（与水和钠相同：置换反应） 【讲解】结构决定性质，决定有机物特性的原子或原子团叫做官能团，而O—H键就是乙醇的官能团，叫作羟基。羟字是取氧氢的一部分造出来的，读音也是取氧氢的声母韵母拼凑出来的。从字、读音我们也能记住羟基就是含有O和H的基团。 【提问】 1. 水和乙醇都有羟基，哪个反应更剧烈？ 2. 这说明哪个羟基中的氢更活泼？ 【板书并总结】乙醇的结构 分子式：C_2H_6O 结构式：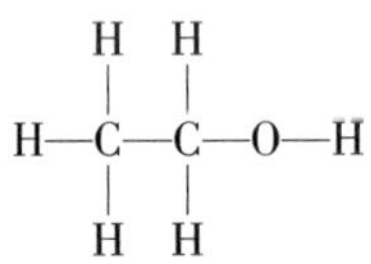 结构简式：CH_3CH_2OH 或 C_2H_5OH 官能团：羟基—OH 【总结】乙醇可以看作乙烷分子中的氢原子被羟基取代后的产物，也可以看作水分子中的氢原子被乙基取代的产物。	请一名学生在黑板上写出化学方程式，并判断反应类型： $2CH_3CH_2OH + 2Na \rightarrow 2CH_3CH_2ONa + H_2\uparrow$ 属于置换反应 对比乙醇和乙烷的结构上的区别，加深对羟基结构的认识。培养学生的实验观察能力，并学会分析出现的问题，强化对比的学习方法。 【学生回答】 1. 水和钠 2. 水中 听讲、笔记、记忆。

教学环节二:探究乙醇的化学性质

教师活动	学生活动
【过渡】结构决定性质,乙醇能与钠反应,乙醇还能和什么反应? 回忆刚才的小魔术,乙醇具有什么特性?现象是什么?具体的化学方程式你能直接写出来吗?该反应属于什么类型。 【板书】2. 氧化反应 ①燃烧: $CH_3CH_2OH+3O_2 \xrightarrow{点燃} 2CO_2+3H_2O$	学生回答:氧气 【总结】 乙醇具有可燃性 燃烧现象:产生淡蓝色火焰,放出大量的热。请一位同学上来写出乙醇和氧气的化学方程式,并判断反应类型: $CH_3CH_2OH+3O_2 \xlongequal{点燃} 2CO_2+3H_2O$ 属于氧化反应
【情境过渡】乙醇和氧气在点燃条件下发生燃烧氧化,而在乙醇与钠的反应中羟基活泼,容易断键,如果改变条件,乙醇与氧气能发生其他氧化吗?生活中焊接铜器、银器时,表面会发黑,银匠都是先把铜、银在火上烧热,马上蘸一下酒精,铜银会光亮如初!这是什么原理呢? 	有学生联想到与Cu、Ag有关的乙醇的催化氧化反应,培养学生理论联系实际的能力。
【自主体验】乙醇的催化氧化实验 【过渡】接下来请各小组合作,模拟银匠焊接的过程,请各小组分别根据所给的实验用品,参考PPT中所列出的实验步骤,完成探究活动,记录实验现象,小组合作分析得出实验涉及的化学方程式和断键方式,并完成学案。时间8 min,现在开始!(提示:注意观察铜丝的变化,重复几次,再闻一闻试管中液体的气味)	【小组实验】小组合作完成乙醇的催化氧化实验,观察并记录实验现象。
【PPT提示】 实验用品:酒精灯、试管、铜丝、乙醇 实验步骤:步骤1. 取一支洁净的试管,向试管中加入约2 mL无水乙醇;2. 点燃酒精灯,将一根绕成螺旋状的铜丝在酒精灯外焰上灼烧,观察铜丝颜色变化;趁热把铜丝迅速插入乙醇中,观察铜丝的变化;3. 重复几次上述操作,并闻一闻试管中液体的气味。(提示:乙醛为无色有刺激性气味的液体)	学生参考PPT所给提示完成实验。

（续表）

<table>
<tr><th>教师活动</th><th>学生活动</th></tr>
<tr><td>

【过渡】好，时间到！我们有请第一小组的代表来汇报一下你们小组的实验现象及结果。其他成员可以补充。

【问题驱动】你们研究的是乙醇和什么发生反应？实验现象？铜丝颜色的变化说明铜丝发生了什么反应？生成的刺激性气味的物质是什么呢？这些现象反映了乙醇可通过怎样的反应转化成其他有机物？

【思考】铜丝颜色变化的原因是什么？反应过程中铜丝的作用是什么？有请第二小组的同学！这两个反应的反应物、生成物中都有相同的物质，那么，可以怎么样？（消掉）直接消吗？（×2）请这位同学在黑板上写出反应总的化学方程式。（请一位学生上台书写）

【提问】请大家一起来思考，在这个反应中，化学键如何变化？乙醇如何断键生成乙醛？（请一位学生在球棍模型上指出并搭建）

【讲述】乙醇分子中的官能团——羟基上的氢活性强，表现还原性，与羟基相连碳上的 H 活性相对也比较强，这两个氢原子一起夺走氧化铜中的氧原子结合生成水脱除，而乙醇上的碳氧单键变成了碳氧双键，生成乙醛，—CHO 就是乙醛的官能团，读作醛基。

【板书】②与 O_2 的催化氧化：

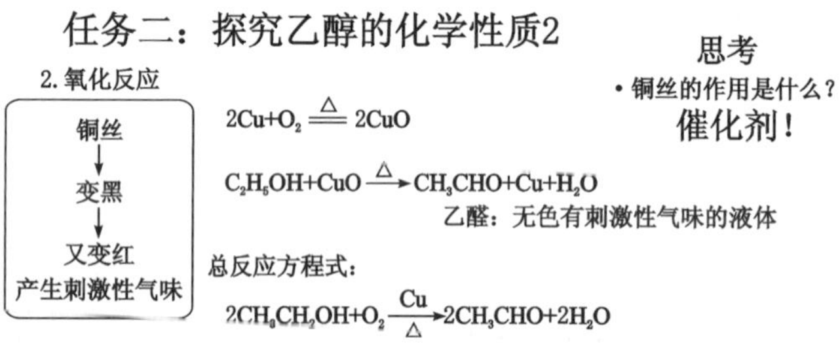

【应用提升】与强氧化剂的氧化——检测“酒驾”原理

【过渡】事实上，乙醇的催化氧化不仅在实验室进行，在人体酶的作用下，乙醇可先被乙醇脱氢酶催化氧化成乙醛，乙醛再被乙醛脱氢酶催化氧化成乙酸，乙酸最后被分解成水和二氧化碳排出体外。然而当人在大量饮酒后，血液中高浓度的酒精会减缓大脑中信使分子的有效传递，影响人的判断力，最后就出现了所谓的“断片”。世界卫生组织表明，大约60%的交通事故都与酒后驾驶有关，那么生活中交警是如何判断司机是否酒驾呢？

【学生互动】接下来我们有请两位同学上台，模拟一下检测酒驾的原理，注意观察现象。（提前在分液漏斗中一个放水、另一个放乙醇，分液漏斗下方放一个盛有酸性重铬酸钾溶液的烧杯，请两位同学进行吹气）

</td><td>

引导学生运用知识进行实验评价。这部分属于重点及难点，需要教师引导并分析，让学生从微观角度了解乙醇催化氧化的本质。

【描述现象】

铜丝在空气中加热由红变黑，迅速伸入乙醇中，铜丝由黑变红，同时产生刺激性气味，刺激性气味的物质是乙醛。

【学生书写】

$2Cu+O_2 \xrightarrow{\triangle} 2CuO$

$CuO + CH_3CH_2OH \rightarrow Cu + CH_3CHO+H_2O$

总反应方程式：

$2CH_3CH_2OH + O_2 \xrightarrow[\triangle]{Cu} 2CH_3CHO+2H_2O$

（属于氧化反应）

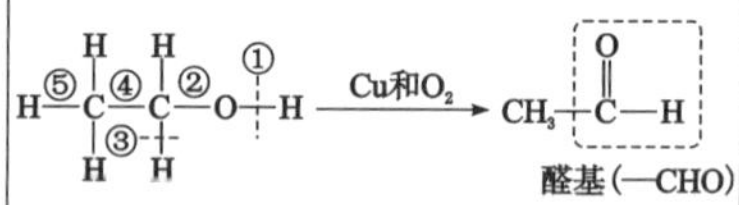

请同学们把涉及的化学方程式抄在笔记本上。

观察图片聆听讲解：

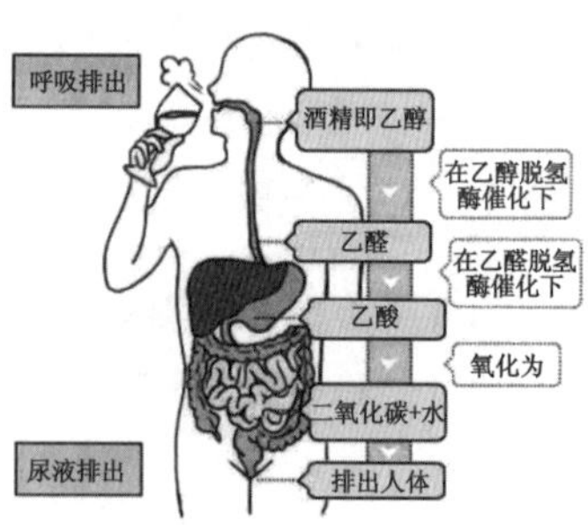

</td></tr>
</table>

（续表）

教师活动	学生活动
【现象】放水的分液漏斗下方的烧杯中无变化；放乙醇的分液漏斗下方的烧杯中酸性重铬酸钾颜色由橙色变成绿色 【讲解】其实不是这位同学喝酒了，是老师提前在这个分液漏斗里加了点乙醇，在向里吹气的过程中，乙醇跑到重铬酸钾溶液中发生反应，被氧化成乙酸，而重铬酸钾自身被还原成三价铬离子，在这个反应中存在颜色的变化，橙色的重铬酸根离子，若变为绿色的铬离子，说明司机酒驾。这一反应可应用于查酒驾原理。电影《流浪地球》中有一句话：道路千万条，安全第一条，行车不规范，亲人两行泪。所以，时刻谨记，“喝酒不开车，开车不喝酒”。 【板书】 ③与强氧化剂： $CH_3CH_2OH \xrightarrow{H^+/KMnO_4}$ 或 $\xrightarrow{H^+/K_2Cr_2O_7} CH_3COOH$	【学生参与】 模拟检测酒驾原理增强学生的参与感和学习的趣味性，感知化学在生活中的应用，仔细观察装有乙醇的分液漏斗中的变色。 使学生意识到酗酒的危害，强化社会责任意识。

教学环节三：总结乙醇的主要用途

教师活动	学生活动
【过渡】乙醇性质的多样化决定了乙醇用途的多样性，那么乙醇在生活中有什么用途呢？ 【板书】结构⟶性质⟶用途 【强调】医疗上用体积分数为75%的乙醇溶液进行杀菌、消毒。 【提问并解释】为什么是75%的酒精呢？体积分数高点或低点行不行？（体积分数太低不能杀死病菌，体积分数太高，例如100%，它又会在病菌表面使蛋白质凝固形成一层薄膜，不能彻底杀死病菌，因此75%的酒精最合适。） 【过渡】结构决定性质，性质决定用途，乙醇其特有的羟基，能和钠反应，生成的乙醇钠可用于医药工业，是制备巴比妥、苯巴比妥等二十余种西药的原料。（苯巴比妥：长效的镇静催眠剂）乙醇的羟基具有还原性，还可与氧气发生催化氧化，生成的乙醛可用于制作保温瓶胆、合成农药DDT等；乙醇还能被更强的氧化剂直接氧化生成乙酸，而乙酸可用于合成纤维、涂料、医药、农药、食品添加剂等工业。因此乙醇是非常重要的有机化工原料。	【学生回答1】乙醇具有可燃性，可以作燃料，观察PPT中展示的图片：酒精灯、餐馆里固体酒精加热饭菜，石油的新型替代能源——乙醇汽油具有环保可再生等优点，符合绿色化学的思想。  【学生回答2】还可以用作造酒原料（酒类），酒心巧克力等。乙醇还是一种良好的溶剂，可用于化妆品。

（续表）

教师活动	学生活动
【检测反馈】这就是我们这节课的所有内容，关于乙醇的结构、性质、用途你学会了吗？请大家打开学案，检测反馈，检验一下你是否真正掌握了乙醇的知识。 1. 下列关于乙醇的说法正确的是（　　） A. 乙醇的结构简式为 C_2H_5OH，说明乙醇分子中共有两种氢原子 B. 乙醇的分子结构中有 OH^- C. 甲烷、乙烯、苯、乙醇都是无色不溶于水的有机化合物 D. 检验乙醇中是否含有水，可加入少量无水硫酸铜，若变蓝则含水 2. 下列物质，都能与 Na 反应放为 H_2，共产生 H_2 的速率排列顺序正确的是（　　） ①C_2H_5OH　②H_2CO_2 溶液　③H_2O A. ①>②>③　　B. ②>①>③ C. ③>①>②　　D. ②>③>① 3. 下列物质中可使酸性高锰酸钾颜色，不能使溴水褪色的是（　　） A. 甲烷　　B. 乙烯 C. 乙醇　　D. 苯 【总结】课后请同学们完成同步练习册上对应的习题和学案上的质量检测题。最后用卢嘉锡先生的一句话来结束今天的学习，化学家的“元素组成”应当是 C_3H_3，即：Clear Head（清醒的头脑）+Clever Hands（灵巧的双手）+Clean Habits（洁净的习惯），这也是我们每一个学习化学的人所应该具备的科学素养，让我们坚守 C_3H_3 的初心，以实事求是的态度，用科学知识为国家、为社会做出贡献！同学们下课！	完成练习，展示答案并解释原因。 复习巩固，检验本节课的知识内容是否掌握，同时强化有机物的结构决定性质的学习方法。

板书设计

乙醇

结构 → 性质 → 用途

分子式：C_2H_6O

结构式：

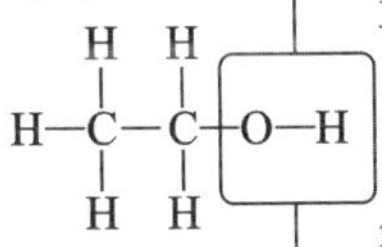

结构简式：CH_3CH_2OH 或 C_2H_5OH

官能团：羟基—OH

+Na 置换：$2CH_3CH_2OH+2Na \rightarrow 2CH_3CH_2ONa+H_2\uparrow$ —— 乙醇钠（合成药物）

氧化：

①燃烧

$CH_3CH_2OH+3O_2 \rightarrow 2CO_2+3H_2O$ —— 燃料（乙醇汽油）

②与O_2的催化氧化

$2CH_3CH_2OH+O_2 \xrightarrow[\triangle]{Cu} 2CH_3CHO+2H_2O$ —— 乙醛（保温瓶胆、合成农药DDT）

③与强氧化剂反应

$CH_3CH_2OH+\boxed{K_2Cr_2O_7} \rightarrow \boxed{Cr_2(SO_4)_3}+CH_3COOH$ —— 乙酸（除草剂、食品添加剂）

教学反思

本节课在规定时间内顺利完成教学任务且课堂反馈较好，但还是存在一些问题，包括以下几点：

1. 课堂导入环节的“化学小魔术”虽然可以激发学生的兴趣，但存在一定的危险性，还需要优化设计，避免发生意外。

2. 在本节课的实验设计上还可增加一些创新，如乙醇和钠的创新性实验、用酸性高锰酸钾溶液或酸性重铬酸钾溶液氧化乙醇等，另外除了模拟检测“酒驾”原理，还可以借助交警使用的“酒精检测仪”装置，将化学知识应用于生活。

通过这堂课的教学，我深刻感受到课堂是学生的课堂，本节课有很多实验活动，把空间更多的留给学生，他们会给你不一样的体验。在以后的教学中设计更多的学生活动，会让课堂更精彩，学生学得更轻松，老师教得更愉悦。

“晋”善“晋”美 醋乡话醋

梁利利
（太原市第十八中学校 山西太原）

课标分析

《普通高中化学课程标准（2017版）2020年修订》提出：“普通高中化学课程是落实立德树人根本任务、弘扬科学精神、提升学生核心素养的重要载体；化学课程对于科学文化的传承和高素质人才的培养具有不可替代的作用。”主题4“简单的有机化合物及其应用”要求知道有机化合物分子是有空间结构的，以乙烯、乙醇、乙酸、乙酸乙酯为例认识有机化合物中的官能团，认识乙酸的结构及其主要性质与应用；结合典型实例认识官能团与性质的关系。情境素材建议中提到我国酿造技术与食醋文化。

教材分析

本节内容是烃的衍生物中的第二种物质乙酸。乙酸是人类较早发现、制备和应用的有机化合物，在生活和生产中的用途广泛。人类自古就有“民以食为天，食以味为先，味以酸为首”的说法，这体现了乙酸作为一种重要调味品的社会价值，进入现代社会乙酸又成为一种重要的化工原料渗透到我们生活的各个领域。

初中化学介绍乙酸是一种酸，能电离出 H^+，高中必修介绍乙酸有特定的官能团，是一种烃的衍生物。因此，本节的教学重点是帮助学生从乙酸分子结构的视角来认识它，并从官能团角度建立结构决定性质的学科观念，初步总结认识有机物的一般思路，进一步强化有机物的认知模型。通过“思考与讨论”栏目以及整合“实验活动9”让学生自行设计实验方案，进行知识迁移，培养“证据推理与科学探究”的学科核心素养。酯化反应是重要的有机化学反应，结合该反应的特征认识化学变化有一定限度、速率，是可以调控的，能多角度、动态的分析化学变化，运用化学反应原理解决简单的实际问题，促进学生“变化观念与平衡思想”素养的真正落实。

学情分析

生长于已有三千多年醋文化底蕴的山西太原，在耳濡目染下，学生对于醋在日常生活，尤其是在厨房烹饪食物方面的使用较为熟悉，知道一些与醋有关的生活常识和经验。我校大多数学生参加过醋厂研学的社会实践活动，对于醋的起源、发展、酿造等有初步的了解，为本节课生活情境与实验活动相结合的教学开展奠定了良好基础。

学生通过初中化学的学习，已经掌握酸的通性且知道乙酸是一种有机酸；通过高中化学第一册的学习，掌握了研究物质的性质可以从物质类别的角度进行；通过高中化学第二册第七章前两节内容的学习，已经建构起有机物的概念模型，对烃及其衍生物有了初步的认识，能够透过现象看到本质。

三　备课资源及设计理念

习近平总书记在党的十九大报告中指出：“文化是一个国家、一个民族的灵魂。文化兴国运兴，文化强民族强。”山西醋文化是三晋文化的重要组成部分，更是山西老一辈智慧与工匠精神的集中表达，有丰富的中国文化内涵和意义。

因此本节课在设计过程中，以山西醋文化为背景，融合化学学科知识，巧妙利用厨房调料和实验室仪器，以“乙酸的性质和用途”为研究主题，引导学生经历自主思考、亲身实践、合作探究、证据推理、结论归纳、回顾反思、联系生活实际的学习过程，帮助学生建构羧酸类有机物的认知模型，潜移默化地加深学生对醋这一山西人身份象征符号的认同，使其感受蕴含于醋文化中的创新精神、合作精神、匠人精神等，培养学生成为有理性思辨逻辑、有科学探究意识、有社会责任、文化自信和家国情怀的时代新人。

设计思路：

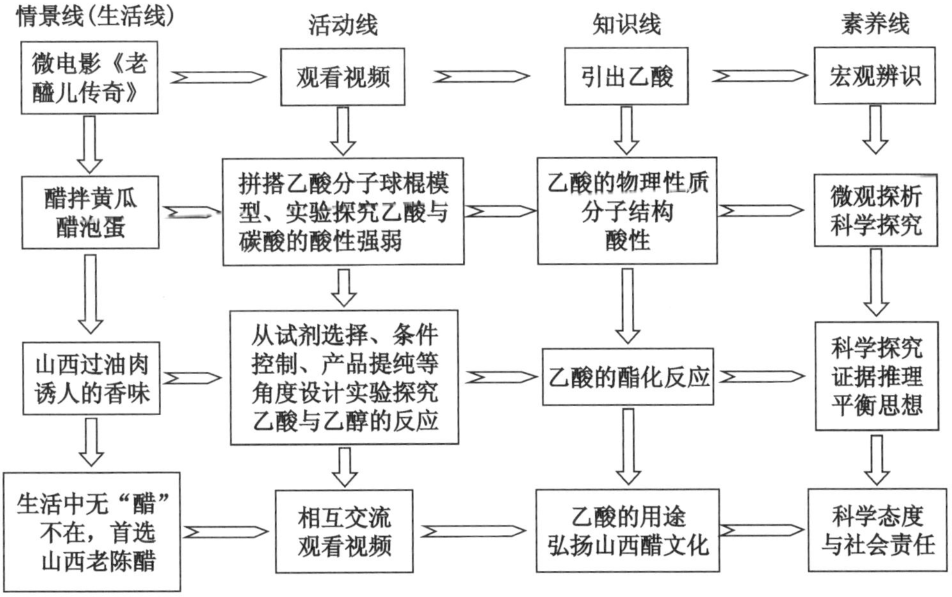

▶▶参考文献

[1]《普通高中化学课程标准(2017版)2020年修订》

[2]人教化学必修第二册《教师教学用书》(2017)

[3]咸于莉.《基于经验立场的“醋和酒香——乙酸”教学》化学教学. 2020(3):50-55.

[4]陆燕海. 江旭峰. 制备乙酸乙酯若干问题的实证与教学分析. 化学教学,2020(5):87-92.

[5]赵玮. 习近平传统文化观视域下山西醋文化的建构与传播[J]. 东华理工大学学报(社会科学版)

教学目标

1. 通过认识乙酸的物理性质、分子结构及乙酸酸性的来源,强化微观结构和宏观性质关系的学科观念。

2. 通过对酯化反应实验的观察、质疑、集证、释疑课堂探究活动,认识酯化反应和该实验设计要点,树立问题意识、证据意识,发展运用变化和平衡的学科思想解决问题的能力。

3. 通过对乙酸酯化反应实验的认识,发展对化学过程进行分析、权衡利弊并做出合理决策的能力;感受化学学科魅力,体会化学对人类生活的巨大贡献,增强将化学成果应用于生产、生活的意识。

教学实录

教学环节一:创设情境,引出课题

教师活动	学生活动
【导入】山西老陈醋,是中华民族历史长河中一颗璀璨的明珠,是我们引以为傲的瑰宝!它传承的是一种精神,更是一种气节。播放微电影《老醯儿传奇》片段 【讲述】我校学生创作的微电影《老醯儿传奇》荣获全国青少年非物质文化遗产微电影大赛金奖,它弘扬了山西醋文化。山西是我国醋的发源地,号称醋乡。今天我们从化学的视角认识家乡的醋。	【课前准备】回忆醋厂研学之旅,查阅资料了解我国醋的起源,山西老陈醋的酿造工艺,有关醋的一些典故,比如醋的其他称呼、“吃醋”、餐桌摆醋碟的来历等等。观看视频。 【设计意图】山西作为醋的发源地,流传着很多与醋有关的典故,学生通过查阅资料了解感受山西悠久的酿造历史,激发学生学习兴趣,培养学生热爱家乡的情怀。

教学环节二：感知、辨识乙酸的物理性质，自主探究乙酸的分子结构

教师活动	学生活动
【问】你知道市场上有哪些本地品牌的醋？有哪些品种的醋？ 【展示】老陈醋、白醋、果醋、保健醋等实物。 【问】这些醋的主要成分是什么？ 【讲述】醋酸是生活中的有机物，千家万户的厨房中都有它的身影。俗话说，民以食为天，食以味为先，酸甜苦辣咸。醋作为一种古老的调味品成就着一道道人间美食。 【展示】第一道菜——醋拌黄瓜 【展示】一瓶从冰箱里取出来的冰醋酸。 【讲述】当温度低于16.6 ℃时无水乙酸易凝结成冰一样的晶体，所以无水乙酸又称为冰醋酸。 【过渡】我们已经了解了乙酸的一些宏观性质，那么乙酸分子的内部结构又是怎么样的呢？ 【板书】乙酸分子式：$C_2H_4O_2$。 【设计意图】从宏观物质深入到分子结构的探析	东湖、紫林、水塔、宁化府…… 老陈醋、果醋、米醋、白醋、保健醋…… 乙酸（食醋中含3%-5%），俗称醋酸。 一同学品尝闻味。 根据你家庭使用醋的经验，说说它有哪些物理性质？并说明你的判断依据。 无色有强烈刺激性气味的液体，易溶于水和乙醇，沸点：117.9 ℃。 易挥发，熔点：16.6 ℃。 根据C、H、O的成键方式写出乙酸分子的结构式、结构简式。 结构式：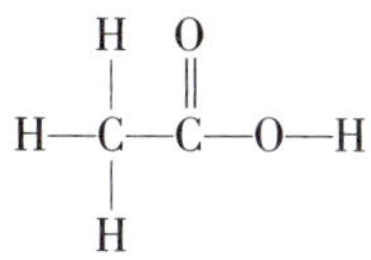 结构简式：CH_3COOH 官能团：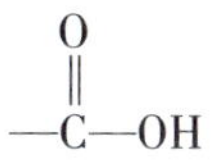（—COOH）羧基

教学环节三：联系生活，探究乙酸的酸性

教师活动	学生活动
【讲述】“羧”字左边说明官能团含有氧原子，右边是“酸”字的一部分，说明羧基是含氧的酸性官能团。乙酸是甲基和羧基组成的。醋的古称“醯”字在《说文解字》里的解释就是酸的意思。 【展示】“去除水垢”；醋泡蛋补钙保健、治百病“家庭补钙剂”。 【设计意图】通过学生对乙酸酸性的推理预测，乙酸与碳酸酸性比较及实验验证，初步形成证据推理的思维模型，理解酸的通性。建构酸性强弱比较模型，发展实验探究能力。	【思考与交流】 1. 乙酸是强酸还是弱酸？是几元酸？说出你的理由。 2. 乙酸可以与哪些类别的物质反应，举例说明。 3. 比较乙酸与碳酸的酸性强弱？你有没有生活中的证据？设计实验验证。 【实验探究】碎鸡蛋壳中加食醋，观察现象。 启示：鸡蛋壳别丢掉，洗净放到醋瓶里慢慢溶解，用这种醋的同时也就在补钙了！

教学环节四：探究乙酸与乙醇的反应，制备乙酸乙酯

<table>
<tr><th>教师活动</th><th>学生活动</th></tr>
<tr><td>
【过渡】醋，显酸性，有酸味。中餐里的酸味，大多由醋带来。山西老陈醋几乎可以搭配任何一道山西美食。
【展示】第二道菜——山西过油肉
制作山西名菜过油肉添加老陈醋就是点睛之笔。为什么做肉时添酒加醋就可以去腥增香？香味来自哪些化学物质？

今天将这两种厨房用品带进课堂一探究竟。

【板书化学方程式并讲述】通过实验得出：乙酸与乙醇在加热的条件下反应生成有香味的液体叫乙酸乙酯。像这种酸跟醇作用生成酯和水的反应叫酯化反应。酯化反应是可逆的。

【深度分析实验现象】
试管里收集到的乙酸乙酯纯净吗？你的理由是什么？
【展示资料】乙醇、乙酸、乙酸乙酯的熔点、沸点、溶解性
<table>
<tr><th>物质</th><th>沸点(0℃)</th><th>密度(g/mL)</th><th>水溶性</th></tr>
<tr><td>乙酸</td><td>117.9</td><td>1.05</td><td>易溶</td></tr>
<tr><td>乙醇</td><td>78.5</td><td>0.7893</td><td>易溶</td></tr>
<tr><td>乙酸乙酯</td><td>77</td><td>0.90</td><td>微溶于水，难溶于盐溶液</td></tr>
</table>
【设计意图】激发学生利用生活中的物质设计实验方案、进行合作探究，知道乙酸与乙醇能发生酯化反应生成有香味的乙酸乙酯；进一步从试剂的选择、条件的控制、产品的提纯等角度优化实验方案，对乙酸乙酯制备实验中几个常见疑问进行审慎分析和实验探究；发展学生“证据推理与模型认知”“科学探究与创新意识”“变化观念与平衡思想”等化学学科核心素养，培养学生高阶思维品质。
</td><td>
酒与醋可能发生化学反应，生成有香味的物质。
【小组讨论】根据生活经验，要探究乙醇与乙酸是否发生反应，可以选择生活中的什么物质？并确定反应装置和反应条件。

【小组实验】实验操作步骤：
1. 向已经装入碎瓷片的试管中加入2滴管山西老陈醋和2滴管料酒（或东湖白醋和太原高粱白酒）。
2. 塞紧单孔胶塞，固定在铁架台上。
3. 点燃酒精灯，用小火加热，导管末端伸入另一支空试管内收集产物。
加热时间不超过2分钟，注意闻产物的气味。
【成果展示】

不纯，有酸味，有酒味，可逆反应。

【交流研讨】
1. 根据反应物和生成物的性质，选择提纯乙酸乙酯的物质，说明你的理由。
用水除去→饱和食盐水→饱和碳酸氢钠溶液→饱和碳酸钠溶液

2. 化学实验应遵循的原则：原理的科学性、装置的简约性、操作的安全性，结合酯化反应的特点，探讨在实验室制取较为纯净的乙酸乙酯的药品、装置和操作。
【小组讨论、代表发言】
讨论达成共识：(1)选择纯乙酸和乙醇为反应物；(2)根据可逆反应的特点，选择浓硫酸做催化剂和吸水剂。讨论总结：药品的添加顺序、导管末端位置、碎瓷片作用等。
</td></tr>
</table>

（续表）

教师活动	学生活动
根据大家的讨论，我来向大家演示在实验室如何制得乙酸乙酯。 【演示】【实验7-6】按教材中的操作和药品制取乙酸乙酯（饱和碳酸钠溶液加两滴酚酞） 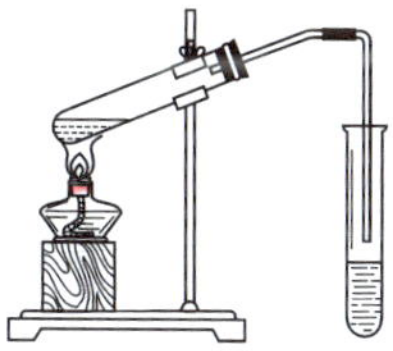 为什么选择较长的导管？ 我该如何操作说明碳酸钠能吸收乙酸？	一学生上台帮忙。 观察现象，闻收集到的产物的气味。 导气冷凝。 振荡试管、观察到酚酞颜色变浅。

教学环节五：了解乙酸在生产生活中的应用，弘扬山西醋文化

教师活动	学生活动
【过渡】乙酸分子中含有官能团羧基，使乙酸具有了自身特有的性质：具有酸性、能与醇发生酯化反应，结构决定性质，性质决定用途。 厨房中的醋使我们的生活健康美味，生活中无“醋”不在。 【问】作为山西人，你经常买什么品种的醋？ 【讲】山西老陈醋口感绵酸香甜鲜，传承古法技艺，历经“蒸酵薰淋陈”五道独特的酿造工艺，凝聚酿醋人躬身辛劳。山西老陈醋被誉为“中华第一美醋”，被首批列入中国非物质文化遗产，被中科院酿造泰斗称为酿造文化的活化石。 【结束语】 老陈醋是祖先留下的宝贵的文化遗产，它已经成为山西的符号，我们应该好好地研究、挖掘，传承一地风味，守护一方滋味！使山西老陈醋的味更浓、名更盛。 愿山西老陈醋使全国乃至全世界人们的生活更加有滋有味！ 【设计意图】学知识、悟理论是基础，传文化、见行动才是真正的目的。将课堂活动延伸到课外，加深学生对山西特色醋文化的理解，树立文化自信，厚植热爱家乡的情感，发展科学态度和社会责任的学科核心素养。	了解乙酸在生产生活中的应用。 老陈醋 【朗读诗句】 绵酸香甜鲜古法技艺， 调和千滋百味。 蒸酵薰淋陈躬身辛劳， 传承家国春秋。 观看视频，有感而发： 我们都是醋乡人，醋乡人心醋相融，情谊相通，作为醋乡的少年，我们将以赤诚的文化情怀和精神信仰塑造骨子里的中国，在波澜壮阔的中华民族伟大复兴之路上继往开来！ 查阅资料，了解山西老陈醋的制作工艺；向亲朋好友介绍山西醋文化，为山西老陈醋代言。

板书设计

“晋”善“晋”美　醋乡话醋

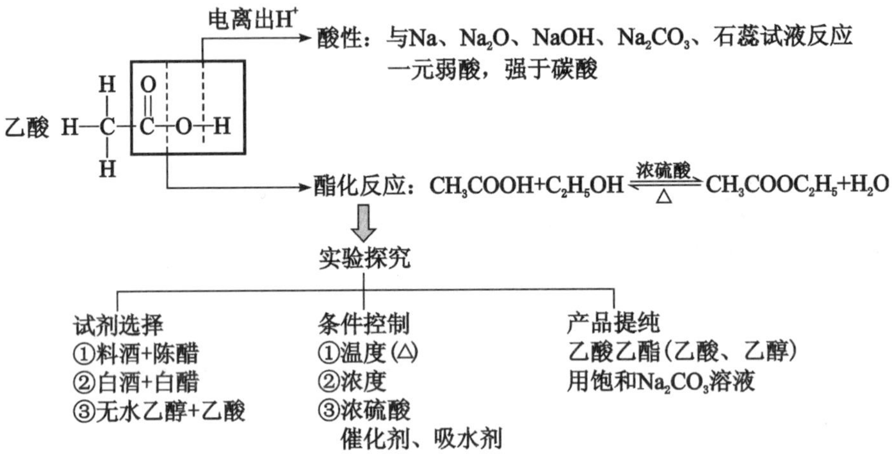

教学反思

成功之处：

1. 本教学设计最大的亮点是对酯化反应的处理，变传统的直接演示实验为学生小组合作探究实验，实验用品取材于日常的厨房，先让学生从药品的选择、条件的控制、产品的提纯角度讨论设计实验方案，再在此基础上进行实验探究，便于学生对酯化反应的理解与学习，进一步帮助学生树立科学探究与创新意识。

2. 创设情境的全程性，突出化学与生活的相关性。以学生自主创作的微电影《老醯儿传奇》引入，以山西特色醋文化为背景线，通过“醋拌黄瓜、醋泡蛋、山西过油肉”三道家常菜以及用醋除水垢的生活妙招为生活线，逐步引出“乙酸的物理性质、结构、化学性质”作为知识线，最后以弘扬山西醋文化微视频结课。整节课的学习源于生活，又回归于生活。

不足之处：

1. 课前查阅的有关醋的一些典故、醋的生活妙用课堂上没有展示。过多的关注乙酸的学科知识。作为山西人，应该对醋了解的更深入一些，化学老师有责任向学生渗透我们山西酿醋的独特工艺，使醋文化可以不断传承。

2. 对乙酸乙酯的制备和分离提纯实验探究的开放力度还是不够，对偏理科的学生，应该舍得花时间给学生，展开充分讨论，建构有机物分离提纯的思维模型。

舌尖上的化学——如何成为一名合格的营养师

靳　鑫
（太原市成成中学校　山西太原）

课标分析

高中化学新课程标准对糖类的要求为：“能认识糖类的组成和性质特点，能举例说明糖类在食品加工和生物质能源开发上的应用。”即能够从元素组成和官能团角度认识糖类，理解官能团与性质的关系，以及性质和应用的关系，引导学生形成结构决定性质，性质决定用途这一观念。活动探究和建议中建议通过实验探究的方式引导学生得出糖类水解的产物，这既有利于学生对物质性质的掌握，进一步深化学生对物质结构的认识，又有利于学生形成良好的实验观。

教材分析

本节教学内容是人教版高中化学必修第二册第七章“有机化合物”第四节“基本营养物质”糖类中的一个重要的知识点。

葡萄糖是典型的多羟基醛，葡萄糖属于糖类，从葡萄糖的结构和性质出发，让学生知道醛基对其性质的重要影响，让学生建立“结构（组成）决定性质，性质决定用途”的学习模式。本节内容安排在烃以后，是从烃到烃的衍生物过渡的重要环节，要注意从烃到烃的衍生物的结构变化，体会官能团与性质的关系，对于学好本章书的知识有着指导性作用。另外，糖类物质在实际生活、工农业生产、科学研究中应用十分广泛，学好本节知识，也具有比较重要的理论意义和现实意义。

本节安排了“葡萄糖的结构”“葡萄糖与新制氢氧化铜反应”“葡萄糖的银镜反应”等内容。学生通过学习这部分知识，可掌握葡萄糖的结构及特征反应，醛基检验的方法。

学情分析

学生根据日常生活经验和初中化学的学习，初步知道糖的分类、糖类在生命活动中起到的重要作用；在第三章前三节学习了甲烷、乙烯、苯等重要基础化工原料和乙醇、乙酸等烃的衍生物的主要特点。所以，本节课帮助学生进一步认识糖类的结构和性质，并通过典型代表物质葡萄糖的结构与性质的关系发展“宏观辨识与微观探析”的学科核心素养。

三 备课资源及设计理念

►►备课资源

1. 医院化验单的解读。

2. 公共营养师的职业前景、职业要求等。

3. 生活中关于糖尿病人的饮食禁忌等。

►►设计理念

本节的教学设计，始终以“如何成为一名合格的营养师”为背景材料，以任务活动为基本点，紧密联系生活实例，让学生深刻体会糖类的结构和应用，理解“化学知识是从生活中来，到生活中去”。通过对围绕基本营养物质教学内容创设的各种情境，使学生全面了解糖类，而不是孤立地学习基本营养物质的知识，从而降低学习难度，同时在整个教学活动过程中逐步向学生渗透化学学科核心素养。创设真实情境，将书本知识与学生的现实生活、经验世界和成长相联系，强调知识的生成过程，使知识深入学生的内心世界，与学生的生活境遇和人生经验融合在一起，激发学生学习的内在需要与兴趣，深度思考化学学科知识的价值，提升学生主动探究的欲望，引导学生采取自主合作、探究和体验式的学习方式，努力追求科学世界与生活世界的和谐统一。

教学目标

1. 通过分析葡萄糖的组成、结构，结合实验认识葡萄糖的性质，体会“结构决定性质”，掌握葡萄糖的检验方法和实验操作，并能对葡萄糖在生产生活中的应用做出解释。

2. 结合土豆在人体中的转化过程，认识单糖、二糖、多糖的基本性质及主要用途，掌握糖类的水解，能够根据相关实验现象判断淀粉的水解程度。

3. 了解糖类的应用和对机体生命活动的重要意义，体会化学与科学、技术、社会的密切联系。

教学实录

教学环节一：情境导入

教师活动	学生活动
【展示】一张体检报告单。 营养师介绍：（视频） 人类为了维持生命与健康，除了阳光与空气外，必须摄取食物。食物的成分主要有糖类、油脂、蛋白质、维生素、无机盐和水六大类，通常称为“六大营养物质”。 假如你是一名营养师，请你为糖尿病人设计一份食谱。 首先要了解糖类的理化性质和作用原理。	

教学环节二：糖类检测

教师活动	学生活动
【提问】 如何确定病人糖高/糖低？ 血糖仪的原理是什么？	【回答】 血糖仪。
【展示】实验 7-7 葡萄糖的特征反应①：和新制 $Cu(OH)_2$ 悬浊液反应。 【结论】葡萄糖具有还原性，能被新制 $Cu(OH)_2$ 悬浊液氧化为砖红色沉淀 Cu_2O。	【观察】 产生砖红色沉淀。
【展示】实验 7-7 葡萄糖的特征反应②：和银氨溶液反应。 【结论】葡萄糖可以将银氨溶液中的银元素还原为单质银。	【观察】 有银镜产生。
【改进】葡萄糖的银镜反应 实验用品：洁净大试管、胶塞、3% 的 $AgNO_3$ 溶液，氨水、30%葡萄糖溶液、20% NaOH 溶液。 实验过程： ①在洁净大试管中装入 2 mL 3% $AgNO_3$ 溶液。 ②向其中滴加氨水，直到最初产生的沉淀完全消失。 ③用 $AgNO_3$ 溶液反滴，至溶液略显浑浊（Ag^+ 饱和）。 ④加入 2 mL 30%葡萄糖溶液。 ⑤滴加 4 滴 20% NaOH 溶液。 ⑥塞紧胶塞，振荡 30 s。 【讲解】葡萄糖结构简式： $CH_2OH—CHOH—CHOH—CHOH—CHOH—CHO$ 【实验结论】因葡萄糖分子中有“醛基”，所以具有还原性。葡萄糖为还原性糖。 【讲解】糖的定义：多羟基醛，或多羟基酮，或能够水解生成多羟基醛、多羟基酮的物质。	【分组实验】

教学环节三:膳食建议

教师活动	学生活动
【展示】 电影《长津湖》镜头,一颗土豆就是战士们一天的口粮,通过长津湖战役的影视信息,让学生了解革命先辈的艰苦奋斗,激发学生爱国意识。 【提问】你知道土豆为什么可以供能吗?它在人体内是如何转化发挥作用的? 问题:土豆中的糖来自哪儿? 什么物质富含淀粉? 怎样验证? 淀粉是糖吗? 怎样验证淀粉是糖? 【讲解】人体内淀粉的消化过程: 淀粉 $(C_6H_{10}O_5)_n$ ⇒ 糊精 $(C_6H_{10}O_5)_m$ ⇒ 麦芽糖 $C_{12}H_{22}O_{11}$ ⇒ 葡萄糖 $C_6H_{12}O_6$ ⇒ 缓慢氧化 $C_6H_{12}O_6+6O_2 \rightarrow 6CO_2+6H_2O$ 【提问】 该过程能否在体外完成呢?用化学方法模拟该过程。 【实验 7-8】 在试管中加入 0.5 g 淀粉和 4 mL 2 mol/L H_2SO_4 溶液,加热,待溶液冷却后,向其中加入 NaOH 溶液,将溶液调至碱性,再加入少量新制 $Cu(OH)_2$,加热。	【回答】 淀粉。 大米、白面等。 碘水/碘酒。 是。 【思考并回答】 【实验】 分组实验并以小组为单位分析结果。

教学环节四:随堂练习

教师活动	学生活动
【随堂练习 1】糖类是生命的基础能源,下列关于糖类的说法中,正确的是 (　　) A. 糖类都可以水解 B. 糖类是具有甜味的物质 C. 糖类都含有 C、H、O 元素 D. 糖类都符合 $C_n(H_2O)_m$ 的通式 【随堂练习 2】能证明淀粉已经完全水解的试剂是 (　　) A. 碘化钾溶液　　B. 银氨溶液 C. 碘水　　D. 酚酞溶液 【随堂练习 3】能够用来检验某糖尿病病人的尿液中是否含葡萄糖的试剂是 (　　) A. 氨水　　B. 金属钠 C. 新制 $Cu(OH)_2$ 悬浊液　　D. 硝酸银溶液	

板书设计

舌尖上的化学

——如何成为一名合格的营养师

糖类：

葡萄糖的特征检验：
- 斐林试剂　$Cu^{2+} \rightarrow Cu_2O$
- 银镜反应　$Ag^{+} \rightarrow Ag$

→ 还原性（—CHO）

糖的定义：多羟基醛，或多羟基酮，或能够水解生成多羟基醛、多羟基酮的物质

教学反思

化学学科核心素养的落地研究离不开真实生活情境，本节课深挖教学内容，从知识落实、素养培养角度设计教学过程，与生活紧密联系，立足学生生活展开对糖类的学习，积极创设真实的问题情境，尝试解决饮食、健康等热点问题。实施之后，学生的学习热情高涨，教师也更加享受化学课堂的每分每秒，课程内容也很好地诠释了“化学来源于生活，又应用于生活”，同时让学生真切地感受到身为中国青年应有的担当，时刻做好准备去迎接各种挑战。

第六章 选择性必修 1“化学反应原理”教学案例

合成氨反应条件的选择与调控
——基于化学平衡常数视角定量调控化学反应

宋婷婷
（太原市进山中学校 山西太原）

课标分析

此节知识属于课程标准中“化学反应的方向、限度和速率”主题，必修阶段所学习的元素化合物及化学反应的知识主要是从定性的角度认识物质的转化关系，而化学平衡常数与浓度商则是从定量视角认识物质的转化程度，更是电离平衡、水解平衡、沉淀溶解平衡的重要理论基础。

教材分析

在工业合成氨适宜条件选择的讨论中，教材让学生明确：化学反应的调控就是通过改变反应条件使一个可能发生的反应按照某一方向进行。从合成氨的原理入手，从速率和平衡两个角度预测合成氨的适宜条件，并就温度、浓度、压强的改变对氨产量的影响；在实际生产中还要综合考虑设备、成本、原料的循环使用、环境保护、社会效益等诸多因素，从而便于学生理解合成氨条件的选择应以提高综合经济效益为目的，帮助学生形成选择适宜生产条件的基本思路。

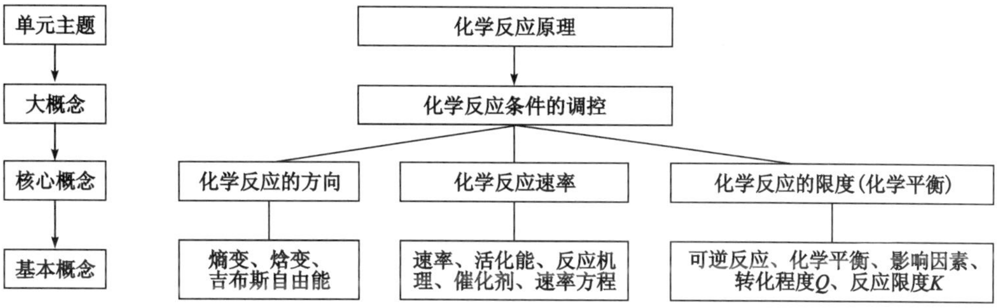

学情分析

在必修阶段,学生已掌握化学反应速率的概念和影响因素等基本知识,并认识到化学反应是有限度的,即存在化学平衡。但学生只认识到从速率角度调控化学反应,并不知道化学平衡是可以人为调控下可移动的,即限度问题认识并不深刻,对化学反应的调控认识比较局限,不够全面,与实际应用较为脱节。

备课资源及设计理念

▶▶备课资源

工业合成氨是人类科学技术的一项重大突破,历史上曾因工业合成氨的技术突破而斩获两次诺贝尔化学奖。整理合成氨从实验室研究到工业化生产的历史、目前正在研究的课题及我国科学家的最新研究成果等丰富的情境资料,它一方面能让学生遵循史料的足迹探索合成氨反应的调控,认识合成氨条件的选择与科技进步和动力、材料、设备等条件改善密切相关,另一方面让学生感受科学家对合成氨适宜条件的不懈研究,培养学生的科学精神。

[1]中华人民共和国教育部. 普通高中化学课程标准(2017 年版 2020 年修订)[S]. 北京:人民教育出版社,2020.

[2]郑长龙. 核心素养导向的化学教学设计[M]. 北京:人民教育出版社,2021.

▶▶设计理念

结合工业合成氨研究化学反应的调控,可以设计为 6 课时的大单元教学,首先从理论层面入手,引导学生从方向、速率、化学平衡等多方面分析合成氨可能的条件,关注化学反应条件的选择与优化;其次结合能耗、设备、原料利用率、环保等方面介绍实际生产中合成氨的条件;最后引导学生进行整理,结合生产实际,形成多角度调控化学反应的思路。本案例选取其中一个课时作为详细说明。

<table>
<tr><th>课时主题</th><th>板块划分</th><th>任务划分</th><th>土要问题</th></tr>
<tr><td rowspan="6">基于化学平衡常数视角定量调控合成氨反应</td><td rowspan="2">板块一：定量描述化学反应中的物质转化程度</td><td>任务一：合成氨反应中物质转化最大程度的定量描述</td><td rowspan="2">1. 合成氨反应的 K 与起始投料、反应方向有关吗？
2. K 值有什么意义呢？合成氨反应化学反应方程式的书写与 K 值有什么关系？与 ΔH 的变化又有什么关系？
3. 在相同温度下，如何判断合成氨反应是否达到平衡状态？如何判断反应朝着哪个方向进行？</td></tr>
<tr><td>任务二：合成氨反应任意反应进程中物质转化程度的定量描述</td></tr>
<tr><td rowspan="3">板块二：定量改变物质的转化程度</td><td>任务三：基于 K 选择合适的固氮方式</td><td>4. 基于 K 你会选择哪种方式进行固氮？为什么？</td></tr>
<tr><td>任务四：基于 Q 改变物质转化程度</td><td>5. 在一定温度下，利用 Q 与 K 的关系，要提高合成氨中反应物的转化程度，需要满足什么条件？
6. 从合成氨反应 Q 的表达式入手，如何能使 Q 变小？有哪些方法？</td></tr>
<tr><td>任务五：基于 K 改变物质转化程度</td><td>7. K 值的大小与什么因素有关呢？放热反应和吸热反应的 K 值随温度变化有什么规律？</td></tr>
<tr><td>板块三：合成氨反应的综合调控</td><td>在实际调控生产时，我们需综合考虑哪些因素？</td><td>8. 压强越大越好吗？温度越低越好吗？</td></tr>
</table>

教学目标

1. 以合成氨反应为例，通过分析数据知道化学平衡常数的含义，能正确书写化学平衡常数表达式并进行简单计算。

2. 以合成氨反应为例建立浓度商与化学平衡常数的关系，并能利用 Q、K 关系判断化学反应是否达到平衡以及反应进行的方向，提升从定量角度分析化学反应的能力。

3. 通过定量（Q 与 K）角度分析提高反应物转化程度的方法，形成以化学平衡常数为核心、对化学反应进行调控的基本思路，体会化学平衡常数在生产实践中的重要意义。

目 教学实录

教学环节一:定量认识合成氨反应中的物质转化程度

教师活动	学生活动
【情境】N 是作物茁壮生长必不可少的元素。施加氮肥能增加种子中蛋白质含量,提高产量。世界每年合成氨产量已达到 1 亿吨以上,其中约 80% 的 NH_3 用来生产化学肥料,20%则作为其他化工产品的原料。如今工业如何大量合成氨?在高一阶段,我们通过物质的化学性质定性的认识了物质之间的转化关系,那么能否从定量的角度来研究物质的转化呢?	氮气和氢气在高温高压的条件下合成 NH_3。 (创设情境,从定性研究转化关系过渡到定量研究)
【学习任务一】合成氨反应中物质转化最大程度的定量描述 【提问】表 1 是 500 ℃时 $N_2(g)+3H_2(g) \rightleftharpoons 2NH_3(g)$ 反应体系中各物质的浓度,请同学们先观察表头,表中给出了哪些物理量的数据? 合成氨反应的 K 与起始投料、反应方向有关吗?K 值有什么意义呢?	观察表格数据,认识合成氨反应化学平衡常数的计算表达式,在一定温度下,K 为定值,与投料、反应方向无关。 K 值越大,代表反应进行的越完全,当 $K>10^5$ 时,我们认为这个反应进行完全。
【学习任务二】合成氨反应任意反应进程中物质转化程度的定量描述 在相同温度下,某一状态时各物质的浓度如题中所示,那么该状态是否达到平衡状态?如何进行判断? 【补充】直到达到此温度下的平衡状态,$Q=K$。 【追问】$Q>K$,为什么反应会逆向进行? 【强调】根据 Q 的表达式,Q 要减小,就得分子减小,也就是生成物浓度要减小;或者分母减小,也就是反应物浓度需要增大。生成物浓度减小、反应物浓度增大,那么反应需要逆向进行,才能达到平衡,此时物质的转化程度才能达到最大。 【总结】所以我们可以用浓度商 Q 来定量描述任意反应进程的物质转化程度。	【计算并回答】 $Q=16$, $Q>K$,未达到平衡状态。 逆向进行。 Q 需要朝着减小的方向变化,才能达到 K。 (侧重于“表征”,对反应限度和任意进程的物质转化程度进行描述,引导学生认识平衡常数和浓度商概念,理解其实际意义)

教学环节二:定量改变物质的转化程度

教师活动	学生活动
【学习任务三】基于 K 选择合适的固氮方式 如果你是研究员,你会选择哪种方式进行固氮?为什么? 已知常温下: $N_2(g)+O_2(g) \rightleftharpoons 2NO(g) \quad K=3.8\times10^{-31}$ $N_2(g)+3H_2(g) \rightleftharpoons 2NH_3(g) \quad K=5.0\times10^{8}$ 所以我们首先需选择一个可操作的、有可行性的化学反应来进行研究和生产。	第二个反应,因为 K 比较大,说明反应进行的程度大。
【学习任务四】基于 Q 改变物质转化程度 在一定温度下,利用 Q 与 K 的关系,要提高合成氨中反应物的转化程度,需要满足什么条件? 小组讨论:从合成氨反应 Q 的表达式入手,如何能使 Q 变小?有哪些方法?给大家 3 分钟的讨论时间,将方案写在学案的相应位置。	使 $Q<K$,反应正向进行,从而提高反应物的转化率: 可以减小生成物的浓度、增大反应物的浓度。 减小生成物的浓度,使得 Q 的分子减小,从而使得 Q 减小; 增大生成物的浓度,使得 Q 的分母增大,从而使得 Q 减小。
【学习任务五】基于 K 改变物质转化程度 K 值的大小与起始浓度、反应方向均无关,那么它与什么因素有关呢?观察表中合成氨反应的 K 值随温度的变化情况,有什么规律? 放热反应和吸热反应的 K 值随温度变化有什么规律?	温度越高,合成氨反应的 K 值越小,反应越不完全,合成氨为放热反应,低温有利于提高反应物的转化程度。 对于放热反应: 温度越高,K 值越小, 温度越低,K 值越大; 对于吸热反应: 温度越高,K 值越大, 温度越低,K 值越小。
【总结】在实际工业生产中,采取迅速冷却的方法,使氨气变成液氨并及时分离,也就是我们理论分析的减少生成物的浓度,并需要及时补充 N_2 和 H_2,使反应物保持一定的浓度,且分离后的原料气可循环使用,提高原料的利用率;实际工业生产中氨的产量随压强、温度变化的曲线图与我们的理论分析是一致的,增大压强、降低温度有利于提高氨的产量,从而增大反应物的转化程度。 [通过定量(Q 与 K)角度分析提高反应物转化程度的方法,形成以化学平衡常数为核心、对化学反应进行调控的基本思路,引导学生将理论分析与实际生产相结合,明确理论与实际存在差异,关注从多个角度调控化学反应]	

教学环节三：合成氨反应的综合调控

<table>
<tr><th>教师活动</th><th>学生活动</th></tr>
<tr><td>合成氨反应中，压强越大越好吗？温度越低越好吗？在实际调控生产时，我们需要综合考虑哪些因素？</td><td>基于 K
合成氨反应的调控 c、$P\uparrow$、$T\downarrow$ + 反应速率 v c、$P\uparrow$、$T\uparrow$ + 其他因素（设备条件、经济成本……）
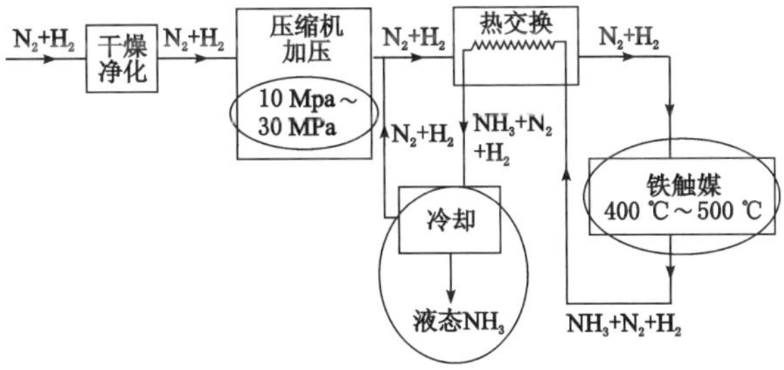

针对合成氨反应，从限度、速率等多角度对化学反应和化工生产条件进行综合分析，期望以较高的反应速率获得适当的转化率，形成多角度分析化学反应和化工生产条件的思路，体会化学反应原理的应用价值。</td></tr>
<tr><td colspan="2">苯乙烯是工业合成树脂、离子交换树脂及合成橡胶等的重要单体。工业上主要通过乙苯催化脱氢法来制取乙烯，反应方程式如下：
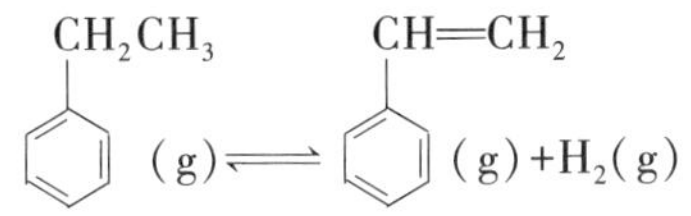

（乙苯）　　（苯乙烯）
工业上在恒压设备中制取苯乙烯时，常在乙苯蒸气中通入一定量的水蒸气来提高苯乙烯的产量，请回答：
从定性角度解释恒压设备中通入水蒸气的作用。
(2)写出制取苯乙烯反应的化学平衡常数表达式，并从定量角度(K)解释恒压设备中通入水蒸气的作用。</td></tr>
</table>

板书设计

合成氨反应条件的选择与调控

——基于“化学平衡”视角

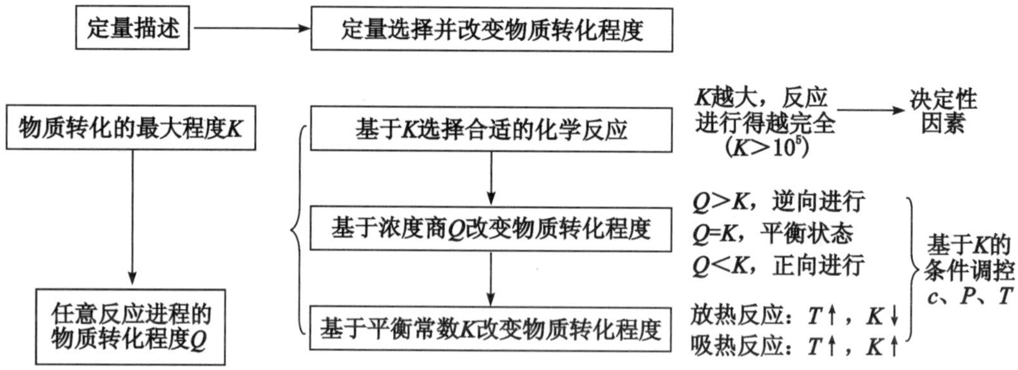

教学反思

在以往的教学中，我们习惯于使用勒夏特列原理来解决平衡移动问题，但是勒夏特列原理是个定性规律，存在局限性，从化学平衡常数出发才能真正认识化学反应的限度。在实际生产中，也往往是从化学平衡常数入手，通过调控外部条件来改变反应物的转化程度。本案例反其道而行之，从真实的探索逻辑出发，引导学生从 Q 与 K 的关系入手，通过改变外界条件来调控化学平衡，改变物质的转化程度，并始终以合成氨反应为情境，帮助学生建立起调控化学反应的整体认知和一般思路，便于解决其他化学反应的调控问题。

基于手持技术的四重表征教学研究——酸碱中和滴定

裴　隽
（太原市成成中学校　山西太原）

课标分析

普通高中课程标准的基本理念中提到以发展化学学科核心素养为主旨，重视发展“素养为本”的教学，指出：倡导真实问题情境的创设，开展以化学实验为主的多种探究活动，重视教学内容的结构化设计，激发学生学习化学的兴趣，促进学生学习方式的转变，培养创新精神和实践能力，同时构建全面发展学生化学学科核心素养的高中化学课程目标体系。

在课程内容部分，课标将主题三：水溶液中的离子反应与平衡部分的内容要求做出详细说明。其中明确指出强酸与强碱的中和滴定是学生必做实验，而且需要学生了解水溶液中的离子反应与平衡在物质检测、化学反应规律研究和物质转化中的应用，并了解溶液 pH 的调控在工农业生产和研究中的应用。

教材分析

酸碱中和滴定作为学生必做实验，在培养学生的定量思维能力方面具有不可替代的作用。从实验操作的角度来说，这可以是一节以锻炼实验技能为主的课堂教学；从实验探究的角度来说，围绕滴定原理、滴定终点的判断、指示剂的选择和误差的分析，才是本课真正要探究的。在此基础上结合宏观现象对图像数据的解读，可以实现对滴定实验和图像的深度理解，发展学生的微粒观、守恒观、平衡观、辩证观等化学学科核心素养，充分发挥图像在高中化学中的潜在教学功能。

学情分析

酸碱中和滴定是第二节水的电离与溶液的 pH 第三部分的内容。学生在学习本课知识之前，已经掌握常见物质及离子的性质、离子反应以及溶液酸碱性及 pH 的简单计算，初步建立起粒子观、变化观和平衡观，也能设计简单实验进行定性分析。但是定量思维不足，实验评价能力不足。

三 备课资源及设计理念

▶▶备课资源

碱性废水指含有某种碱类、pH 值高于 9 的废水。碱性废水也分为强碱性废水和弱碱性废水，低浓度碱性废水和高浓度碱性废水。碱性废水中，除含有某种不同浓度的碱外，通常还含有大量的有机物、无机盐等有害物质。碱性废水的来源很广泛，主要来自碱法造纸的黑液，印染工业的煮纱、丝光洗水，制革工业的灰碱脱毛废水和石油、化工部分生产过程的废水等。

目前用于处理碱性废水的物理化学方法主要有酸碱中和法、絮凝法、化学沉淀法和结晶法。采用投加酸性物质处理碱性废水，让两者中和后，加以过滤使碱性废水基本净化。中和处理被认为是废水处理的最低要求之一，同时，对部分和全部澄清以及循环加工来说则是必要的环节。很久以来，人们一直使用盐酸和硫酸之类的矿物酸与碱性废水作中和处理。

[1]刘建明，吴叔兵. 碱性废水处理及回收利用研究进展[J]. 中国资源综合利用，2008(09)：36-39.

▶▶设计理念

基于工业废水处理的真实情境引发学生探索兴趣，以解决如何测量溶液的浓度为线索，引导学生根据之前学习过的化学方法测定废碱溶液的浓度。要求学生利用提供的药品和仪器设计实验，从定量的角度对实验的可行性进行评价。围绕着酸碱中和滴定原理探究、如何准确量取体积、如何判断中和反应恰好完全发生、实验操作与数据分析四个任务，分别解决原理探究、认识滴定管、指示剂的选择和正确操作实验四个难点。利用数字化实验仪器可以帮助学生将酸碱反应的微观变化放大为曲线，通过图形化数学表征帮助学生对宏观现象进行微观解释。

教学目标

1. 能通过指示剂发生颜色变化的实验现象解释溶液酸碱性变化的微观过程，培养宏观表征和微观表征能力。

2. 能通过绘制滴定过程中 pH 的变化对实验数据进行分析和处理，培养定量研究的意识和图像表征的能力。

3. 能通过化学符号与微粒构成解释酸碱中和滴定原理和数量关系，培养符号表征能力。

4. 能利用酸碱中和滴定的原理测量未知溶液的浓度，并知道如何正确操作。

5. 能初步建立起水溶液中微粒的变化观、粒子观和平衡观。

教学实录

教学环节一：

教师活动	学生活动
【引入】习近平总书记说过：“绿水青山就是金山银山。”工业生产的废酸、废碱需要经过处理再排放。现在实验室有一瓶失去标签的氢氧化钠溶液，请同学们思考，有什么方法可以测定氢氧化钠的浓度？原理是什么？ 设计意图：从真实情境出发，引出未知浓度溶液的测定。 【补充】同学们可以从氢氧化钠溶液中含有的离子出发，思考定量的方法。 设计意图：引导学生从定量、定性两个角度找方法。 【讲解】同学们已经具备定量思考的思维，而且大家的办法都很好。其中酸碱中和的办法测量准确且简单。我们今天就一起学习酸碱中和滴定。 任务一：酸碱中和滴定原理探究 【提问】请大家阅读 ppt，小组讨论 5 分钟，试着完成以下几个问题： (1)酸碱中和反应的原理是什么？存在什么数量关系？ (2)试着推导出待测氢氧化钠溶液浓度的计算式？ 设计意图：符号解释酸碱中和滴定原理和数量关系，培养微观表征和符号表征能力。 (3)假设实验室有 0.1 mol/L 标准盐酸溶液，未知浓度的氢氧化钠溶液，量筒，胶头滴管，小烧杯，pH 试纸，酚酞等，尝试设计出实验的具体操作？ 【补充提问】在进行实验时，你将如何操作可以保证误差尽可能的小呢？如何证明酸碱中和反应恰好完全进行了呢？ 【讲解】刚才同学们提到了可以用量筒量取溶液体积，或者通过数胶头滴管滴数来计算溶液体积，很显然，这样计算的溶液体积是不准确的。 通过浓度计算式可以发现，要想准确测量溶液浓度，关键问题在于尽可能保证液体体积的准确和滴定终点的准确。	生： 可以通过 pH 试纸大致测定；或通过 pH 计精确测定。 OH^-可以与某些金属离子发生反应生成沉淀，可以称量沉淀的质量从而定量测定。 OH^-可以与 H^+反应生成水，也可以作为实验原理。 生： (1)原理：$H^++OH^-=H_2O$，方程式的数量关系是 1∶1，说明 $n(H^+)=n(OH^-)$。 (2) $c(HCl)v(HCl)=c(NaOH)v(NaOH)$，得出计算式。 (3)学生描述实验过程。 $H^+ + OH^- = H_2O$ 在滴定达到终点（酸碱完全中和）时：$n(H^+)_{总}=n(OH^-)_{总}$。 对一元酸和碱有：$c_{酸}\cdot V_{酸}=c_{碱}\cdot V_{碱}$。 计算待测液的浓度： $c_{测}=\frac{c_{标}V_{标}}{V_{测}}$ 生：量筒量取溶液体积、数胶头滴管滴数来计算溶液体积。 用酚酞或者 pH 试纸检测溶液酸碱变化。

教学环节二：

教师活动	学生活动
任务二：如何准确量取溶液的体积 【提问】现在大家面前有两支滴定管，请大家仔细观察，回答下列问题： 设计意图：学生仔细观察，认识滴定管这一准确量取溶液体积的仪器。 (1)观察酸式、碱式滴定管的相同点，尤其注意观察最大刻度、使用条件及精确度？ (2)观察酸式、碱式滴定管的不同点？ (3)为什么滴定管比量筒更加准确？	生：仔细观察并讨论 (1)“0”刻度在上，最大刻度在下。最上部有体积和使用温度，精确到0.01。 (2)酸式滴定管下端是玻璃旋塞，碱式滴定管下端是橡胶管。 (3)量筒是粗量仪器，只能读取到0.1，不精确。
【讲解】通过观察我们发现，滴定管是一个准确量取液体体积的仪器，精确度高于量筒。下面请大家动手试试，尝试使用酸式、碱式滴定管放出一定体积的液体，并回答下列问题： (4)如何用滴定管量取25 mL盐酸溶液？ (5)量取一定体积的高锰酸钾溶液应该选择哪个滴定管？为什么？ 【总结】现在我们已经解决了滴定原理和准确量取溶液体积的问题，那么如何准确判断中和反应恰好完全进行呢？	生：操作酸式、碱式滴定管 (4)溶液体积=末刻度-初刻度，所以使用前要调整初始读数。 (5)选择酸式滴定管，碱式滴定管的橡胶会被氧化性物质腐蚀。

教学环节三：

<table>
<tr><th>教师活动</th><th>学生活动</th></tr>
<tr><td>
任务三：如何判断中和反应恰好完全进行
【活动】
<table>
<tr><td>V[NaOH(aq)]/mL</td><td>0</td><td>5.00</td><td>10.00</td><td>15.00</td><td>18.00</td><td>19.00</td><td>19.50</td><td>19.98</td></tr>
<tr><td>pH</td><td>1.00</td><td>1.22</td><td>1.48</td><td>1.84</td><td>3.12</td><td>3.60</td><td>3.90</td><td>4.30</td></tr>
<tr><td>V[NaOH(aq)]/mL</td><td>20.00</td><td>20.02</td><td>20.08</td><td>20.10</td><td>21.00</td><td>25.00</td><td>30.00</td><td>35.00</td></tr>
<tr><td>pH</td><td>7.00</td><td>9.70</td><td>10.30</td><td>10.40</td><td>11.38</td><td>12.05</td><td>12.30</td><td>12.44</td></tr>
</table>
请以NaOH溶液的体积为横坐标，pH为纵坐标，在坐标纸(或计算机)上绘制NaOH溶液滴定HCl溶液过程中，溶液pH随NaOH溶液体积变化的曲线图。
请大家在坐标纸上绘制滴定过程中溶液pH随NaOH溶液体积变化的曲线。
设计意图：通过绘制pH变化曲线，体会滴定过程中存在“突跃”这一现象，同时培养学生的曲线表征能力。
</td><td>学生小组活动绘制滴定图像。</td></tr>
</table>

（续表）

<table>
<tr><th>教师活动</th><th>学生活动</th></tr>
<tr><td>

【讲解】

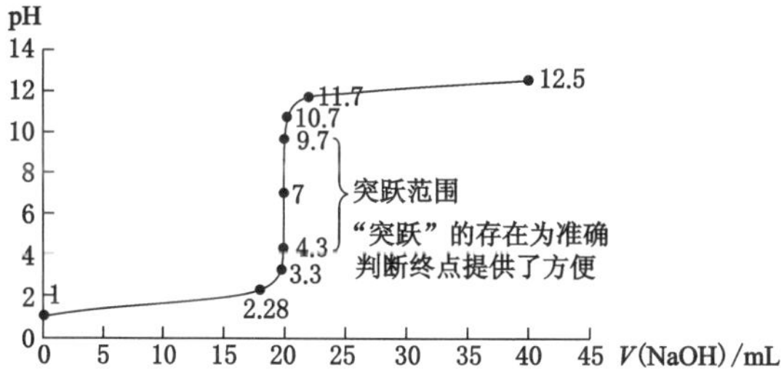

我听到大家在绘制的过程中发出疑问，觉得 pH 的变化非常奇怪。在学习了 pH 的计算之后就能理解，一滴甚至半滴溶液都会对酸碱性产生很大的影响，如上图。所以在实验过程中我们一定要准确判断滴定终点。

请大家思考，酸碱中和反应的滴定终点该如何判断呢？

【思考】

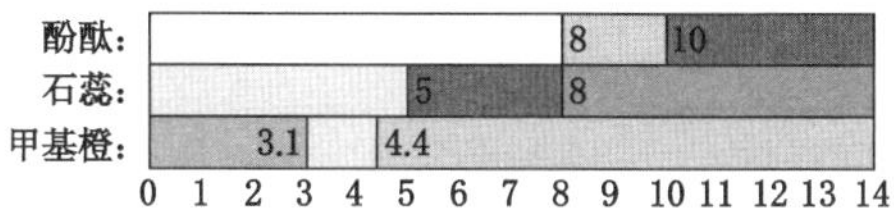

仔细观察指示剂的变色范围，发现没有一个指示剂正好在 pH＝7 的时候变色，那是不是意味着指示剂不能指示滴定终点呢？会不会存在误差？

【活动】观察酸碱中和滴定的数字化实验

设计意图：酸碱中和达到滴定终点时，结合指示剂颜色变化，培养学生宏观表征能力，引导学生体会指示剂应该如何选择。

</td><td>

用指示剂，酚酞。

观察实验。

</td></tr>
</table>

（续表）

教师活动	学生活动
【讲解】我们发现，酚酞由红色变成无色的点正好位于图像的突跃范围内，这时指示剂虽然不在 pH=7 变色，但是误差非常小。 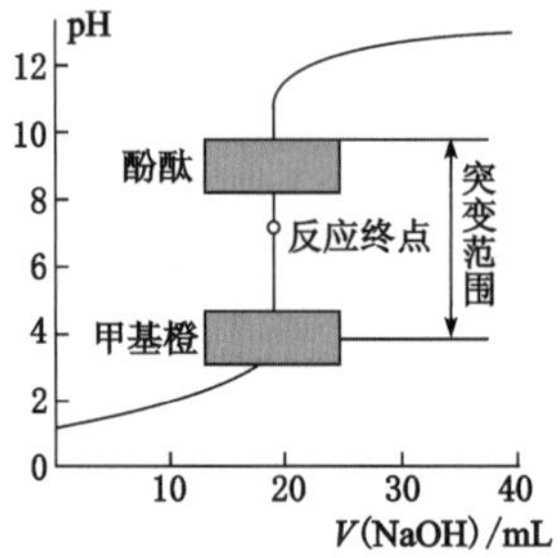 【提问】根据上述分析，选择指示剂需要注意什么问题呢？ 【讲解】由于石蕊的颜色变化，人的肉眼很难观测，所以我们不选择石蕊做指示剂。	(1)变色范围在突变范围内。 (2)颜色变化要明显。 (3)用量 2~3 滴。

教学环节四：

教师活动	学生活动
任务四：中和滴定实验的操作和数据分析 【讲解】为了保证数据测量尽可能的准确，除了了解原理和中和点的判断，正确的实验操作也是至关重要的。下面我们一起观看中和滴定的实验视频，了解正确的操作方法。 设计意图：学生认真观看实验操作的视频，了解操作中的注意事项和基本操作。 【总结】保证操作准确严谨可以大大提高实验的精确性，下节课我们就一起走进实验室，亲自动手完成实验并尝试进行误差分析。	观看视频。

板书设计

$$H^+ \quad + \quad OH^- \quad = \quad H_2O$$

在滴定达到终点(酸碱完全中和)时：$n(H^+)_{总}=n(OH^-)_{总}$

对一元酸和碱有：$c_{酸} \cdot V_{酸}=c_{碱} \cdot V_{碱}$

计算待测液的浓度：$c_{测}=\dfrac{c_{标} V_{标}}{V_{测}}$

教学反思

本节课的主要内容为解决酸碱中和滴定原理，仪器和指示剂选择以及正确的实验操作这四个问题。由污水厂废碱液的处理这一真实情境为题，借助手持技术数字化实验仪器，可以将化学反应中微观不可观测的实验现象放大并实现数据化、图像化，在授课过程中依托不同的活动和证据培养学生宏观表征、微观表征、曲线表征和符号表征的能力，而且采用数字化实验仪器教学，学生接受起来比较容易，使学习难度下降，学习兴趣提高。

盐类的水解——建构物质在水溶液中行为的认识模型
——基于促进学生认识能力和模型认知素养发展的教学

管　欣
（太原市成成中学校　山西太原）

课标分析

课标对于主题“水溶液中的离子反应与平衡”的要求：认识电解质在水溶液中的行为，从电离、离子反应、化学平衡的角度认识电解质水溶液的组成、性质和反应；认识盐类水解的原理和影响盐类水解的主要因素。

教材分析

本章教材分为三部分，包括弱电解质的电离平衡、盐类的水解平衡和沉淀溶解平衡；将抽象内容图示化，突出粒子观、变化观、平衡观等学科观念；核心素养外显，注重将理论知识和实际应用相结合。第三节盐类的水解是电解质的电离、水的电离平衡以及平衡移动原理等知识的综合应用，其中第一课时的教学重点是盐溶液呈现不同酸碱性的原因，即盐类水解的原理。

学情分析

学生已经掌握基本的平衡移动原理，学习了弱酸、弱碱和水的电离平衡，盐类的水解本质上是促进水的电离平衡正向移动，是学生在应用水的电离平衡知识分析盐溶液呈现不同酸碱性的依据。

备课资源及设计理念

►►备课资源

克东天然苏打水，是黑龙江省齐齐哈尔市克东县特产，中国国家地理标志产品。齐齐哈尔的克东是中国首家发现的独有天然苏打水的区域。克东天然苏打水富含硼、铁、硅等人体必需的 17 种微量元素，pH 值在 7.5~8.5 之间，具有天然弱碱性，能很好调节人体酸碱平衡，被誉为“黄金之水”“健康之水”“生命之水”。

▶▶设计理念

本节课以建构物质在水溶液中行为的认识模型作为学习主题，即以促进学生认识能力的发展作为主题，其外显目标是核心概念的建构、理解和应用。具体来说，以碳酸氢钠为代表物质，逐步设问、不断追问，层层递进，引导学生分析其溶液呈碱性的原因，在这个过程中理解盐类水解的原理，总结分析物质在水溶液中行为的认识思路和模型，模型则分别对应课标中的微粒观、平衡观和守恒观，并引导学生实验探究不同盐溶液的酸碱性，运用模型进行解释和表征盐溶液呈酸碱性的原因。

教学目标

1. 依据 $NaHCO_3$ 溶液呈碱性的事实，基于电离原理定性分析溶液中的微粒，运用平衡移动原理分析并解释 $NaHCO_3$ 溶液呈碱性的原因，并定量分析溶液中微粒间的电荷守恒和元素守恒关系，初步形成基于微粒种类、相互作用和守恒关系三个角度研究物质在水溶液中行为的认知模型。

2. 通过实验探究不同盐溶液的酸碱性，运用模型认识和解释盐类水解的原理，归纳盐溶液呈现酸碱性的规律，并用离子方程式正确表征盐类的水解反应。

3. 通过了解 $NaHCO_3$、NH_4Cl、Na_2CO_3 等盐溶液在生产生活中的应用，建立物质性质与物质用途之间的关联，感受化学原理的应用价值，发展社会参与意识，培养社会责任感。

教学实录

教学环节一：情境引入

教师活动	学生活动
【展示】视频：介绍“克东苏打水”。图片：克东苏打水的 pH。 【提问】克东苏打水由于具有天然弱碱性有利于身体健康，而被誉为“黄金之水”“健康之水”“生命之水”，克东苏打水资源的开发利用，为克东县的脱贫攻坚做出了重要贡献。苏打水的主要成分是什么呢？	【观看】 观看视频，了解苏打水。 【回答】 $NaHCO_3$。

教学环节二：探究 $NaHCO_3$ 溶液呈碱性的原因，建构盐在水溶液中行为的认知模型

教师活动	学生活动
【活动 1】 回忆溶液呈碱性的原因。	
【提问】 溶液呈碱性的原因是什么？	【回答】 $c(OH^-)>c(H^+)$。
【活动 2】 依据电离原理，分析 $NaHCO_3$ 溶液中存在的变化，这些变化产生了哪些微粒？	【回答】 电离过程、电离方程式、电离产生的微粒。
【提问】 按照现在溶液中存在的变化来分析，溶液是呈什么性的呢？	【回答】 酸性。
【活动 3】 分析 $NaHCO_3$ 溶液呈碱性的原因，并用离子方程式表示。	
【分析】 由此看来，碳酸氢根在水中还发生了其他变化才能使溶液呈碱性。同学们可以同桌之间讨论讨论，分析碳酸氢根可能发生的变化并尝试用离子方程式把它表示出来。	【小组讨论】 写出离子方程式，并阐述分析过程。
【分析】 从平衡移动角度进一步补充和完善学生的分析。	【倾听】 思考，归纳。
【展示】 水解的化学方程式。	
【讲解】 我们将像这样的，在水溶液中，盐电离出来的离子与水电离出来的 H^+ 或 OH^- 结合生成弱电解质的反应，叫作盐类的水解反应。	【倾听】 思考。
【提问】 我们看到碳酸氢钠溶于水要发生这么多变化，碳酸氢根电离使溶液呈酸性，碳酸氢根水解使溶液呈碱性，你现在能解释它的溶液最终呈碱性的原因了吗？	【回答】 碳酸氢根的水解程度大于电离程度。

教学环节三：定量分析 $NaHCO_3$ 溶液中微粒浓度间的关系

教师活动	学生活动
【活动 1】 分析溶液中带电微粒浓度间存在的关系。 【体验】奖励回答问题的学生喝苏打水。	
【提问】 喝水过程中是否有过电的感觉？	【回答】 没有中电的感觉。
【引导】 寻找溶液中的带电微粒之间的关系。	【回答】 溶液中的电荷守恒关系。
【活动 2】 分析溶质微粒 Na^+、HCO_3^-、CO_3^{2-}、H_2CO_3 浓度间存在的关系。	
【提问】 固体碳酸氢钠中 Na^+、HCO_3^- 的比例？	【回答】 1∶1。
【提问】 碳酸氢钠溶于水后 Na^+、HCO_3^-、CO_3^{2-}、H_2CO_3 四种微粒间有什么关系？	【回答】 溶液中的元素质量守恒关系。
【引导】 我们已经系统分析了碳酸氢钠溶液中发生的变化和微粒间存在的关系。现在我们来总结一下刚才是怎么一点一点从头分析出来的？	【总结】 分析思路。
【总结】物质在水溶液中行为的认识模型。 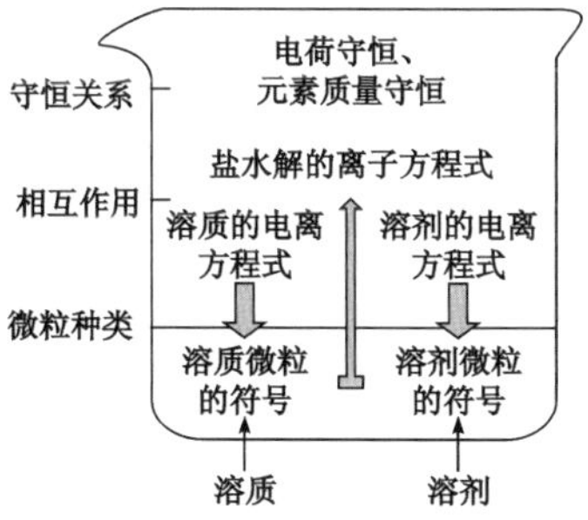 【过渡】接下来我们来运用模型分析其他盐溶液呈现酸碱性的原因。	

教学环节四:实验探究不同盐溶液的酸碱性,并运用模型进行解释和表征

教师活动	学生活动
【活动 1】 用 pH 试纸测定所给盐溶液的酸碱性,记录在下表中。 【活动 2】 以 NH_4Cl 或 CH_3COONa 为例,运用模型,分析其溶液呈酸性或碱性的原因。	【分组实验】 规范进行 pH 测定的操作,记录实验现象,再将分析过程填写在模型中。 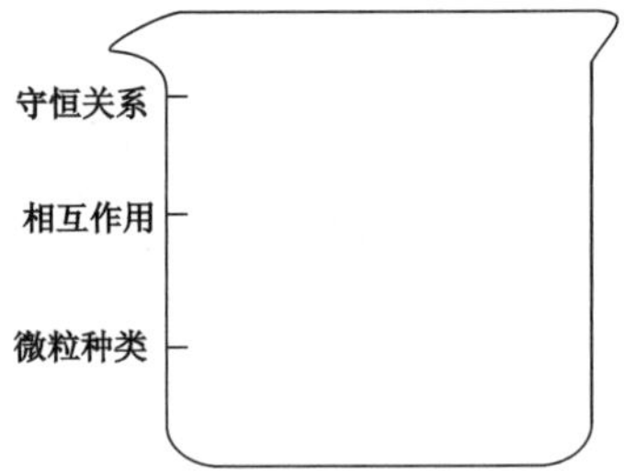 【汇报】 实验结果。 【展示】 投影展示运用模型的分析过程。
【讲解】 根据形成盐的酸和碱的强弱,将实验中测定的盐按强酸强碱盐、强酸弱碱盐、强碱弱酸盐进行分类。请同学们根据实验结果,归纳盐溶液的酸碱性与盐的类型之间的关系。	【归纳】 盐溶液的酸碱性与盐的类型之间的关系。
【总结】 物质在水溶液中行为的认识模型,微粒种类、相互作用、守恒关系是分析物质在水溶液中行为的三个重要角度(微粒观、平衡观、守恒观)。	

教学环节五:应用拓展

教师活动	学生活动
【展示】 盐溶液在生产生活中应用的图片,介绍盐的应用价值。	【感受】 观看图片,感受生活中盐类水解的应用。

教学环节六:检测落实

教师活动	学生活动
【提问】 回忆高一制备 $Fe(OH)_3$ 胶体的步骤,写出化学方程式并解释实验原理。	【练习】 练习并交流。

板书设计

盐类的水解

——建构物质在水溶液中行为的认识模型

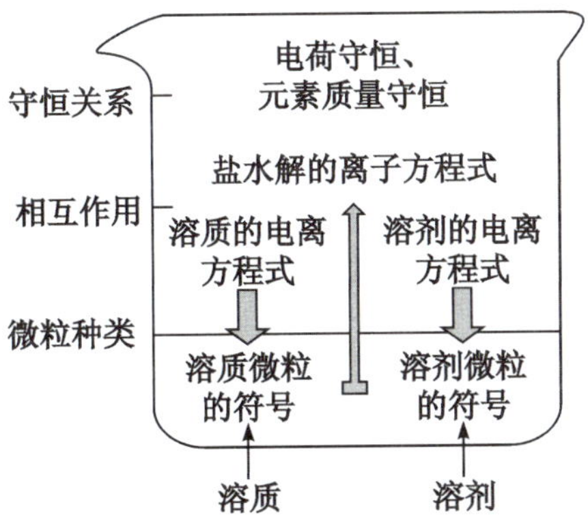

教学反思

在课堂的实际教学中,经过对碳酸氢钠溶液的分析,学生可以比较清晰地归纳总结出分析思路,并且接下来在运用模型分析 NH_4Cl 或 CH_3COONa 溶液呈酸性或碱性的原因时,学生也能较好地完成。大多数学生能正确分析盐类水解的原理并书写离子方程式,也能写出溶液中微粒间的守恒关系,在阐述分析过程时,思路比较清晰完整,说明对物质在水溶液中行为的认识思路和模型能较好地理解并加以应用,较好完成了本节课的学习目标。

盐类的水解——揭秘泡沫灭火器

刘任远

（太原市成成中学校　山西太原）

课标分析

课程改革的目标是发展学生的核心素养。化学核心素养是学生通过化学学科学习形成正确价值观念，能适应终身发展和社会需要的关键能力和必备品格。本教学设计采用互动体验式，以情境为导航，问题为线索，探索为方式，问题解决为目标，采用多媒体教学法等多种教学方法，引导学生开展实验探究，进行小组合作学习，使学生逐步掌握相关教学知识，提高学生动手实践能力，逻辑思维能力和微观模型表征能力。

教材分析

盐类的水解是人教版普通高中化学选择性必修一《化学反应原理》第三章水溶液中的离子反应与平衡内容中的第三节。它是弱电解质的电离、水的电离平衡、水的离子积、溶液的酸碱性以及平衡移动原理等知识的综合运用，核心是平衡移动原理在盐溶液中的具体应用，在学生能够从微观角度认识溶液酸碱性本质的基础上，探究盐溶液的酸碱性的原因。它既能促进学生认知的发展，又能加深学生对平衡理论及弱电解质的再认识，同时盐类的水解的知识与教材第四节难溶电解质的溶解平衡紧密相连。在过程安排上，教材通过科学探究的形式，引导学生通过实验测定相同浓度不同盐溶液的酸碱性，并通过实验结果，让学生归纳其与盐的类型间的关系，为分类讨论盐类的水解奠定基础，充分体现科学探究、宏观辨识、微观探析及符号表征的统一；在方法上，基于探究实验，对实验现象的分析主要采用归纳法，对微观粒子的分析采用讨论法，从定性分析的视角分析盐溶液呈现酸碱性的原因，最终让学生构建盐类水解的模型；在内容上，对以往学习内容进一步深化，如对盐的分类知识进行补充，对离子反应进行的条件的再认识，从简单认识溶液中的粒子成分，到比较溶液中粒子的浓度大小等，强化对微观粒子的认识。

学情分析

学生通过高中化学必修第二册第六章第二节“化学反应的速率与限度”及选择性必修一第二章“化学反应速率与化学平衡”的学习，已经初步建立化学平衡的观点，能通过化学平衡移动原理解释浓度、温度、压强等外界条件对化学平衡移动的影响。通过电离平衡、水的电离与溶液的 pH 的学习，学生已建立强、弱电解质的概念，构建起弱电解质的电离模型，并能运用弱电解质电离模型来分析水的电离，同时能从 $c(H^+)$ 与 $c(OH^-)$ 相对大小来重新构建溶液的酸碱性与 pH 值的关系。

备课资源及设计理念

▶▶备课资源

1. 泡沫灭火器与生活密切相关，其原理为盐类的水解。

2. 自制简易装置，模拟泡沫灭火器。

▶▶设计理念

为了更好地完成教学目标，落实核心素养培养，在教材内容的基础上，教学设计不拘泥于教材的编排，将教学内容进行适当补充，并引入真实情境——泡沫灭火器作用原理探究。学生可运用模型理解水解的原理及泡沫灭火器作用原理，进而能运用模型分析盐溶液呈不同酸碱性的原因，理解盐类水解反应的原理，并会用方程式表征水解过程；学会使用泡沫灭火器，感受盐类的水解价值，初步形成应用意识，增强社会责任感。

教学目标

1. 结合电离、离子反应、化学平衡等原理，分析物质在水溶液中的微观行为，学会运用模型解释水溶液的酸碱性，形成证据推理的思维方式。

2. 能根据宏观现象—微观粒子行为—化学符号表征描述盐类水解，形成多重表征学习思维。

3. 学会使用泡沫灭火器，感受盐类水解的价值，初步形成应用意识，增强社会责任感。

教学实录

教学环节一：情境导入

教师活动	学生活动
【展示】 实验1.无中生有。事先在白纸上用无色酚酞溶液写“化学”两个字，待干透。现场用碳酸钠溶液喷湿。看到什么现象？说明什么？ 实验2.自制简易灭火器。塑料瓶口上扎有小孔，可喷出水，塑料瓶内有个小试管，用筷子顶住固定，内装明矾溶液，塑料瓶中装碳酸钠溶液。使用时上下颠倒几次，然后瓶子倒置，会看到水喷出。 【提问】 ①Na_2CO_3是盐，但为什么溶液呈碱性？ ②明矾[$KAl(SO_4)_2\cdot 12H_2O$]有怎样的性质？其水溶液又有怎样的特性？ ③为什么Na_2CO_3碱性溶液中加入明矾[$KAl(SO_4)_2\cdot 12H_2O$]后生成了H_2CO_3，进而生成CO_2？	【观察并回答】 字迹变红。 说明碳酸钠溶液呈碱性。 说明有CO_2生成。

教学环节二：探究Na_2CO_3溶液呈碱性的原因

教师活动	学生活动
【活动1】 水溶液呈酸性/碱性取决于什么？ 若$c(H^+)>c(OH^-)$，溶液呈什么性？ 若$c(H^+)>c(OH^-)$，溶液呈什么性？ 【活动2】建构模型分析 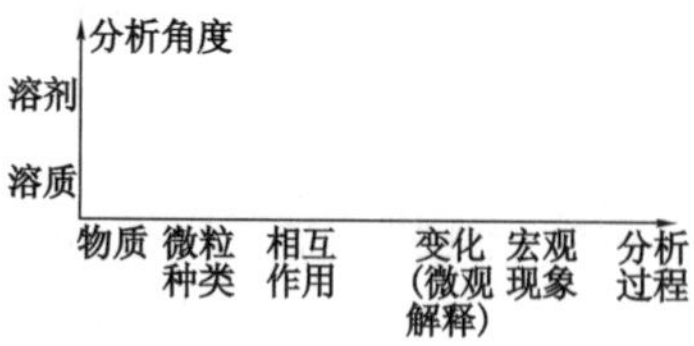 （教师介绍模型） 利用模型分析并理解碳酸钠在水溶液中发生的变化 【活动3】 请尝试用方程式描述Na_2CO_3溶液呈碱性的形成过程。	【回答】 取决于溶液中$c(H^+)$和$c(OH^-)$的大小关系。 酸性。 碱性。 【书写】 离子方程式： $CO_3^{2-}+H_2O \rightleftharpoons HCO_3^-+OH^-$ $HCO_3^-+H_2O \rightleftharpoons H_2CO_3+OH^-$

（续表）

教师活动	学生活动
强调：①可逆过程，使用“$\rightleftharpoons$”。 ②该过程是微弱的。 【活动 4】 请利用模型，分析 NaCl、NH_4Cl、CH_3COONa 三种盐的水溶液的酸碱性，并用离子反应方程式表示。 【总结】 强酸强碱盐，中性。 强酸弱碱盐，酸性。 强碱弱酸盐，碱性。 有弱才水解， 无弱不水解， 谁强显谁性， 都强显中性。 【活动 5】盐类水解的定义 定义：在水溶液中，盐电离出来的离子与水电离出来的 H^+ 或 OH^- 结合生成弱电解质的反应，叫作盐类的水解。 盐类水解的条件： 盐类水解的实质： 盐类水解的特点：	化学方程式： $Na_2CO_3 + H_2O \rightleftharpoons NaHCO_3 + NaOH$ $NaHCO_3 + H_2O \rightleftharpoons H_2CO_3 + NaOH$ 【书写】 利用模型，分析三种盐溶液的酸碱性，并写出离子反应方程式。 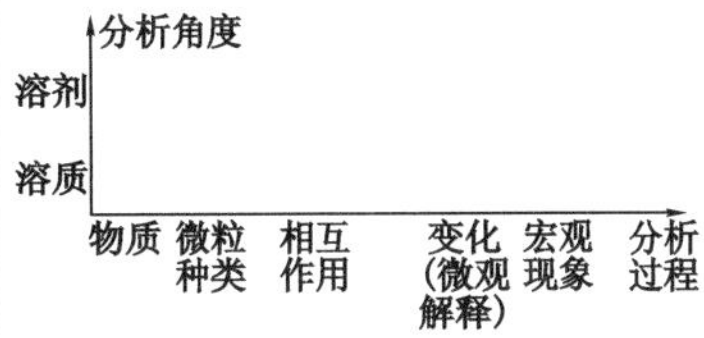 离子方程式： 【归纳总结】 与老师一起归纳总结出“盐类水解的定义”。 有“弱”。 促进水的电离。 可逆、微弱、吸热。
【总结】 盐类水解方程式的书写： ①用“$\rightleftharpoons$”表示。 ②因水解程度很小，水解产物很少，通常不用“↑”“↓”符号，生成物也不写分解产物，如生成 H_2CO_3，不写作“CO_2”。 ③多元弱酸跟离子水解是分步进行的，应分步书写，并以第一步水解为主。 ④多元弱碱的水解视为一步完成，一步书写。	理解并记忆书写注意事项，用合适的例子进行练习。

教学环节三:探究明矾的性质及 Na_2CO_3 溶液与明矾溶液的作用原理

教师活动	学生活动
【活动 1】 已知明矾是一种盐,其水溶液呈酸性/碱性?请写出水解反应的离子方程式。 使用 pH 计验证推断。 【活动 2】 探究 Na_2CO_3 溶液与 $KAl(SO_4)_2$ 溶液是怎样作用生成 CO_2 的。	【思考并回答】 酸性。 $Al^{+}+3H_2O \rightleftharpoons Al(OH)_3+3H^{+}$ 学生代表使用 PH 计验证推断。 【模型分析】 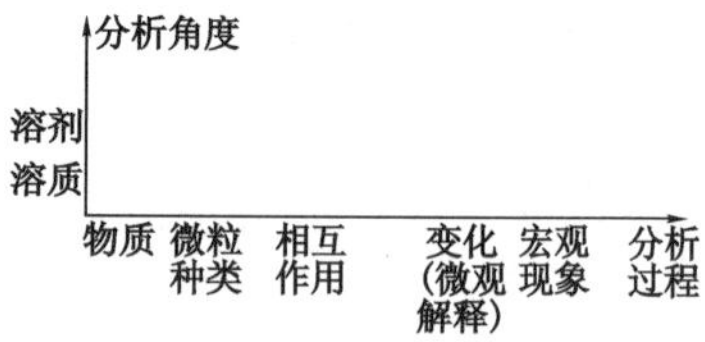

教学环节四:优化方案,制备更高效灭火器

教师活动	学生活动
【活动 1】 思考:假如你是生产泡沫灭火器的厂家,你选择 $NaHCO_3$ 还是 Na_2CO_3 作为生产原料?等浓度的 $Al_2(SO_4)_3$ 和明矾 [$KAl(SO_4)_2 \cdot 12H_2O$] 怎样选择?	【思考并回答】 选择 $NaHCO_3$ 和 $Al_2(SO_4)_3$。
【活动 2】小组实验验证 ①在盛放有等量 $Al_2(SO_4)_3$ 粉末或明矾粉末的具支试管中分别加入 10 mL $NaHCO_3$ 溶液或 10 mL Na_2CO_3 溶液,并迅速塞上胶塞。 ②观察具支试管内气泡的生成以及气球的变化,比较两组反应的快慢。	【小组实验并观察】 比较生成气体的快慢。
【拓展延伸】▲泡沫灭火器使用步骤: 第①步:将泡沫灭火器上下颠倒几次。 第②步:喷嘴对准燃烧较猛烈处。 第③步:除掉铅封。 第④步:拔掉保险销。 第⑤步:左手握着喷管,右手提着压把。 第⑥步:在距离火焰 2 米的地方,右手用力压下压把,左手拿着喷管左右摆动,喷射泡沫覆盖整个燃烧区。 泡沫灭火器使用注意事项: 课后查阅资料,下节课交流展示。	【体验】 学习泡沫灭火器使用方法。

教学环节五：总结

教师活动	学生活动
【课堂小结】 1. 利用模型分析不同盐类物质水溶液的酸性/碱性/中性； 2. 盐类水解定义、条件、实质、特点等； 3. 用化学方程式/离子方程式表示盐类水解的过程； 4. 泡沫灭火器作用原理及使用注意事项。	【归纳整理】 归纳整理本节课所学知识。

教学环节六：检测落实

教师活动	学生活动
1. 有下列盐溶液：① KNO_3　② $Cu(NO_3)_2$　③ K_2CO_3　④ $FeCl_3$　⑤ K_2SO_4　⑥ $NaClO$　⑦ NH_4Cl 呈酸性的是________ 呈碱性的是________ 呈中性的是________ 请用离子方程式表示该盐的水解。	1. ②④⑦ ③⑥ ①⑤
2. 下列溶液因盐的水解而呈酸性的是　(　　) A. Na_2SO_4 溶液 B. CH_3COOH 溶液 C. $NaHSO_4$ 溶液 D. NH_4Cl 溶液	2. D
3. 下列反应属于盐类水解反应的是　(　　) A. $NH_3+H_2O \rightleftharpoons NH_3 \cdot H_2O$ B. $HCO_3^- \rightleftharpoons H^+ + CO_3^{2-}$ C. $HS^- + OH^- \rightleftharpoons S^{2-} + H_2O$ D. $HPO_4^{2-} + H_2O \rightleftharpoons H_2PO_4^- + OH^-$	3. D
4. 写出下列盐类水解的离子方程式： (1) Na_2SO_3：________________。 (2) $CuSO_4$：________________。 (3) $FeCl_3$：________________。 【课后作业】 练习册第一课时习题。	4. 略

板书设计

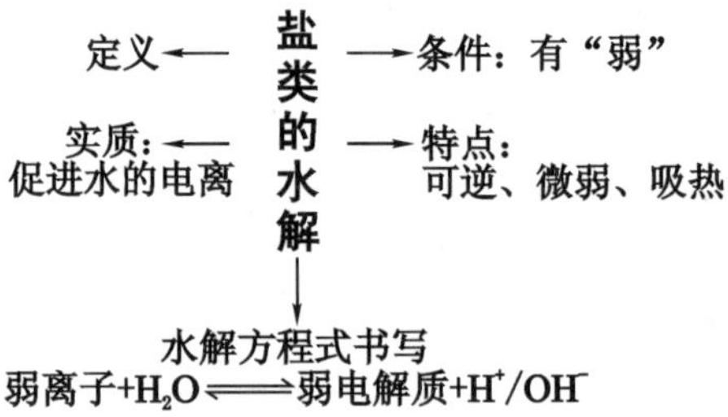

教学反思

本课时主要运用模型分析盐溶液呈不同酸碱性的原因，理解盐类的水解反应的原理，会用方程式表征水解过程。引导学生根据溶液酸碱性与溶液中氢离子、氢氧根离子浓度的关系这一核心思路，综合应用本章前两节知识，分析溶液中各种离子间的相互作用，探究盐类水解的原理。这样既能巩固所学知识，又能有效地扩展知识，使学生发生认识上的飞跃。本节课的学习目标是让学生明确盐类水解的原理，掌握盐类水解的规律，会判断盐溶液的酸碱性，并能正确书写盐类水解的离子方程式。

鉴于本节课理论性较强，教学设计时应突出以下特点：

1. 利用实验，由宏观结论运用化学知识，从微观角度解释问题，从旧知识走入新知识，使课堂气氛轻松愉快。

2. 采用小组探究实验的形式充分调动学生参与的积极性，激发学生的学习兴趣，有利于培养学生的实验操作能力、观察能力、表述能力和自我评价能力。

探索海洋酸化导致贝类消失的原因
——基于微粒观、变化观、平衡观的水溶液中粒子反应教学

耿莎莎
（太原市第十五中学校　山西太原）

课标分析

《普通高中化学课程标准(2017 年版)》中,“水溶液中离子反应与平衡”主题包含:电解质在水溶液中的行为、电离平衡、水解平衡、沉淀溶解平衡、离子反应与平衡的应用。对比旧课标可以发现核心知识基本不变,变化的是认识知识的角度、利用知识思考问题的方式和更加凸显知识的应用价值,新课标明确提出从电离、离子反应、化学平衡的角度认识电解质水溶液的组成、性质和反应,明确要求学生能通过实验证明水溶液中存在的离子平衡,分析平衡的移动,发展学生的微粒观、平衡观和守恒观,形成认识水溶液中离子反应平衡的基本思路,通过画微观图示、解释宏观现象、完整论证、实验探究等活动,发展学生“宏观辨识与微观探析”“变化观念与平衡思想”“证据推理与模型认知”等化学学科核心素养,培养系统思维能力。

教材分析

本单元是普通高中化学选择性必修 1《化学反应原理》中的第三章,旨在培养学生深入学习与探索化学的志向,引导学生更深入地认识化学学科,了解化学研究的内容和方法,赞赏化学反应原理对科学技术和人类社会文明所起的重要作用,发展学生化学学科核心素养。

新教材节标题的变化更加契合课标“主题 3:水溶液中的离子反应与平衡”的内容要求,凸显电解质在水溶液中的行为、粒子的相互作用和平衡思想的指导作用,让人耳目一新的是新教材都非常重视开展高水平的探究活动、外显水溶液的基本思路和引导学生直面真实问题、学以致用。

学情分析

学生已经完成对水的电离、弱电解质的电离平衡、盐类的水解和沉淀溶解平衡的学

习，能从微粒之间相互作用的视角，运用平衡观点认识物质在水溶液中的行为，并能对宏观现象进行预测和解释；能运用平衡思想动态地分析物质在水溶液中的变化，解释自然界和生产生活中的一些现象，已经具备一定的“宏观辨识与微观探析”“变化观念与平衡思想”的化学学科核心素养。本节课继续发展“证据推理与模型认知”“科学探究与创新意识”“科学态度与社会责任”化学学科核心素养。

三 备课资源及设计理念

►►备课资源

1. 央视新闻《獐子岛的扇贝去哪了?》引发的关注海洋酸化(畸形的贝壳)的新闻报道。

2. “中山大学海洋科学”公众号的科普文献《海洋酸化会带来哪些影响?》。

3. 水产养殖网文献《贝类养殖肥水技术》。

►►设计理念

物质在水溶液中的行为包含：溶解、电离、反应与平衡等，电解质在溶液中的反应实质上是离子之间的反应，从离子角度认识电解质溶液及其相互作用是离子反应与一般化学反应的重要区别，大量离子反应的背后蕴含着更为本质、更为核心的思想或规律，即复分解反应的本质是平衡移动原理，溶液中粒子的多样性导致平衡的多样性和变化的多样性，多反应体系的相互作用既有限度问题还有速率问题。水溶液中的离子反应与平衡是化学反应调控在离子角度的应用，是对复分解反应规律的深化与发展，在对溶液中粒子来源、种类和数目的分析解释过程中，需要从宏微结合的视角对物质及其变化进行分类与表征，需要运用化学反应原理分析影响变化的因素，需要建立相应的认识模型对物质的性质和变化做出解释或预测并对模型进行修正与完善，进而发展学生“宏观辨识与微观探析”“变化观念与平衡思想”“证据推理与模型认知”等化学学科核心素养。

►►单元整体课时分配

第一节(共5课时)水的电离和影响水电离平衡的因素	水的电离平衡和水的离子积常数
	可溶性酸碱在水溶液中的离子行为——电离平衡原理
	可溶性盐在水溶液中的离子行为——盐类的水解平衡原理
	溶液的 pH、酸碱中和滴定【实验活动 2】
	盐类水解的应用【实验活动 3】
第二节(共2课时)沉淀溶解平衡	难溶电解质在水溶液中的行为——沉淀溶解平衡原理
	沉淀溶解平衡的应用
复习提高(1课时)	探索海洋酸化导致贝类消失的原因——基于微粒观、变化观、平衡观的水溶液中粒子反应

教学目标

1. 通过观看新闻视频《獐子岛的扇贝去哪了?》,了解海洋酸化,增强保护大自然的责任感和使命感。

2. 模拟海洋中贝类的生长环境,利用“水溶液中的离子反应与平衡”模型,理论分析贝类消失的原因,发展微粒观、变化观和平衡观。

3. 从不同角度设计实验方案证明理论预测,对假设预测、实验方案、实验结论进行完整论证,发展“宏观辨识与微观探析”“变化观念与平衡思想”“证据推理与模型认知”等化学学科核心素养,培养系统思维能力。

4. 利用“水溶液中的离子反应与平衡”模型,多角度寻找保护贝类生长的水体环境的方法。通过对电离平衡、水解平衡、沉淀溶解平衡等存在的证明及平衡移动的分析,形成并发展学生的微粒观、平衡观和守恒观。

5. 通过开展分析解释、方案设计等活动,促进学生认识水溶液中的离子反应与平衡对生产、生活和社会发展的作用。

教学实录

教学环节一:探索海洋酸化导致贝类消失的原因

教师活动	学生活动
播放新闻视频《獐子岛的扇贝去哪了?》	关注海洋酸化,猜想海洋酸化贝类消失的原因(溶解)
充分调动学生自主学习探究的积极性。 1. 为学生查阅资料提供支持。 2. 及时帮助学生解答困惑或调整研究方向。 3. 提供必要的化学药品(实验探究一:贝壳、大理石、稀盐酸;实验探究二:贝壳、碳酸钠溶液、碳酸钠固体、钙试剂、稀盐酸、氯化钙溶液、pH 计、酚酞)和仪器(实验探究一:固液不加热发生装置、导气管、小烧杯、试管、胶头滴管等;实验探究二:研钵、试管、酒精灯、小烧杯、铂丝、胶头滴管等)。	实验探究一:贝壳是否易溶解于酸性溶液? 1. 利用“水溶液中的离子反应与平衡”模型,分析贝类溶解的化学原理。2. 小组讨论,设计“探究贝壳是否溶于酸性溶液”的实验方案。3. 以小组为单位进行实验探究,记录实验现象,得出实验结论:贝壳溶解很慢。(酸性溶液:不断充入 CO_2 的水溶液,用 HCl 稀溶液对照) 实验探究二:验证浸泡贝壳的溶液中是否存在钙离子和碳酸根离子? 1. 查阅资料并结合已有知识罗列出检测钙离子和碳酸根离子的方法。2. 小组讨论,设计“检测钙离子和碳酸根离子”的实验方案。3. 以小组为单位进行实验探究,记录实验现象,得出实验结论。 将理论与实践结合,通过自主分析探究,用理论指导实践,在实践过程中遇到困难,产生认知冲突,体会科学理论与科学实验的关系,感知实践与理论的差距,学会利用其他资源查阅资料,自主解决遇到的问题。

教学环节二:揭秘贝类消失的原因

教师活动	学生活动
给予学生正确的引导,及时纠正解决学生探究过程中出现的问题、研究方向的偏离,启发学生的思维,鼓励并协助学生提出新的合理的猜想。 提供文献:海洋酸化对贝类的影响。	理论分析:利用“水溶液中的离子反应与平衡”模型,从微观粒子的角度分析教学环节一的实验现象及结果。得出结论:贝壳在二氧化碳酸化的条件下很难溶解,同时从沉淀溶解平衡角度提出新的猜想“贝壳的形成受阻”。 实验探究:小组合作,设计实验证明新的猜想,得出最终结论:酸性环境中,碳酸钙难以形成导致贝类难以钙化(主要);长期处于酸性环境会部分溶解(次要)。

教学环节三:探寻适宜贝类生长的水体环境

教师活动	学生活动
如何预防和治理?(继续用模型寻找解决问题的办法)查阅资料:目前扇贝养殖户是如何防治的?采取的措施是什么? 展示文献:贝类养殖的水体保护措施。 我国在这方面有哪些举措? 2020年9月22日,中国政府在第七十五届联合国大会上提出:“中国将提高国家自主贡献力度,采取更加有力的政策和措施,二氧化碳排放力争于2030年前达到峰值,努力争取2060年前实现碳中和。”	利用“水溶液中微粒间的相互反应与平衡”的作用模型,寻找保护贝类生长的水体环境的方法。从预防与治理两方面提出解决问题的方案: 调节水体的pH值,使其呈弱碱性,促进贝壳钙化,防止贝壳溶解。 养殖防治办法: 减少CO_2的排放;采取措施消耗CO_2。 养殖户的措施: 使用化学试剂(生石灰、超微粉状碳酸钙)。 种植藻类,增大溶氧量,消耗CO_2。 我国的举措: 改变能源结构。 绿色出行。

板书设计

探索海洋酸化导致贝类消失的原因

——基于微粒观、变化观、平衡观的水溶液中粒子反应

1. 贝壳消失的原因

探究一:贝壳的溶解

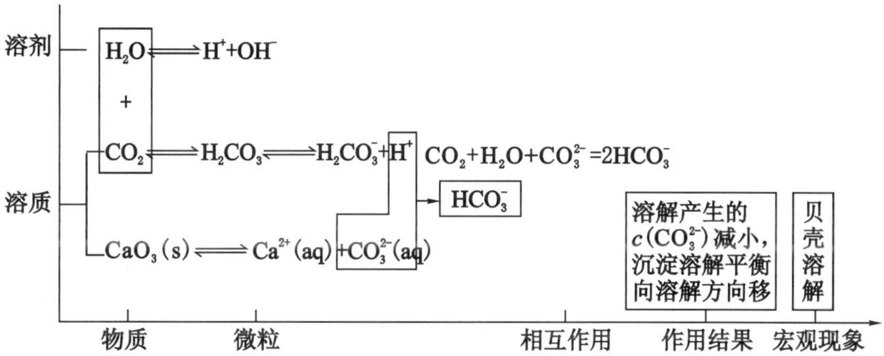

探究二：$CaCO_3$ 的形成

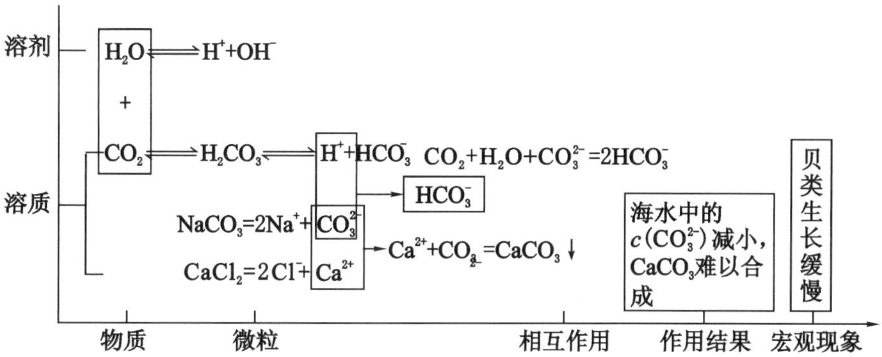

2. 保护贝类生长的水体环境

①调节 pH。

②增大 $CO_3{}^{2-}$ 的浓度。

③减少 CO_2 的排放。

教学反思

本节课是在学科核心素养引领下的单元教学，能够促使教师深入思考知识背后更为本质的思想方法，提升学生的思维品质和学习效果，在分析解释真实问题的过程中，促进核心知识与思想方法的发展、认识角度的建立与认识思路的系统化。

教学过程中发现：学生在证明沉淀难以形成时表现出明显的思路偏差，对研究对象的认定停留在最初的阶段，最初的研究是“贝类是否溶解”，研究对象是贝类，而课堂上研究的是“酸化后的海水中贝类为什么难以形成”，研究对象是海水，这说明学生的思维还是比较固化的，由于平时这种开放式的教学活动开展得比较少，学生的思维还不够开放，需要在日后的教学中逐步开放教学思路，开展更多此类形式的课堂教学。

基于“模型构建”的原电池原理

韩雪敏
（太原市第二十中学校　山西太原）

课标分析

通过本课程模块的学习，引导学生进一步认识化学变化所遵循的基本原理，初步形成关于物质变化的科学观念。了解化学反应中能量转化所遵循的规律，赞赏运用化学反应原理对科学技术和人类社会文明所起的重要作用，发展化学学科核心素养。

教材分析

本节内容选自人教版高中化学选择性必修 1 第四章第一节“原电池”。本节课是针对原电池实际应用而设计的实验改进探究和认知模型构建课。在此之前，学生已经在必修中学习了单液原电池的基础知识，本节课中原电池的设计使用了盐桥，盐桥的设置不仅仅是一个普通的实验技术改进，更是对旧的思维模式的一个质的突破，其优点是能持续、稳定产生电流。膜电池为原电池原理的实用性开发奠定了理论基础。本节课在知识上起到一个承前启后的作用，它是电化学学习的基础内容也是核心内容，既可以加深学生对氧化还原理论的理解，又可以为后续较为深入地学习化学电源等打下基础。

学情分析

对简单原电池的组成和工作原理有初步认识，知道正负极、电子流向、离子移动方向的判断方法，会书写简单的电极反应式；能够较全面观察实验现象，并对实验现象做出合理的分析判断；具备一定的实验探究能力和证据推理模型构建能力。学生对氧化还原反应发生条件认识仍然有局限性，认为氧化剂和还原剂只有接触才能发生反应。

备课资源及设计理念

▶▶设计理念

充分利用铜—锌双液原电池，组织学生开展分析解释、推理预测、设计评价等学习活动，发展学生对原电池工作原理的认识，转变偏差认识，促使学生认识到电极反应、电极材料、离子导体、电子导体是电化学体系的基本要素，建立对电化学过程的系统分析思路，提高学生对电化学本质的认识。

教学目标

1. 通过观察锌—铜（硫酸铜）原电池的系列现象，感受单液原电池存在的缺点，体会不同形式能量之间的相互转化和转化过程中能量守恒。

2. 分析膜电池形成电流的微观过程，感受电池装置的发展改进过程。

4. 在装置的发展改进过程中，构建完整的原电池认知模型。

5. 能根据具体的氧化还原反应，设计简单原电池装置。

教学重点：双液原电池工作原理和构成条件。

教学难点：双液原电池模型构建和盐桥的工作原理。

教学实录

教学环节一：复习巩固，初建单液模型

<table>
<tr><th>教师活动</th><th>学生活动</th></tr>
<tr><td>【导入】展示生活中常见电池的图片。
【单液原电池分析模型】
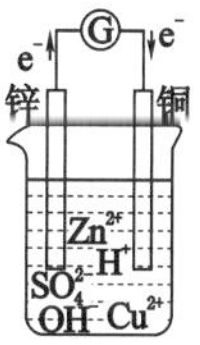

电极材料：(－) Zn ，Cu(＋)
电极反应：(－)$Zn-2e^- = Zn^{2+}$
(＋)$Cu^{2+}+2e^- = Cu$
电池总反应：$Zn+Cu^{2+} = Zn^{2+}+Cu$
电子导体：电子移动方向，负极→正极。
离子导体：离子移动方向，阳离子→正极，阴离子→负极。</td><td>【学生活动 1】：分析电流如何产生，完成导学案相关内容。
(－) $Zn|CuSO_4|Cu$(＋)
<table><tr><th></th><th>负极</th><th>正极</th></tr><tr><td>电极材料</td><td></td><td></td></tr><tr><td>电子流向</td><td></td><td></td></tr><tr><td>离子移动方向</td><td></td><td></td></tr><tr><td>电极反应式及反应类型</td><td></td><td></td></tr><tr><td>反应现象</td><td></td><td></td></tr><tr><td>电池总反应式</td><td></td><td></td></tr></table></td></tr>
</table>

（续表）

教师活动	学生活动
【单液原电池缺点】电池效率低，电流不稳定、不持续。	【学生活动2】：按照上述单液原电池原理示意图分组实验，观察实验现象，回答下列问题。 思考讨论： 1. 何现象可证明该装置能产生电流？ 2. 正负两极反应有何现象？有无“异常”反应现象？ 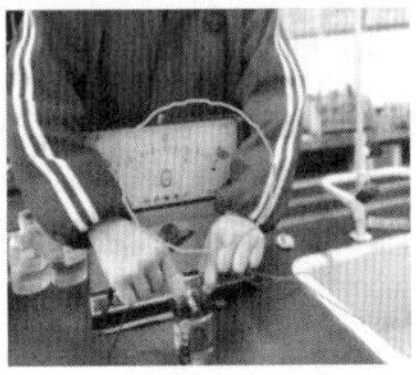 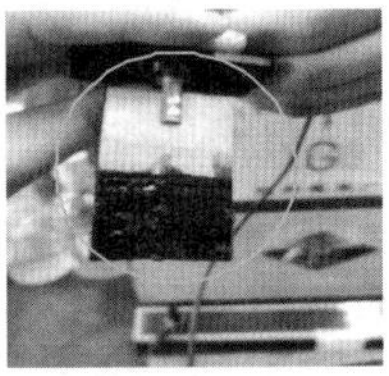 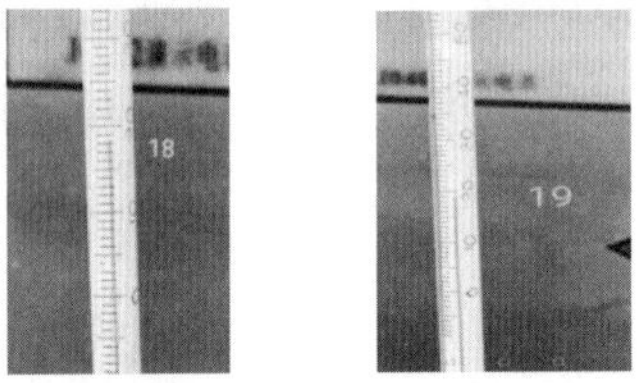 反应前 ——→ 一段时间后 【深入讨论】： 你认为负极析出的红色物质是什么？该物质产生的原因是什么？ 【学生回答】：红色物质为铜。锌和硫酸铜溶液直接接触，铜在锌表面析出。 上述“异常”现象的产生，对电池的正常使用有何影响？有无改进的方法？ 【思考后回答】： 对电池正常使用的影响： ①铜离子在锌表面得电子，该部分电子转移未经导线，没有形成电流 ②铜在锌表面析出，将锌与硫酸铜溶液隔开，阻止反应进行，电流衰减。 ③温度升高，说明电能没有完全转化为电能，有部分转化为热能。 改进的措施：将锌和硫酸铜溶液分池，不接触。

教学环节二：实验探究，提炼双液模型

<table>
<tr><th>教师活动</th><th>学生活动</th></tr>
<tr><td></td><td>【学生活动 3】：画出改进后的原电池装置图，分析如何构成闭合回路，如何产生电流？</td></tr>
<tr><td>【讲解】方法：搭桥→桥作用：离子通过→桥形式：电解质溶液→何物质为桥载体？
【科学视野】
1. 溶液的导电能力与离子的迁移速率有关。
2. 阴阳离子的迁移速率接近可以提高导电能力。

298. 15 K 时一些离子在水溶液中的离子迁移率 U($m^2 \cdot S^{-1} \cdot V^{-1}$)
<table>
<tr><td>阳离子</td><td>$U^{\infty} \times 10^8 (m^2 \cdot s^{-1} \cdot V^{-1})$</td><td>阴离子</td><td>$U^{\infty} \times 10^8 (m^2 \cdot s^{-1} \cdot V^{-1})$</td></tr>
<tr><td>H^+</td><td>36. 30</td><td>OH^-</td><td>20. 52</td></tr>
<tr><td>K^+</td><td>7. 62</td><td>SO_4^{2-}</td><td>8. 27</td></tr>
<tr><td>Ba^{2+}</td><td>6. 59</td><td>Cl^-</td><td>7. 91</td></tr>
<tr><td>Na^+</td><td>5. 19</td><td>NO_3^-</td><td>7. 40</td></tr>
<tr><td>Li^+</td><td>4. 01</td><td>HCO_3^-</td><td>4. 61</td></tr>
</table>
</td><td>【思考讨论】桥：浸 KCl 饱和溶液的棉线或无纺布。
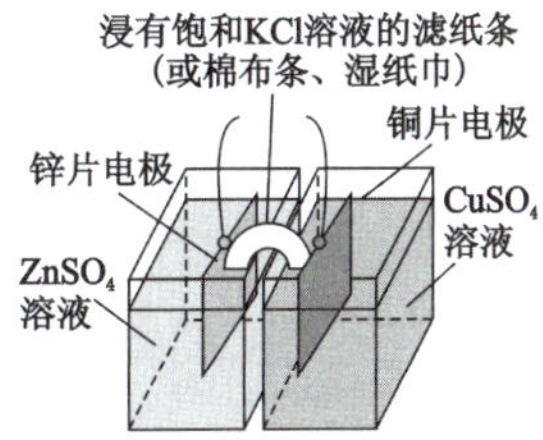

【学生活动 4】：利用所提供的仪器和药品，设计实验验证对装置的改进是否成功？
仪器和药品：硫酸铜溶液、硫酸锌溶液、铜电极、锌电极、导线、灵敏电流表、烧杯、饱和氯化钾溶液浸湿的棉线、无纺布、盐桥。</td></tr>
<tr><td>【引导分析】
桥原理：使溶液呈电中性。
Cl^-→负极，中和因锌离子增多而带的正电荷。
K^+→正极，中和因铜离子减少而带的负电荷。
两池电极和电解质溶液选择：
1. 电极不与电解质溶液反应，负极参加反应选择锌，正极可用不如锌活泼的金属铜或碳等惰性电极。
2. 负极电解质溶液是离子导体，一般选择与负极相同金属元素的硫酸锌溶液。
正极电解质溶液参与反应，根据反应原理选择硫酸铜溶液。</td><td>【学生实验】
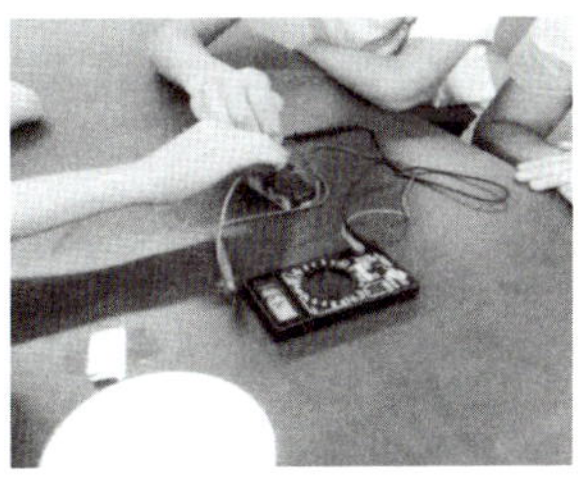</td></tr>
</table>

（续表）

教师活动	学生活动
【讲解】 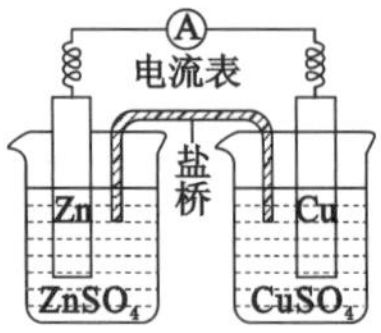 ①盐桥：浸润 KCl 饱和溶液的琼脂装在 U 形管中。 ②琼脂起到固定作用，防止 KCl 溶液直接流出。 ③K^+、Cl^-离子可在其中自由移动，中和电荷，形成闭合回路。盐桥中离子浓度大，盐桥中离子只出不进。 【双液原电池优点】：电流持续稳定。 【双液原电池分析模型】 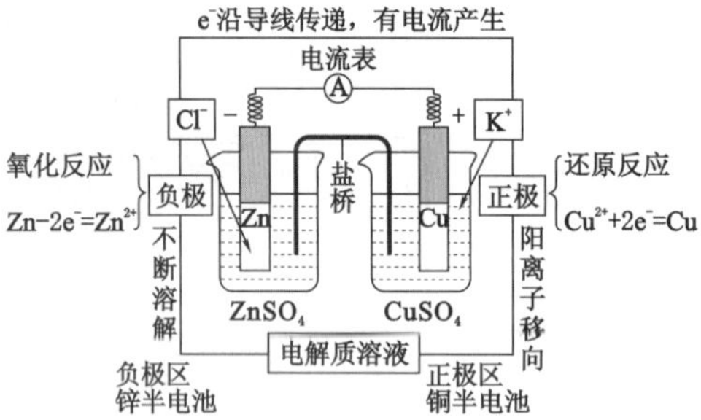 电极材料 (-)Zn | $ZnSO_4$ ‖ $CuSO_4$ | Cu(+) 电极反应 锌电极(-)$Zn-2e^-=Zn^{2+}$ 铜电极(+)$Cu^{2+}+2e^-=Cu^{2+}$ 电子导体 电子移动方向：负极 $\xrightarrow[\text{导线}]{e^-}$ 正极 离子导体 离子移动方向：负极←-Cl 盐桥 K+→正极 【方法指导】应用模型，提炼设计思路和方法。 氧化还原反应拆分成电极反应 ⇩ 根据电极反应选择电极和电解质溶液	【学生实验】 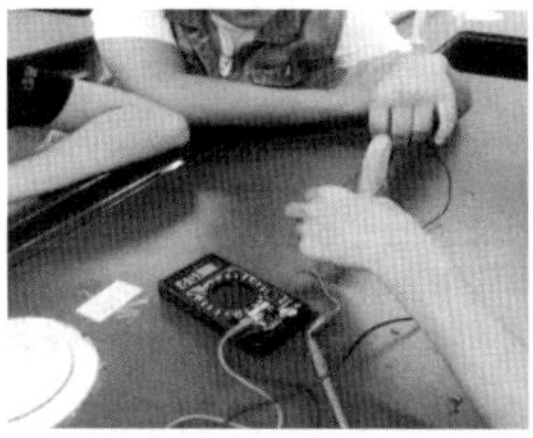 【结论】：实验改进获得成功，电流很稳定，但是电流比较小。 【思考交流】：根据反应 $2AgNO_3+Cu=2Ag+Cu(NO_3)_2$ 设计双液原电池，说说你的设计思路。

教学环节三:改进模型,完善膜电池模型

<table>
<tr><th>教师活动</th><th>学生活动</th></tr>
<tr><td>

【提出问题】

观察 $(-)\ Zn|CuSO_4|Cu(+)$ 原电池数据,发现相同条件下双液原电池虽然电流稳定,但是电流要比单液原电池小很多,不符合实际应用的需求。

【引导分析】

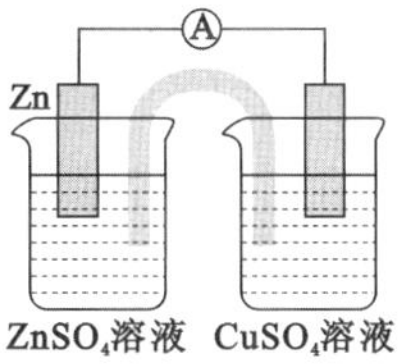

⇩

缩短盐桥的长度,增大盐桥的横截面积。

⇩

能否用一张薄薄的隔膜代替盐桥呢?

【膜电池】

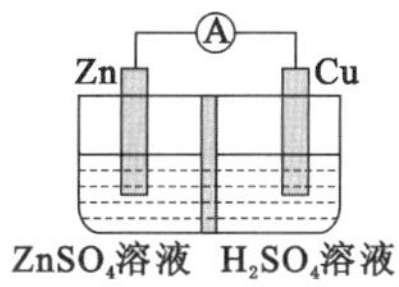

1. 阳离子交换膜:只允许阳离子通过。
2. 阴离子交换膜:只允许阴离子通过。
3. 质 子 交 换 膜:只允许 H^+ 通过。

【思考】如上图的有膜双液原电池如何构成闭合回路?

【科学视野】

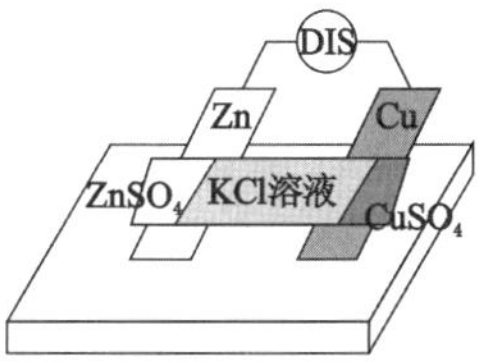

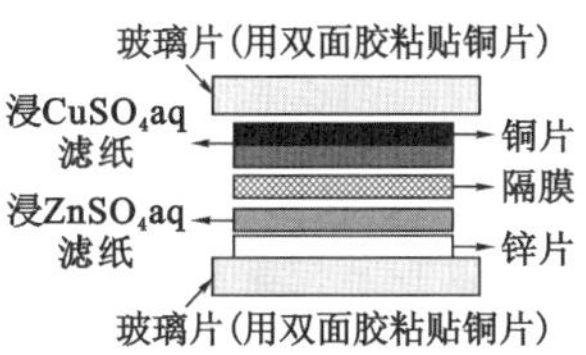

微电池

</td><td>

【学生活动 5】:分析双液原电池电流小的原因?思考解决的方法。

【讨论回答】:双液原电池电流弱的原因:

离子运动的距离长。

离子运动的通道窄。

离子容量小。

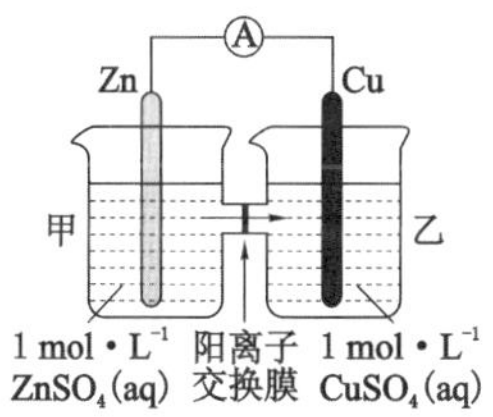

【讨论回答】:通过 Zn^{2+} 的定向移动构成闭合回路,由甲池向乙池移动。

</td></tr>
</table>

（续表）

教师活动	学生活动
生活中的锂电池隔膜的作用：锂电池的结构中，隔膜的性能决定了电池的界面结构、内阻等，直接影响电池的容量、循环以及安全性能等特性。隔膜的主要作用是使电池的正、负极分隔开来，防止两极接触而短路，此外还具有能使电解质离子通过的功能。一般采用高强度薄膜化的聚烯烃多孔膜。 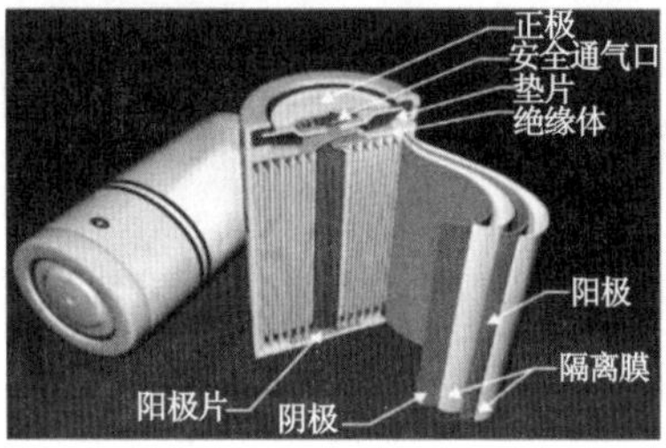 	

教学环节四：总结提升，深化原电池模型

教师活动	学生活动
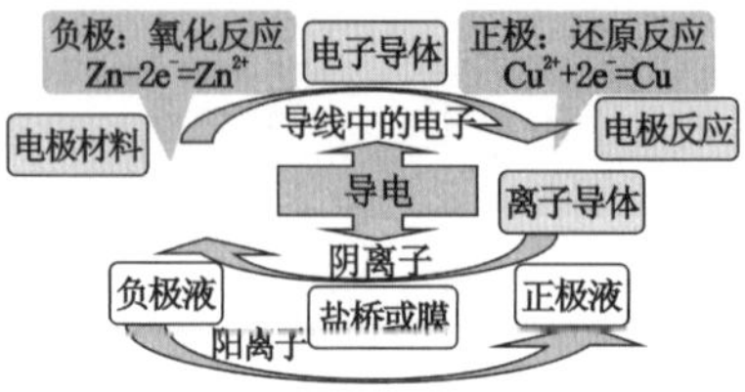 【小结】 电极材料　$(-)Zn\|ZnSO_4 \parallel CuSO_4\|Cu(+)$ 电池总反应：$Zn+Cu^{2+}=Zn^{2+}+Cu$ 电极反应　锌电极(−)$Zn-2e^-=Zn^{2+}$ 铜电极(+)$Cu^{2+}+2e^-=Cu^{2+}$ 电子导体　电子移动方向：负极$\xrightarrow[导线]{e^-}$正极 离子导体　离子移动方向：负极←Cl^-盐桥 K^+→正极 【小结】整节课一个反应、三个模型、四次理论分析，分层次突破重点、难点，膜电池模型构建为后续化学电源和氯碱工业等的学习奠定了理论基础。 在人类历史上电池的发展应用过程是在不断探索、不断改进的过程中逐渐完成的，是一个由单液到双液再到膜电池的发展过程。这节课我们跟随科学家的脚步重温了电池的发展过程。	

板书设计

基于“模型构建”的原电池原理

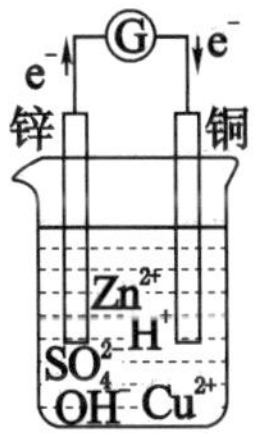

单液原电池

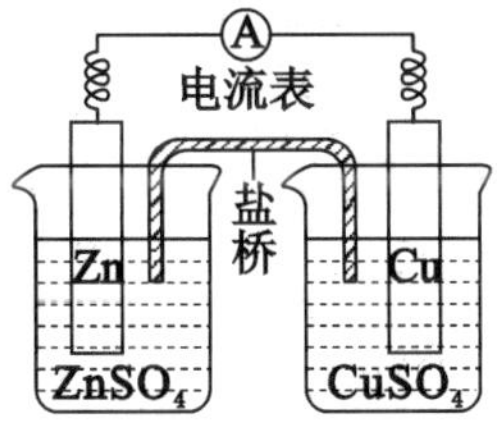

双液原电池

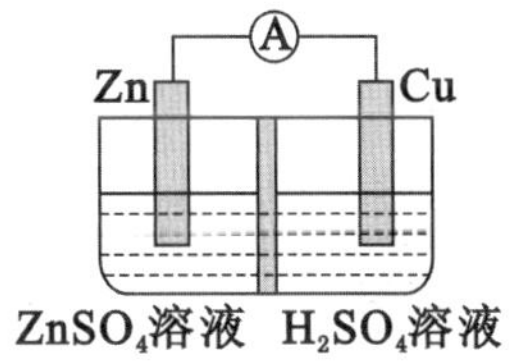

膜电池

电极材料:(-) Zn , Cu(+)

电极反应:

锌电极(-)$Zn-2e^-=Zn^{2+}$

铜电极(+)$Cu^{2+}+2e^-=Cu$

电池总反应:$Zn+Cu^{2+}= Zn^{2+}+Cu$

电子导体:电子移动方向:负极→正极

离子导体:离子移动方向:阳离子→正极,阴离子→负极;盐桥:Cl^-→负极,K^+→正极。

教学反思

1. 通过实验探究,在不断发现问题和解决问题的过程中,注重对学生分析问题的学法指导,学生不仅学到知识,还学到掌握知识的途径和方法,学会了解决实际问题的方法。

2. 通过问题驱动,利用认知冲突,层层推进,完成对新知识的意义构建和原电池认知模型构建。

“未来已来”——氢能源汽车

赵 婧

（太原市第五十三中学校 山西太原）

课标分析

《普通高中化学课程标准(2017 年版)》(以下简称“课程标准”)中提及要进一步精选学科内容,重视以学科大概念为核心,使课程内容结构化,以主题为引领,使课程内容情境化,促进学科核心素养的落实。所以,将大概念作为理论核心指导教师设计教学活动是非常有必要的。

通过本模块的学习,引导学生进一步认识化学能与电能相互转化的实际意义及其重要应用。了解原电池及常见化学电源的工作原理。了解化学反应原理中能量转化所遵循的规律,赞赏运用化学反应原理对科学技术和人类文明所起到的重要作用,发展化学学科核心素养。

教材分析

“化学电源”选自人教版高中化学选修 1 第四章第一节。从纵向看,从必修 1 的单液原电池引出原电池工作原理,初步介绍化学电源,到选修 1 的双液、膜电池,深入分析化学电源,原电池知识呈螺旋式上升。从横向看,“化学电源”是第一节原电池模型的应用,是第三节建立电解池模型的铺垫,起着承上启下的作用。原电池的教学内容,充分体现了化学学科基于原电池的电化学的研究角度和视野,对于建构化学观念具有重要教学价值。但是,大多数教学沿用原电池构成条件的分析方法,只看到原电池的工作原理,化学电源这部分仅做科普介绍,忽略了化学电源的学习价值,

学情分析

高中生的认知已经接近成人水平,能够用发展的眼光看问题,学习能力较强,但将所学知识应用到实际生活生产中的能力较弱。在知识方面,学生已经具备氢燃料电池的模型认知和电极方程式书写的方法和技巧,但无法将所学氢燃料电池与生活实际中的氢能

源汽车联系起来。作为祖国的未来，青年要勇于学习新知识、不断探索、勇敢创新，将这些知识用于实践，服务于社会，这是当代青年学生义不容辞的责任。

三 备课资源及设计理念

十四五规划中，习近平总书记提出 2030 年前中国二氧化碳排放达到峰值，努力在 2060 年之前实现中国碳中和的两个阶段奋斗目标。

举世瞩目的 2022 年北京冬奥会，从氢燃料火炬，到氢燃料电池汽车接驳，再到赛区沿线的加氢站，这是史上最大的一次燃料电池汽车示范，也使北京冬奥成为首个真正实现碳中和的奥运赛事。氢燃料电池技术是全球清洁能源开发利用的主流方向，通过氢与氧的直接电化学反应驱动发电，唯一的排放物质只有水，真正“零排放”，是脱碳时代的“理想燃料”和能源转型的重要支撑。

▶▶参考文献

[1]刘知新. 化学教学论[M]. 北京：高等教育出版社，2009：23.

[2]张青扬，张括志. 掌控电能绿色出行：基于培育学科核 心素养的“电化学”复习教学设计[J]. 中学化学教学参考，2018(Z1)：15-17.

[3]王灿. 化学史中的科学发展观：以“化学电源”教学设计为例[J]. 化学教学，2014(8)：31-34.

▶▶设计理念

氢氧燃料电池属于化学电池范畴，融合氧化还原反应、化学能与电能相互转换、原电池原理应用，彼此结合渗透。本节课以 2022 年北京冬奥会上氢能源汽车的使用为背景，让学生以氢能源汽车研究者的身份利用所学知识设计氢氧燃料电池，从电极、催化剂、气体扩散层、质子交换膜、反应介质方面，不断提升氢燃料电池以适合汽车使用，最后推进氢能源汽车的配套设施，如制氢、储氢、加氢站等的建立。要求学生应用已有知识对复杂真实情境中的氢燃料应用到汽车上的问题进行分析，通过相关数据分析对氢燃料电池模型进行评价和改进模型，并确定下一步研究方向，以培养学生解决复杂的化学问题的能力。教学重在引导学生体会科学探究的过程、思考问题的角度，使学生初步认识氢能源汽车，消除对高科技的神秘感。同时，使学生对氢能源汽车的前景充满信心，使学生更加了解周围的世界和自己的生活，促进教学由“知识为本”到“素养为本”的转变，增进学生对化学学习的兴趣和对化学学科的创造性与实用性的赞赏，不断发展化学价值观。

教学目标

1. 通过感受北京冬奥会中氢能源汽车之“采”这个环节，感受我国对碳中和、碳达峰的决心。

2. 通过氢能源汽车之“探”这个环节，体会作为氢能源汽车研究者探索氢能源汽车的研发和利用过程，感受科研工作者的探索精神，培养证据推理与模型认知、科学探究与创新意识。

3. 通过氢能源汽车之“魂”这个环节，感受青年的社会责任，培养学生的科学精神与社会责任。

教学实录

教学环节一：感受氢能源汽车之“采”

教师活动	学生活动
【情境导入】 十四五规划中，习近平总书记提出2030年前中国二氧化碳排放达到峰值，努力在2060年之前实现中国碳中和的两个阶段奋斗目标。碳达峰和碳中和被十四五规划带火了，你知道什么是碳达峰和碳中和吗？ 播放视频：碳达峰、碳中和。	学生思考。 学生观看视频。 表示好奇，产生强烈兴趣。
过渡：2030年碳达峰、2060实现碳中和这是中国为世界环境气候做出承诺，假设大家都是化学科研工作者，我们应如何践行党的路线方针，应为碳的零排放做些什么？ 资料展示(ppt)：2020年6月，《中华人民共和国能源法》正式将氢能列入能源范畴，同年9月，下发《关于发展燃料电池汽车示范应用的通知》。	回答：植树造林、开发清洁的新能源太阳能、风能、潮汐能、氢能等。
过渡：这就是我们今天学习的氢能源汽车，氢能源汽车助力北京冬奥会，让我们一起来领略下氢能源汽车的风采。 提问：氢能源汽车的优势是什么？ 【设计意图】结合社会热点创设情境，引导学生感受化学应用于科技、生活的重要意义。	观看视频： 未来已来——氢能源汽车 回答： 1. 续航里程大可达850公里。(超越燃油汽车和电动车) 2. 自身发电，充电时间只有5分钟。 3. 排放物为水，绿色环保，能量转化率高达80%。 【设计意图】引导学生关注视频中的重要信息。

教学环节二:感受氢能源汽车之“探”

教师活动	学生活动
刚才我们看到的日本氢能源汽车 mirai 其日文意思是未来,寓意氢能源汽车赢得未来。现在我们就作为一名氢能源汽车电池的研究者,根据原电池原理完成活动一的内容。 【活动一】设计连续工作的氢氧燃料电池 1. 写出氢能源汽车中氢氧燃料电池的总化学方程式:__________ 2. 根据总反应和提供的实验用品绘制出氢氧燃料电池的装置图并在图中标出电子和离子的流向。 实验用品:H_2、O_2、稀硫酸、石墨棒、试管、导管、导线、电流表。 学生黑板画图。 3. 写出所设计的电池中电极反应式和反应式。 负极:__________ 正极:__________ 4. 该装置是如何实现连续工作的? 工作一段时间后是否需要更换电极吗? 【设计意图】在氢氧燃料电池工作原理的基础上,初步建立氢氧燃料电池的模型,为后续提升燃料电池做铺垫。	【活动】 1. $2H_2+O_2=2H_2O$ 2. 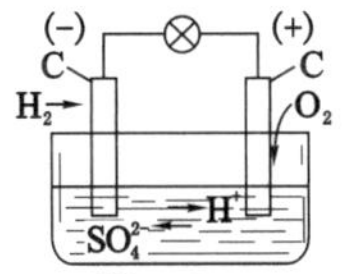 稀H_2SO_4 3. 负极:$2H_2-4e^-=4H^+$ 正极:$O_2+4e^-+2H^+=2H_2O$ 【学生 A 回答】只要 H_2 和 O_2 连续地由外部供给在电极上进行反应,生成物不断地被排除,就可以实现连续供电。燃料和氧气不占用电池内部空间,使电池的体积较小这也是燃料电池的优点之一。 【学生 B 回答】电极材料本身不参与反应,电极本身不损失,整个运行过程中没有机械部件的反复运转,所以氢能源具有无振动、噪声低、寿命长的优点。
那咱们设计的这款电池能直接应用到汽车吗? 为什么? 那作为电池研究者的你如何解决这两个问题来提升燃料电池,将它应用到汽车上呢?	不能。动力不足;氢气、氧气直接接触也不安全。
【活动二】提升氢氧燃料电池 问题 1:作为汽车的燃料电池如何使气体反应物快速、充分的反应迅速给汽车提供足够大动力(请从化学反应速率因素角度思考)。	学生 A 回答: 增大反应物的接触面积,所以电极由柱状改为片状,增大电极与气体的接触面积。

（续表）

<table>
<tr><th>教师活动</th><th>学生活动</th></tr>
<tr><td>讲述：经过科研人员的多次尝试发现 Pt 作催化剂，催化效果更好。将石墨电极换成铂丝，进一步用铂粉喷涂过的导电碳布代替铂丝，既减小价格昂贵铂的用量，又增大接触面积。
补充：因为反应物是气体，还要加入气体扩散层来更好地增大接触面积。</td><td>学生 B 回答：
使用催化剂，电极内加入高效催化剂。</td></tr>
<tr><td>问题 2：氢气和氧气在电解质溶液中相遇会出现安全隐患，你有什么办法解决这一问题吗？</td><td>可以用交换膜隔离。</td></tr>
<tr><td>【教师讲述】选用哪一种离子交换膜呢？（提示根据氢燃料电池的电极方程式）</td><td>用质子交换膜。
定义：只允许 H^+ 通过的膜。
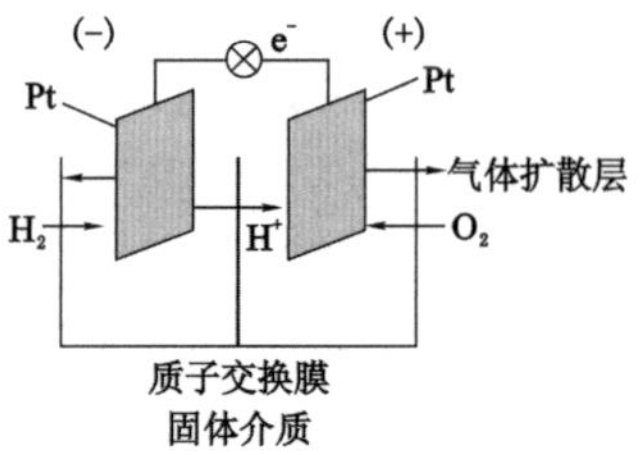
</td></tr>
<tr><td>问题 3. 尝试更换不同的电解质溶液试验效果，书写下列不同介质电解质中的电极方程式。
<table>
<tr><th>电解质</th><th>KOH 溶液</th><th>固体氧化物（O^{2-}能自由移动）</th><th>熔融盐 K_2CO_3</th></tr>
<tr><td>负极电极反应式</td><td></td><td></td><td></td></tr>
<tr><td>正极电极反应式</td><td></td><td></td><td></td></tr>
<tr><td>总化学方程式</td><td></td><td></td><td></td></tr>
</table></td><td>学生思考并书写电极方程式。
【设计意图】引导学生将教材中所学的知识逐步应用到氢能源汽车的实际设计中。</td></tr>
<tr><td>资料展示：研究者将大家设计的这 5 种不同电解质的氢燃料电池进行试验，请根据以下数据（见第 257 页）选择适合作为汽车燃料电池的类型并说明理由。</td><td>学生分析数据并说明理由。

选择质子交换膜燃料电池，因为质子交换膜燃料电池比功率高、启动时间短、电解质无腐蚀、反映温度较适宜汽车。</td></tr>
</table>

（续表）

<table>
<tr><th>教师活动</th><th>学生活动</th></tr>
<tr><td>

燃料电池的类型	碱性燃料电池（AFC）	磷酸燃料电池（PAFC）	熔融碳酸盐燃料电池（MCFC）	固体氧化物燃料电池（SOFC）	质子交换膜燃料电池（PEMFC）
比功率（W/kg）	35～105	100～220	30～40	15～20	300～1000
单位面积的功率（W/cm^2）	0.5	0.1	0.2	0.3	1～2
燃料电极的燃料种类	H_2	天然气、甲醇液化石油气	天然气、液化石油气	H_2、CO、HC	H_2
氧电极的氧化物种类	O_2	空气	空气	空气	空气
电解质	有腐蚀、液体氢氧化钾	有腐蚀、液体磷酸水溶液	有腐蚀、液体碳酸锂/碳酸钾	无腐蚀氧化锆系陶瓷系	无腐蚀、固体稳定氧化锆系
发电效率（%）	45～60	35～60	45～60	50～60	—
启动时间	几分钟	2～4 h	≥10 h	≥10 h	几分钟
电荷载体	OH^-	H^+	CO_3^-	O^-	—
反应温度（℃）	50～200	180～220	600～700	750～1000	25～105
应用情况参考	应用于宇宙飞船	应用广泛发展迅速	有可能用于大型发电厂	有可能用于大型发电厂	发展迅速可用于FCEV

提问：为什么不用其他电解质的燃料电池呢？

提问：我们提升氢燃料电池改变催化剂、片状电极、气体扩散层、质子交换膜这几个因素。这是实际生产中单电池所用到的材料，根据下图思考它们分别是什么？
</td><td>
学生思考并回答。

燃料电池根据电解质的不同分为这 5 种，中间三种由于工作温度高，应用方向是工业电力生产。碱性燃料电池和质子交换膜燃料电池都以氢气为燃料，但碱性燃料电池的反应稳定性和电池腐蚀性均不及质子交换膜电池，所以质子交换膜电池是国内外车用燃料电池应用的首选。

学生思考并回答。

分别是电极、气体扩散层、质子交换膜、气体扩散层、电极。
</td></tr>
</table>

（续表）

教师活动	学生活动
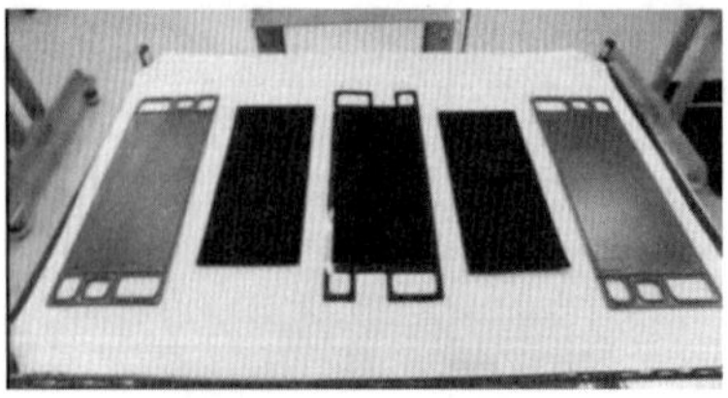	
问题1:为什么双极板和质子交换膜上有孔?	答1:便于氢气和氧气进入。
问题2:为什么双极板上有三孔,质子交换膜上有两孔?	答2:双极板上中间的孔是为了便于水的排出。
问题3:这是咱们提升后的一个单电池,它能给电池提供足够的动力吗?	答3:不能,动力不够。可以将多个单体电池以串联的方式组合成电堆。
过渡:下面我们来看下按照大家设计的电池组成部分,在实际生产中汽车燃料电池的制造。	观看视频:电堆的制造。
小结:恭喜大家,氢能源汽车最核心的部分已生产出来,电堆放入汽车就能启动了吗?还需要什么?	不能。氢气罐、氧气罐。
过渡:下面我们来看一下我们设计的氢能源汽车内部的工作原理	观看视频:上海晋博会上氢能源汽车的工作原理。
有一个地方和我们设计的不同,它是什么?有什么作用?	空气压缩罐。作用是缩小体积。
过渡:我们生产的氢能源汽车将要在冬奥会上使用,我们还需要给冬奥会修建哪些配套设施呢?	建立加氢站,用于制氢、储氢
资料展示:氢能发展政策 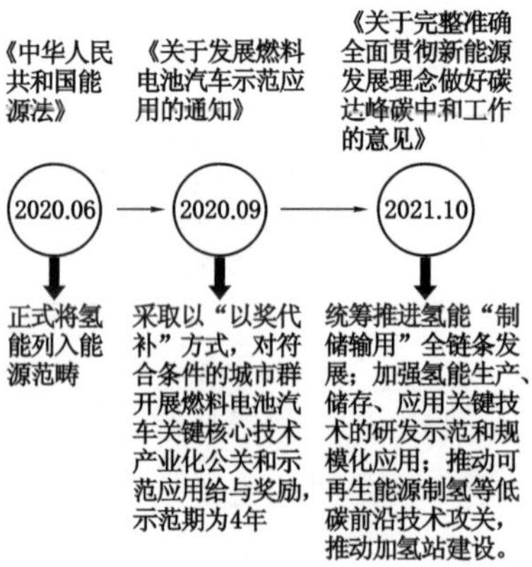 	【设计意图】学生以氢能源汽车研究者的身份将氢氧燃料电池从电极、催化剂、气体扩散层、质子交换膜、反应介质等方面不断修正氢燃料电池模型,促进和发展学生的模型认知,从成本和操作上模拟科学家解决问题的过程,引导学生挖掘问题本质,既体现创新精神,又能让学生经历科学家的思考历程,感受科学研究的趣味和社会发展的无形力量。
【活动三】推广氢能源汽车	学生思考并回答。
制氢方式:作为科研人员的你会选择那种制氢方式作为你的研究方向?说明理由。	可再生能源发电电解水制氢的方法。污染小,价格较低。

（续表）

<table>
<tr><th>教师活动</th><th>学生活动</th></tr>
<tr><td>
<table>
<tr><td rowspan="2">项目</td><td colspan="7">制氢方式</td></tr>
<tr><td>煤制氢</td><td>天然气制氢</td><td>石油产品转化制氢</td><td>甲醇裂解</td><td>可再生能源发电电解水制氢</td><td>化石能源发电电解水制氢</td><td>化工副产氢</td></tr>
<tr><td>生产成本（元/Nm^3）</td><td>0.4~0.73</td><td>0.87~1.22</td><td>0.7~1.3</td><td>1.8~2.5</td><td>0.4~1.6</td><td>2.7~3.4</td><td>0.6~1.5</td></tr>
<tr><td>二氧化碳排放量（CO_2 kg/Nm^3）</td><td>1.96</td><td>0.89</td><td>0.86</td><td>0.76</td><td>0</td><td>2.86</td><td>0</td></tr>
<tr><td>产量占比（%）</td><td>62</td><td>13</td><td>9</td><td>11</td><td>—</td><td>1</td><td>4</td></tr>
</table>
【教师讲述】可再生能源发电电解水制氢的产量小，我们还需要继续提高可再生能源，如太阳能、光伏发电等技术。目前，我国化石能源丰富，工业体系完善，所以，我国是全球制氢量最高、成本最低的国家，此外，我国是以煤制氢的方法为主。
储氢方式：作为科研人员的你会选择那种储氢方式作为你的研究方向？说明理由和你未来的研究方向。
<table>
<tr><td>指标</td><td>气态储氢</td><td>液态储氢</td><td>固体合金储氢</td></tr>
<tr><td>单位质量储氢密度（vt%）</td><td>>4.5（高压）</td><td>>5.11.0~2.6</td><td>—</td></tr>
<tr><td>单位体积储氢密度（kgH/m^2）</td><td>26.35（40 MPa，20 ℃）
39.75（70 MPa，20 ℃）</td><td>36.6</td><td>25~40</td></tr>
<tr><td>优点</td><td>简便易行，成本低，充放气速度快，且在常温下即可进行</td><td>储氢密度高，安全性较好</td><td>体积储氢容量高，无须高压及隔热容器，安全性好，无爆炸风险，氢纯度高</td></tr>
<tr><td>缺点</td><td>需厚重的耐压容器，消耗较大的氢气压缩功，存在氢气泄漏和容器爆破等安全风险</td><td>氢气液化成本高，能量损失大，需要极好的绝热装置来隔热以防止液态氢沸腾汽化</td><td>技术复杂，投资大，运行成本高</td></tr>
<tr><td>关键部件</td><td>厚重的耐压容器</td><td>冷却装置、保温绝热保护层</td><td>利用稀土等储氢材料做成的金属氢化物储氢装置</td></tr>
<tr><td>关键技术</td><td>氢气压缩技术</td><td>冷却技术、绝热措施</td><td>一定温度和氢气压力下，能可逆地大量吸收、储存和释放氢气</td></tr>
<tr><td>成本</td><td>较低</td><td>较高</td><td>较高</td></tr>
</table>
</td><td>
学生分析资料并回答。
学生 A 回答：我选择气态储氢，其成本低，充放气速度快。我未来需要在气态储氢的安全性和储氢材料上进行下一步的研究。
学生 B 回答：我选择液态储氢，因为其储氢密度高，安全性好。我未来需要在液态储氢的成本和保温材料上进行下一步的研究。
学生 C 回答：我选择固态储氢，因为其储氢容量高，对储氢材料要求低、安全性好。我未来需要研究不同的固体合金材料以降低储氢的成本并对储氢材料进行下一步的研究。
观看视频：固体合金储氢和加氢站建设。
【设计意图】引导学生根据资料所给信息尝试推进氢能源汽车的配套设施，如制氢、储氢、建立加氢站等。
</td></tr>
</table>

（续表）

教师活动	学生活动
讲解：固体合金储氢是我们的理想储氢方式，下面我们来看一下固体合金储氢的原理。 固体合金储氢方式的研究也会使加氢站的成本降低、安全性提高。 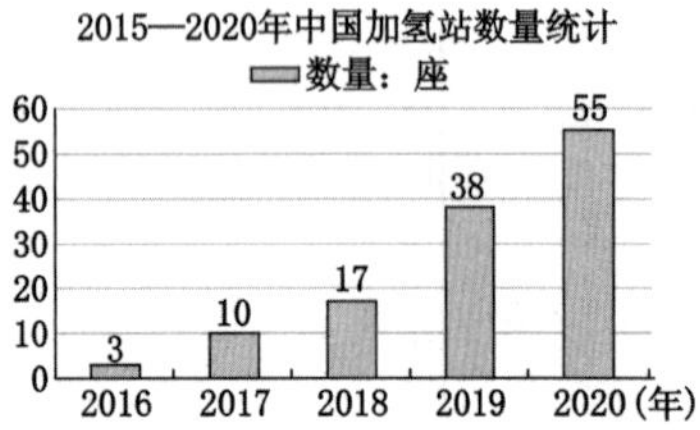 讲述：加氢站每年以100%的比例增长，我国在《节能与新能源汽车路线》中提出，到2030年计划建成1000座加氢站。	

教学环节三：感受氢能源汽车之“魂”

教师活动	学生活动
同学们作为本节课的研究者，在经过氢能源汽车的电池设计、电池提升、电池生产到推进氢能源汽车发展的整个研究过程后，你有什么感受？ 【设计意图】通过采访的形式让学生感悟知识的应用价值以及利用科学知识改变生活所带来的成就。 培养学生可持续发展的思想和环境保护的意识。体现“科学精神与社会责任”的核心素养。	学生A回答：我们现在推行新能源计划建设，未来人类的生活将向着更好的方向前进。这节课的整个科研过程也让我意识到要推行环保是需要一个循序渐进的过程。 学生B回答：在选择研究方向的时候，我们要学会辩证地看待事物，不仅要看好的方面，也要看坏的方面，最后权衡利弊选择最优的研究方向。 学生C回答：在遇到困难的时候，我们要积极去面对，不断去学习新的知识来提升自己的能力。 观看视频：科学家的故事。
讲述：科技是国之利器，创新是发展第一动力。现在我们比历史上任何时期都更接近中华民族伟大复兴的目标，无数科研工作者正用自己的使命搭建起强国之路。 在氢电池的整个探索过程中体现了科研者的哪些精神？ 【总结】少年强则国强，当科学家成为你们的梦想，当探索求知成为你们的热情，我相信2060年我们一定能实现碳中和的伟大目标。	学生发表所想： 要有坚持不懈、不畏劳苦、勇攀高峰、敢为人先的创新精神，有严谨的科学态度、爱国情怀和中国人的责任担当，具备淡泊名利、潜心研究的奉献精神，集智攻关、团结协作的协同精神和甘为人梯、奖掖后学的育人精神。

板书设计

设计电池 ——→ 提升电池 ——→ 推进氢能源汽车

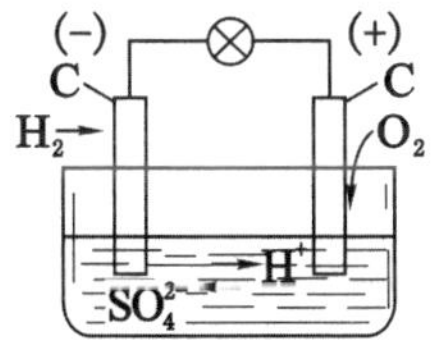

稀H_2SO_4

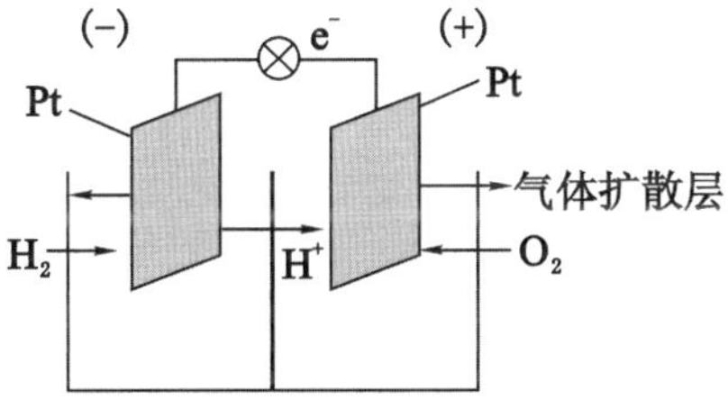

质子交换膜

固体介质

制氢

储氢

加氢站

酸：负：$2H_2-4e^-=4H^+$
正：$O_2+4e^-+4H^+=2H_2O$

碱：负：$2H_2-4e^-+4OH^-=4H_2O$
正：$O_2+4e^-+2H_2O=4OH^-$

固：负：$2H_2-4e^-+2O^{2-}=2H_2O$
正：$O_2+4e^-=2O^{2-}$

熔融盐：负：$2H_2-4e^-+2CO_3^{2-}=2H_2O+2CO_2$
正：$O_2+4e^-+2CO_2=2CO_3^{2-}$

教学反思

本节课以氢能源汽车为核心，贯穿两条线索。第一，从内容设计上，以感受氢能源汽车之“采”——氢能源汽车之“探”——氢能源汽车之“魂”为线索；第二，在情感上，以树立青少年的责任担当为线索，力求实现立德树人的育人目标。整个课堂教学，充分体现出教师为主导，学生为主体的教学理念，以三个学生活动来贯穿课堂，层层递进，推进内容，推动情感，一步一步探索氢能源汽车的研发过程。让学生以氢能源汽车研究者的身份将氢氧燃料电池从电极、催化剂、气体扩散层、质子交换膜、反应介质等方面不断修正氢燃料电池模型，最后推进氢能源汽车的配套设施，如制氢、储氢、建立加氢站等，让学生体会科学家解决问题的过程，引导学生挖掘问题本质，既体现创新精神，又能让学生经历科学家的思考历程，感受科学研究趣味和社会发展的无形力量，进而帮助青年学生树立起科技兴国的责任与担当。氢能源汽车发展的过程只用一节课的时间来呈现，略显单薄，如果能走出教室深入工厂，可能会更有利于知识与实践的结合。

电解法在处理工业循环冷却水中的应用

吕　勤
（太原市第十九中学校　山西太原）

课标分析

《普通高中化学课程标准（2017年版）》（2017版，以下简称“课程标准”）中提出要“认识化学能可以与热能、电能等其他形式能量之间相互转化”，“认识化学能与电能相互转化的实际意义及其重要应用。了解电解池的工作原理，认识电解在实现物质转化和储存能量中的具体应用”。

“课程标准”建议在教学中创设真实情境，组织学生开展基于能量利用需求选择反应、设计思路和装置等活动，使学生在设计过程中理解电解池的基本构造、工作原理以及电解过程中发生的化学反应，以帮助学生理解电解在实现物质转化和储存能量中的应用，提升“科学探究与创新意识”和“科学态度与社会责任”的化学学科核心素养。

教材分析

电解池是普通高中化学选择性必修一《化学反应原理》第四章的内容，是中学化学理论体系中不可缺少的一部分。它涉及电化学、氧化还原反应、电离等知识的综合运用。电解原理是电解池的核心内容，是应用电解法解决实际问题的前提和基础。

本章内容的教育、教学价值主要体现在理解物质变化、理解能量变化、促进学生发展和促进社会发展四个方面。

学情分析

电解原理是化学能与电能转化的重要内容。在此之前，学生已经学习了原电池的有关知识，了解了在电极上发生的氧化反应和还原反应，建立了原电池模型，对氧化还原反应的本质和发生条件有了更深入的认识和体会。

备课资源及设计理念

▶▶备课资源

循环冷却水是工业用水中的用水大项，在石油化工、电力、钢铁、冶金等行业，循环冷却水的用量占企业用水总量的50%～90%。由于原水中有不同的含盐量,循环冷却水浓缩到一定倍数必须排出一定的浓水,并补充新水。一台30万kW冷凝机组,循环冷却水量要达到3.3万吨/时左右,假定原水中含盐量为1000 mg/L,浓缩倍数为3,那么循环冷却水的浓水排放约在6‰～8‰左右,即198 m^3/h～264 m^3/h,同时需补充的新水等于排水及蒸发损失等,补充水量大约为循环水量的2%～2.6%,将为660 m^3/h～860 m^3/h左右,水资源消耗与污水排放的数量是很大的。

电化学内容在高考试题中的考查力度大,难度适中。其中在2021年的新课标Ⅰ卷中就考查了电解处理冷却水的内容。基于此,查阅资料发现电解法在处理工业循环冷却水中已经被广泛使用,并有多篇论文发表。如宋子平发表的《电解水技术在工业循环冷却水中的应用》。其中涉及的电解原理为高中化学电解原理的基本内容。因此,本课将电解法处理循环冷却水作为电解原理的情境应用于授课中。

▶▶参考文献

[1]中华人民共和国教育部.普通高中化学课程标准(2017年版2020年修订).北京:人民教育出版社,2020.

[2]《化学反应原理》教师教学用书.北京:人民教育出版社,2020.

▶▶设计理念

本节课以解决循环冷却水中存在的问题为线索,利用初中电解水原理分析过程,形成系统分析电解池的一般思路和方法,建立分析电解池的一般模型。随后在用电解法处理循环冷却水中存在的问题时,让学生根据模型设计实验并验证设计过程,使学生既运用了电解法解决实际问题,又熟悉了电解池的分析过程,并在设计实验解决问题中了解了粒子放电顺序与其氧化性、还原性的关系,完善了分析电解池的方法。

让学生在真实情境中完成知识学习,注重培养学生分析问题、解决问题的能力,增强学生证据推理和模型认知的核心素养。

教学目标

1.通过探究实验室电解水实验的反应原理,了解电解池的构成条件和工作原理,建立分析电解池的认知模型。

2.通过创设处理工业循环冷却水中重金属离子、Ca^{2+}、Mg^{2+}等微粒的情境,分析溶液中离子的放电行为,得到阴阳极的放电顺序。

3.通过设计电解$CuCl_2$溶液、$NaHCO_3$溶液的电解实验,掌握探究性实验的设计思路和方法。

4. 通过创设处理工业循环冷却水的情境，体会化学在节约资源、保护环境等方面的应用，体现“科学态度与社会责任”的核心素养。

教学实录

教学环节一：创设情境

<table>
<tr><th>教师活动</th><th>学生活动</th></tr>
<tr><td>
在工业用水中，循环冷却水的用量很大。在石油化工、电力、钢铁、冶金等行业，循环冷却水占企业总用水量的50%~90%。
由于冷却水在循环冷却系统中长时间反复使用，会使水质发生变化并产生以下问题：
<table>
<tr><th>问题</th><th>产生原因</th><th>影响</th></tr>
<tr><td>问题1</td><td>天然水中存在 Ca^{2+}、Mg^{2+} 等金属离子，长时间循环冷却过程会产生 $CaCO_3$、$Mg(OH)_2$ 等沉淀，使设备结垢</td><td>降低热导率</td></tr>
<tr><td>问题2</td><td>微生物含量升高，产生粘垢，在换热器中沉淀</td><td>产生微生物腐蚀</td></tr>
<tr><td>问题3</td><td>与空气充分接触，使溶解氧增加</td><td>造成电化学腐蚀，金属离子进入循环水中</td></tr>
<tr><td>问题4</td><td>随着循环水的散热蒸发，当浓缩达到一定倍数时需要排污</td><td>造成环境污染、水资源浪费</td></tr>
</table>
目前处理循环水大部分采用化学法处理。因使用大量药剂，会造成COD(化学需氧量)、N、P及重金属离子排入自然水体中，造成严重的环境污染。
电解技术在水处理中不需要投加药剂，有排污量少、无污染等优点。
接下来，我们一起探究电解法如何处理循环冷却水。
【板书】电解法在处理工业循环冷却水中的应用
</td><td>【倾听】思考，了解工业循环冷却水的应用和问题。</td></tr>
</table>

教学环节二：电解原理初探

教师活动	学生活动
初中我们学习过“实验室电解水”实验，在这个实验中，我们将电能转化成化学能，这样的装置叫作电解池。 下面是实验室电解水装置图。请你根据该装置图分析电解池的构成要素。 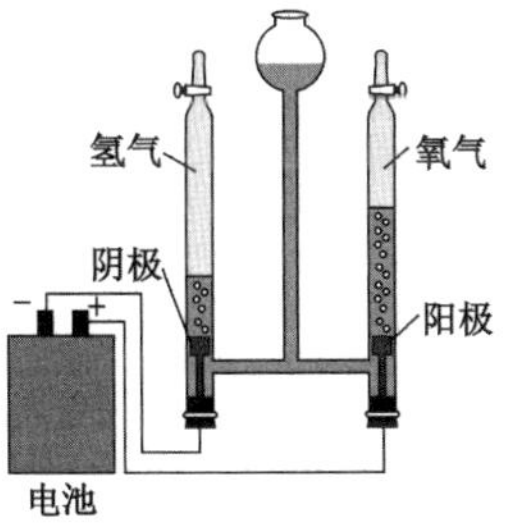	学生分析： 电解池的构成要素有：直流电源、电解质溶液、电极、闭合回路。
与直流电源负极相连的一极叫“阴极”。 与直流电源正极相连的一极叫“阳极”。 电解水的两极，分别产生了什么气体？	阴极：氢气，2 体积。 阳极：氧气，1 体积。
为什么阴极产生的是 H_2，阳极产生的是 O_2 呢？ 【问题 1】H_2O 中存在哪些微粒？ 通电之前，这些微粒在做怎样的运动？ 通电之后，这些微粒的运动情况如何变化？	$H_2O = H^+ + OH^-$ 电离产生 H^+ 和 OH^- 通电前，离子做无规则运动；通电后，离子做定向移动。阳离子向阴极移动；阴离子向阳极移动。
离子做定向移动就形成电流。 由于电源负极源源不断向阴极输送电子，H^+ 移动到阴极就会在阳极上得到电子，形成 H_2。 【板书】$2H_2O+2e^- = H_2\uparrow +2OH^-$ 阳极把电子输送给电源正极后，处于相对缺电子的状态，阴离子 OH^- 就会在阳极上失去电子，生成 O_2 【板书】$2H_2O-4e^- = O_2\uparrow +4H^+$ 我们将 H^+ 和 OH^- 在电极上得失电子的行为叫“放电”。 根据得失电子守恒，将阴、阳两极的电极反应加合，就得到了电解水的总反应。 【板书】：$2H_2O \xlongequal{通电} 2H_2\uparrow +O_2\uparrow$ 阴阳两极各发生什么类型的反应？	阴极发生得电子的还原反应。 阳极发生失电子的氧化反应。

教学环节三:电解原理初应用

教师活动	学生活动
【任务二】电解法处理循环冷却水中的金属离子(以 $CuCl_2$ 为例)和微生物。 背景:在冷却水系统的正常运行过程中以及化学清洗过程中,金属常常会发生不同形态的腐蚀。换热器、阀门等部位的金属腐蚀会造成 Fe^{2+}、Cu^{2+} 等离子进入循环冷却水中。 下面我们来探究 $CuCl_2$ 溶液中的离子在通电情况下会发生什么样的行为。 【探究实验】用碳棒做电极,电解 $CuCl_2$ 溶液。 【提醒】在实验之前,完成学案中的问题。 问题 1:$CuCl_2$ 溶液中存在哪些离子? 问题 2:在通电情况下,阴阳极上放电的是什么离子?你判断的依据是什么? 问题 3:离子放电后会得到什么产物?该如何检验这些产物?	1. $CuCl_2$ 溶液 $CuCl_2 = Cu^{2+} + 2Cl^-$ $H_2O = H^+ + OH^-$ 存在的离子: 阳离子:Cu^{2+} 和 H^+。 阴离子:Cl^- 和 OH^-。 移动方向: 阳离子移向阴极。 阴离子移向阳极。 2. 阳极上 Cl^- 放电。 判断依据:还原性强弱。 阴极上 Cu^{2+} 放电。 判断依据:氧化性强弱。 3. 阳极产物:Cl_2 可以使湿润的淀粉碘化钾试纸变蓝。 阴极产物:铜。 电极表面变红。
请大家根据你设计的实验方案完成你的实验,验证你的推测是否正确。 实验完成后,书写相应的电极反应方程式和总反应方程式。 通过电解 $CuCl_2$ 溶液,可以将循环冷却水中的重金属 Cu^{2+} 变为 Cu 单质而除去。 阳极产生的 Cl_2 会与水反应生成 HCl 和 HClO $Cl_2 + H_2O \rightleftharpoons HCl + HClO$ HClO 有强氧化性,可以达到杀菌、灭藻的目的。这样的杀菌、灭藻效率很高,有效的控制微生物,减少粘泥产生。	学生分组实验并完成相应电极方程式书写。

教学环节四:电解原理再应用

教师活动	学生活动
【任务三】用电解法处理水中的 Ca^{2+}、Mg^{2+},降低天然水硬度防止结垢。 【背景】天然水中溶解有各种盐类,其中又以溶解的碳酸氢盐,如 $Ca(HCO_3)_2$、$Mg(HCO_3)_2$ 为最多,也最不稳定,容易分解生成碳酸盐。使用含碳酸氢盐较多的水作为冷却水,当它通过换热器传热表面时,会受热分解。 碳酸钙属于难溶性盐,它们的溶解度比氯化钙和碳酸氢盐要小得多,当水流速度比较小或传热面比较粗糙时,这些结晶就容易沉积在传热表面上。 下面我们来探究如何使用电解法处理循环冷却水中的 $Ca(HCO_3)_2$。 【提示】①电解 $NaHCO_3$ 溶液,并向电解后的溶液中加 $CaCl_2$ 溶液模拟 $Ca(HCO_3)_2$ ②可以使用任务二中的分析方法设计实验方案。 ③还原性:OH^->含氧酸根	小组合作设计实验方案。 小组代表分享成果。 1. $NaHCO_3$ 溶液存在 Na^+、HCO_3^-、H^+和 OH^- 2. 阳极:OH^-放电,生成 O_2。 阴极:H^+放电,生成 H_2。
请大家根据你设计的实验方案完成你的实验,验证你的推测是否正确。 实验完成后,书写相应的电极反应方程式和总反应方程式。 阴极放电的 H^+是由水电离产生的,放电过程中生成 H_2 的同时还会生成 OH^- 使溶液 pH 升高,OH^- 会与溶液中的 HCO_3^- 发生反应生成 $CaCO_3$ 沉淀,反应如下: $Ca(HCO_3)_2+2OH^- = CaCO_3+H_2O+CO_3^{2-}$ OH^-也会结合 Mg^{2+} 生成 $Mg(OH)_2$ 沉淀,达到去除循环冷却水中 Ca^{2+}、Mg^{2+} 浓度,降低循环冷却水硬度,防止结垢的目的。	学生分组实验,并书写相应的电极方程式。

教学环节五:总结

教师活动	学生活动
【设疑】在电解 $CuCl_2$ 溶液和 $Ca(HCO_3)_2$ 溶液时,水都会电离产生 H^+ 和 OH^-,为什么 $CuCl_2$ 溶液中阴极是 Cu^{2+} 得电子而不是 H^+? 而在 $Ca(HCO_3)_2$ 溶液中,阴极得电子的是 H^+ 而不是 Ca^{2+}? 决定离子得电子顺序的标准是什么?	阴极发生的是阳离子得电子的氧化反应。决定得电子顺序的标准是离子氧化性的强弱。 氧化性:$Cu^{2+}>H^+>Ca^{2+}$。
从上面三个反应你能得到什么结论?	与金属活动性顺序表相反。
这三种元素都是金属活动性顺序表中的元素,和表中元素的排序有什么关系? 【板书】阴极放电顺序:金属活动性顺序表的反表。	还原性:$Cl^- > OH^- > HCO_3^-$。
阳极的情况又是怎么的呢? 你能从上述三个反应中得到结论吗? 【板书】阳极放电顺序:卤素离子> OH^- >含氧酸根离子 【小结】电解技术的应用可以取代水处理化学药剂,实现补水多样化,有效防止结垢、腐蚀、堵塞等问题的发生,并减少环境污染,提高生产效率。	

板书设计

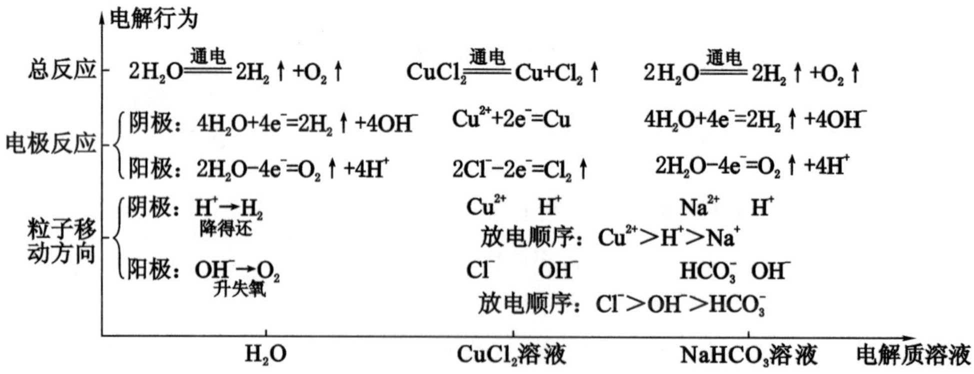

教学反思

本节课利用“处理工业循环冷却水”的真实情境，将电解原理应用到生产实践中，在实践中学习电解行为的一般分析过程并建立电解原理的基本模型。但在实验设计和实施中存在一些需要注意的地方。

1. 碳酸氢钙溶液的配制。利用澄清石灰水与二氧化碳反应制碳酸氢钙。因为澄清石灰水中氢氧化钙的浓度低，这样得到的碳酸氢钙溶液的浓度也不大，使得在电解时现象并不明显。因此用电解饱和碳酸氢钠溶液代替这个过程。

2. 电解碳酸氢钠溶液时，外加220V的电源比利用学生电源实验效果更明显，速度也较快。对比电解前后，向碳酸氢钠溶液中滴入氯化钙溶液可以明显看到，电解前无沉淀产生，电解后有沉淀产生。说明利用电解法可以除去碳酸氢钙溶液中的钙离子，达到降低循环水中钙、镁离子的作用。

化学核心素养视域下的“电解池”教学案例

郭金巧

（太原市成成中学校　山西太原）

课标分析

《普通高中化学课程标准（2017 版）》（以下简称“课程标准”）中提及“真实、具体的问题情境是学生化学学科核心素养形成和发展的重要平台，为学生化学学科核心素养提供了真实的表现机会。因此，教师在教学中应重视创设真实且富有价值的问题情境，促进学生化学学科核心素养的形成和发展”。

电解认知模型的建立依赖于真实的问题情境。课程标准提到“真实的 STSE 问题和化学史实等，都是有价值的情境素材”。教学中要注重引导学生在化学知识结构化的自主建构中理解化学核心观念，设计基于真实情境的问题解决任务，使学生在解决问题的活动中逐步发展化学学科核心素养。

教材分析

人教版高中化学教材选择以电解氯化铜水溶液为例进行电解装置和原理的认识，电解装置具有代表性，有利于进行演示实验或分组实验。鲁科版教材在呈现上，首先介绍无溶剂体系下电解熔融氯化钠，然后再探究水溶剂体系下电解氯化钠，最后升华至电解在氯碱工业中的应用，实现了从简单模型逐步进阶到真实工业应用，使学生的认知可以达成较好的层次性与逻辑性，学科核心素养也可以逐步得到落实。

学情分析

学生已经掌握电解水知识、氧化还原理论、常见离子的氧化性与还原性，基本的电化学知识。知道电解质在水溶液或熔融状态下能够发生电离以及明确原电池的工作原理。学生未建立完善的电解认知模型。

备课资源及设计理念

金属钾的发现历史：1807 年 10 月英国化学家戴维将电解苛性钾的饱和溶液改用电

解熔融的苛性钾,在电流作用下发现钾。

HPS(History of Science and Philosophy of Science)教学是把科学史、科学哲学、科学社会学的有关内容纳入科学课程，以期提高科学教育的质量。HPS 教育的根本目的是理解科学本质。以 HPS 为指导思想,创设真实的问题情境、驱动任务组织教学,有利于发展学生的宏观辨识与微观探析、证据推理与模型认知、科学探究与创新意识方面的学科核心素养。

▶▶参考文献

[1]张晶. HPS 教育的五个主要特征及其对我国科学教育改革的启示[J]. 科学技术哲学研究,2010,27(1):92-96.

[2]江合佩,王春. 核心素养下的化学单元整体教学设计[M]. 福州:福建教育出版社,2021:183-190.

▶▶教学设计思路

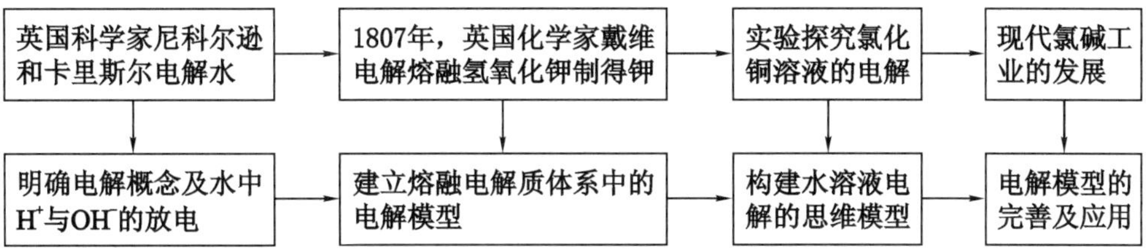

教学目标

1. 基于水的电解体系,初步建构电解认知模型。通过追溯电解的发展历史,不断深化对电解工作原理的认识并逐步建构电解的思维模型,发展证据推理与模型认知核心素养。

2. 探究电解池阴阳极放电顺序,并能根据放电情况以及溶液微粒情况分析预测电解的产物及现象,发展宏观辨识与微观探析核心素养。

3. 应用电解认知模型分析氯碱工业的电解原理,体会电解技术在生产中的应用,进一步认同化学学科的价值。

教学实录

教学环节一:以电解水为例,明确电解的概念及水中 H^+ 与 OH^- 的放电

教师活动	学生活动
【情境1】 1800年英国科学家尼科尔逊和卡里斯尔电解水。 【问题】 1. 根据电解水的装置,表述电解池的形成条件。 2. 阴阳两极分别为哪种微粒发生反应生成氢气与氧气?	表述电解池的形成条件。 在教师的引导下书写电极反应式,理解氢气与氧气的生成原理。 了解电解时在阴阳两极发生的氧化反应、还原反应,初步建立电解模型。

教学环节二:追溯历史,构建电解思维模型

教师活动	学生活动
【情境2】 1807年,英国化学家戴维将铂电极插入熔融氢氧化钾并接通直流电源时制得钾。 【资料卡——钾的发现】 在1807年皇家学会的学术报告会上,戴维介绍了钾的发现过程: 将一块纯净的苛性钾放在特制的白金盘上,盘上连接电池的负极。电池正极由一根白金丝与苛性钾相接触。通电后,苛性钾慢慢熔化,随后看到与正极相连的部位沸腾不止,有许多气泡产生;与负极接触处有形似小球、带金属光泽、非常像水银的物质产生。这种小球的一部分一经生成就燃烧起来,并伴有爆鸣声和紫色火焰。 【情境3】 起初,戴维将苛性钾制成饱和水溶液进行电解,结果在电池两极分别得到的是氧气和氢气,加大电流强度仍然如此。在仔细分析原因后,他认为是“水从中作祟”。随后他改用熔融的苛性钾,戴维在1807年10月6日发现了金属钾。 【问题】 1. 如何理解“水从中作祟”? 分析饱和苛性钾水溶液进行电解时溶液中存在的离子,思考为什么此时阴极没有产生钾单质而是生成了氢气? 2. 你能否预测用惰性电极电解氯化铜溶液时会在两极有什么现象?请同学们根据提供的实验用品,设计实验验证你的猜想,并讨论下列问题。 【问题】 1. 通电前,$CuCl_2$ 溶液中存在哪些离子? 2. 通电后,导线中电子如何流动?溶液中阴阳离子会发生怎样的定向移动? 3. 根据实验现象,阴阳离子移向电极表面时,其中的哪些离子发生化学变化?从离子的氧化、还原能力角度仔细分析原因。	根据资料卡,小组讨论阴阳两极完成的电极反应、书写电极反应式,建立熔融电解质体系中的电解模型。 【探究实验】 实验用品:干电池、铅笔芯、点滴板、导线、淀粉KI试纸、$CuCl_2$ 溶液 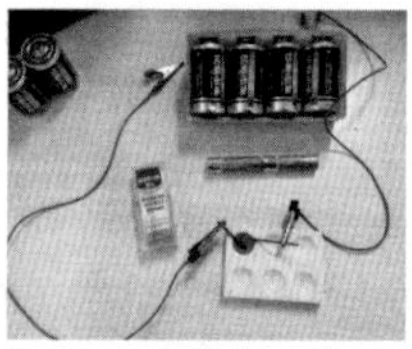 归纳阳离子在阴极放电(得电子)顺序: K^+、Ca^{2+}、Na^+、Mg^{2+}、Al^{3+}…… $<H^+<Cu^{2+}<Hg^{2+}<Ag^+$ 综合分析微粒放电情况,完善电解模型。

教学环节三：完善并应用电解思维模型分析实际问题

<table>
<tr><th>教师活动</th><th>学生活动</th></tr>
<tr><td>【情境 4】
电解制备碱性水的报道。
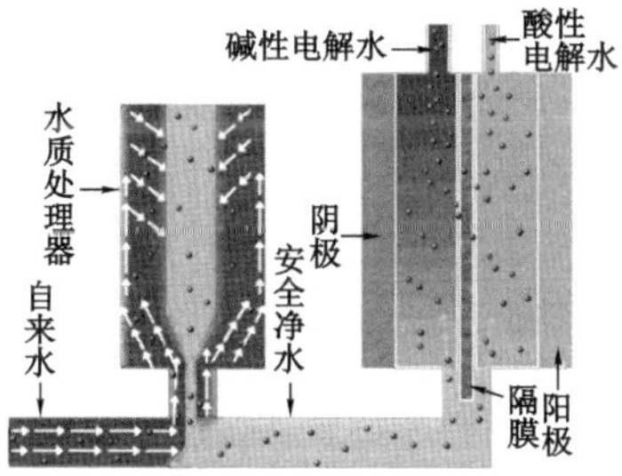

【微观动画】
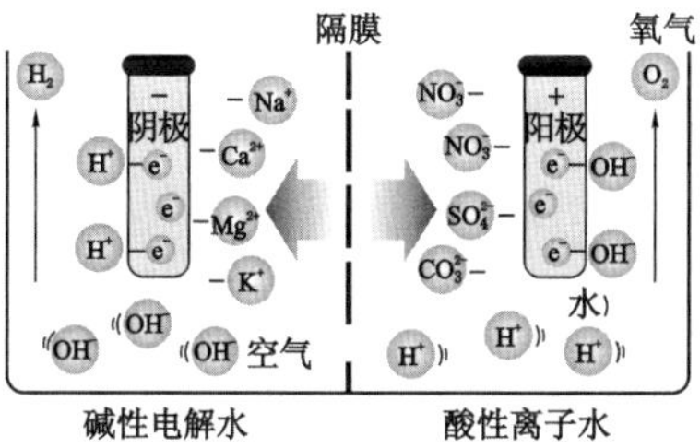
</td><td>
小组讨论分析电解水机制备碱性水的工作原理并归纳：
阴离子阳极放电（失电子）顺序：
$Cl^->OH^->NO_3^-$、SO_4^{2-}等含氧酸根。
进一步完善电解思维模型，并应用模型分析解释生活中的相关问题。</td></tr>
<tr><td>【情境 5】
氯碱工业是最基本的化学工业之一，工业上用电解饱和 NaCl 溶液的方法来制取 NaOH、Cl_2 和 H_2，并以它们为原料生产一系列化工产品。
【建构】
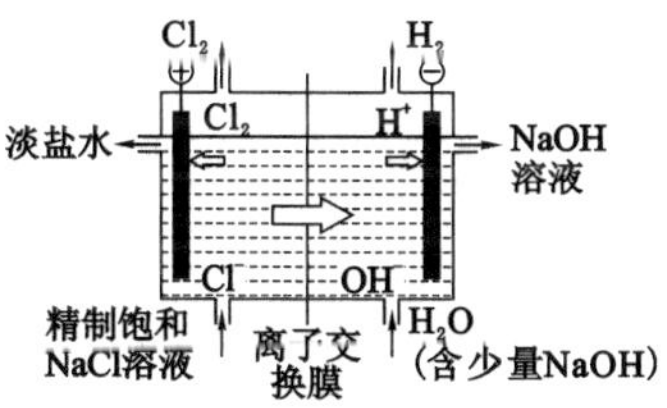

【结课】
归纳分析电解反应的一般思路。回顾电解历史的发展过程，感受科学探究的艰辛，认可化学学科的价值。</td><td>讨论分析氯碱工业中电解的工作原理，体会化学技术在生产中的应用价值及化学学科发展对社会与生活的贡献。</td></tr>
</table>

板书设计

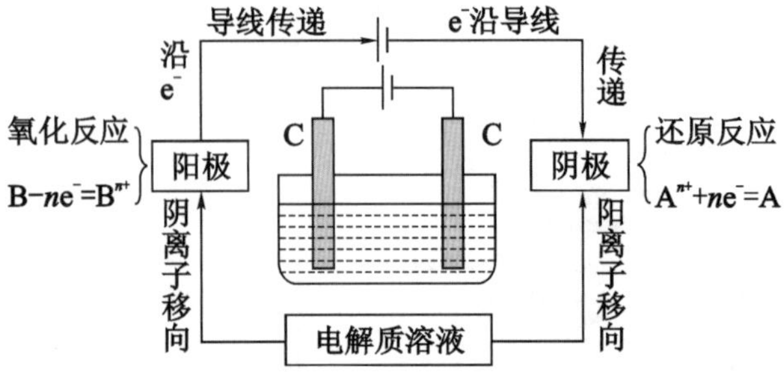

教学反思

1. 以HPS为指导思想，关注科学本质、关注科学对社会的影响，教学过程中首先以水的电解引导建立电解的基本模型，接着通过追溯戴维发现金属钾的历史，由熔融电解质体系自然过渡到分析水溶液体系的电解过程，然后学生完成探究实验，进而形成较为完善的电解认知模型。学生通过对化学史的解读，认识到每一次科学的进步都离不开科学家不断的探究与创新。同时，学生在分析解决问题的过程中，应充分体验电解模型的不断完善，提升科学探究意识和探究能力。课堂中同学们的兴趣浓厚、主动性强，课堂气氛融洽而活跃。

2. 以电解的化学发展史、氯碱工业为载体创设真实的问题情境，设计驱动任务，将学科核心观念、认知模型的建立与情境、活动融为一体，引导鼓励学生从宏观实验现象出发探析微观本质，在螺旋式学习中逐步通过证据推理实现电解认知模型的不断完善，电解认知模型在氯碱工业中的应用很好地体现了化学学科的社会价值取向。

3. 实验改进比较成功。电解氯化铜溶液探究实验采用了微型实验，用点滴板做反应器，2B铅笔芯做电极。该实验反应比较快速，现象明显，氯气的量可以被淀粉碘化钾试纸快速检测到，铅笔芯底部有明显的红色铜析出。同时，微型实验设计降低了氯气对环境的污染，体现了绿色环保的设计理念。

“缓”然一新
——金属的腐蚀与防护

王　玉
（太原市第五十六中学校　山西太原）

课标分析

《普通高中化学课程标准(2017 年版)》(以下简称“课程标准”)指出“以发展化学学科核心素养为主旨,选择体现基础性和时代性的化学课程内容,重视开展‘素养为本’的教学,倡导真实问题情境的创设,开展以化学实验为主的多种探究活动”。

本节课涵盖物质结构基础与化学反应规律、化学与社会发展、化学反应与能量等主题模块,促进学生化学学科核心素养和学科原理及模型认知的培养。

教材分析

人教版普通高中化学选择性必修 1,第四章“化学反应与电能”第三节“金属的腐蚀与防护”是教材单元的最后一节。在必修第二册第六章“化学反应与能量”的基础上,与本册教材第一章“化学反应的热效应”交相呼应,本节是在继原电池、电解池相关内容学习的基础上利用电化学知识去理解和解决生产生活中广泛存在的腐蚀问题的综合应用,是对电化学原理的应用与升华,有利于完整、全面地落实“课程标准”中选择性必修 1 的主题 1“化学反应与能量”的教学内容和要求。

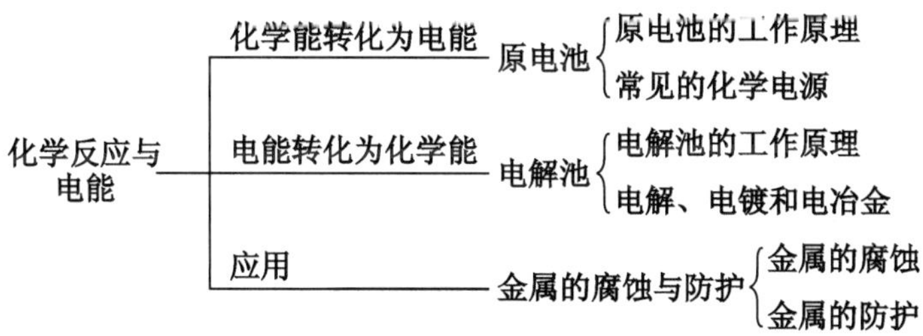

图 1　化学反应与电能章节网络

学情分析

在本节课内容之前，学生对氧化还原基本原理，化学变化能量观，具体到化学能与电能之间的能量转化，电化学装置（原电池、电解池）基本概念和模型、现象已经有了初步的认识，这为本节课运用化学知识理解和解决生活中金属腐蚀的实际问题奠定基础。此外，还需要进一步发展学生对电化学基本模型迁移运用的能力，引导学生能够设计实验进行科学探究。

备课资源及设计理念

▶▶备课资源

资料一：

4 月 24 日为世界腐蚀日。金属腐蚀问题遍及国民经济的很多领域，比如，油气、石化、交通、机械制造等，可以说只要是使用金属材料的地方都存在着腐蚀问题。腐蚀给社会生产带来许多损失和危害，是世界各国共同面临的问题，曹楚南曾在《悄悄进行破坏：金属腐蚀》一书中指出了金属腐蚀的严重危害，而根据柯伟与侯宝荣的统计数据显示：我国每年因材料腐蚀付出的经济代价占 GDP 的 3. 4%～5. 1%。据美国腐蚀工程师协会（NACE）估算，全球的年腐蚀总成本为 13 亿美元，约为 86 亿人民币。除此之外，腐蚀造成的资源浪费和环境污染也极为严重。

资料二：

党的二十大提出“积极稳妥推进碳达峰碳中和，实现碳达峰碳中和是一场广泛而深刻的经济社会系统性变革。立足我国能源资源禀赋，坚持先立后破，有计划分步骤实施碳达峰行动。完善能源消耗总量和强度调控，重点控制化石能源消费，逐步转向碳排放总量和强度‘双控’制度。推动能源清洁低碳高效利用，推进工业、建筑、交通等领域清洁低碳转型。完善碳排放统计核算制度，健全碳排放权市场交易制度。提升生态系统碳汇能力。”

资料三：

采访视频：港珠澳大桥使用寿命长达 120 年之久的原因。在桥梁的 120 年寿命使用材料设计中，采用高性能防腐涂层加牺牲阳极的阴极保护法进行联合防护抑制腐蚀，来保证大桥的耐久性。

▶▶参考文献

[1]中华人民共和国教育部. 普通高中化学课程标准（2017 年版）[S]. 北京：人民教

育出版社,2018.

[2]普通高中教科书教师教学用书.化学.选择性必修1:化学反应原理.北京.人民教育出版社,2020.

[3]曹楚南.悄悄进行的破坏:金属腐蚀.北京:清华大学出版社,2000.

[4]袁鹏园,冯立明,刘宇等.山东建筑大学学报,2019,34(3):68-73.

▶▶设计理念

新课标指出“倡导真实问题情境的创设,开展以化学实验为主的各种探究活动,重视教学内容的结构化设计,激发学生学习化学的兴趣,促进学生学习方式的转变,培养他们的创新精神和实践能力。”因此本节课设计的关键在于利用生产生活中的实际问题,开展任务线:引导学生学会发现问题:关注金属腐蚀的危害,通过小组合作设计实验:探究金属腐蚀的原理,最后寻找金属缓蚀的有效方法:解决金属腐蚀问题。为了更好地将培养学科素养的任务和课堂融合我设计了这样三条主线情境线、知识线、方法线。

情境线	对年久失修的学校牌匾为什么被缓慢腐蚀以及如何进行防护让其焕然一新为切入点,通过问题解决突出化学从生活中来,回到生活中去的学科理念。
知识线	以“金属腐蚀原理的探究与防护方案的设计”为线索,以学生原态思维的发展规律为依据提出问题,以问题驱动促进知识的生成、发展、升华。
方法线	以电化学模型为背景,以实验探究为依据,培养提升学生的学科核心素养。

图2　课堂设计三条主线

教学目标

1. 运用电化学原理解释金属腐蚀现象,并通过数字化实验了解吸氧腐蚀发生的条件及原理,书写对应的电极反应式和总反应式。

2. 列举生活中金属腐蚀的案例,归纳电化学认知模型,建立电化学保护法一般思路。

3. 通过港珠澳大桥的成功案例了解防止金属腐蚀的措施,形成节约资源的可持续发展意识,践行“碳减排”的生活理念。

教学实录

教学环节一:认识金属的腐蚀

<table>
<tr><th>教师活动</th><th>学生活动</th></tr>
<tr>
<td>
【情境导入】2022年太原理工大学校门口的一块铁皮牌匾坠落，砸中一辆小轿车，所幸无人员受伤。从图片上看，牌匾两端已锈迹斑斑，支撑牌匾的钢骨架也有明显的锈迹。

猜想：铁皮牌匾被腐蚀的原因是什么？从化合价角度分析铁元素转化过程。
（结合社会热点创设情境，引导学生从生活中发现问题）
【思考】
作为金属防腐研究工作者，该如何进行防护使其延缓腐蚀，焕然一新？若换成钢制牌匾，是不是就更耐腐蚀了？
【实验探究】
利用铁片、碳棒、稀硫酸、电流表、烧杯等设计对照实验，模拟铁和钢所处环境，回答上面的思考题。
</td>
<td>
学生思考：
回答：可能是由于铁皮牌匾与环境中的化学物质发生反应引起腐蚀。
从化合价角度分析铁失电子被氧化生成正二价的亚铁离子。
学生思考：
实验室模拟探究：
钢材是否比纯铁更耐腐蚀？
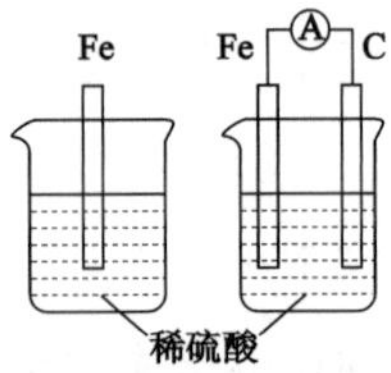

左上图是铁与稀硫酸的反应，右上图考虑到钢铁中的铁和碳在微观上是契合在一起的，所以用导线将两者相连，并加入电流计观察是否存在电流。经实验证实左上图装置铁表面失去的电子和溶液中的氢离子无序
</td>
</tr>
</table>

（续表）

<table>
<tr><th>教师活动</th><th>学生活动</th></tr>
<tr><td>

【归纳】

由此得出对于像左上图（见第 278 页“学生活动”栏）装置这一类属氧化还原反应的腐蚀，为化学腐蚀，像右上图（见第 278 页“学生活动”栏）这一类形成的原电池的氧化还原腐蚀，为电化学腐蚀。在日常生活中，电化学腐蚀反应速率更快也更普遍。以下是两种金属腐蚀的对比。

化学腐蚀和电化学腐蚀的对比

<table>
<tr><th></th><th>化学腐蚀</th><th>电化学腐蚀</th></tr>
<tr><td>概念</td><td>金属与其表面接触的一些物质（如 O_2，Cl_2，SO_4^{2-} 等）直接反应</td><td>不纯金属与电解质溶液接触发生原电池反应，比较活泼的金属发生氧化反应而被腐蚀</td></tr>
<tr><td>现象</td><td>无电流产生</td><td>有微弱电流产生</td></tr>
<tr><td>本质</td><td>金属被氧化</td><td>较活泼金属被氧化</td></tr>
<tr><td>影响因素</td><td>与接触物质的氧化性及温度有关</td><td>与电解质溶液的酸碱性及金属活性有关</td></tr>
<tr><td>联系</td><td colspan="2">两者往往同时发生，电化学腐蚀速率更快，也更普遍</td></tr>
</table>

</td><td>

碰撞产生氢气，而右上图（见第 278 页“学生活动”栏）装置形成 Fe-C-稀硫酸构成的原电池加快了铁的腐蚀。

（学生根据老师的问题继续发生认知冲突，铁和钢铁到底哪个更耐腐蚀？经过讨论制定了实验方案进行验证，又通过宏观现象和原电池的理论，使认知得到进一步验证）

学生提出疑惑：牌匾坍塌那天，连下数日雨，会不会是空气污染导致雨水显酸性而加快了牌匾的腐蚀？

</td></tr>
</table>

教学环节二：探究金属腐蚀的原理

<table>
<tr><th>教师活动</th><th>学生活动</th></tr>
<tr><td>

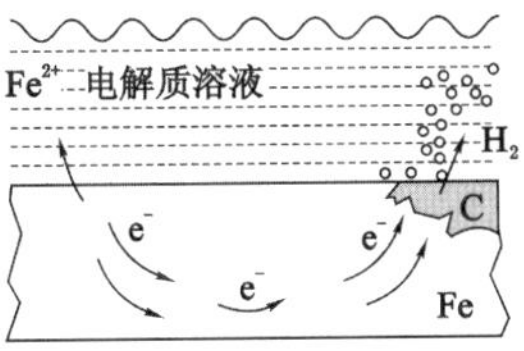

【思考】

先前已经建立电化学认知模型，运用此模型讨论酸性环境中钢铁腐蚀情况。酸性溶液一般会以水膜的形式覆盖在钢铁表面，水膜中含有大量的酸性电解质溶液，此为原电池模型，大家尝试完成此情境下的模型图，思考该条件下的电化学腐蚀类型，并正确书写正负极反应式及总反应式。

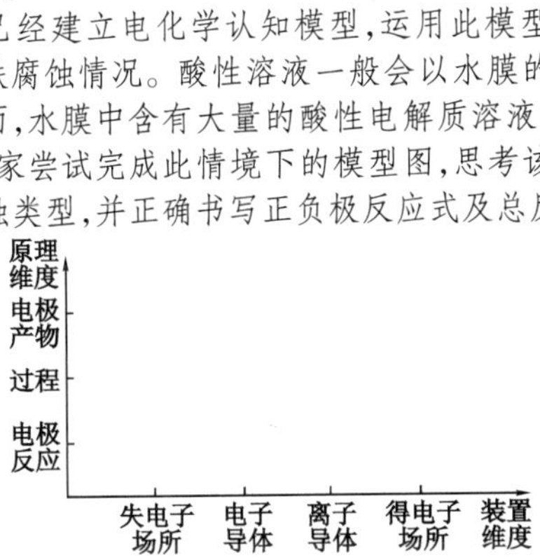

</td><td>

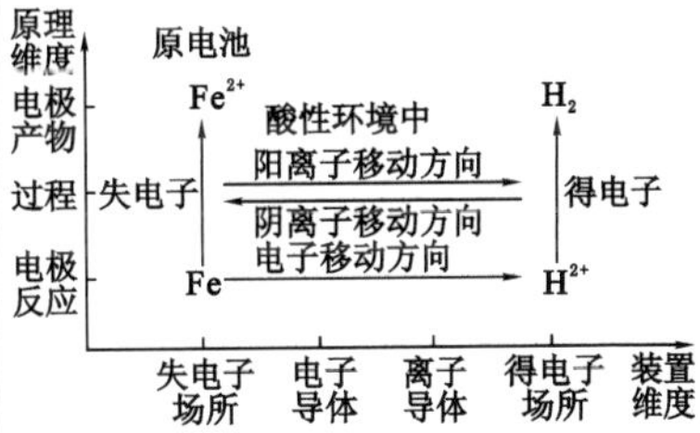

负极：$Fe-2e^-=Fe^{2+}$

正极：$2H^++2e^-=H_2\uparrow$

电池反应：$Fe+2H^+=Fe^{2+}+H_2\uparrow$

</td></tr>
</table>

（续表）

教师活动	学生活动
（通过宏观现象进行微观探析，进而强化符号表征并回归教材，诊断并发展学生对吸氧腐蚀和析氢腐蚀的电化学模型认知水平）	钢材中的铁可做原电池的负极，在此过程中失电子氧化为正二价的亚铁离子，少量的碳可做正极。铁碳彼此契合在一起，与酸性水膜一起形成了闭合电路。由于反应中会产生氢气，因此称之为钢铁的析氢腐蚀。
【思考】 可是，当水膜中的氢离子消耗到一定浓度后，正极的反应几乎没有了，腐蚀也就应该停止了。为什么还会面临坍塌的危机？当水膜中缺少大量氢离子后，还有哪些氧化性的微粒？	学生思考：有大量的水分子，同时伴随着极少量的氢离子和氢氧根离子。
【教师引导】 但是这些微粒中具有氧化性的元素，只有正一价的氢元素，而氢离子浓度相较于酸性溶液大大降低。那么会不会是水做了氧化剂？	学生思考：通过回顾原电池装置的构成条件，其中第一条需要自发进行的氧化还原反应。知道铁和水，常温下无法自发进行氧化还原反应。
【追问】 水膜中还会有什么其他氧化性的微粒？	学生思考：会不会是空气中的氧气？水中溶解度较小，但随着氧气不断地消耗，空气中的氧气通过溶解平衡不断进入到水膜中，作为整个反应的氧化剂。
【实验探究】演示实验 实验用品：铁碳混合粉末一瓶（含碳 2%）、3.5% NaCl 溶液、氧气传感器（含数据采集器及软件）、抽滤瓶、药匙、滤纸、保鲜膜、导管、注射器。 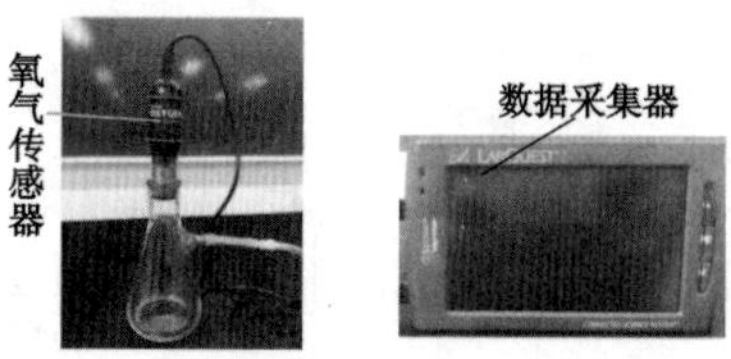 将 5g 含碳量为 2%的铁碳混合粉末，事先加入抽滤瓶并迅速塞上氧气传感器，并缠绕保鲜膜，通过导管加入 10mL 浓度为 3.5%的氯化钠溶液。点击数据采集器，开始采集数据。约 20 分钟后，氧气百分比浓度不再改变，停止采集数据，最终得到如下数据，图像横坐标为反应时间，单位是秒，纵坐标为空气中的氧气百分比浓度单位是百分号。（图像见第 281 页“教师活动”栏）	观察实验，并记录实验数据。 反应进行至 800 秒后，氧气百分比浓度不再发生改变，明显下降，说明氧气的量减少，参与了钢铁的腐蚀。

（续表）

教师活动

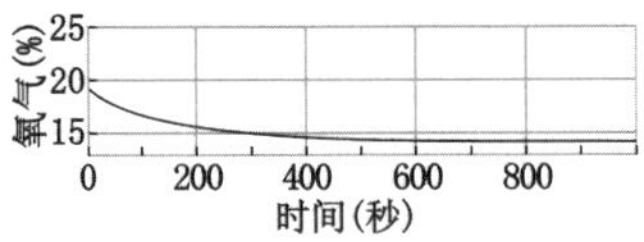

【小结】

通过理论推导，实验验证，我们得到了正极的氧化剂为氧气。钢铁的电化学腐蚀主要是吸氧腐蚀。看来即使没有酸性溶液，钢结构由于长期接触电解质溶液，也会发生吸氧腐蚀。

【思考】

尝试完成此情境下的电化学模型图，思考该条件下的电化学腐蚀类型，并正确书写正负极反应式及总反应式。

【归纳】

补充进一步的反应：

$4Fe(OH)_2+O_2+2H_2O=4Fe(OH)_3$

装置中进一步反应：

$2Fe(OH)_3=Fe_2O_3\cdot xH_2O+(3-x)H_2O$

通过整理归纳，得出如下两种电化学腐蚀对比表格。

钢铁的析氢腐蚀和吸氧腐蚀比较

<table>
<tr><th colspan="2"></th><th>析氢腐蚀</th><th>吸氧腐蚀</th></tr>
<tr><td>条件</td><td colspan="2">水膜呈酸性</td><td>水膜呈中性或酸性很弱或碱性</td></tr>
<tr><td>电极反应</td><td>负极
Fe(−)
正极
C(+)
总反应:</td><td>$Fe-2e=Fe^{2+}$
$2H^++2e^-=H_2\uparrow$
$Fe+2H^+=Fe^{2+}+H_2\uparrow$</td><td>$2Fe-4e=2Fe^{2+}$
$O_2+2H_2O+4e=4OH^-$
$2Fe+2H_2O+O_2=2Fe(OH)_2$
$4Fe(OH)_2+2H_2O+O_2=4Fe(OH)_3$
$Fe_2O_3\cdot nH_2O$（铁锈）↵</td></tr>
<tr><td>联系</td><td colspan="3">通常两种腐蚀同时存在，但以后者更普遍</td></tr>
</table>

学生活动

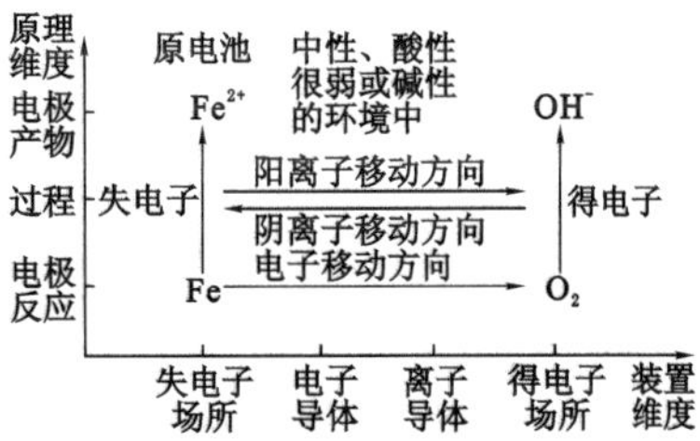

负极：$Fe-2e^-=Fe^{2+}$

正极：$O_2+2H_2O+4e^-=4OH^-$

电池反应：$2Fe+O_2+2H_2O+=2Fe(OH)_2$

教学环节三:寻找金属缓蚀的有效方法

<table>
<tr><th>教师活动</th><th>学生活动</th></tr>
<tr><td>

【思考】

考虑到牌匾已有20多年,在日常生活中缺乏维护。有了电化学知识,接下来就该寻找金属缓蚀的有效方法。

【视频】

通过播放一段视频揭秘港珠澳大桥的使用寿命可达120年之久的原因。结合生活经验和港珠澳大桥的防护案例,运用电化学模型,学生进行小组讨论金属防护的核心思想是什么?可以采取哪些措施?

(基于电化学模型,小组讨论金属防护的核心思想并结合生活经验和已有知识得到金属防腐的方法,提升学生证据推理与模型认知的核心素养)

</td><td>

学生思考:金属防护的核心思想是避免被保护金属失电子。其措施有改变金属材料组成,采用高耐腐蚀性材料,覆盖保护层和电化学保护法。

</td></tr>
<tr><td>

【实验探究】演示实验

实验4-4 验证牺牲阳极法实验装置

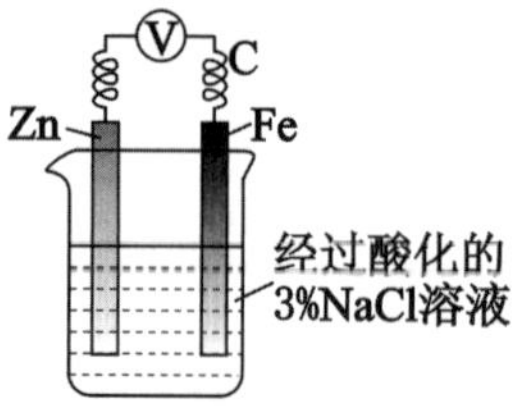

(1)按右图连接好装置,观察电压计和Fe电极上有什么现象发生?过段时间,取少量Fe电极区溶液于试管中,再向试管中滴入2滴$K_3[Fe(CN)_6]$(铁氰化钾)溶液,观察溶液颜色变化?Zn、Fe两个电极上发生了什么反应?在这个装置中有没有Fe^{2+}产生?说明什么问题?

已知Fe^{2+}与$[Fe(CN)_6]^{3-}$反应生成带有特征蓝色的铁氰化亚铁沉淀。

<table>
<tr><td>实验装置</td><td>电流表</td><td>阳极</td><td>阴极</td></tr>
<tr><td>现象</td><td>偏转</td><td>锌片逐渐溶解</td><td>铁电极上有气泡冒出</td></tr>
<tr><td>有关反应</td><td>________</td><td>$Zn-2e^- = Zn^{2+}$</td><td>$2H^+ + 2e = H_2\uparrow$</td></tr>
</table>

试管中滴入2滴$K_3[Fe(CN)_6]$(铁氰化钾)溶液,无明显变化

结论:Fe电极被保护,不发生反应。

</td><td>

观察实验,记录现象,完成表格。

</td></tr>
</table>

（续表）

教师活动	学生活动
（2）将1 g琼脂加入250 mL烧杯中，再加入50 mL饱和食盐水和150 mL水。搅拌、加热煮沸，使琼脂溶解。稍冷后，趁热把琼脂溶液分别倒入两个培养皿中，各滴入5~6滴酚酞溶液和$K_3[Fe(CN)_6]$溶液，混合均匀。取两个2 cm~3 cm的铁钉，用砂纸擦光。如图a所示，将裹有锌皮的铁钉放入上述的一个培养皿中；如图b所示，将缠有铜丝的铁钉放入另一个培养皿中。观察并解释实验现象。 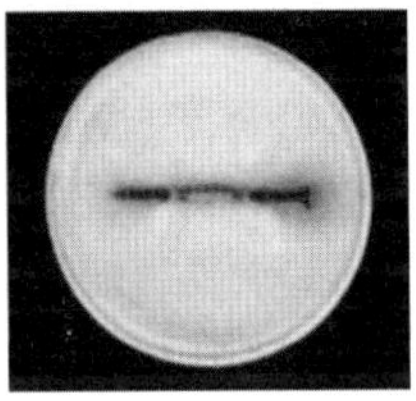 图 a 实验现象：未出现蓝色，靠近锌皮处颜色无变化，裸露在外的铁钉附近溶液变红。 实验结论： 锌作负极，发生反应：$Zn-2e=Zn^{2+}$。 铁作正极，发生反应：$O_2+4e^-+4H^+=2H_2O$。 总反应：$O_2+2Zn+4H^+=2Zn^{2+}+2H_2O$。 铁作正极，不反应，被保护。 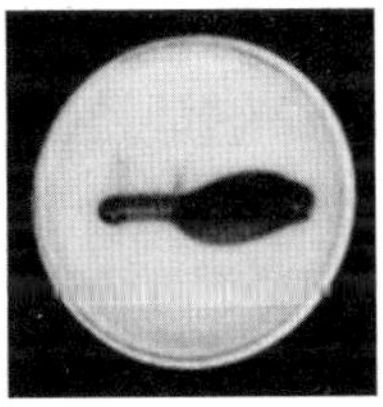 图 b 实验现象：铁钉附近溶液中产生蓝色，靠近铜丝处变红。 实验结论： 铁作负极，发生反应：$Fe-2e=Fe^{2+}$。 铜作正极，发生反应：$O_2+2H_2O+4e^-=4OH^-$。 总反应：$2Fe+O_2+2H_2O=2Fe(OH)_2$。 Fe^{2+}与$[Fe(CN)_6]^{3-}$反应生成带有特征蓝色的铁氰化亚铁沉淀。 铁作负极，发生氧化反应，被腐蚀。 （通过演示实验验证电化学保护法的可行性）	

（续表）

教师活动	学生活动
【归纳】 电化学保护法： （1）牺牲阳极法 原理：应用原电池原理，让被保护金属作正极，找另一种活泼性较强金属作负极。 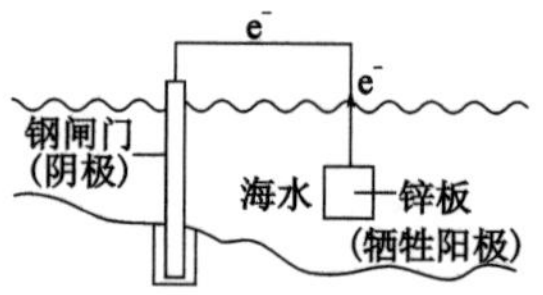 （2）外加电流法 原理：应用电解池原理，将被保护的钢铁设备做阴极，用惰性电极做辅助阳极，在外加直流电作用下，电子被迫流向被保护的钢铁设备，使钢铁表面的腐蚀电流降至零或接近等于零。 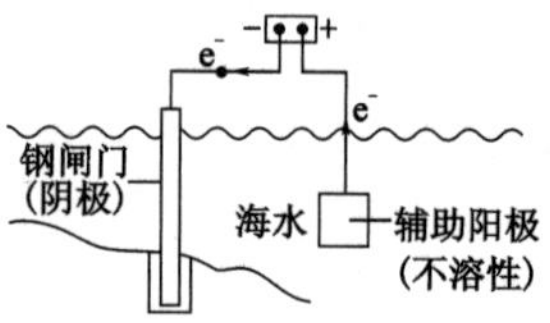 	整理归纳两种电化学保护方法。
【思考】 回到最开始的问题，作为金属防腐研究工作者，该如何给理工大学后勤处提出建议，进行金属防护使其延缓腐蚀，焕然一新？（提示：除了考虑原理维度和装置维度，还应从工程维度考虑来源成本、能量转换效率，以及是否可以循环使用）	学生利用所学知识为金属防腐献计献策。
【总结】 每生产1吨钢铁就要产生1.83吨二氧化碳，生产1吨水泥要产生1吨二氧化碳，我们国家桥梁码头公路90%以上材料都是钢铁和混凝土组成的，如果我们利用金属防护方法延长其使用寿命，实际上就是为碳达峰碳减排做出贡献！	（通过以上学习，从金属腐蚀的危害为切入点发现问题，引发思考探究金属腐蚀的原理，最后寻找延缓金属腐蚀，使其焕然一新的科学方法）

板书设计

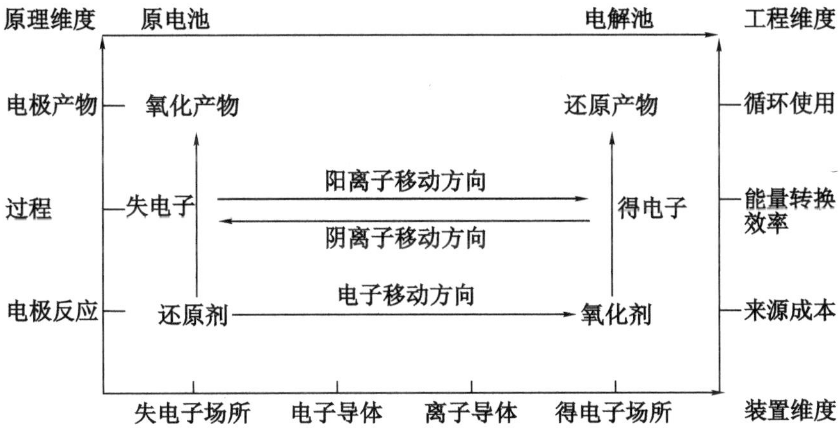

教学反思

整个教学过程，尝试将化学知识、思政元素与真实情境有机融合，期望借助真实案例唤醒学生学以致用的认知内驱力，增强课堂趣味性。学生可从中获得电化学核心知识并运用原理模型在阶段任务中解决问题，其间辅以驱动性问题，将思政育人潜移默化地沁入学生心间，使得整堂课形成完整的脉络，利于学生发展高阶思维和进入深度学习状态，提升学生社会责任感、使命感和爱国精神。

第七章　选择性必修2“物质结构与性质”教学案例

基态原子核外电子排布模型构建

梁嘉辉

（太原市第十二中学校 山西 太原）

课标分析

《普通高中化学课程标准(2017年版)》的课程目标中明确指出高中学生应初步学会收集各种证据，对物质的性质及其变化提出可能的假设；能基于证据进行分析推理，证实或者证伪假设；能解释证据与结论之间的关系，确定形成科学结论所需要的证据和寻找证据的途径；能认识化学现象与模型之间的联系，能运用多种认知模型来描述和解释物质的结构、性质和变化，预测物质及其变化的可能结果；能依据物质及其变化的信息构建模型，建立解决复杂化学问题的思维框架。

本节课的学习，是要引导学生能够依据物质及其变化的信息构建模型，从而建立解决复杂化学问题的思维框架，培养学生的科学思维和严谨的科学态度，发展化学学科核心素养。

教材分析

基态原子核外电子排布模型是高中化学的重要内容之一，通过该模块的学习能够帮助学生进一步提升模型构建以及运用的能力，提升证据推理与模型认知的核心素养。本节课理论性知识较多，那么如何提供合适的证据，帮助学生进行模型的建构就是一个非常重要的问题。在经过与北京师范大学魏锐教授的深入探讨后，我们提出下图(见第287页图1)思路尝试帮助学生进行模型构建。

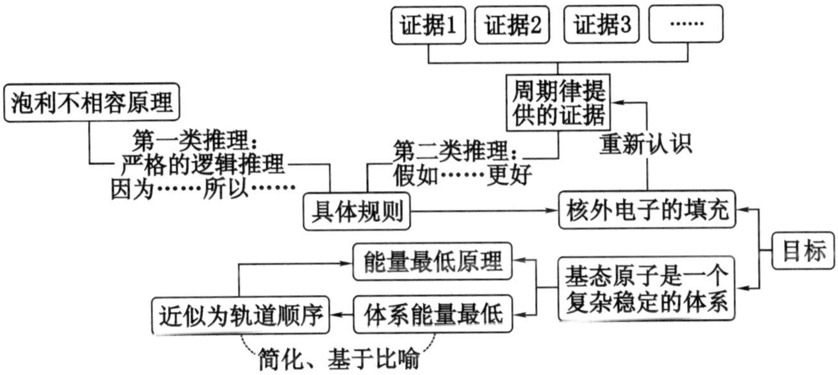

图1　基态原子核外电子排布模型构建思路

学情分析

在进入基态原子核外电子排布模型构建的学习之前，学生已经具备一定的化学基础知识，如原子结构的基本概念、化学键等。这些知识为学生进一步构建基态原子核外电子排布模型奠定了基础。

备课资源及设计理念

▶▶设计理念

	基态原子核外电子排布模型构建	
	一般思路和方法	具体思路和方法
明确目标及目标的具体内涵	我们在进行设计类任务的时候需要有一个明确的目标。但如果只有目标，还不足以进行有效的设计，必须对目标具体化、明确目标的具体内涵是什么。例如：为了达成“设计一个杯子”这一目标，必须要明确设计杯子这一目标的具体内涵，如容积、保温性能等，才能具体展开设计。	类似的，在本节课中： (1)我们的目标是构建原子核外电子填充模型。 (2)目标的具体内涵为在这种的填充方式下，原子体系的能量最低(这种状态称为基态)。

（续表）

<table>
<tr><th rowspan="2"></th><th colspan="2">基态原子核外电子排布模型构建</th></tr>
<tr><th>一般思路和方法</th><th>具体思路和方法</th></tr>
<tr><td rowspan="4">建立解决这种问题类型的基本思路，在执行过程中面对复杂的研究对象进行简化、近似形成可操作方案</td><td colspan="2">寻找基本比喻</td></tr>
<tr><td>（1）意识到寻找基本比喻是建立这类模型的基本途径：对于一类陌生复杂的研究对象，我们需要基于已有的熟悉的类似物来进行思考，因此寻找基本比喻是建立这类模型的一般途径。</td><td>原子体系能量最低针对的研究对象“原子体系”是由核与电子多要素及相互作用形成的复杂系统，针对原子体系整体很难分析在何种情况下能量更低，于是需要寻找一个基本比喻帮助我们找到解决问题的思路。</td></tr>
<tr><td>（2）怎么寻找比喻源于已有的类似经验：一般来说，寻找基本的比喻是从我们已有的类似经验出发，寻找一个和当前研究对象类似的熟悉物质。</td><td>在本课中，在寻找生活中常见的能量高低的例子时，我们都有类似的经验：当物体处于不同高低的位置就可以有不同的能量。于是可以认为原子核外的电子也处在能量高低不同的“台阶”上。我们正是将核外电子的填充比喻为电子填充在高低不同的能量台阶上（也就是轨道），将体系的能量最低简化为将电子填充在能量尽可能低的能量台阶上。</td></tr>
<tr><td>（3）套用对类似物的认识来形成建立陌生事物模型的思路。</td><td>通过上一步找到基本比喻后，套用对“能量台阶”的认识：解决能量台阶最低的方法是尽可能将电子填充在能量尽可能低的能量台阶上，进而将目标进一步简化为如果找到轨道的能量高低顺序，也就找到了电子的填充顺序。</td></tr>
<tr><td rowspan="2">评价模型</td><td>（1）寻找评价目标的标准工具：要评价一个模型是否为好的模型，要先明确用于评价这个模型的标准是什么，这些标准可能是可以直接度量的标准：
如评价沙尘天气减少的天数，则“天数”是可度量的，也可能是各种不可直接度量的标准，如评价一个孩子是否聪明则是不可直接度量的，对于这类不可直接度量的标准，需要做相应的转化，转化为假如这个目标实现，则会产生的宏观表现是什么，而这若干条宏观表现可作为评价模型是否合理的标准工具：如评价一个孩子是否聪明，可转化成智商是否高、成绩是否好等可度量的评价标准。</td><td>对于本课“基态原子核外电子排布模型”是否合理的评价工具是不可直接度量的，可转化为：如果基态原子结构模型成功构建，则要能够解释宏观事实所提供的证据，符合更多证据的要求，且若有理论基础，还应该符合理论基础。具体如下：
（1）满足宏观事实：既包括物理学中测定的光谱等客观实验事实，也包括由化学家所发现、归纳出的元素周期律、周期表等证据。
（2）满足理论基础：建立的新的认识并不是单纯的基于证据的推理，在推理过程中也有基于已有的理论基础，例如：泡利不相容原理对于如何填充电子给出了明确的要求。</td></tr>
<tr><td>（2）用评价工具评价模型：设计出的模型往往存在若干不同的可能，用标准工具对设计出的若干模型进行评价，其中，能够更好符合评价工具的模型被认为是更好的模型。</td><td>本课中，我们认为能够符合更多证据和理论的模型是优选的模型：例如 Li 的 $1s^22s^1$ 的填充方式与 $1s^12s^2$ 等其他填充方式相比，既符合泡利不相容原理（理论基础），又可以更好解释第一周期元素性质的相似性。因此认 $1s^22s^1$ 的填充方式为更加合理的填充方式。</td></tr>
</table>

（续表）

	基态原子核外电子排布模型构建	
	一般思路和方法	具体思路和方法
	寻找基本比喻	
修正模型	在用上面的评价工具对模型进行评价之后，我们能够得到一个最优的模型，但由于我们在建立基本思路的过程中运用比喻、通过简化来帮助得到建立模型的思路，但实际情况又不完全与简化后的模型一致，因此挑选出的最优模型一般还需要进一步优化才能够得到更加符合评价工具的模型。	本课中我们使用比喻，将核外电子的排布和体系能量高低都进行了简化，与实际情况存在一定的偏差。因此，当使用此比喻不能很好解释实验证据时，需要对该比喻进行修正。例如：在判K原子中4s先填充还是3d先填充时，并不是简单看轨道能量的高低，而是遵循实验事实去实现体系的能量更低，对模型中存在的特殊情况进行修正以得到一个更优的模型。
提炼外显规则得到建模成果	基于上述建立模型的具体过程，总结提炼出一套简洁的操作规则，有了此操作规则后，后续问题的解决就会更加便捷，无须再经历复杂的推理论证过程。	在本课中，我们可总结出电子排布的一般规则，即构造原理。用构造原理就可以非常便捷的帮助我们得到各个基态原子的核外电子排布。
成果的应用：所建立模型的功能	通过上述几个环节。我们一方面基于宏观事实规律所提供的证据以及理论基础建立了新的模型，另一方面建立的新模型又可用于重新认识客观事实规律。	在本课中，我们基于宏观事实规律所提供的证据建立了原子核外电子填充模型，同时运用原子核外电子轨道模型又可以帮助我们对元素周期表、周期律有如下新的认识： ◆更好的理解每个电子层为什么填充一定数量的电子，例如Na：2，8，1；K：2，8，8，1；Rb：2，8，18，8，1 ◆更好理解元素周期表每个周期最多填充多少种元素：第一周期：2；第二周期：8；第三周期：8；…… ◆更好的理解周期表为什么呈现这样的布局：左侧两列（s最多填充两个电子）、右侧六列（p最多可填充6个电子）、中间10列（d最多可填充10个电子） ◆更好的理解元素性质（尤其是化合价）、同主族元素性质相似性（常见化合价相似）与原子结构之间的关系：如Cl的电子排布$3s^2 3p^5$，所以最高正价是+7（s和p电子全部参与成键），常见负价为-1（p最多填充6个电子）；类似的Br与Cl有相似的正价和负价。

▶▶参考文献

[1]中华人民共和国教育部. 普通高中化学课程标准(2017 年版 2020 年修订)[S]. 北京:人民教育出版社,2020.

教学目标

1. 基于能层和能级的初步认知,通过对已知材料和宏观现象的分析以及合理的推测,建构基态原子核外电子排布模型。

2. 能有效运用原子结构示意图、元素周期表、周期律、能层、能级概念、电子自旋状态及相关补充材料,合理推测预判基态原子核外电子排布模型、结合宏观现象优化模型、利用优化后的模型推广使用到更大范围。

3. 通过体验利用已有知识和数据,构造基态原子核外电子排布模型,体验感知科学探究的曲折,提升科学素养。

教学实录

教学环节一:

<table>
<tr><th>教师活动</th><th>学生活动</th></tr>
<tr><td>【新课导入】
首先,请大家总结一下在上一节课以及课前自学的学案当中,我们可以得到哪些与基态原子核外电子排布有关的相关知识?</td><td>学生思考并总结相关知识:原子结构示意图、元素周期表、周期律、能层、能级概念、电子自旋状态。</td></tr>
<tr><td>【初步探索】
【引导】
请大家观察第一周期两种元素的基态原子核外电子排布图,结合元素周期表的知识以及课前学案知识分析讨论第一周期两种元素基态原子核外电子排布的证据支持。
<table>
<tr><th>元素符号</th><th>推测可能结构(轨道表示式)</th><th>推测依据</th><th>推测过程中遇到的问题　需要资料</th><th>电子排布式</th></tr>
<tr><td>H</td><td>1S ↓ 或 2S ↑</td><td>(+1) 1</td><td></td><td>$1s^1$</td></tr>
</table></td><td>学生思考并总结:利用原子结构示意图和元素周期表,通过对 He 和 Li 的比较,发现 K 层只能存放两个电子。结合自旋状态的材料,得出一个原子轨道中,最多只能容纳两个电子并且自旋状态相反。</td></tr>
</table>

教学环节二：

教师活动	学生活动
【模型建立】 提出问题 → 做出假设 → 证据支持 → 推广应用 → 模型建立 请大家根据ppt上显示的思路，结合刚刚我们推测的思路和得到的结论，继续推测3到10号元素基态原子核外电子排布模型。	讨论中遇到的问题： 1. Li的第三个电子是排布到第二电子层的2s还是2p轨道。 2. C和N的问题：充满2s轨道后电子成对填入2p还是单独填入2p？如果单独填入，自旋状态应该是怎么样的？
【引导】 大家的第一个问题，我们其实可以通过元素周期表及周期律进行证据支持，Li元素和H元素是同一主族的元素，大家思考一下他们的填充规律。 通过展示科学实验的相关资料得知：电子在填充2p轨道的时候应该是先单独占据一个轨道并且自旋状态相同。	思考：Li和H是同主族，H先排列1s轨道，所以Li应该在2s。
【学生活动】 现在请大家在此基础上，重新优化自己的基态原子核外电子排布模型，并进行小组展示。	
【活动总结】 请大家总结现阶段我们的基态原子核外电子排布模型。	在黑板上把排布的成果展示发现各种不同的排布方式，由展示的同学说出自己的依据，让小组代表完整表述后教师进行补充。
【总结】 大家总结得非常好，那么现在让我们把自己构建的模型推广到更多的元素上面，请大家继续讨论11到36号元素基态原子核外电子排布模型。	1. 泡利不相容原理：一个原子轨道中，最多只能容纳两个电子并且自旋状态相反。 2. 洪特规则：电子分布到能量简并的原子轨道时，优先以自旋相同的方式分别占据不同的轨道。 3. 能量最低原理：轨道的能量和宏观物质一样有高有低，电子优先占据能量较低。

教学环节三：

教师活动	学生活动
【模型优化推广】 【学生活动】 现在请大家将小组讨论的结果展示到黑板上。 【引导】 大家在排布过程中发现了怎么样的现象和自己的认知有冲突？	学生展示并说出自己在活动过程中遇到的问题。 1. 19－20 号元素到底先往 3d 还是 4s 排列？（根据之前 Li 元素和 H 元素排列的思考，学生讨论解决应该先排列 4s 再排列 3d 轨道） 2. 根据学案材料发现 Cr 元素和 Cu 元素更稳定的排列方式与其他元素不同。
【总结】 在展示过程中大家已经发现 Cr 和 Cu 两种元素排列方式和其他元素原子是不相同的，这是因为洪特规则存在特殊的形式——当同一能级各个轨道上的电子排布为全满、半满或全空时，可使体系能量最低。 本节课我们从原子结构示意图、元素周期表、周期律、能层、能级概念、电子自旋状态及相关补充材料出发，根据自己的思考体验了一次科学家们建立基态原子核外电子排布模型的过程。 任何一个模型的建立都会经历这样一个过程： 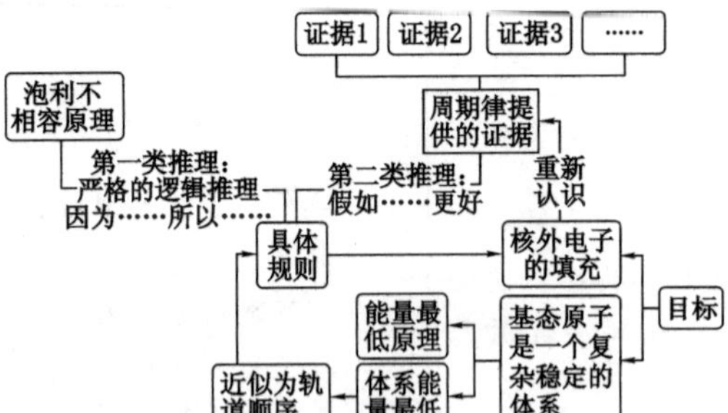 元素周期表的意义远远超出化学领域本身，体现了科学规律的本质。元素周期表就像一面旗帜，它无声地向我们表明：我们正在从事科学研究。我们不应因元素周期表表面的简洁，而忽略了其背后众多科学家艰辛研究的过程。	学生提出 3d 和 4s 轨道排列先后顺序的问题并总结得出构造原理。 构造原理：基态原子核外电子在原子轨道上的排布顺序如下图所示，随着原子序数的递增，基态原子的“外层电子”按照箭头的方向依次排布在各原子轨道上。 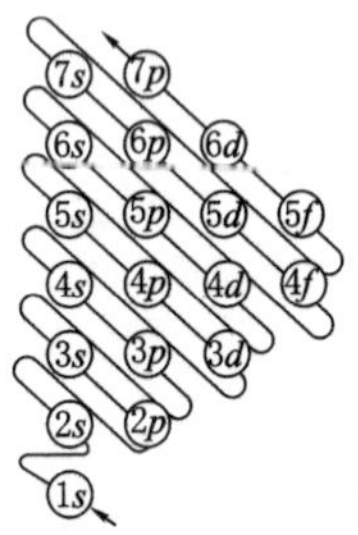

板书设计

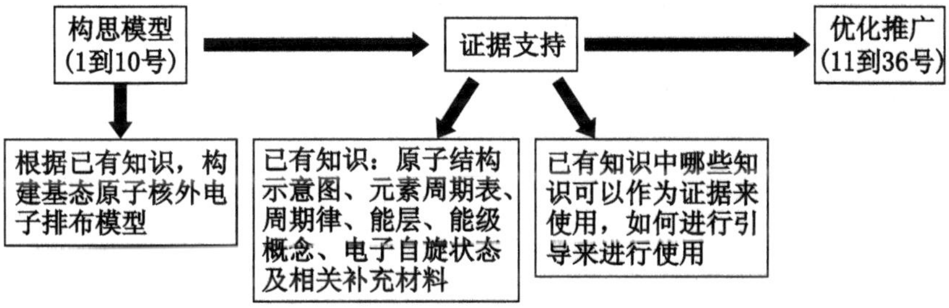

教学反思

在实际教学中存在的最大问题是学生很难将已经掌握的证据去进行合理的推测。怎样进一步通过教学给出学生相关资料和有针对性的学案来进行引导,通过自己的演示教给学生怎么充分利用已有证据进行模型的构建,进而推测基态原子核外电子排布的基本情况,最终更好的构建基态原子核外电子排布模型,这仍旧是需要进行优化的地方。

元素周期律
——基于"证据推理与模型认知"核心素养的化学探索教学

张舒元
（太原市外国语学校　山西太原）

课标分析

《普通高中化学课程标准(2017年版)》关于本课时目标做出如下规定：认识元素的原子半径、第一电离能、电负性等元素性质的周期性变化，知道原子核外电子排布呈现周期性变化是导致元素性质周期性变化的原因。

►►教学策略提示

向学生提供原子半径、第一电离能、电负性等数据，引导学生讨论原子序数与核外电子排布的关系，让学生自主发现变化规律，建构元素周期律(表)模型，并利用模型分析和解释一些常见元素的性质。

教材分析

教材中相应内容强调引发学生的微观思考，并基于实验加以推理与论证，强调"宏观辨识与微观探析"和"证据推理与模型认知"素养。教材核心活动主要体现学生认识发展的逻辑，但并未设计真实、完整的挑战性活动。

学情分析

学生通过必修阶段的学习已经掌握元素周期律，本课时将从定性研究进入到定量研究阶段。

备课资源及设计理念

为找到合适的能表征原子吸引电子能力强弱的参数，选取原子半径、电子层数、核电荷数、第一电离能、电子亲和能、电负性等数据，对已知的元素金属性和非金属性递变规律进行解释和表征，并同时运用周期律反过来对参数进行筛选，对其描述力进行检验，最终选出目前阶段最优参数，进而达到对元素周期律定量研究和解释的水平。

因此，本课时的教学过程，重点是让学生还原化学家的探索过程，体会“规律类模型”的建立，完成“寻找合适参数表征不同原子吸引电子能力强弱”的目标，同时掌握原子半径、第一电离能、电负性等原子参数的周期性递变规律，重点培养学生的“证据推理与模型认知”的核心素养。

教学目标

1. 能通过能量角度的建立，理解“电离能”“电负性”含义及其与“原子吸引电子能力大小”的关系。

2. 通过计算机作图，直观感受“第一电离能”“电子亲和能”“电负性”与必修元素周期律的描述对应关系，并能从结构的角度对规律进行解释。

3. 能通过整个探究过程，明确最终如何找到合适的参数“电负性”，并宏观的理解整个过程是如何完成“规律类模型”的建立。

教学实录

教学环节一：创设情境

教师活动	学生活动
【真实情境】 同为第四主族的C元素、Si元素氢化物中化合价不同，化合物中决定各元素化合价正负的因素是什么？ 【引导】 请同学们判断，同为第四主族的C元素、Si元素，其氢化物中各元素的化合价分别是多少？同为第四主族的C元素、Si元素，氢化物中化合价不同，那么化合物中，决定各元素化合价正负的因素又是什么？	【学生阐述】 C-4，H+1，Si+4，H-1，非金属性强弱决定了化合价的正负，说明非金属性C>H；Si<H。

教学环节二:提出问题

教师活动	学生活动
非金属性(原子吸引电子能力)强弱递变规律是什么?这些规律可否用来解释 C 元素的非金属性强于 H 元素,Si 元素的非金属性弱与 H 元素? 【引导】 若能找到一个能定量描述不同原子吸引电子能力强弱的参数,便可解决这一问题,这就是我们这节课的目标。 【设问】 如何找到这样一个参数呢?	【学生阐述】 ①同周期,从左到右,吸引电子能力(非金属性)渐强。 ②同主族,从上到下,吸引电子能力渐弱。 ③金属活动性顺序,从左到右,吸引电子能力增强。 【总结】 这些已知规律,都是定性的描述不同原子吸引电子能力的强弱:字眼“越来越”“逐渐”;而对于 C、Si、H 的非金属性强弱的比较,定性规律无法解决。

教学环节三:寻找参数

教师活动	学生活动
【任务 2】 从原子结构层面,你认为有哪些定量数据能用来描述不同原子吸引电子能力的强弱? 【启发】 这些参数都无法很好用来定量描述不同原子吸引电子能力的大小。同时,归纳出检验参数的方法:运用已知规律检验,比较参数的吻合度。吻合度越高,则此参数越接近完美。	【讨论】(第一批参数):核电荷数,电子层数,原了半径,最外层电了数。 【质疑】 核电荷数——仅限于同周期内描述;电子层数——仅限于同主族内描述;最外层电子数——仅限于同周期内描述;原子半径——受核电荷数与电子层数共同作用影响,较全面,但非金属性 C>H;Si<H 的问题无法解释。

教学环节四:建立新参数

教师活动	学生活动
【任务3】 描述原子本身吸引电子能力大小的参数还有哪些?	【学生游戏】 两人作竞争状,不停竞争。 假设A和B是两个不同原子,水杯是他们都想要吸引的电子。此时,(引导学生完成动作)水杯被吸引向A。 (其他同学体会)此过程中,什么量可以被定量测定出来,以描述这种吸引与被吸引的关系呢? 【学生讨论】 力(宏观可测,但微观原子间不好测量)可以巧妙转化为微观可测的能量。
【启发】 若A得到电子更容易,电子就被A吸引。那么得到电子越容易,就意味着得到电子释放的能量越多。所以,这其中就包含一个能量大小的描述关系。所以,我们归纳出两个相对应的能量概念:电子亲和能、第一电离能。	【课件】 电子亲和能:气态电中性基态原子获得一个电子变为气态一价负离子放出的能量。(kJ/ mol) 第一电离能:气态电中性基态原子失去一个电子转化为气态基态正离子所需要的最低能量。(kJ/mol) 得出结论:I_1 与 E 越大,表示原子吸引电子能力越强。

教学环节五:筛选参数

教师活动	学生活动
【任务4】 如何对新参数进行筛选?	【学生阐述】 用已知的“元素金属性与非金属性的递变规律”和“金属活动性顺序”作为规律,检验这两个新参数是否适用于描述不同原子吸引电子能力的强弱。
【说明】 正如大家在电脑数据表中看到的:这两个参数经过化学家测定,都有各自的数据库。具体如何检验呢?	【学生讨论】 利用两个新参数的物理意义,结合已知规律,完成预测规律中不同原子的参数变化情况;再利用两参数的实际数据库进行检验,看实际情况与预测是否一致。 例如:根据参数“第一电离能”的定义,预测同周期元素从左到右,不同元素原子的“第一电离能”应呈现逐渐增大的趋势。再通过查找已测得的各原子“第一电离能”实际数据,与预测的数据变化做对比。若实际数据也呈现递增趋势,则说明“第一电离能”作为描述不同原子吸引电子能力强弱的参数,描述力良好。

（续表）

<table>
<tr><th>教师活动</th><th>学生活动</th></tr>
<tr><td>【总结过渡】
综合探究结果，这两个参数在不同程度上都不尽如人意。但为了解决实际需求，科学探究是永不止步的，科学家执着的精神是不会放弃的。怎么办呢？</td><td>为了能够更直观快速地将变化关系展现出来，可以选择用函数图像。证据做横坐标，参数做纵坐标。观察图像的单调性是否良好。
【分组活动】
小组一：
1. 同周期从左到右（前四周期）——I_1。
2. 同周期从左到右（前四周期）——E。
小组二：
1. 同主族从上到下（7 个）——I_1。
2. 同主族从上到下（7 个）——E。
小组三：
1. 金属活动性顺序——I_1。
2. 金属活动性顺序——E。
【小组代表回答】各小组代表发言。
<table>
<tr><td></td><td colspan="2">第一电离能</td><td colspan="2">电子亲和能</td></tr>
<tr><td></td><td>预测</td><td>实际</td><td>预测</td><td>实际</td></tr>
<tr><td>规律a</td><td>↑</td><td>趋势同；规律反常</td><td>↑</td><td>趋势同；反常多</td></tr>
<tr><td>规律b</td><td>↓</td><td>趋势同；个别反常</td><td>↓</td><td>不符</td></tr>
<tr><td>规律c</td><td>↑</td><td>趋势同；有反常</td><td>↑</td><td>不符</td></tr>
</table></td></tr>
</table>

教学环节六：认识电负性

<table>
<tr><th>教师活动</th><th>学生活动</th></tr>
<tr><td>【任务 5】
如何继续寻找参数解决实际问题？
【启发】
事实上，面对这样的困惑，化学家很快发现，这些参数描述情况都不够好的原因在于：都停留在单个原子层面。而当原子彼此吸引、竞争电子时，已经不涉及单个原子，所以这些数据都不能准确地描述。</td><td>【课件】
所以，一位著名的化学结构大师、20 世纪科学怪才鲍林，迈出了伟大的一步，做出了影响至今的重大贡献，他提出了“电负性”这一概念。
【学生分组作图，展开检验】
1. 同周期从左到右（前四周期）——X。
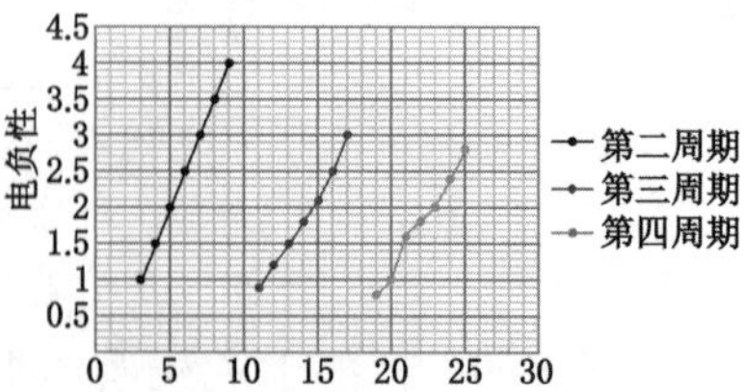
</td></tr>
</table>

（续表）

教师活动	学生活动
【讲授】 电负性就是鲍林将单个原子的参数组合成两原子之间的关系，建立的新的复合函数。电负性的提出，正是我们所希望的“描述原子间吸引电子能力强弱”的参数。	2. 同主族从上到下（7个）——X。 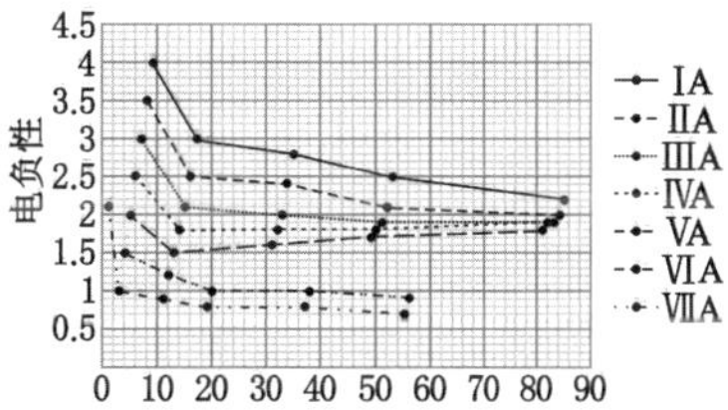 3. 金属活动性顺序——X。 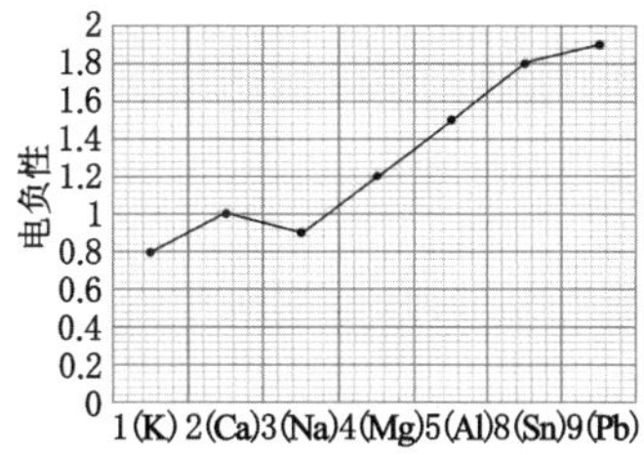 【小结】 至此，我们找到了能够“定量描述原子间吸引电子能力强弱”的、目前阶段的最优参数——电负性。 随着“电负性”这一有价值的标度的提出，许多化学问题得以简化与解决。

板书设计

元素周期律

一、规律

1. 已知规律。

①同周期，左→右，吸引电子能力↑。

②同主族，上→下，吸引电子能力↓。

③金属活动性顺序，左→右，吸引力↑。

2. 能量。

二、参数

1. 结构：核电荷数、电子层数、原子半径。

2. 能量。

	第一电离能		电子亲和能	
	预测	实际	预测	实际
规律 a	↑	趋势同;规律反常	↑	趋势同;反常多
规律 b	↓	趋势同;个别反常	↓	不符
规律 c	↑	趋势同,有反常	↑	不符

3. 电负性。

①同周期,左→右,X↑。

②同主族,上→下,X↓。

③金属活动性顺序,左→右,X↑。

教学反思

本课时内容充分利用科学史的素材,进一步挖掘电负性概念的科学方法及实验价值。"提出问题→参数筛选→证据筛选→检验参数→构建模型"的程序,让学生感受科学家们是如何思考问题的,一个理论模型是如何建构的,体会真正的科学发展历程。同时,通过整个"规律类模型"的建立,培养学生"证据推理与模型认知"的学科素养,发展学生"科学探究与创新意识"的学科素养。不足之处:由于时间掌握不够好,部分学生活动开展不够充分。应该更加精细地设置问题,以便学生可以准确理解教学意图,减少不必要的解读耽误时间,从而可以将时间充分留给学生活动。

“二冰”兄弟来助力
——基于宏微视角构建晶体结构与性质的基本认知模型

齐　婧

（太原市第四十八中学校　山西太原）

课标分析

选择性必修课程

主题 2:微粒间的相互作用与物质的性质

2.1　微粒间的相互作用

认识物质是由原子、离子、分子等微粒构成的,微粒之间存在不同类型的相互作用。根据微粒的种类及微粒之间的相互作用,认识物质的性质与微观结构的关系。

认识离子键、共价键的本质。结合常见的离子化合物和共价分子的实例,认识物质的构成微粒、微粒间相互作用与物质性质的关系。知道配位键的特点,认识简单的配位化合物的成键特征,了解配位化合物的存在与应用。知道金属键的特点与金属某些性质的关系。

认识分子间存在相互作用,知道范德华力和氢键是两种常见的分子间作用力,了解分子内氢键和分子间氢键在自然界中的广泛存在及其重要作用。

2.4　晶体和聚集状态

了解晶体中微粒的空间排布存在周期性,认识简单的晶胞。借助分子晶体、共价晶体、离子晶体、金属晶体等模型认识晶体的结构特点。知道介于典型晶体之间的过渡晶体及混合型晶体是普遍存在的。

知道在一定条件下,物质的聚集状态随构成物质的微粒种类、微粒间相互作用、微粒聚集程度的不同而有所不同。知道物质的聚集状态会影响物质的性质,通过改变物质的聚集状态可能获得特殊的材料。

教材分析

教材主要介绍了两个问题:一是分子晶体的特性;二是分子晶体的结构特征。在分子晶体中,由于分子间作用力比化学键弱得多,因此,分子晶体具有低熔点、硬度小等特性。教材以表格的方式列举了某些分子晶体的熔点,进一步感知分子晶体的低熔点特性。紧接着教材介绍了分子晶体的结构特征,在阐述分子晶体的结构特征时,分两种情况,即分子晶体中分子间作用力主要是氢键(当然也存在范德华力)和只是范德华力两种情况。教材以冰为例,介绍了冰晶体里由于存在氢键而使冰晶体具有特殊性,即由于氢键具有方向性,使冰中一个水分子周围只有4个紧邻分子,以干冰为例,介绍了如果分子晶体中分子间作用力只是范德华力时,分子晶体具有分子密堆积特征,即干冰中一个CO_2周围有12个紧邻分子。

学情分析

学生已经学习了晶体和非晶体间的本质差异以及晶体的主要性质、晶胞的概念和特点、晶胞中所含的粒子数的计算方法。

接下来学生将根据构成晶体的粒子及粒子间的作用力或化学键类型的不同,分别学习分子晶体、共价晶体、金属晶体和离子晶体四类典型晶体的结构特点及其特性。

作为第一种具体的晶体,分子晶体承载着重要的引导作用,即通过对分子晶体的学习,学生将学会如何认识晶体的结构和性质之间的关系,从而构建起晶体结构与性质的基本认知模型,为以后其他晶体的学习奠定基础。

备课资源及设计理念

▶▶备课资源

普通高中教科书《教师教学用书》中,关于分子晶体的教学建议中指出:关于分子晶体的教学需要解决两个难点问题:一是如何理解氢键对分子晶体结构的影响,二是分子间只存在范德华力时分子晶体结构的特点。

如何理解氢键对分子晶体结构的影响是本节的难点,可以利用物理现象(如冰浮于水上而干冰沉于水中)和物理性质(如冰、干冰和水的密度),使学生对冰和干冰在物理性质上的差异有所认识,并结合氢键和分子间作用力的区别尝试进行解释。干冰和冰的晶体结构特点是分子晶体结构中普遍性和特殊性的代表,由于冰中氢键的方向性决定了冰晶体的结构特点有其特殊性,而氢键的作用力大于分子间的范德华力,所以冰和干冰的性质存在差异。关于如何数出并理解干冰中的每个CO_2周围有12个紧邻分子,也是教学难点,可以结合图3-3(见第303页)所示方法帮助学生理解。

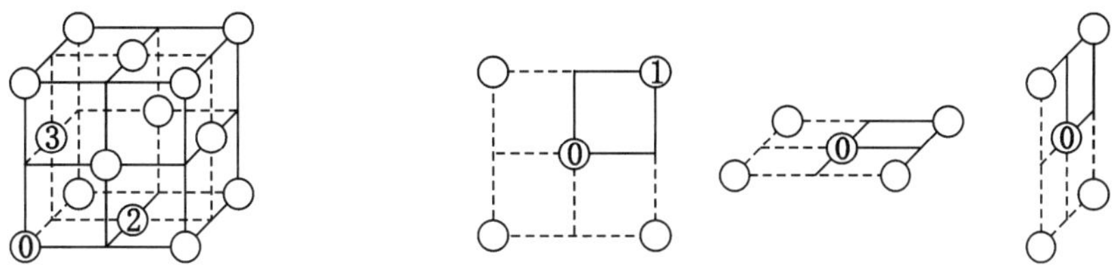

a　　　　　　　　　　　　b

图 3-3　分子密堆积的晶胞

►►设计理念

宏观辨识物理现象→微观探析晶体结构→构建晶体结构与性质的基本认知模型→应用认知模型预测未知晶体的结构和性质。

物理现象：干冰沉在水底，冰浮在水面上；干冰易升华，冰不易升华。

物理性质：干冰密度大于冰，干冰熔点小于冰。

引发思考：干冰和冰物理性质的不同取决于微观结构的不同。

任务一：探究干冰和冰的微观结构。

任务二：用晶体结构解释分子晶体的性质。

任务三：根据晶体结构模型预测可燃冰的结构和性质。

教学目标

1. 通过实验探究，学生对干冰和冰在物理性质上的差异有所认识，借助搭建实物模型等直观手段，探究干冰和冰的微观结构，学会从构成微粒、微粒间相互作用、微粒的聚集程度等角度分析其物理性质的差异性。

2. 从干冰和冰这两种典型的分子晶体扩展到一般的分子晶体，能说出分子晶体性质的相似性和递变性，并会用分子晶体的结构进行解释，构建研究晶体结构与性质的基本认知模型。

3. 学会应用认知模型预测未知晶体可燃冰的结构和性质，学会模型的应用，提升问题解决能力。

教学实录

教学环节一：探究干冰和冰的微观结构

教师活动	学生活动
【情境导入】演示实验。请同学们仔细对比观察"两种冰"放入可乐后的变化,思考干冰和冰在物理性质上的差异。  加干冰  加冰 【提出任务】干冰和冰是我们生活中常见的两种晶体。通过刚才的实验我们不难发现干冰的密度大于冰,干冰的熔点小于冰。为什么会呈现这样的差异呢?我们都知道"结构决定性质",干冰和冰之所以能表现出那样的性质差异,一定是和它们的微观结构分不开。首先,让我们一起探究干冰和冰的微观结构。 【任务一】探究干冰和冰的微观结构 【讲述】通过前面的学习我们知道,对晶体进行X射线衍射实验可以获得晶体结构的有关信息。对干冰进行X射线衍射实验得到其晶胞结构如图(1)所示。请同学们认真观察干冰的晶胞结构,思考并回答下列问题。小组讨论,现在开始。 【板书】CO_2→范德华力→干冰 【教师互动与评价】为了让大家看得更清楚,用不同颜色的小球代表CO_2分子,以红球为中心,其周围紧邻的12个CO_2分子如图(2)所示。 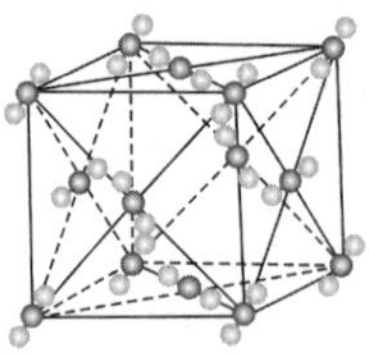 (1) 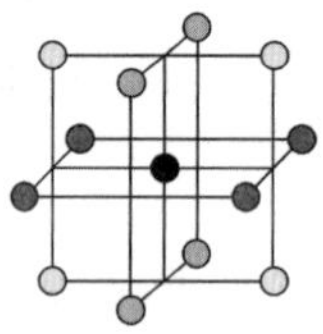 (2) 【过渡】那么水分子又是如何形成冰的呢?大家有没有发现选择性必修2教材封面有一片雪花,这是它放大的样子,很美。它的外观呈现片状的六重对称结构。我们都知道,晶体之所以能呈现出规则的几何外形,是因为构成它的微粒在三维空间里呈周期性有序排列。请看冰的微观结构。	观察现象并回答: 熔点:干冰<冰。 密度:干冰>冰。 小组讨论并回答: ①分析构成干冰晶体的微粒种类、微粒间的相互作用。 ②晶体中CO_2分子分别处于晶胞的什么位置?CO_2分子的排列有几种不同的取向? ③CO_2晶胞中平均含有几个CO_2分子? ④每个CO_2分子周围有几个紧密相邻的CO_2分子? 小组代表汇报展示,并指出④。

（续表）

教师活动	学生活动
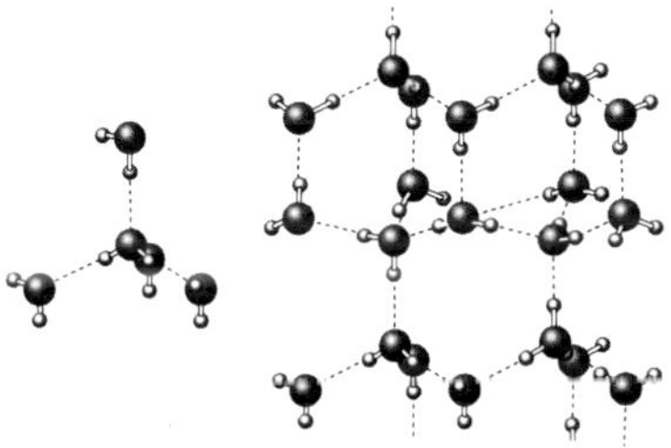 【问题】上图结构中小球、虚线分别代表什么？ 【板书】H_2O→氢键→冰 【布置任务】为每个小组提供5个水分子，白色塑料棍代表氢键，请同学们动手搭建：小组合作，根据图搭建冰的结构。小组搭建完成后，2个组“连接”成更大的结构。 【播放动画】雪花的片状六重对称结构。 【提出问题】冰晶体中全都是氢键吗？思考问题③。 【板书小结】分析完干冰和冰的结构，我们可以看出，无论是干冰还是冰，都是由分子构成的，无论是范德华力还是氢键，都是分子间作用力。我们把像干冰和冰这样，仅由分子通过分子间作用力（包括范德华力和氢键）形成的晶体叫作分子晶体。 【过渡】干冰和冰的结构有何不同呢？来对比一下。干冰中每个CO_2分子周围有12个紧邻的CO_2分子。分子晶体的这一特征称为分子密堆积。冰中每个H_2O分子周围只有4个紧邻的H_2O分子，这种聚集程度叫作分子非密堆积。 【板书】分子密堆积、分子非密堆积 【布置任务】研究清楚干冰和冰的微观结构，请同学们从分子堆积方式和分子间作用力的差异的角度，解释前面我们提出的问题。	集体回答：氧原子、氢原子、氢键。 成员合作搭建。小组展示自己搭建的冰的结构并分享搭建过程。 通过搭建的模型，回答下列问题，思考后回答： ①冰晶体中，每个H_2O分子周围有多少个紧邻的H_2O分子？ ②假设冰是所有水分子都被包围在四面体中的理想结构，请分析1 mol冰中有几mol氢键？ ③在冰晶体中除氢键外还存在范德华力（11 $kJ \cdot mol^{-1}$）。已知冰的升华热是51 $kJ \cdot mol^{-1}$，请估算冰中氢键的键能。 个别回答：原因是H_2O分子之间主要是以氢键连接。尽管氢键比共价键弱得多，不属于化学键，却跟共价键一样具有方向性，即氢键的存在迫使在四面体中心的每个H_2O分子与四面体顶角方向的4个相邻H_2O分子相互吸引。这一排列使冰晶体中的H_2O分子的空间利用率不高，留有相当大的空隙。

教学环节二:用晶体结构解释分子晶体的性质

<table>
<tr><th>教师活动</th><th>学生活动</th></tr>
<tr><td>

【过渡】除了干冰和冰,还有很多晶体属于分子晶体。较典型的分子晶体有(1)所有的非金属氢化物:水、硫化氢、甲烷等。(2)部分非金属单质:卤素(X_2)、氧气(O_2)、碳60(C_{60})等。(3)部分非金属氧化物:如CO_2、P_4O_6等。(4)几乎所有的酸。(5)绝大多数有机物。那么这些分子晶体具有的物理性质有什么共性呢?

表3-2 某些分子晶体的熔点

<table>
<tr><td>分子晶体</td><td>氧气</td><td>氮气</td><td>白磷</td><td>水</td></tr>
<tr><td>熔点/℃</td><td>-218.3</td><td>-210.1</td><td>44.2</td><td>0</td></tr>
<tr><td>分子晶体</td><td>硫化氢</td><td>甲烷</td><td>乙酸</td><td>尿素</td></tr>
<tr><td>熔点/℃</td><td>-85.6</td><td>-182</td><td>16.6</td><td>132.7</td></tr>
</table>

熔点低

冰上的划痕——硬度小

【追问】如何解释呢?

【板书】熔点低、硬度小、弱

【追问】那么不同的分子晶体,熔点各不相同,造成差异的原因是什么呢?

<table>
<tr><th>分子晶体</th><th>相对分子质量</th><th>熔点/℃</th></tr>
<tr><td>F_2</td><td>38</td><td>-219.6</td></tr>
<tr><td>Cl_2</td><td>71</td><td>-101</td></tr>
<tr><td>Br_2</td><td>160</td><td>-7.2</td></tr>
<tr><td>I_2</td><td>254</td><td>113.5</td></tr>
<tr><td>H_2O</td><td>18</td><td>0</td></tr>
<tr><td>H_2S</td><td>34</td><td>-85.6</td></tr>
</table>

一些分子晶体的熔点

【布置任务】请思考与讨论:根据表所列的一些晶体的熔点,解释其变化原因。

【板书小结】通过前面的学习,我们已经从构成微粒,微粒间相互作用,微粒的聚集程度,解释了分子晶体性质的相似性和递变性。相信大家已经深刻体会到“结构决定性质的基本思维模型”。

</td><td>

集体回答:熔点低、硬度小。

集体回答:分子间作用力弱。

小组讨论,代表发言

对于组成和结构相似的物质,分子中仅含有范德华力的情况,相对分子质量越大,范德华力越大,熔点越高;对于分子中能形成氢键的物质,其熔点反常的高。

</td></tr>
</table>

教学环节三:根据晶体认知模型预测“可燃冰”的结构和性质

<table>
<tr><th>教师活动</th><th>学生活动</th></tr>
<tr><td>

【过渡】通过前面的学习我们一起构建了研究晶体结构与性质的基本认知模型。那么,能否用这样的模型来预测未知物质的结构和性质?我们一起来研究可燃冰。可燃冰是冰吗?请同学们阅读资料卡片,根据图分析可燃冰的微粒种类、微粒间相互作用、晶体类型和物理性质。

资料卡片:可燃冰外形像冰,但它不是冰,它的学名是天然气水合物。指的是海底冻土地带等低温高压的特殊环境下由甲烷气体和水形成的一种特殊物质。由于其物理形态与冰类似又遇火即燃,所以它被叫作“可燃冰”。其结构如下图所示。

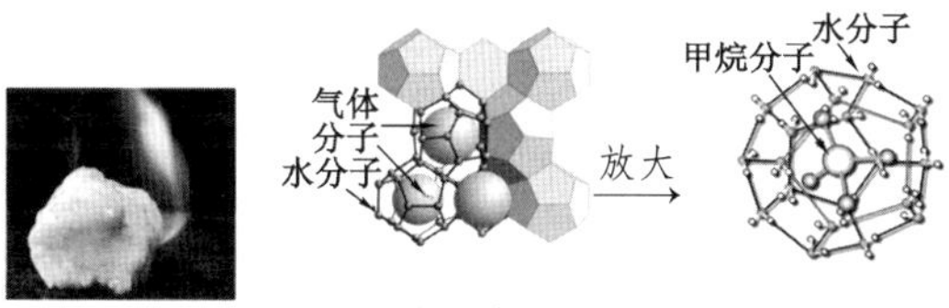

可燃冰示意图　　一个水分子量

</td><td>

小组思考与讨论:根据图分析可燃冰的微粒种类、微粒间相互作用、晶体类型并预测物理性质。

小组代表回答:水分子之间通过氢键形成笼状,甲烷分子以范德华力与笼状物质结合。为分子晶体。熔点低,硬度小。

</td></tr>
<tr><td>

【过渡】可燃冰是一种清洁能源,其与化石燃料不同,燃烧时只会产生二氧化碳和水,污染相比而言要小得多。在世界范围内分布广泛,那么它能被大量开采从而解决能源危机吗?请大家看一个视频。

【播放视频】可燃冰的开采。

【过渡】虽然可燃冰的开采难度大,但是全世界的科学家们从未停止过对它的探索。有一种开采可燃冰的方法叫作“CO_2 置换开采法”。请同学们根据所给资料进行证据推理,简单阐述“CO_2 置换开采法”开采可燃冰的可行性。

资料卡片:可燃冰的一种开采方法为 CO_2 置换开采法。即将 CO_2 注入海底的 CH_4 水合物储层,将甲烷水合物中的甲烷分子“挤走”,从而将其“置换”出来。CO_2 分子的直径和 CH_4 分子差不多,且可燃冰结构中水分子笼状空腔的直径是 0.586 nm,而 CO_2 分子的直径是 0.512 nm。在一定的温度条件下,CH_4 水合物保持稳定需要的压力比 CO_2 水合物更高。因此在某一特定的压力范围内,CH_4 水合物会分解,而 CO_2 水合物则易于形成并保持稳定。如果此时向天然气水合物内注入 CO_2 气体,CO_2 气体就可能与天然气水合物分解出的水生成 CO_2 水合物。

</td><td>

通过分析材料,获取信息,对 CO_2 置换开采法开采“可燃冰”的方案加以评价。

①CO_2 分子的直径和 CH_4 分子差不多。

②可燃冰结构中水分子笼状空腔的直径是 0.586 nm,而 CO_2 分子的直径是 0.512 nm。

③在一定的温度条件下,CH_4 水合物保持稳定需要的压力比 CO_2 水合物更高。

</td></tr>
</table>

（续表）

教师活动	学生活动
【教师评述】同学们的证据找得非常准，语言描述非常有条理。虽然目前可燃冰的开采还在研究阶段，不具备商业开采价值，但是相信在不久的将来，可燃冰一定能为世界能源格局的改变做出贡献。 【结课】今天我们一起构建了研究晶体结构与性质的基本认知模型，不仅适用于分子晶体的研究，也适用于以后要学习的其他晶体类型。 【PPT】观察是我们认识世界的最基本方式，构建思维模型是我们学习的有力帮手。	

板书设计

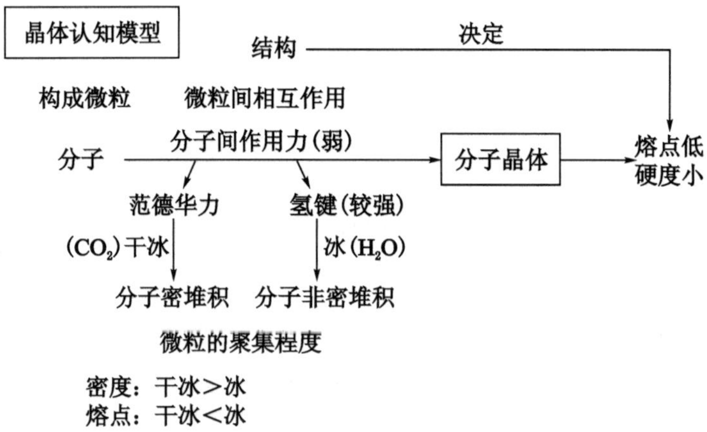

教学反思

备课时，紧扣课程标准和教师用书的教学建议，深入挖掘学生学习的障碍点，设计相应教学环节。上课时，捋顺环节之间的逻辑关系，把握好环节之间的节奏，明确每个环节要达到的目的。设计好学生活动的方式，认真倾听学生的回答，及时对学生进行引导和鼓励性评价，达到了很好的教学效果。

基于模型认知的金属晶体与金属键教学设计

余志勇

（太原市第二十七中学校　山西太原）

课标分析

《普通高中化学课程标准（2017 年版）》中要求认识金属晶体的构成微粒及微粒之间的相互作用力是金属键；根据金属键和电子气理论认识金属晶体的宏观性质与微观结构的关系；知道金属键的特点与金属某些性质的关系；知道金属晶体的结构可以通过晶体X 射线衍射实验测定；借助金属晶体模型认识其结构特点。

教材分析

本节内容是在对晶体结构和性质有一定知识和方法基础上来学习金属晶体的结构和性质。包含金属晶体构成、金属键、电子气理论和金属晶体的结构与金属性质的关系等。通过本节的学习，使学生进一步认识晶体的结构与性质之间的关系，也可使学生进一步深化“结构决定性质”的认识。

学情分析

学生在前面已经学习晶体的基本性质、晶体的特点与内部排列的关系等，具有一定的基本知识。研究过分子晶体和共价晶体的结构和性质，已初步有了“结构决定性质”的思维理念，具有一定的学习方法基础。

备课资源及设计理念

►►备课资源

依据《普通高中化学课程标准（2017 年版）》、高中化学教材（新课标人教版）

►►设计理念

教师引导学生从身边的实物入手，充分利用直观教学手段，帮助学生正确理解金属晶体的概念。在讨论金属的性质时，学生运用金属键和电子气理论对金属的物理性质进行解释。在教学过程中引导学生以小组讨论、合作探究的方式归纳总结得出结论，体现新课程中“自主、合作、探究”的理念。

教学目标

1. 能结合已有知识描述金属的物理通性。
2. 理解金属键的本质和电子气理论。
3. 能用金属键解释金属晶体熔点、硬度变化的一般规律。
4. 能用电子气理论模型解释金属晶体具有导电性、导热性、延展性的原因。
5. 能分辨分子晶体、共价晶体、金属晶体中微粒间不同的相互作用。
6. 能从结构角度解释合金性能改变的原理。

教学实录

情境导入：

教师活动	学生活动
这是 2021 年我带领班里部分同学完成“太马”线上赛获得完赛奖牌之后的留影纪念。    2021 年是一个特别的年份，我们伟大的中国共产党建党 100 周年，我们的太原市建城 2500 年。这些要素都融入奖牌的设计当中，因此这块奖牌非常有纪念意义。	学生听讲。

教学环节一：初识金属

教师活动	学生活动
为什么大多数奖牌要用金属材料制作？奖牌是纯金属吗？这些问题都有待通过我们本节课的学习来进行解答。 【活动】请同学们请结合已有知识完成学案上的“学生活动 1”中的相关问题。	学生思考并回答： 导电实验、有金属光泽、金属探测仪。 学生思考并回答金属（除汞外）在常温下都是晶体，具有导热性、导电性、金属光泽、延展性。

教学环节二:再识金属

教师活动	学生活动
【设问】金属为什么具有这样的物理性质?这是我们化学的研究范畴。 我们知道物质的微观结构决定物质的宏观性质。金属晶体的微观结构是怎样的?构成微粒是什么?微粒间的相互作用又是什么?强度如何判断?这些都是我们很想知道的问题。	学生思考。
【讲解】X射线衍射实验是获得金属微观结构的一种方法,我们通过这段视频来了解一下。	观看视频,了解X射线衍射实验在探测金属晶体微观结构上的作用。
【讲解】通过X射线衍射实验获得金属铜的晶体结构模型。	
【活动】请同学们结合教材第86页第1、2段内容试从微观角度描述金属晶体的结构,完成学生活动2中的相关内容。	阅读教材内容,同桌讨论,合作完成。 金属的结构像很多硬球一层一层很紧密地堆积在一起,每一个金属原子的周围有较多相同的原子围绕着。
金属原子之间是依靠哪种相互作用力维系在一起的呢?	学生思考并回答: 金属键。 金属键属于化学键,描述金属键本质的最简单理论是“电子气理论”。
【练习】 1. 金属键的实质是 ( ) A. 自由电子与金属阳离子之间的相互作用 B. 金属原子与金属原子间的相互作用 C. 金属阳离子与阴离子的吸引力 D. 自由电子与金属原子之间的相互作用	学生思考并回答: 选D。

（续表）

教师活动	学生活动
【小结】请对比总结我们学习过的三种晶体的构成微粒和微粒间的相互作用。	学生小结并回答。
【方法导引】金属键的强度差别很大，怎样判断呢？ 介绍库仑力公式。 请根据金属键强度的判断方法，分析教材中所给碱金属熔点、硬度的变化规律。	学生思考并运用方法进行小结，金属键强度的判断金属原子半径大小和价电子数多少。
【练习】 2. 要使金属晶体熔化必须破坏其金属键。金属晶体熔沸点高低和硬度大小一般取决于金属键的强度。由此判断下列说法正确的是　　（　　） A. 金属镁的熔点大于金属铝的 B. ⅡA 主族单质的熔沸点从 Be 到 Ca 是逐渐增大的 C. 金属铝的硬度大于金属钠的 D. 金属镁的硬度小于金属钙的	学生思考并回答。 同主族碱金属，熔点随半径的增大而减小。同周期，熔点、硬度随半径的减小而增大。选 C

教学环节三：运用所学知识解释金属晶体的物理性质

教师活动	学生活动
【活动】请结合教材第 86-87 页内容，用电子气理论解释金属晶体的物理通性。 解释金属的导电性、导热性、延展性。 【注意】 ①金属晶体具有导电性，但能导电的物质不一定是金属。 ②金属导电的微粒是自由电子，导电过程是物理变化。 ③高温下金属导电率减弱的原因。 【实验】通过实验让学生感知钨丝受热导电率的变化。 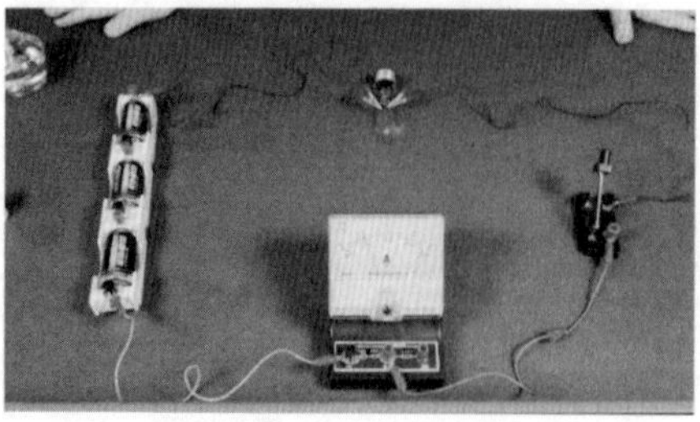	学生思考并运用前面所学知识进行回答。 导电性：自由电子在电场作用下发生定向运动。

（续表）

教师活动	学生活动
【视频】通过实验视频感知高温下金属导电率减弱的原因，同时感知自由电子在进行热传导中的作用。	导热性：自由电子在进行热传导中的作用。
【提问】请学生解释延展性。	学生思考并回答延展性： 当金属受到外力作用时，晶体中的各原子层就会发生相对滑动，但不会改变原来的排列方式，而且弥漫在金属之间的电子气可以起到类似轴承中滚珠的润滑作用，所以大多数金属有良好的延展性。
【小结】这表明金属键没有方向性和饱和性。	
【提问】如何优化金属的性能呢？ 合金的原理。	学生思考并根据合金的知识进行回答： 当向金属晶体中掺入不同的金属或非金属原子时，就像在滚珠之间掺入了细小而坚硬的砂土或碎石一样，会使这种金属的延展性甚至硬度发生改变，所以金属材料形成合金以后性能发生改变。
【小结】所以我们奖牌的材料是合金，而不是纯金属，具体来说是锌合金。	
【拓展知识 1】电子气理论的其他运用——金属光泽 自由电子可吸收所有频率的光，并很快释放出去，绝大多数块状金属具有光泽，某些金属因易吸收特定频率的光而呈现特殊颜色。 【拓展知识 2】金属的检验 物理中的电磁感应	

（续表）

教师活动	学生活动
【练习】 3. 下列生活中的问题不能用电子气理论模型知识解释的是（　　） A. 用铁制品做炊具 B. 用金属铜制成导线 C. 用铂金做首饰 D. 铁易生锈 我们本节通过金属晶体所体现的宏观物理性质，从微观角度对其进行解释。	学生思考并回答。 选 D。

板书设计

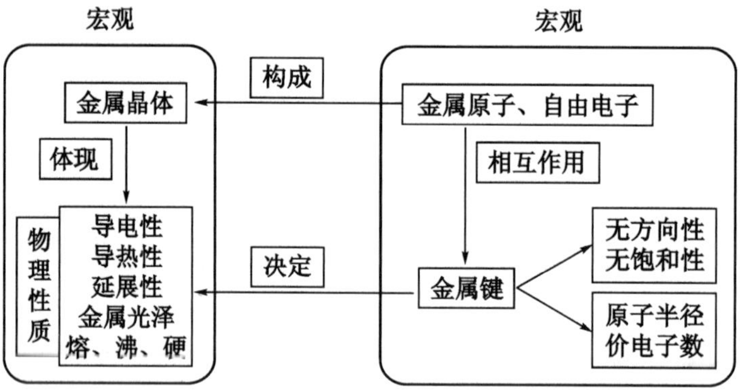

教学反思

本课从学生已有知识水平和认知程度进行教学设计，教师以问题为导向，构建以学生自主学习、合作探究学习的教学活动，学生在一步步合作探究、讨论、归纳的过程中，有效探究知识、获取知识，充分体现了化学学科的核心素养。

培养模型认知素养的教学实践
——离子晶体

李 慧
(怀仁市第一中学校 山西怀仁)

课标分析

▶▶1. 内容要求

借助离子晶体模型认识晶体的结构特点,知道介于典型晶体之间的过渡晶体及混合型晶体是普遍存在的。

▶▶2. 学业要求

能结合实例描述晶体中微粒排列的周期性规律;能借助离子晶体模型说明晶体中的微粒及其微粒间的作用。

能从微粒的空间排布及其相互作用角度对生产、生活、科学研究中的简单案例进行分析。

结合高考对于“离子晶体”部分内容的考察方式:要求学生能够辨识典型晶体的晶胞结构、分析晶体结构和离子晶体物理性质间的关系、能够利用微观结构分析离子晶体熔沸点、硬度产生差异性的原因。因此,在新课讲授过程中,教师可以在课堂活动时,指导学生制作典型的离子晶体的结构模型,比较氯化钠、氯化铯等离子晶体晶胞的结构特征,借助在分子晶体、共价晶体学习过程中建立的分析模型,引导学生从微观结构寻找证据,对离子晶体相关性质进行解释和分析。同时知道介于典型晶体之间的过渡晶体及混合型晶体是普遍存在的,感受科学研究的不断进步,体会化学的复杂性和多样性。

教材分析

教材出示了 NaCl 和 CsCl 晶体结构和熔沸点数据,并在思考与讨论部分指导学生寻找不同离子晶体的熔点数据变化及本质。教材内容的设计强调“三重表征”对离子晶体学习的重要性,因此本节课主要围绕典型晶胞的结构和物理性质展开教学,利用实物模型加深学生对典型离子晶体晶胞结构的理解;设计情境,选取氯化钾与氯化钠进行性质对比研究,体会离子晶体熔沸点变化的本质原因。

学情分析

学生已通过晶体的常识、分子晶体、共价晶体、金属晶体的学习积累了丰富的关于晶体的学科知识和感性认识,同时学生具备了离子键、离子半径和离子化合物等基础知识,为比较离子键强弱做好了知识铺垫。学生在前序知识的学习中,已经具备归纳、比较的能力,知道应该从晶体的微观结构出发,分析微粒与微粒之间的作用力,可以对晶体所具备的相关性质展开分析。

备课资源及设计理念

《舌尖上的中国》系列纪录片向世界展示了极具地域性、观赏性和历史性的中国美食,这些美食背后的制作过程也涉及了丰富的化学知识,同时也能引起学生的兴趣。

本节课选取中国广东省客家地区代表美食"盐焗鸡"作为教学情境。"盐焗鸡"是广东客家人的传统美食,制作时,要将粗盐炒热与包裹好的鸡一同放入砂锅中,用大火转小火焗至成熟。新课从盐焗鸡的制作过程导入,展开教学,逐步挖掘涉及的化学知识,建立美食与化学知识"离子晶体"的联系,同时感受中国美食文化的博大精深,激发民族自豪感。后续资料卡片中呈现科学家们对"代盐"的研究,体会科学研究的不断发展,感受中国科学家为人类生活的改善所做的贡献,启发学生在享受化学带来巨大便利的同时,激励学生重视科技创新,不断开发新的产品,造福人类。

教学目标

1. 能借助离子键,说出离子晶体的概念;并辅助 NaCl 晶体的模型准确说出离子晶体的结构特点(包括空间排布、形成微粒、微粒间的相互作用)。

2. 通过观察盐焗鸡中粗盐的状态,结合生活常识,以氯化钠晶体为例,总结离子晶体的物理性质,能运用离子键解释离子化合物的某些典型性质(熔、沸点);并能以代盐和食用盐的差异,说明造成不同离子晶体的熔点差异的原因。

3. 知道晶体中微粒间的各种相互作用力，比较四类晶体的构成粒子、粒子间的相互作用与物质性质的关系。

4. 根据资料卡片，知道化学键存在键型过渡，介于典型晶体之间的过渡晶体、混合型晶体是普遍存在的，感受化学世界的多样性和复杂性。

教学实录

情境导入

教师活动	学生活动
【导入】晶体认知模型的回顾 视频导入。 《舌尖上的中国——盐焗鸡》导入  盐焗鸡 指导学生通过视频结合生活经验总结涉及的氯化钠的物理性质。	观看视频，(盐焗的过程前后氯化钠并未熔成液体)总结氯化钠晶体的物理性质：耐高温，熔点高，硬度大
【提问过渡】氯化钠的熔点为何比较高？请大家回顾晶体的研究思路，明确如何解决这个问题？ 晶体的研究思路：晶体的空间结构决定了其物理性质；而构成晶体的微粒及微粒间的相互作用力决定了晶体的类型，即晶体的空间结构决定了晶体的物理性质	【答】晶体的空间结构决定晶体的物理性质，因此我们首先需要知道氯化钠属于什么晶体

教学环节一:

教师活动	学生活动
【环节一:建立离子晶体的概念模型】 氯化钠是否属于我们之前研究的晶体的类型?并说出你的判断依据。	【答】从构成微粒和微粒之间的作用力的角度判断并非我们之前研究的任何一种晶体。氯化钠由氯离子和钠离子组成,其作用力为离子键。
【追问】形成离子键需要什么条件?	【答】从电负性的角度,一般满足两种元素的电负性之差大于1.7。
【概念的提出】因此,像这样由阴阳离子相互作用而形成的晶体叫作离子晶体。请大家继续思考,从物质分类的角度来看,哪几类物质属于离子晶体?	【答】强碱,活泼金属氧化物和活泼金属过氧化物、大部分盐。
那么以氯化钠晶体微粒,其微观结构是怎么样的呢?	

教学环节二:

教师活动	学生活动
【环节二:建立离子晶体的空间结构分析模型】 请大家以小组为单位,尝试搭建氯化钠的晶胞模型,并思考PPT上的几个问题: (1) Na^+、Cl^-在晶胞中处于什么位置? (2) Na^+周围等距离且最近的Cl^-有几个?Cl^-周围等距离且最近的Na^+有几个? (3)晶胞中Na^+、Cl^-数量为? (4) NaCl的含义为:表示化学式。	以小组为单位,搭建氯化钠晶胞模型,并思考PPT上的几个问题。 小组派代表回答。
【过渡】请同学们利用离子晶体空间结构的分析方法,自主学习氯化铯的结构并解释它的性质	【自主学习】分析氯化铯的结构与性质,并派代表回答。
【深入挖掘】对于氯化钠和氯化铯的化学式,阴阳离子的比例均为1:1,但二者的结构和配位数并不相同,思考其中的原因? 请小组代表上台利用原子半径黑板贴模拟二维堆积过程,并表述小组讨论结果。	【小组讨论】 利用手头教具,讨论并思考,可能与原子半径与离子所带的电荷有关。
【总结】影响晶体结构的因素为阴阳离子的半径比与其所带的电荷量。	

教学环节三:

教师活动	学生活动
【环节三:建立离子晶体空间构型与性质研究模型】 【追问】那现在请同学们思考并回答氯化钠的熔点高、硬度大的原因。	【答】从结构出发,分析熔融过程破坏的是离子键,需要能量较高。
【资料展示】 目前,我国科学家研究发现含有(KCl)的代盐可以降低中风风险。 做一只盐焗鸡需要一斤盐左右,使用过的盐只要没有发黑还可以持续使用三次。 请同学们思考,盐焗鸡的盐如果重复使用的话,代盐是否也可以起到一样的效果?	【思考】如果重复使用的话,则要求代盐在高温下也不能熔化为液体,才可以重复使用。 引出对离子晶体熔点高低的比较研究。
【资料卡片】 给出不同离子晶体的熔点数据。 【追问】思考造成离子晶体熔沸点差异的原因 【引导】引导学生从离子键的概念出发,类比库仑力总结影响离子键强弱的因素。	根据资料卡片得出结论: 1. 不同的离子晶体熔沸点差异较大。 2. 熔沸点差异的原因可能与离子键的强弱有关,明确并非所有的离子晶体熔沸点都较高。
【过渡】那么离子晶体除了熔沸点较高、硬度较大以外,还有什么物理性质?	【答】导电性:固体不导电,熔融或溶于水导电。 并解释原因。
【拓展视野】离子液体 事实上大量离子晶体中的阴阳离子并不是简单离子,有的还存在呈电中性的分子,这些离子晶体中还存在何种作用力? 而有些离子组成的物质在常温下甚至以液态的形式存在。	共价键,氢键,范德华力。 阅读:科学技术社会。 离子液体的内容,体会离子液体的作用和特点。

（续表）

教师活动	学生活动
【小结】 目前，我们以四种典型晶体为例，学习了研究晶体的一般思路与方法，请大家完成学案的表格。 【晶体类型的扩充与丰富】 【氯化亚铜建立认知冲突】 指导学生预测熔点，与氯化钠晶体进行比较，再结合资料卡片中的实际数据，引出过渡晶体。 【资料卡片】石墨的特殊结构和性质 引出混合型晶体的概念。 【总结】 在考察大量晶体后，人们发现许多晶体是无法归为四大晶体中的某一类的，这说明对事物的简单分类尽管条理鲜明，却可能只是概括了最典型的事实。其实，我们对事物的认识都是从简单到复杂，化学也一样。 回顾本章，我们学习了研究晶体的一般思路与方法，我们对物质的研究要建立一定的认知模型，同时对待事物不能一成不变，要有发展的观念。	进行四大典型晶体的横向和纵向对比，体会性质差异的最根本原因和分析思路。 与氯化钠晶体对比，预测氯化亚铜的熔点，并体会过渡晶体、混合型晶体的概念。

板书设计

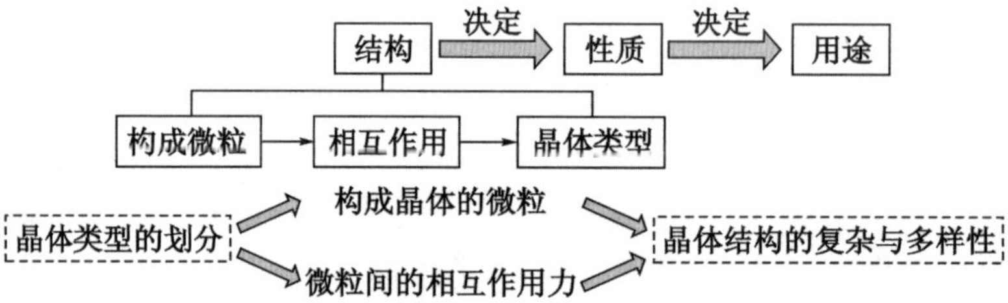

教学反思

晶体的学习往往由于极为抽象和理论性较强，在教学过程中学生反馈其内容过于枯燥，而本教学设计从学生感兴趣的食品出发，以此作为贯穿整节课的线索，在导入、教学流程的推进、小结等部分，均围绕盐焗鸡展开，增加了趣味性和与实际生活的联系。代盐内容的加入，又渗透了化学对人类生活的改变，过渡晶体和混合型晶体的涉及，还让同学们意识到科学的复杂性和多样性，体会了科学研究的发展性。

第八章　选择性必修 3“有机化学基础”教学案例

基于教材螺旋上升的教学实践
——以“醇　酚”为例

孙　哲

（太原市成成中学校　山西太原）

课标分析

《普通高中化学课程标准(2017 年版)》中提到“认识官能团的种类，从官能团的视角认识有机化合物的分类，知道简单有机化合物的命名”，“认识有机化合物分子中共价键的类型、极性及其与有机反应的关系”，“认识卤代烃、醇、醛、羧酸、酯、酚的组成和结构特点、性质转化关系及其在生产、生活中的重要应用”。并给出教学提示“将性质作为有机化合物结构教学的切入点和落脚点，关注结构与性质的关联。通过对有机化合物化学性质的分析解释活动，引导学生体会官能团、碳原子的饱和性和化学键的极性对有机化合物性质的决定作用；结合典型实例认识有机化合物分子中基团间存在相互影响并适当开展基于结构分析预测性质和反应的学习活动”“进行烃及其衍生物性质教学时，除了以典型代表物的具体反应为载体，通过类比迁移学习一类有机化合物的性质，还可以分析有机化合物分子中的官能团和化学键、预测可能的断键部位与相应的反应，然后提供反应事实，引导学生通过探究学习一类有机化合物的性质”。

教材分析

教材必修 2 已经介绍典型的一元醇——乙醇，选择性必修 3 第三章第二节在一元醇的基础上简单介绍甲醇、乙二醇和丙三醇，并以图片的形式列举它们的用途。又以表格的形式列举几种醇的熔点和沸点，再介绍醇分子间的氢键，通过“思考与讨论”栏目比较相对分子质量相近的醇与烷烃的沸点。教材在介绍醇的化学性质时，仍以乙醇为代表物，结合羟基官能团的结构特点介绍乙醇的消去反应、取代反应和氧化反应。为了落实课程标准对醚的结构特点及应用的要求，教材在介绍乙醇发生脱水反应生成乙醚时，进一步介绍乙醚的性质，以及醚的结构特点和应用。

学情分析

学生在化学必修第二册中已经学习乙醇结构、用途及性质中的物理性质，与钠的反应和氧化反应。通过这部分的学习，学生了解了官能团羟基对乙醇性质的影响。在《有机化学基础》第一章中通过学习乙醇与钠和氢溴酸的反应，认识共价键的极性对有机物性质的影响。本节主要引导学生从官能团和共价键极性角度继续分析和学习以乙醇为代表的醇类物质。

备课资源及设计理念

全球化石资源的枯竭增加了乙烯工业生产成本，但市场对乙烯及其衍生产品的需求却与日俱增。因此，石油裂解生产乙烯的竞争优势在目前的市场形势下逐渐减弱。通过生物质原料发酵制得乙醇，再经催化脱水生成乙烯的生物乙烯路线已成为研究热点。γ-Al_2O_3 基催化剂是目前乙醇脱水制乙烯工业中使用最多的催化剂。

本节课首先了解醇的分类。通过醇类物质的一些应用，了解醇类物质在熔点、沸点和水溶性方面的区别，再去学习官能团——羟基对醇类物质物理性质的影响。在化学性质方面，注重引导学生从羟基及邻近的极性键强弱的角度去分析。强化结构决定性质，性质决定用途，用途反映性质，性质反映结构这一重要思维模型。

▶▶参考文献

[1]中华人民共和国教育部. 普通高中化学课程标准(2017 年版 2020 年修订)[S]. 北京:人民教育出版社,2020. 5.

[2]人民教育出版社课程教材研究所化学课程教材研究开发中心. 普通高中教科书教师教学用书. 化学. 选择性必修 3:有机化学基础. 北京: 人民教育出版社,2020. 6.

[3]贾忱,李慧,赵伟,胡燚,韩毓旺(南京工业大学材料化学工程国家重点实验室,江苏南京 210009)《介孔氧化铝的合成及其催化乙醇脱水的性能》文章编号 1000-8144(2013)05-0489-06〔中图分类号〕TQ 032. 4〔文献标识码〕A.

教学目标

1. 从宏观角度观察了解醇类物质的物理性质和用途，尝试从氢键、官能团——羟基的微观结构角度解释其原因。

2. 依据电负性数据，推测乙醇发生化学反应时可能断键位置，并设计实验进行验证。体会键的极性与乙醇化学性质的关系，发展证据推理意识。

3. 应用结构、性质、用途三者的关系模型，解释乙醇的性质和用途。

教学实录

教学环节一：认识醇类物质

教师活动	学生活动
【引课】今天我们来学习一类新的有机物。它是什么呢？让我们来看一段视频。 视频中提到了一种我们已经不太熟悉的物品“猪胰子”。有一句谚语这样形容它：堡子里的猪胰子，用上没有风裂子。 这说明猪胰子有什么性质？大家知道在猪胰子中是什么起到保湿作用的吗？ 它就是丙三醇，俗称甘油。它属于有机物中的醇，这也就是我们今天要学习的内容。	观看视频。 甘油。
【对比分类】醇类物质有很多。 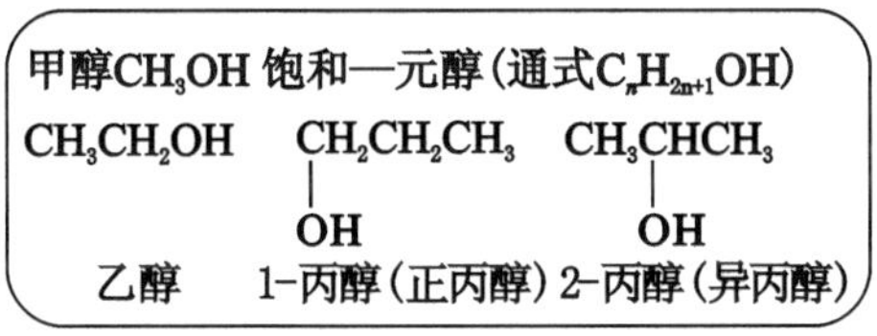 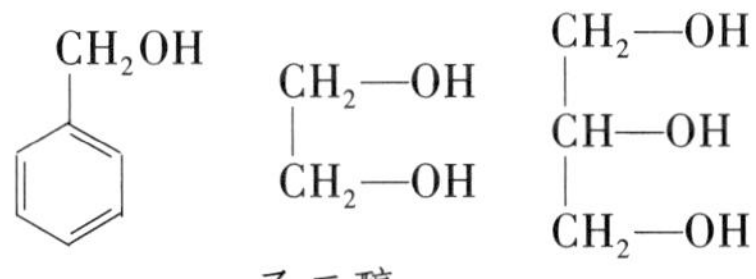 苯甲醇　乙二醇　丙三醇(甘油) 结构要求： —OH 与饱和碳原子相连。	观察醇类物质结构特点并进行分类。
【归纳总结】醇的性质很多。	可燃性。 防冻液：沸点高、水溶性、保湿。

教学环节二：物理性质规律及原因

<table>
<tr><th>教师活动</th><th>学生活动</th></tr>
<tr><td>

【学生活动一】醇的物理性质与结构

<table>
<tr><td>甲醇
CH_3OH
相对分子质量:32
沸点:
64.7 ℃
易溶于水</td><td>乙醇
C_2H_5OH
相对分子质量:46
沸点:78 ℃
易溶于水</td><td>1-丙醇
$CH_3CH_2CH_2OH$
相对分子质量:60
沸点:97 ℃
易溶于水</td><td>1-戊醇
$CH_3(CH_2)_3CH_2OH$
相对分子质量:88
沸点:138 ℃
易溶于水</td></tr>
<tr><td>乙烷
CH_3CH_3
相对分子质量:30
沸点:
-89 ℃
难溶于水</td><td>丙烷
$CH_3CH_2CH_3$
相对分子质量:44
沸点:
-42 ℃
难溶于水</td><td>正戊烷
$CH_3(CH_2)_3CH_3$
相对分子质量:72
沸点:56 ℃
难溶于水</td><td></td></tr>
</table>

1. 对比相对分子质量相近的醇和烷烃的沸点差异，并说明原因。

2. 对比醇和烷烃溶解性大小，并说明原因。

3. 找出醇的沸点和溶解性的变化规律。

</td><td>

1. 醇类分子间可以形成氢键。烷烃分子间只有范德华力。

2. 醇类物质分子间可以形成氢键。

3. 羟基数目相同时，碳原子数越多，熔沸点越高，因为范德华力增大，但是溶解性下降，是因为结构与水相似度下降。

</td></tr>
</table>

教学环节三：羟基和共价键极性对化学性质的影响

<table>
<tr><th>教师活动</th><th>学生活动</th></tr>
<tr><td>

【过渡】：在学习醇类物质的溶解性和熔沸点时，我们发现羟基，也就是醇类物质的官能团起到很大作用。羟基对化学性质又有什么影响呢？

【学生活动二】醇类物质的化学性质与结构

1. 拼接乙醇、乙醛和乙酸的球棍模型。

2. 根据乙醇的化学性质，分析乙醇在反应中的断键位置与官能团的关系。

3. 根据电负性，比较乙醇中共价键的极性强弱。

4. 根据乙醇的化学性质，分析乙醇在反应中的断键位置与共价键极性的关系。

【过渡】高一有机化学介绍乙醇还可以被酸性高锰酸钾或酸性重铬酸钾氧化为乙酸，今天我们通过实验观察一下，

</td><td>

Na O-H

催化氧化：O-HC^{α}—H

酯化反应：O-H

HBr：C-O

极性由强到弱的顺序：

O—H　O—C　C^{α}—H　C^{β}—H　C—C

断键位置围绕羟基。

</td></tr>
</table>

（续表）

教师活动	学生活动
乙醇在被酸性重铬酸钾氧化时会出现什么现象？它是如何变成乙酸的？	极性最强的 O—H 最容易断开。
【学生实验:3-3】 【分子模型探究】请同学们结合乙醇、乙醛、乙酸的球棍模型,分析乙醇被酸性重铬酸钾溶液或酸性高锰酸钾溶液氧化时的断键位置。	分组实验 3-3
$CH_3CH_2OH \xrightarrow{氧化} CH_3CHO \xrightarrow{氧化} CH_3COOH$ 乙醇　　　　乙醛　　　　乙酸 有机化学反应中： 氧化反应:得到氧原子或失去氢原子的反应。 还原反应:失去氧原子或得到氢原子的反应。	高锰酸钾褪色。 重铬酸钾由橙色变为绿色。 观察模型,分析乙醇氧化过程中氢、氧原子的变化。
分析乙醇被酸性重铬酸钾或酸性高锰酸钾氧化时的断键位置。	总结断键位置。
【过渡】到目前为止,乙醇中 C^{β}—H 还没有断开过？它不可能发生断开吗？乙醇还有其他化学性质吗？ 【学生活动三】探究醇的脱水反应 1. 以乙醇为例,探究乙醇脱去一分子 H_2O 的可能性,写出可能的产物,并提出检验产物的方法。 【实验验证】已知乙醇在高温加热时就可以发生脱水反应。为了加快反应速率,我使用三氧化二铝做催化剂,制作了这样一套仪器。 【设疑】在这里我们是否可以用酸性高锰酸钾检验乙烯？ 【讲解】我们一起来看教材中是如何完成这个实验的。实验中用溴水和酸性高锰酸钾来检验乙烯。它是怎么解决乙醇问题的呢？	利用模型,探究乙醇脱水的可能情况及产物。观察实验现象:溴水褪色证明有乙烯生成;不能用高锰酸钾,乙醇能使高锰酸钾褪色;氢氧化钠溶液可以将挥发出来的乙醇溶解除去。
乙醇在浓硫酸加热到 140 摄氏度时,就可以发生刚才讨论的分子间脱水,生成乙醚。 【学生活动四】写出 CH_3CH_2OH 在与浓硫酸混合加热到 170 ℃、140 ℃时分别生成 $CH_2{=}CH_2$ 、$CH_3CH_2OCH_2CH_3$(乙醚)的化学方程式,并分析反应过程中的断键情况。	写出乙醇脱水的两个反应并分析断键情况。

教学环节四:总结与提升

教师活动	学生活动
【总结用途】醇类有机物可以生成醇钠、制备酯类物质、制卤代烃,制醛、制酸、生成不饱和结构,比如不饱和烃、还可以制醚。可见醇是一种重要的有机合成中的中间体。 【总结与讨论】我们开始学习了醇的分类,通过醇类物质的一些应用,了解到由于羟基的影响,醇类物质在熔沸点和水溶性与前面学习的烃类物质的区别,我们又通过“学生活动”,认识到羟基及邻近的极性键对醇类化学性质的影响。最后通过化学性质,发现了醇类物质在有机合成中的应用前景,这也是化学中一种重要的思维模型: 结构 $\underset{\text{反映}}{\overset{\text{决定}}{\rightleftharpoons}}$ 性质 $\underset{\text{反映}}{\overset{\text{决定}}{\rightleftharpoons}}$ 用途 这也让我们看到了成为一名有机化学专家的前进方向。希望在以后的有机化学学习中,同学们能够继续体会结构、性质和用途之间的关系,并应用这个模型去解决实际问题。	

板书设计

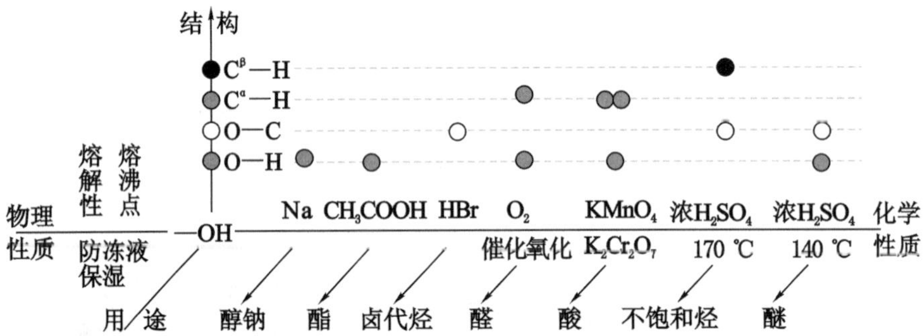

教学反思

本节教学内容是对高一有机化学的提升,是从高一时对乙醇性质的孤立认识发展到对醇类性质和转化规律的认识。在教学过程中既要复习、归纳高一所学知识,也要避免简单重复。而且本节教学内容又将《有机化学基础》前面所学内容进行整理和提升。在教学过程中始终围绕官能团、共价键类型和极性展开讨论。基于电负性数据,推断共价键极性,提出断键假设,最后实验进行验证。不断培养证据推理的学科素养。本节课继续强化“结构—性质—用途”模型,并应用模型解决实际问题。

醛从酒中来——乙醛

李梦莹

（太原师范学院附属中学　山西太原）

课标分析

《普通高中化学课程标准(2017年版)》中提出，对有机物的学习要从结构特点、物质性质、应用价值等方面进行。以典型简单有机物为例，引导学生建立官能团与物质分类的初步认识，通过典型物质的学习，总结一类物质的性质特点。认识醇、醛、酸的转化关系，及其在生产生活中的重要作用。认识加成及氧化还原反应的特点和规律，了解有机反应类型和有机化合物组成结构特点的关系。

教材分析

乙醛是现行高中化学教材“烃的衍生物”内容，是继醇类后，向学生介绍的另一类典型的重要有机化合物。由于醛基的活泼性，醛可以发生多种化学反应，在有机合成中起着重要作用。学好这一课，可以让学生掌握在烃的衍生物的学习中，抓住官能团的结构和性质这一中心，确认结构决定性质这一普遍性规律，这样既巩固了烷、烯、炔、芳香烃的性质，又为后面的羧酸、酯和糖类的学习打下坚实的基础，使学生学会以点带面的学习方法，提高了学生的思维能力，带动了学生学习素质的提高。

学情分析

学生在第二节课已经学习了醇类的典型代表物乙醇的物理性质和化学性质，初步了解了醇、醛、酸的相互转化，并在之前的学习中，知道用结构推测有机物性质的方法。作为高二的学生，已经初步掌握实验技能和科学探究的方法，但在实际操作中，类比迁移的能力还有待加强，特殊情况的应变能力不足。

备课资源及设计理念

▶▶备课资源

醛基中的碳氧双键不与 Br_2 发生加成反应的原因：碳氧双键与碳碳双键的加成反应

机理不同,前者发生的是亲核加成,后者发生的是亲电加成。Br_2 是一种强的亲电试剂,因此易与烯烃加成,而不能与醛加成。由于醛基具有较强的还原性,易被氧化成羧酸。向乙醛中加入溴水,溴水褪色的主要原因是乙醛发生了氧化反应,使 Br_2 被还原成无色的 Br^-。

▶▶设计理念

本节课通过观看视频了解乙醇在人体内如何转化为乙醛,乙醛如何进行代谢等一系列问题导入新课。通过乙醛的结构推测其可能具有的化学性质,提出猜想与假设,并通过设计实验加以验证,层层递进,逐步完善学生对乙醛结构、性质、用途的理解和掌握。

教学目标

1. 从官能团和化学键可能的断键部位预测乙醛的化学性质,并能在结构分析和实验事实的基础上书写相关反应的化学方程式,强化“结构决定性质”的观念。

2. 通过乙醇、乙醛、乙酸之间的相互转化,加深对有机物反应中氧化反应和还原反应的理解,初步构建烃的含氧衍生物间的转化关系。

3. 能结合分子结构特点,运用类比迁移的方法预测其他醛类物质的主要性质,并加以练习。

教学实录

教学环节一:推导乙醛的结构

教师活动	学生活动
【导入】利用银镜反应的改进实验,快速在锥形瓶中镀银,吸引学生的学习兴趣,并告知学生本实验的主要药品是乙醛,引入新课。观看视频:了解乙醇在人体内的转化过程。 $CH_3CH_2OH \xrightarrow{转化} CH_3CHO \xrightarrow{转化} CH_3COOH$ 引出在化学实验中同样可以进行上述转化。 【任务1】学习乙醛的结构指导学生写出乙醛的结构。 醛基中的C原子是 sp^2 杂化,甲基中的C原子是 sp^3 杂化总结:醛是由烃基(或氢原子)与醛基相连而构成的化合物,简写成RCHO。饱和一元醛的通式为:$C_nH_{2n}O(n\geqslant1)$	总结视频:乙醇在人体内通过乙醇脱氢酶转化为对人体产生危害的乙醛,乙醛又可通过乙醛脱氢酶转化为无毒的乙酸,从而代谢。 分子式:C_2H_4O 结构式: 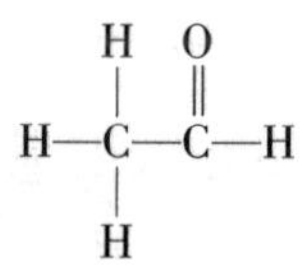 结构简式:CH_3CHO

教学环节二：根据结构推测乙醛的化学性质

<table>
<tr><th>教师活动</th><th>学生活动</th></tr>
<tr><td>
引导学生通过结构推测乙醛可能具有的化学性质。
【任务 1】学习乙醛的加成反应。
1. 加成反应。
与 H_2 加成：$CH_3\overset{O}{\overset{\|}{C}}H + H_2 \xrightarrow[\triangle]{催化剂} CH_3\overset{OH}{\overset{|}{C}}H_2$（属于：还原反应，说明乙醛具有氧化性）。
与 HCN 加成：$CH_3\overset{O}{\overset{\|}{C}}H + HCN \rightarrow CH_3\overset{OH}{\overset{|}{C}}HCN$（利用电负性强弱，简述加成原理）。
【任务 2】探究乙醛的氧化反应。
引导学生设计实验，
酸性 $KMnO_4$ 溶液 $\xrightarrow{乙醛}$ 紫红色变成无色
补充：空气中的氧气也可将乙醛氧化成乙酸
$2CH_3CHO+O_2 \xrightarrow[\triangle]{催化剂} 2CH_3COOH$
【任务 3】探究乙醛与弱氧化剂的反应。
提出问题：强氧化剂可以氧化乙醛，弱氧化剂能否实现乙醛到乙酸的转化？从而推出乙醛还原性的强弱。
提供试剂，学生做出猜想与假设。设计实验方案、分配小组任务，各组同时进行实验并记录实验现象。
共分为 6 个小组，每 2 个小组一个实验任务。
1. 探究乙醛与新制 $Cu(OH)_2$ 悬浊液反应。
推测现象：产生砖红色沉淀。
实验探究：
NaOH 过量：2 mL NaOH 溶液中加入 5 滴 $CuSO_4$ 溶液，振荡后加入 0.5 mL 乙醛溶液，加热，观察现象。
$CuSO_4$ 过量：5 滴 NaOH 溶液中加入 2 mL $CuSO_4$ 溶液，振荡后加入 0.5 mL 乙醛溶液，加热，观察现象。
该实验成功的关键：NaOH 过量溶液呈碱性应用，糖尿病的糖尿检验。
<table>
<tr><th>实验操作</th><th>反应现象</th></tr>
<tr><td>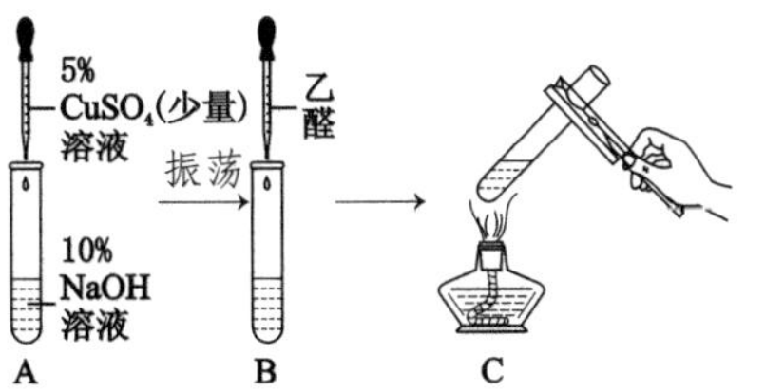
</td><td>产生砖红色沉淀</td></tr>
</table>
</td><td>
通过醛基中存在 C=O 键，推测乙醛可以发生加成反应，并通过 C、O 元素的电负性大小，分析乙醛与 HCN 发生加成时的原理，并在学案上完成方程式的书写。
通过醇、醛、酸的转化，推测乙醛可以发生氧化反应形成乙酸，具有还原性。并设计实验用 $KMnO_4$ 溶液进行验证。
根据提供试剂猜想：若新制 $Cu(OH)_2$ 悬浊液能将乙醛氧化，则自身可被还原形成砖红色沉淀；若银氨溶液能将乙醛氧化，则自身可被还原形成银单质。
</td></tr>
</table>

（续表）

<table>
<tr><th>教师活动</th><th>学生活动</th></tr>
<tr><td>
<table>
<tr><th>实验操作</th><th>反应现象</th></tr>
<tr><td>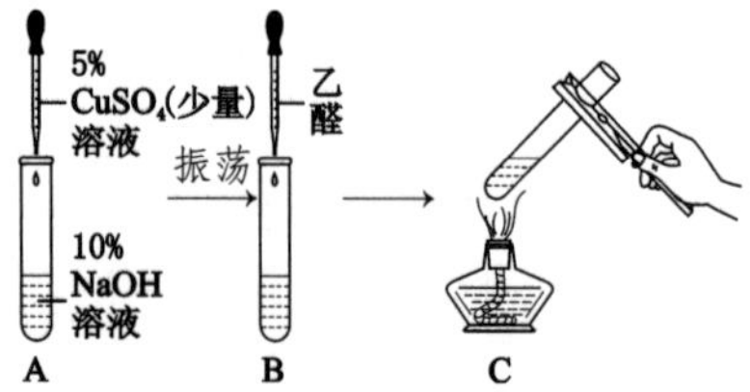
</td><td>无现象</td></tr>
</table>

2. 探究乙醛与银氨溶液的反应。
推测现象：有银单质生成。
实验探究：

<table>
<tr><th>实验操作</th><th>反应现象</th></tr>
<tr><td>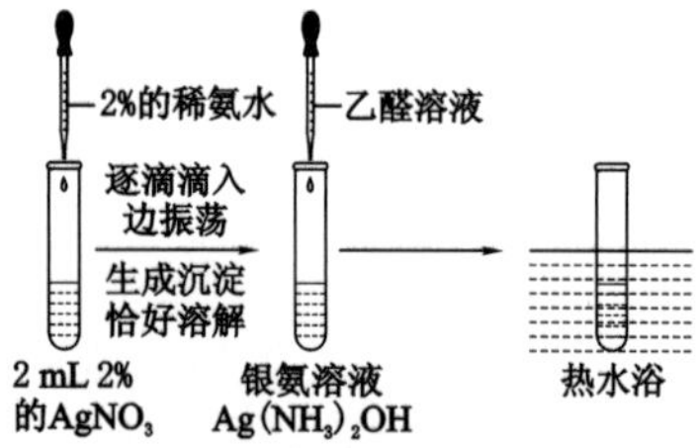
</td><td>
产生光亮的银镜</td></tr>
</table>

应用：制工艺品、镜子
小组总结实验结果，并强调实验时应注意的问题。
根据实验现象写出化学方程式。
3. 方程式表征：
乙醛与新制 $CuSO_4$ 溶液反应：$CH_3CHO+2Cu(OH)_2+NaOH \xrightarrow{\triangle} CH_3COONa+Cu_2O\downarrow+3H_2O$。
物质之间量的关系：1 mol—CHO～2 mol $Cu(OH)_2$～1 mol Cu_2O。
乙醛与银氨溶液反应：$CH_3CHO+2[Ag(NH_3)_2]OH \xrightarrow{\triangle} CH_3COONH_4+2Ag\downarrow+H_2O+3NH_3$。
物质之间量的关系：1 mol—CHO～2 mol $[Ag(NH_3)_2]OH$～1 mol H_2O～2 mol Ag～3 mol NH_3。
【任务 4】讨论：乙醛能使溴水褪色是因为发生了加成反应，还是氧化还原呢？
提供信息：向装有溴的四氯化碳溶液的试管中滴加乙醛，发现：溴的四氯化碳溶液不褪色。
$CH_3CHO+Br_2+H_2O=CH_3COOH+2HBr$
</td><td>小组讨论，相互配合完成实验。

溴水与乙醛发生氧化还原，并不是加成，否则溴的四氯化碳溶液也会褪色。</td></tr>
</table>

教学环节三：概括乙醛的物理性质

教师活动	学生活动
引导学生根据本节课对乙醛的学习，从色、味、态、沸点、溶解度、密度等角度总结乙醛的物理性质。培养学生归纳总结的能力。	小组讨论，完成学案上的任务。

教学环节四：概括、提炼、练习本节内容

教师活动	学生活动
在—CHO中，羰基碳不饱和，C═O双键易断裂，可发生加成反应。（与 H_2 加成也可看成乙醛的还原反应，被还原成乙醇）受C═O键的影响，C—H键极性较强，易断裂，易被氧化成相应的羧酸。 强调结构决定性质。 【任务5】练习：生活中的醛类被弱氧化剂氧化的反应。 展示生活中常见的醛，加强学生对醛的了解。 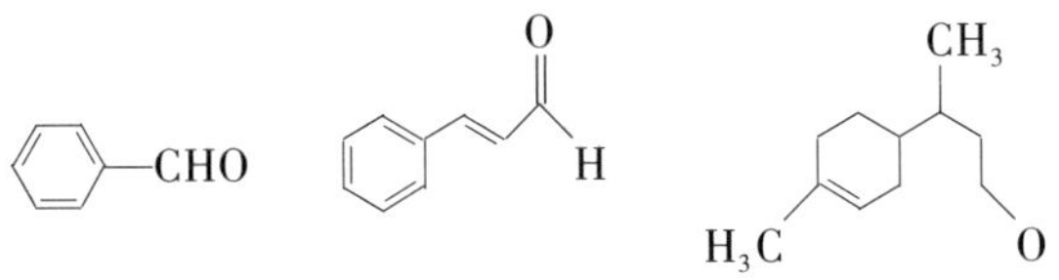 苯甲醛　肉桂醛　柠檬醛	归纳总结，应用迁移。通过乙醛的学习，能从结构的角度分析常见有机物的化学性质。 通过练习，巩固本节重点内容。

板书设计

醛从酒中来——乙醛

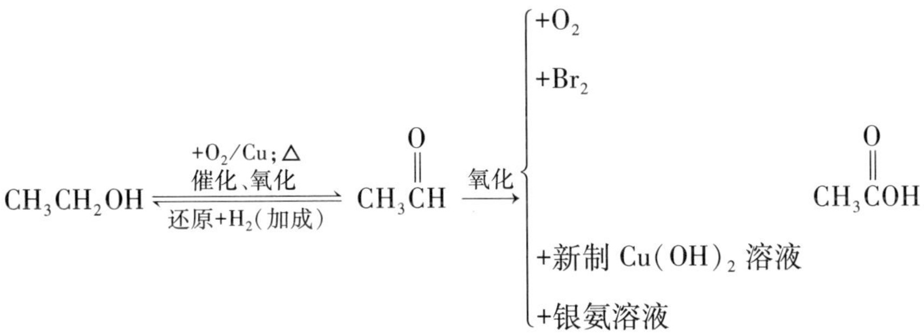

结构 $\xrightarrow{\text{决定}}$ 性质 $\xrightarrow{\text{决定}}$ 用途

教学反思

本节课根据高中年级学生的心理特征及其认知规律，采用直观教学和实验探究的教学方法，以“教师为主导，学生为主体”，教师的“导”立足于学生的“学”，以学法为重心，放手让学生自主探索学习，主动参与到知识形成的整个思维过程，力求让学生在积极、愉快的课堂氛围中提高自己的认识水平，从而达到预期的教学效果和学习目标。

从柳树皮到解热镇痛药
——有机合成在药物研制中的应用

张凯旋
（太原市成成中学校　山西太原）

课标分析

《普通高中化学课程标准（2017年版）》（以下简称“课程标准”）对于有机合成的内容要求为“认识有机合成的关键是碳骨架的构建和官能团的转化，了解设计有机合成路线的一般方法，体会有机合成在创造新物质，提高人类生活质量及促进社会发展方面的重要贡献”。“课程标准”给出的教学策略中也指出“在进行有机合成的教学时，素材的选取要兼顾目标物的应用价值和对学生思维的挑战性。活动类型要兼顾正向合成和逆向合成分析，引导学生关注结构对比，官能团转化和碳骨架构建，通过合成路线的评价活动，使学生体会官能团保护，绿色设计等思想”。

因此，本节课选取阿司匹林的合成为研究案例，通过相关教学任务，帮助学生巩固有机合成中构建碳骨架和引入官能团的常见方法，熟悉设计有机合成路线的一般思路，并且体会有机合成在药物研制中发挥的重要价值。

教材分析

“有机合成”是普通高中化学选择性必修3《有机化学基础》第三章第五节的内容，本节以有机合成为载体，对此前介绍过的官能团的性质与转化、有机反应类型等内容进行系统的梳理与总结。一方面，有助于学生构建有机合成的知识体系，初步掌握有机化合物之间的转化方法；另一方面，有助于帮学生认识有机合成的主要任务是碳骨架的构建和引入官能团，并在此基础上通过正向和逆向分析对合成路线进行合理的设计和选择。

课本中以工业原料乙二酸二乙酯的合成为例，介绍逆合成分析的基本思想，具体展示了有机合成路线的设计思路；并通过对比不同合成路线，总结出合成路线在选择时需要考虑的基本原则，有助于提升学生有机合成分析的能力。

此外，本节最后还介绍了有机合成的发展历史，通过化学史使学生认识到化学在科学研究和工业生产中的重要意义，可以更好地让学生认识化学的应用价值，培养社会责任感。

学情分析

本节属于“有机合成”的复习和提升课。前期学生已经初步整理出不同官能团的引入和转化方法，并能够对简单的有机物进行合成路线的设计。

但是大多数学生整合各类信息的能力相对较弱，对于结构较复杂的目标有机物，很难着手分析；学生应用正向和逆向分析方法解决有机合成问题还不够熟练。此外，学生对于有机合成中官能团的定位和保护等具体问题，也缺乏具体的解决思路。

备课资源及设计理念

►►备课资源

1. 阿司匹林的历史溯源

2000 多年前，希腊生理学家和医学家希波克拉底发现，杨树、柳树的皮叶中含有能镇痛和退热的物质，这也是水杨酸最早的天然来源。早在我国唐朝，人们就发现柳树皮汁可止痛和退烧。1800 年，人们开始从该类植物中提取出药物的活性成分——水杨酸盐。但是植物体内水杨酸含量并不很高，从自然界中提取水杨酸费时费力，还要使用大量的有机溶剂和强酸、强碱，更重要的是，提取水杨酸需要消耗大量的树木，表面看起来很“天然”，实际上却不利于环境保护和生态发展，因而现今已较少使用。直至 1857 年德国化学家科尔贝的发明解决了水杨酸的合成问题。

科尔贝的发明解决了水杨酸的合成问题，但是水杨酸作为药物却并不成功。因为它具有强烈的酸味和苦味，对胃肠道刺激很大，味道令人厌恶，甚至会破坏人的内脏，引发出血、腹泻甚至死亡，因此限制了它的广泛使用。于是，又一个朴素的想法诞生了：水杨酸具有止痛功效，但是酸性较强且具有刺激性，那么，通过结构修饰降低其酸性而获得的类似药物可能仍然具有类似的药用功效。这时，年轻的德国化学家菲利克斯・霍夫曼站了出来。据说，1897 年，当时霍夫曼的父亲得了严重的风湿病，治疗过程中用的就是水杨酸，但是药物的刺激给胃部带来了严重的不适，霍夫曼决心改造这种药。经过一个简单的化学转化——乙酰化，成功地把水杨酸这样一个“不讨好”的药剂转变成阿司匹林这一“明星药物”。1899 年德国拜尔公司开始生产这种药物并应用于临床，取名阿司匹林。这是人类历史上第一种重要的人工合成药物。

长期或超量服用阿司匹林会损伤胃肠道，引起出血的风险；还可能诱发或加重哮喘。正是对阿司匹林作用机理的不断认识，促使人们不断改进阿司匹林的生产工艺，研制出适合人们服用且副作用小的产品。1982 年拜尔公司研制出长效缓释阿司匹林，将阿司匹林与聚甲基丙烯酸借助二醇嫁接起来得到缓释阿司匹林，可作抗血栓长效药使用，并且减少每天吃药的次数，大大方便了人们对药物的使用。

2. 取代基的定位效应

一元取代苯在进行二元取代时，已有基团会对其他基团进入苯环的位置产生影响，这种作用称为取代基的定位效应。甲苯在苯环上的取代反应主要发生在甲基的邻位或对位，苯甲酸在苯环上的取代反应主要发生在羧基的间位。

▶▶参考文献

[1]中华人民共和国教育部. 普通高中化学课程标准(2017 年版 2020 年修订)[S]. 北京：人民教育出版社，2020.

[2]谢铁林. 阿司匹林的“前世、今生和未来”——“有机合成”教学设计[J]. 中学化学教学参考，2015，(23)：18-21.

[3]邢其毅，裴伟伟，徐瑞秋，裴坚. 基础有机化学：上册(第 3 版). 北京：高等教育出版社，2005.

▶▶设计理念

阿司匹林是一种非常重要的人工合成药物，在人教版化学必修第二册第八章第二节“化学品的合理使用”中就曾有介绍。研究阿司匹林的结构、合成路线及发展历史是很好的有机化学教学素材。

本节课以阿司匹林的发展史贯穿整个课堂，让学生体会有机合成的发展从最初从生物体内分离提取天然产物，到通过人工手段进行合成，再到根据需要对已有结构进行优化，充分体现了化学史教育的思想，通过任务引导学生在重温药物合成的过程中解决问题。三个学习任务，从简单到相对复杂，循序渐进，逐步深入。任务一，设计水杨酸的合成路线主要让学生巩固有机合成中构建碳骨架和引入官能团的常见方法；任务二，验证水杨酸的副作用，起到承上启下的作用，既能培养学生实验探究的证据意识，又引出了分子修饰在药物设计中的重要作用；任务三，长效缓释阿司匹林的逆合成分析，目的是让学生较为熟练地运用逆合成分析法，落实化学学科的核心素养。

教学目标

1. 通过设计水杨酸等有机物的合成路线，巩固有机合成中构建碳骨架和引入官能团的常见方法，了解某些基团的定位规则。

2. 通过水杨酸 pH 的测定实验，寻找水杨酸副作用的原因，培养证据推理的意识。

3. 尝试运用逆合成分析法寻找长效缓释阿司匹林的基础原料，进一步体会设计有机合成路线的一般思路。

4. 以阿司匹林的发展史为线索，了解药物化学的发展历程，感受有机合成在创造新物质、提高人类生活质量及促进社会发展方面的重要贡献。

►►教学重点

复习有机反应类型、各类有机化合物的性质和相互转化关系。

整合信息进行成键和断键分析，应用正向和逆向分析方法设计有机合成路线。

►►教学难点

应用正向和逆向分析方法，整合各类信息，解决有机合成问题。

教学实录

教学环节一：正向分析，设计合成路线。

教师活动	学生活动
【引入】播放柳树皮的药用视频，介绍意大利化学家皮利亚发现解热镇痛的有效成分为水杨酸，并展示其分子结构。 【任务一】以甲苯为基本原料，无机试剂任选，设计水杨酸的合成路线。 设计意图：通过分析有机化合物的结构特点，巩固官能团的性质及转化，尝试用正向分析方法进行合成路线的设计。 任务一：设计水杨酸的合成路线 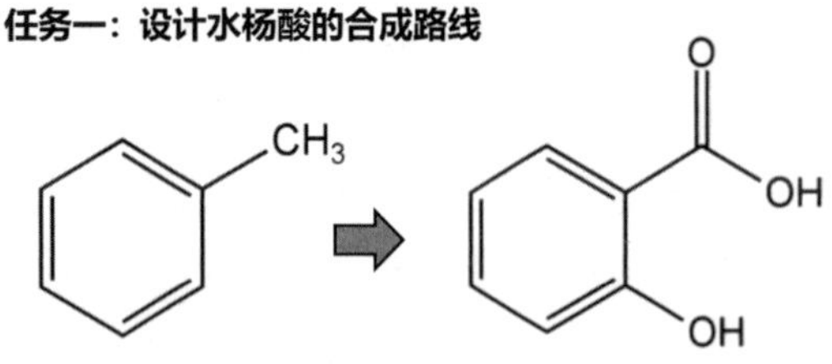 甲苯　　水杨酸 【提问】请学生针对设计的合成路线相互之间进行评价，优选出比较合理的路线。 设计意图：了解某些基团的定位规则，对官能团的保护和“绿色化学”合成路线设计进行综合应用，提高学生分析和整合信息的能力。	【观看视频】了解柳树皮的药用价值和水杨酸的发现历史。 【思考、交流、汇报】通过观察原料甲苯和目标产物水杨酸的分子结构，明确该有机合成问题中需要解决的主要任务是引入官能团羧基、羟基，初步设计水杨酸的合成路线。 【交流、总结】从引入官能团的顺序、位置、反应条件、官能团的保护等角度，对合成路线进行优化。

教学环节二：实验探究，优化结构，进行改良。

<table>
<tr><th>教师活动</th><th>学生活动</th></tr>
<tr><td>
【提问】介绍水杨酸的副作用，推测其背后的原因。
设计意图：强化“结构决定性质”的观念，通过实验证实预测，构建“分析结构—预测性质—实验验证”的模型。
【任务二】实验验证，测定等浓度的水杨酸和乙酸的 pH，体会水杨酸的酸性大小。
任务二：验证水杨酸的副作用
资料卡片
<table>
<tr><td>有机酸</td><td>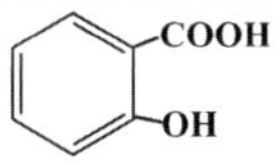</td><td>CH_3COOH</td></tr>
<tr><td>Ka</td><td>$Ka_1=10^{-2.98}$
$Ka_2=10^{-13.1}$</td><td>$10^{-4.76}$</td></tr>
</table>
结论：酸性大小　水杨酸 ＞ 乙酸
【讲述】想一种办法既能够缓解副作用，又能保持药效。德国化学家霍夫曼将水杨酸乙酰化，制得了更加安全有效的乙酰水杨酸，降低了酸性，乙酰水杨酸又被称为阿司匹林。
设计意图：通过对有机物结构进行分析，发现结构和性能上存在的不足，借助结构修饰改良性质。
</td><td>
【观察、分析】结合水杨酸的分子结构，预测是由于羧基导致其酸性过强，造成副作用。
【分组实验】观察实验，记录实验现象。
【倾听】了解羧基是水杨酸解热镇痛的有效基团，知道基团间的相互影响对物质性质的影响；了解阿司匹林的发展历史。
</td></tr>
</table>

教学环节三：进一步优化结构，逆合成分析寻找原料。

<table>
<tr><th>教师活动</th><th>学生活动</th></tr>
<tr><td>
【讲述】传统的阿司匹林存在服用次数频繁、药物在人体内代谢较快等不足。为了解决这一问题化学工作者研制出长效缓释阿司匹林。每一链节中都存在阿司匹林的结构单元；虽然服用次数减少，但有效剂量很大，通过在人体内逐步水解，从而达到长效缓释的作用。
设计意图：使学生进一步体会分子结构修饰在药物设计与合成中的广泛应用。
【任务三】观察长效缓释阿司匹林的结构，寻找该长效缓释阿司匹林的基本原料。
任务三：寻找长效缓释阿司匹林的基础原料
1.在适当的位置断开化学键，将其拆分为多个中间体。
2.用逆合成分析法，依次倒推，找出各中间体对应的基础原料。
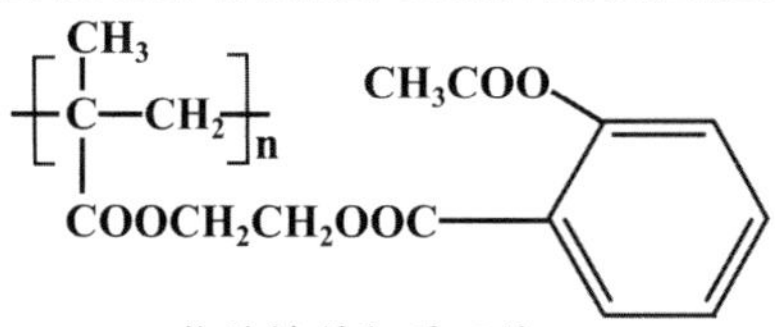
长效缓释阿司匹林
</td><td>
【倾听】进一步了解阿司匹林药物的发展史，了解长效缓释药物的作用机理。
【思考、分析】断键后，得到乙酰水杨酸、乙二醇、聚甲基丙烯酸三个中间体；其中，乙二醇可以由乙烯制备；聚甲基丙烯酸的单体为甲基丙烯酸。
</td></tr>
</table>

（续表）

教师活动	学生活动
【提问】以丙酮为原料，设计甲基丙烯酸的合成路线。 【引导分析】如何实现碳链的增长？氰基具有怎样的化学性质？ 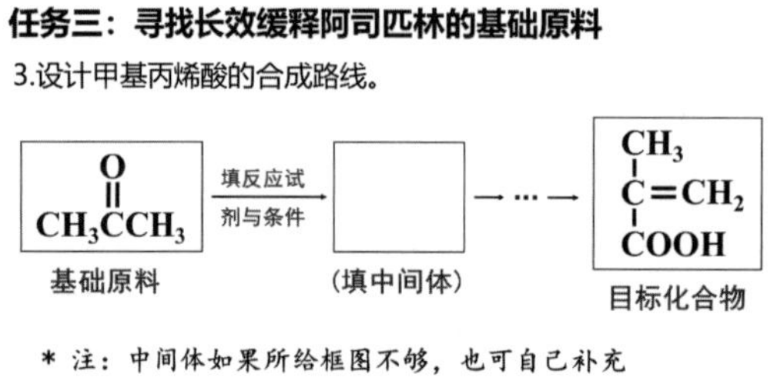 设计意图：通过分析复杂有机化合物的结构，确定断键位置，用逆合成分析法确定最适宜的原料和合成路线，进一步体会设计有机合成路线的一般思路。 【总结】在有机合成路线的设计与实施时，不论是正向推导，还是逆向分析，或是正逆结合，一般步骤均为观察目标化合物的结构，思考如何构建碳骨架、引入官能团。	【思考、交流、汇报】丙酮和HCN先发生加成反应，实现碳骨架的延长；在酸性条件下进一步发生水解反应，氰基转化为羧基；羟基发生消去反应，得到碳碳双键。 【思考、总结】总结设计有机合成路线的一般方法。

教学环节四：总结升华，了解有机合成在药物研制中的重要作用。

教师活动	学生活动
【总结概括】 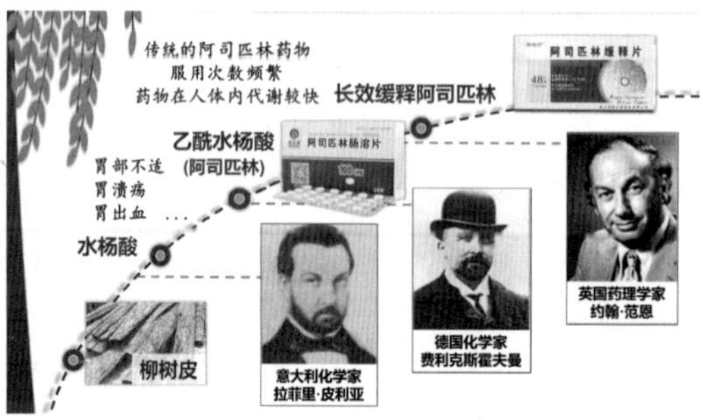 回顾阿司匹林的历史，不难发现，药物化学经历了从最开始的提取天然药物到合成药物，再发展为现在的设计药物。这一过程中，有机合成提供了坚实的物质基础，而每一次研究上取得重大突破的背后，都离不开化学工作者们的辛苦付出。不仅是药物合成，在生产生活的方方面面，化学都有力地促进了人类健康水平的提高和社会的进步。 设计意图：以阿司匹林的发展史为线索，了解药物化学的发展历程，感受有机合成在创造新物质、提高人类生活质量及促进社会发展方面的重要贡献。	【倾听、总结】感受有机合成对人类生产生活的重要意义。

板书设计

从柳树皮到解热镇痛药

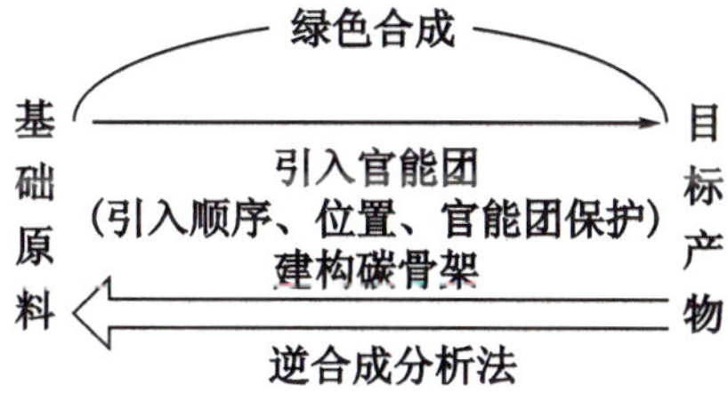

教学反思

本节课以阿司匹林的发展史为线索,让学生感受有机合成在药物研制中发挥的重要作用,体会化学在提高人类生活质量及促进社会发展方面的重要贡献。通过设计水杨酸的合成路线和寻找长效缓释阿司匹林的基础原料,让学生体会有机合成中的基团定位和保护,巩固了设计有机合成路线的一般思路和方法。此外,对于物质性质的探究,使学生能够从官能团角度进行预测,结合实验现象验证,加深对“结构决定性质,性质反映结构”的理解。总体来看,达到了本节课的教学目标,解决了重点,突破了难点。在课堂提问时,遵循了学生的认知发展规律,以学生为主体,加强了小组合作、讨论等方式,增加了学生的参与度,提高了课堂效率。

当然,本节课也有需要改善的地方。在认识阿司匹林的结构时可以结合《有机化学基础》课本中的实验活动,对阿司匹林有效成分中羧基和酯基官能团进行检验。此外,也可以进一步规划课堂时间,增加课堂内检测落实环节。

有机物的结构、性质与转化
——化学高考题专项突破教学

孟　川
（太原市成成中学校　山西太原）

课标分析

有机物是人类赖以生存的基础，学习有机化学对提高学生的科学素养具有重要意义。《普通高中化学课程标准（2017 年版）》（以下简称“课程标准”）中对有机化学的内容设计有以下几个特点：首先，是认识有机物组成和结构的层次更为鲜明；其次，是有机物和官能团的要求更加具体化，针对不同物质设置不同水平要求；最后，依据化学发展特点调整内容，体现内容时代性。通过对“课程标准”要求分析发现，该部分内容的突破需要加强有机化合物结构的认识角度和思路，培养学生多维思考的高级能力。

教材分析

有机化合物是教材高中化学必修二和选择性必修三的学习重点，教材中的知识设计一是关注高中有机化学的基础知识；二是关注有机化学在生产生活中的应用。有机化学主要应用于新物质的合成，在新材料、新药物、新科技等领域均有广泛应用。为此，有机化学推断题的选材背景相对较广，往往会选取与生产生活及新技术贴近的素材。以此为切口，将其融入试题中，旨在全面考查学生的化学核心素养和综合素质。

学情分析

本次课程项目的实施对象是高三学生，学生已经对原子结构、元素周期律、化学键及有机物的结构有了深入的学习，有一定的宏观辨析和微观分析意识。初步建立了证据推理和模型认知的分析问题的方法和思路，具有了一定的实验证据搜集，处理数据，分析问题的能力。

有机物的知识虽已学习完成，但对每类有机物性质的理解和记忆还是单一的，还未把各类有机物的转化串联成网状和块状，导致学生在解题时困难重重，出现了学生所说的书本知识一看就会，遇到试题就畏惧的普遍状况。因此，第一轮复习时把各类有机物的相互转化及解题的方法列为本节课的重点。复习课的教学重点如下：

(1)有机物各官能团的化学性质及其相互转化。

(2)掌握有机合成题的解题步骤和方法。

三 备课资源及设计理念

▶▶备课资源

高中有机化学是化学知识结构中体系较为复杂、内容较为多样且需要紧密结合化学工艺生产实践的重要组成部分。有机化学推断题是高考化学试题中的典型题型，是有效衔接高中有机化学教学与学生核心素养培养的重要手段。总结有机化学推断题主要有以下特点：

(1)综合知识考查较多。

高中有机化学推断题一般为综合性试题，综合考查学生的信息提取能力、分析推理能力、综合判断能力以及科学探究能力等核心能力。

(2)能力要求比较高。

高中有机化学推断题的考查方向，主要是有机化学知识间的相互关系以及逻辑推理能力。虽然物质所含的官能团都是中学化学中常见的，但有机推断题研究的物质一般是陌生的，这就要求学生有明确的辨别能力。

(3)知识应用范围较广。

高中有机化学推断题的考查重点，往往需要学生合成化工生产过程中的中间体或者新的有机化合物，以此体现有机化学的实用性在实际应用中树立的正确的有机化学反应的发散性思维，从而解决现实问题，体会"合成新物质是有机化学研究价值的重要体现"。

▶▶参考文献

[1]吴曼. 高中化学有机推断题设计与后效研究[J]. 中学化学教学参考，2023(21)：67-69.

[2]王宣忠. 浅谈有机推断题的特点及其解决策略[J]. 数理化解题研究，2019(22)：95-96.

[3]普通高中数学课程标准[M]. 中华人民共和国教育部. 人民教育出版社. 2020.

▶▶设计理念

在设计课程时以化学核心素养为中心，紧密围绕有机化学推断题的设计特点，探索分析解题策略，切实培养学生的核心素养及综合能力。以2020高考化学有机推断题作为典例，该题取材于有机超强碱的合成为情境，涵盖卤代烃、醇、羧酸及酯的结构与性质等有机化学主干知识，综合考查对有机化学反应规律、有机化合物的性质，以及分子式书写、常见官能团名称、常见有机物命名、同分异构体的分析与书写、核磁共振氢谱分析、有机反应类型及方程式的书写等基础知识的掌握。同时，要求学生在阅读并理解题干物质转化流程的基础上，整合所学内容并挖掘题干中提供的有效新信息，将合成设计思路提取出来，迁移到新物质的合成路线设计中，兼顾正向合成和逆向合成分析，以此考查学生对新信息的处理能力、对新知识的学习运用能力及分析推理能力等。依据本节课的学习目标，将课程环节以问题为驱动，设计为以下几个步骤：

表1　课程设计三线表

问题线	知识线	目标线
有机推断题做题现状	分析有机化学的知识薄弱环节	探究有机物复习的思路
有机物的结构和命名	有机物的命名规则和方法	引导学生掌握有机物的命名，微观探析
有机物的结构和转化	通过条件和已知信息分析常见有机物类型的性质和官能团的转化	掌握基础知识和分析问题的能力，证据推理和变化观念
限定条件有机物的同分异构体结构简式的书写	限定条件的结构分析，同分异构分析的一般思路	掌握同分异构体的书写
有机物复习的一般流程	引导学生进行有机物复习的方法	引导学生提升自主复习能力

教学目标

1. 通过分析物质的结构，掌握常见简单有机物的命名规则，加深对有机物结构的认识，锻炼宏观辨识与微观探析的素养。

2. 通过分析有机反应类型和物质结构，掌握限定条件下有机物的同分异构体的书写，提升证据推理与模型认知的能力。

3. 通过对有机物的结构和性质进行探究，引导学生认识有机化合物在生活中的重要价值，并培养社会责任意识。

教学实录

教学环节一：创设情境，结合学生有机物大题做题现状，分析有机化学的知识薄弱环节。

教师活动

【展示】在本节课之前对学生有机推断题作答情况进行调查，统计情况和题目作答情况如图所示。

学生作答现状：图片展示略。

学生得分情况：__________。

较好学生和中等学生的各题得分率。

主观题	63.94%	6.96	46.41%	5.78	38.54%
主观题	64.29%	7.86	56.16%	6.39	45.64%
主观题	68.51%	8.24	58.82%	6.34	45.3%
有机题	26.06%	2.57	17.12%	2.05	13.66%

【引导】可以看出，学生作答情况和得分情况相比其他大题差强人意。有机题由于知识量较大，命题情境比较新颖，题目难度较大，是同学们重点突破的题目。

【情境】本节课以2020高考题作为典例，以有机超强碱的合成作为情境设计考题考察有机物结构和性质的相关问题。

【引导】引导学生认真审题，分析每道题目考察的知识类型。

学生活动

观看学生问卷结果统计情况和题目作答情况，并且分享自己在作答有机题目时真实感受。

认真审题，寻找题目中的关键信息，分析题目考察的知识类型。

（2020·全国）有机碱，例如二甲基胺（）、苯胺（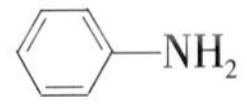），吡啶（）等，在有机合成中应用很普遍，目前“有机超强碱”的研究越来越受到关注，以下为有机超强碱F的合成路线：

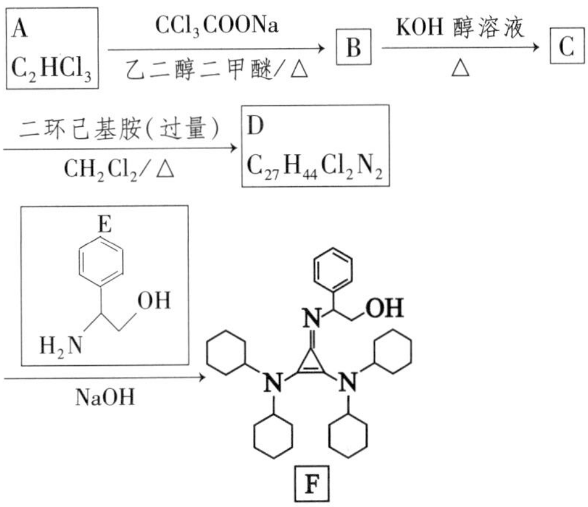

已知如下信息：

① 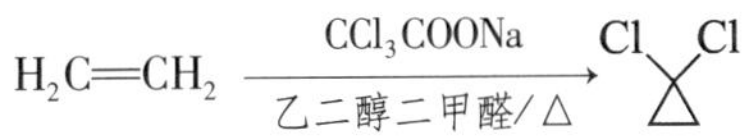

② 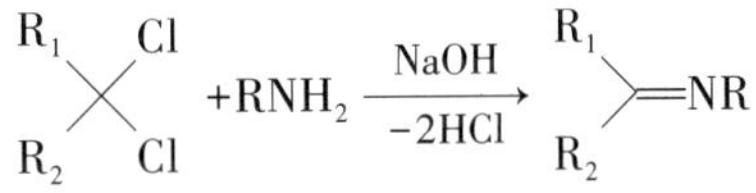

③苯胺与甲基吡啶互为芳香同分异构体

回答下列问题：

(1) A的化学名称为________。

(2) 由B生成C的化学方程式为__________。

(3) C中所含官能团的名称为______。

(4) 由C生成D的反应类型为______。

(5) D的结构简式为________。

(6) E的六元环芳香同分异构体中，能与金属钠反应，且核磁共振氢谱有四组峰，峰面积之比为6∶2∶2∶1的有种，其中，芳香环上为二取代的结构简式为________。

教学环节二:探究有机物的结构和命名关系,根据有机物的命名规则和方法,引导学生掌握有机物的命名。

教师活动	学生活动
【任务一】分析有机物的结构并命名。 1. 为例题中 A 物质命名。 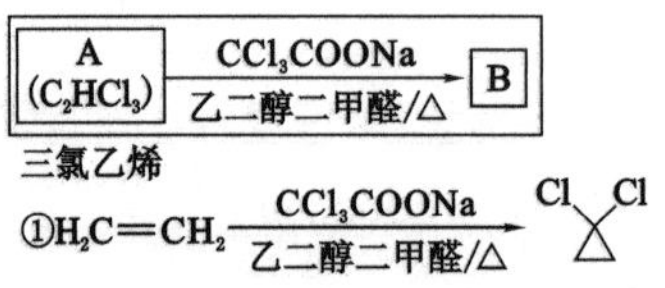 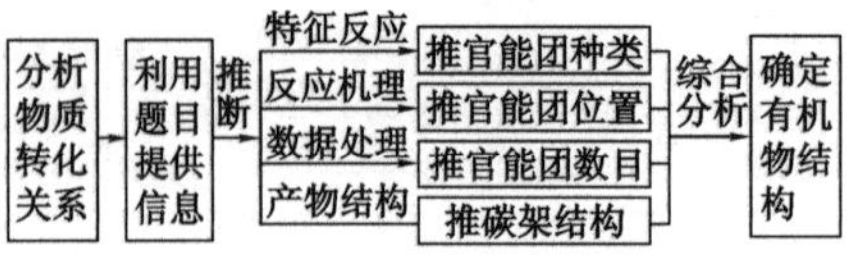 2. 分析 2021 和 2022 两道题中的物质命名,复习有机物命名的一般规则。 (2022 · 全国乙卷) 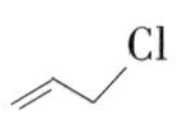 A 3-氯丙烯 (2021 · 全国乙卷) 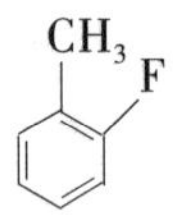 A 邻氟甲苯 (2-氟甲苯) 3. 自主练习并应用有机物命名规则为有机物命名。 4. 总结有机物命名的一般规律和基团在苯环上的命名顺序。	认真审题,并从以下角度分析题目信息: ①题干 ②流程 ③已知信息 为下列有机物命名 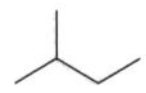  2-甲基-丁烷 2-甲基-2-氯丁烷 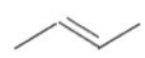 2-丁烯 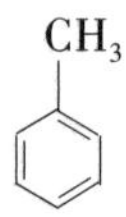 甲苯 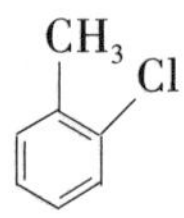 2-氯甲苯 (邻氯甲苯) 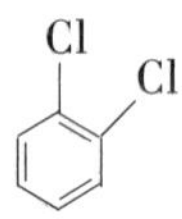 邻二氯苯 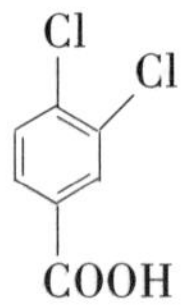 3,4-二氯苯甲酸 学生自主总结基团在苯环上的命名顺序,并与其他同学分享。 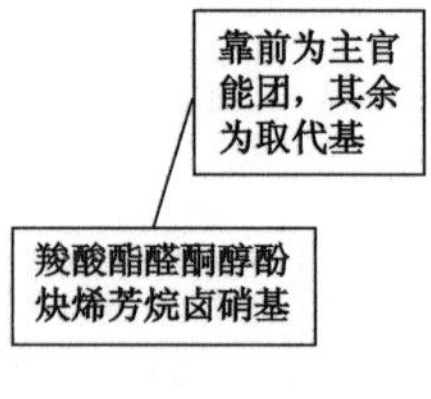

教学环节三：分析有机物的结构和转化，通过条件和已知信息探究常见有机物类型的性质和官能团的转化。

教师活动	学生活动
【任务二】分析有机物的结构并探究转化。 分析 B 到 C 的转化，复习有机物的常见转化条件和官能团变化。 （2020 · 全国卷Ⅰ · 36） B $\xrightarrow[\triangle]{\text{KOH 醇溶液}}$ C 1. 根据反应中的特殊条件推断结构 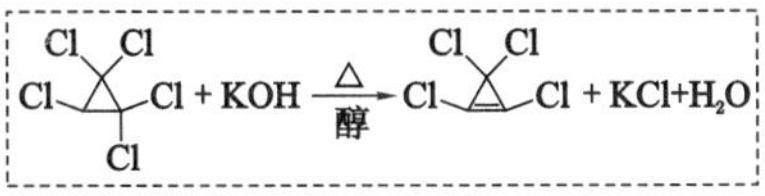 运用逆合成方法结合已知条件分析 D 的结构简式。 C $\xrightarrow[CH_2Cl_2/\triangle]{\text{二苯己基胺（过量）}}$ D（$C_{27}H_{44}Cl_2N_2$） 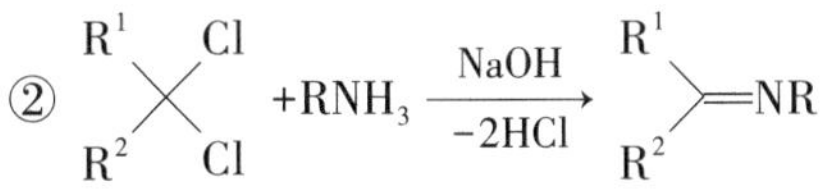 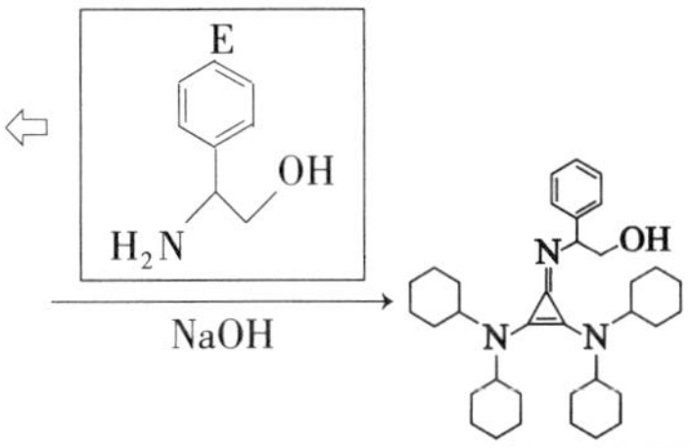	认真审题，并从以下角度分析题目信息： ①题干 ②流程 ③已知信息

教学环节四：突破有机物的同分异构现象，探究限定条件有机物的同分异构体结构简式的书写，归纳同分异构现象分析的一般思路。

教师活动	学生活动
【任务三】完成限定条件同分异构体的书写。 1. 分析题干中已知信息的作用。 （6）E 的六元环芳香同分异构体中，能与金属钠反应且核磁共振氢谱有四组峰，峰面积之比为 6∶2∶2∶1 的有________种，其中，芳香环上为二取代的结构简式为________。	快速分析并分享，转化方式和判断依据。 认真聆听，并分析 E 有几种不同化学环境的氢原子及数目。

（续表）

教师活动	学生活动
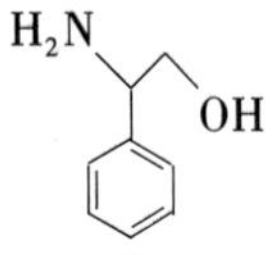 E 已知：③苯胺与甲基吡啶互为芳香同分异构体。 2. 重点突破E的结构特点：几组峰和峰面积之比。 3. 尝试书写E的同分异构体的结构简式。 4. 归纳有机物的同分异构体书写的一般方法。	Prolitane是一种抗抑郁药物，以芳香烃A为原料的合成路线如下： 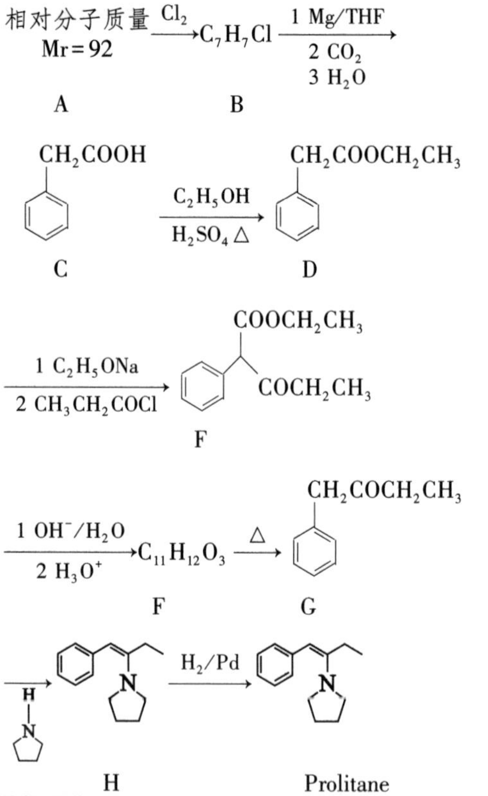 X是D的同系物，X分子比D分子少一个碳原子，且能发生银镜反应，则满足此条件的X共有种（不含立体异构）；其中核磁共振氢谱显示为5组峰，其峰面积比为3∶2∶2∶2∶1，写出符合该要求的X的一种同分异构体的结构简式：________。

教学环节五：总结有机物复习的常规思路

教师活动	学生活动
【总结分析】归纳有机物复习一般规律。 重点复习掌握常见有机物的结构和性质。 提升官能团的识别、性质和转化分析能力。	完成课后练习，归纳有机物复习的一般思路。 1. 通过熟悉典型官能团的化学性质，培养学生宏观辨识与微观探析能力。 2. 能综合应用有关知识构建模型完成有机化合物推断、有机合成线路设计等任务。

板书设计

结构考查：有机物的命名、官能团识别、结构简式的书写、同分异构体数目的判断

素材　原料 ⇨ 中间体 ⇨ 中间体 ⇨ 目标产物

性质考查：常见有机物的性质和转化(课本)，未知有机物的性质和转化(已知信息)

教学反思

试题不仅具有考查知识、能力的功效,也具有反拨教学的作用。一方面,它可以引导学生进行有机化学复习,对此教师要善于借助有机化学推断分析题目,增加学生对化学特定习题的探讨交流,增设提升整体思维的练习,在日常练习中,要不断增加讲解、讨论、训练的学习设置,通过有机化学推断类试题的教学,督促学生将各种化学方法运用到实践操作中。

另一方面,在教学中,教师可以将有机化学推断题的思路引入课堂教学、课后练习、测试讲评、逻辑推理演练等环节,使学生可以对高中有机化学知识的内容进行全面梳理及深层次理解,形成客观真实的解题分析策略。高中化学课堂教学要善于加强知识点归纳和知识线路整理,有针对性地培养学生知识点串联推理的综合能力;要积极探索构建整体规划水平的解题策略,建立逻辑推理能力;可以用案例教学模式强化学生对有机化学实际应用的体会,用有机推断题强化学生逻辑推理能力及思维的养成,以此推进对学生核心素养的培养。

第九章　大概念统领下单元主题教学案例

寻找复合膨松剂
——基于化学核心素养的水溶液认知建模教学

陈　红
（太原市第十二中学校　山西太原）

课标分析

《普通高中化学课程标准（2017 年版 2020 年修订）》指出“证据推理与模型认知”是化学核心素养之一，是化学学科核心素养的思维核心，其中“模型认知”是化学学科核心素养的关键部分，要求学生可以通过分析、推理等方法认识研究对象的本质特征、构成要素及相互关系，建立认知模型并能运用模型解释化学现象，揭示化学现象的本质和规律。建模教学是整合核心概念、理论、实验操作等多种类型知识的有效途径，有助于学生利用形成的化学思维模型解决新情境下复杂的化学问题，是进行知识创新和拓展运用的起点，符合新课标对能力的要求。

教材分析

盐类的水解是人教版普通高中化学选择性必修一《化学反应原理》第三章“水溶液中的离子反应与平衡”内容中的第三节，它是继弱电解质、水的电离平衡体系之后的又一个电解质（盐类）溶液的平衡体系，它表述了盐类物质在水溶液中的行为，是初中化学所学溶液的微观化研究，也是对必修第一册中在电解质知识基础上建立的电离、离子反应等概念的具体应用，更是选择性必修一中已学“化学反应的方向”“电离平衡”“水的电离”内容的具体体现，是为后续学习沉淀溶解平衡作铺垫的。通过盐类水解的学习，能进一步促进学生的认知发展，对平衡原理和弱电解质的电离进行具体综合的应用和再认识，以达到强化的目的，是理论教学的重点与难点，为整个电解质溶液平衡体系模型的建立打下坚实的基础。

学情分析

学生通过必修第二册第六章第二节“化学反应的速率与限度”及选择性必修一第二章“化学反应速率与化学平衡”的学习，已经初步建立化学平衡的观点，能通过化学平衡移动原理解释浓度、温度、压强等外界条件对化学平衡移动的影响；通过学习电离平衡、水的电离和溶液的 pH，已构建弱电解质的电离模型，具备一定的微粒观，能够从微观粒子的角度思考微粒间可能发生的相互作用，并理解 $c(H^+)$ 和 $c(OH^-)$ 相对大小与溶液酸碱性的关系，可以用化学符号表征化学变化。这些都为系统学习盐类的水解，理解溶液中多种平衡之间的相互作用做好铺垫。但是学生的微观本质探究能力、综合分析能力和逻辑推理能力较弱。

备课资源及设计理念

►►备课资源

膨松剂是指通过释放气体使生面团或面糊膨胀，令烘焙食品多孔膨松的物质。由于馒头、面包、蛋糕等在加工制作的过程中加入了膨松剂，而膨松剂在使用的过程中可以生成气体，使其内部形成海绵状多孔的组织结构，体积胀大，接着再进行焙烤，气泡受热膨胀成大气泡，食物就会变得松软。但是如果气体膨胀速率过快，在面团还没有足够强度却定型时，这些气体就会逸出，导致面团塌陷；如果反应产生气泡的过程太慢，在面团已经被烘烤固化后才产生大量气体，则面团就不够松软，甚至会被气体顶开龟裂。

根据《食品安全国家标准食品添加剂使用标准》（GB2760－2014）规定，目前我国允许在食品中添加的膨松剂共有 10 多种。

膨松剂通常分为生物膨松剂和化学膨松剂两大类。

生物膨松剂主要是利用微生物发酵产生二氧化碳（CO_2）起膨松作用，但微生物产生 CO_2 需要一定的时间。化学膨松剂主要是利用化学反应产气，具有产气速度快、产气速度可控等优点。根据化学膨松剂的组成还可分为单一膨松剂和复合膨松剂。

1. 生物膨松剂

最常见的生物膨松剂就是酵母，它不仅可以使面制品体积膨大，组织呈海绵状，而且能提高面制品的营养价值和风味。以前在食品中使用的是压榨酵母（鲜酵母），但其不易保存且制作时间长，现在逐步使用由压榨酵母经低温干燥而成的活性干酵母。活性干酵母不受时间的限制，使用方便，但使用前要先用 30 ℃左右温水溶解并放置 10 分钟左右，使酵母活化，方可使用。

2. 单一膨松剂

食品中最常用的单一膨松剂是碳酸氢钠（$NaHCO_3$）和碳酸氢铵（NH_4HCO_3）。碳酸氢钠分解后残留的碳酸钠，在高温下与油脂作用产生皂化反应，使食品品质不良、口味不纯，使用不当时还会使食品表面呈黄色。而碳酸氢铵分解后产生气体的量比碳酸氢钠多，起发效力大，但容易造成食品过松，使食品内部或表面出现大的空间，而且加热分解产生的氨气可能残留于食品中，使食品有不良气味，同时 pH 升高，对维生素也有破坏作用。因此实际使用中碳酸氢钠和碳酸氢铵单独使用较少。

3. 复合膨松剂

复合膨松剂俗称发酵粉、发泡粉，一般由 3 部分构成：碱性剂、酸性剂和填充剂。

碱性剂，也称膨松盐，主要是碳酸盐和碳酸氢盐，常用的是碳酸氢钠，用量约占 20%～40%，其作用是产生 CO_2 气体。

酸性剂，也称膨松酸，常用的是硫酸铝钾［$KAl(SO_4)_2 \cdot 12H_2O$］，用量约占 35%～50%，其作用是与碱性剂发生反应产生 CO_2 气体，能降低制品的碱性，调整制品的酸碱度，去除异味，并控制反应速率，充分提高膨松的效能。

填充剂，主要有淀粉、食盐等，用量约占 10%～40%，其作用是控制和调节 CO_2 气体产生速率，使气体产生均匀，延长膨松剂的保存性，防止吸潮、失效，还能改善面团的工艺和性能，增强面筋的强韧性和延伸性，亦能防止面团失水而干燥。

►►参考文献

［1］中华人民共和国教育部. 普通高中化学课程标准（2017 年版 2020 年修订）［S］. 北京：人民教育出版社，2020.

［2］陈洪华，李祥睿. 西点制作教程［M］. 北京：中国轻工业出版社，2012.

［3］孙玉婷，林丹. 食品添加剂之膨松剂简介［J］. 化学教育，2009.

►►设计理念

本节教学设计充分体现了“观念建构”的设计理念，引导学生根据已有化学现象和事实，自主提炼思维模型，有助于学生将知识向能力迁移，加深对化学知识的认识和理解，形成长期持久的化学学科核心素养。在多变的情境下，也具备思考和解决问题的能力。本节教学设计还将化学建模教学与项目式学习巧妙结合，实现了“以寻找复合膨松剂的情境为依托”，将一个大项目中的问题进行拆解，培养学生的探究能力和逻辑推理能力。建模教学充分体现了“以教师为主导，发挥学生主体作用”的教学理念，在真实具体情境中发现问题，对所发现的问题提出假设，设计实验加以证实或证伪，再以已知知识和事物为依托，联系新知识和新内容，加以思考，解决新问题。

教学目标

1. 通过微观视角分析盐在水溶液中存在的微粒及微粒之间的相互作用，发展微粒观。

2. 通过关注水溶液体系的特点及寻找酸性物质的过程，将知识结构化，逐步建构水溶液认知模型，形成建构思维模型的一般思路和方法，培养科学探究与创新意识。

3. 通过对利用水溶液认知模型预测的盐溶液进行 pH 的测定实验，进行验证，培养从微观的反应原理到宏观的证据收集和分析推理能力。

4. 通过寻找复合膨松剂并构建水溶液认知模型的过程，体会水溶液认知模型的学科价值和应用价值，进一步认识化学服务于生活，增强社会责任感。

教学实录

教学环节一：初识膨松剂

教师活动	学生活动
【情境导入】 很多同学都喜欢吃甜品，在街上随处可见的甜品店，玻璃窗前那些香甜美味、精致漂亮的面包、蛋糕让我们忍不住驻足观赏，还有家里刚出锅的白胖胖、热乎乎的馒头也让我们口水直流，它们共同的特点都是松软可口。你知道它们是怎么变松软的吗？	【回答】使用了膨松剂。
请同学们阅读导学案上的资料一，进一步了解膨松剂。	【阅读】了解膨松剂。
【过渡】根据你已有的知识和生活经验，你知道的膨松剂有哪些呢？	【回答】小苏打。
【追问】我们在必修一就学过碳酸氢钠。它的工作原理是什么呢？	【回答】利用碳酸氢钠受热易分解的性质。
【提问】为了使这些食物的口感更加松软，充气量更足，有什么方法呢？	【回答】增加碳酸氢钠用量。
【追问】同学们是否有这样的生活经验，有时候家里蒸出的馒头是发黄的，此时大人们会说一句话：碱大了。 【解释】发黄的馒头不仅影响外观，而且面团发硬，嚼起来还有苦涩的味道。 【提问】这是为什么呢？ 请同学们继续阅读资料二，寻找答案。	【回答】过量使用的小苏打受热分解后生成大量碱性很强的碳酸钠。

（续表）

教师活动	学生活动
【活动一】初建水溶液认知模型 【提问】如何验证碳酸钠水溶液呈碱性的呢？碳酸钠是什么类别的物质？ 【追问】碳酸钠明明是盐，本身不电离出氢氧根离子，为什么会使馒头有很强的碱性呢？ 请同学根据已学知识，自行分析碳酸钠溶液呈碱性的原因。 （提示：从微观角度上分析） 设计意图：发展学生的微粒观，培养宏观辨识与微观探析的核心素养。 【提问】同学们能否将你的分析过程初步建构一个认知模型图呢？ 【活动二】完善水溶液认知模型 【整理】对于单一溶质体系而言，要确定水溶液体系的认识角度和认识对象，尝试比较水溶液中微粒浓度的大小关系。 认识对象：溶质和溶剂。 认识角度：物质种类、微粒种类（如何产生？有哪些种类？）、相互作用（电离、离子反应、平衡、多个平衡间的相互影响）、微粒数量和宏观现象。 【完善模型】 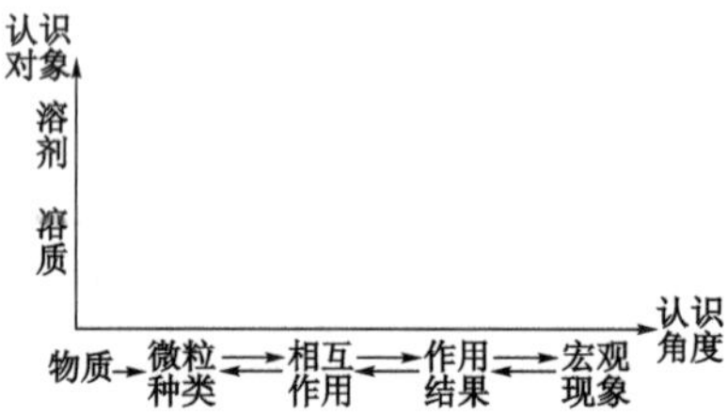 【提问】在碳酸氢钠用量不变的情况下，能不能找到一种物质，用它和碳酸氢钠一起做膨松剂，可以使面团产气量更足，膨发效果更好，碳酸钠也不会残留那么多影响口感和颜色呢？	【回答】向碳酸钠溶液中滴加酚酞溶液，溶液由无色变为红色，证明碳酸钠溶液显碱性。碳酸钠属于盐。 【小组讨论】初步设计水溶液认知模型，画出水溶液认知模型图。 初建模型图： 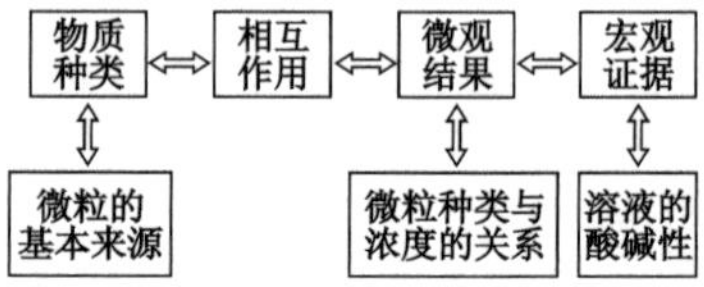 设计意图：将知识结构化，发展“模型认知”的核心素养。 【分析】在完善后的模型图上分析碳酸钠溶液呈碱性的原因。 【回答】碳酸氢钠+溶液显酸性的物质。 由 $NaHCO_3$ 受热分解： $2NaHCO_3 \rightarrow CO_2\uparrow$。 改进为加入酸性物质： $2NaHCO_3 \rightarrow 2CO_2$。

教学环节二:设计复合膨松剂

<table>
<tr><th>教师活动</th><th>学生活动</th></tr>
<tr><td>

【活动一】运用水溶液认知模型,寻找酸性物质。

利用水溶液认知模型预测酸性物质的种类,并将预测的物质填写在学案的表格里,利用水溶液认知模型进行微观分析。

方案一:碳酸氢钠+酸。

【提问】所有的酸都可以吗?

阅读资料三,寻找答案。

【改进】选择弱酸效果更好。

<table>
<tr><th></th><th>Ka</th><th></th></tr>
<tr><td>醋酸</td><td>1.76×10^{-5}</td><td rowspan="3">→共性改良</td></tr>
<tr><td>柠檬酸</td><td>7.4×10^{-4}</td></tr>
<tr><td>酒石酸</td><td>9.1×10^{-4}</td></tr>
</table>

实际膨松剂中常用的酸是:酒石酸和柠檬酸。

【活动二】再用水溶液认知模型,寻找其他类别的酸性物质。

【提问】溶液呈酸性的实质是什么?

【追问】向水中加入酸是增加 $c(H^+)$,使 $c(H^+)>c(OH^-)$,还能加入什么物质使溶液中的 $c(H^+)>c(OH^-)$?

氯化铵、氯化铝等物质都是盐类。根据水溶液认知模型分析这些盐溶液显酸性的原因(以氯化铝溶液为例)。

方案二 :碳酸氢钠+某些盐。

【讲授】根据宏观现象表现出的酸性,微观表示为氢离子浓度大于氢氧根浓度,在水溶液中要么增加氢离子要么就消耗氢氧根,因此会想到能与氢氧根结合生成弱电解质的阳离子物质,这类物质是盐。

</td><td>

【活动】小组合作,找出多种酸性物质,通过构建的水溶液认知模型分析其中一种物质,并在学案上写出分析过程。

【展示】方案一:

碳酸氢钠+酸。

如 HCl、H_2SO_4、HNO_3、CH_3COOH 等。

学生上台展示加入这些酸使溶液呈现酸性的认知模型图。

设计意图:运用设计的模型寻找水溶液呈酸性的物质,培养逆向思维,打破传统教学的僵化与死板。

【回答】水溶液呈酸性的实质:$c(H^+)>c(OH^-)$。

【分析】减少 $c(OH^-)$,$c(H^+)$ 不变,$c(H^+)>c(OH^-)$,如氯化铵、氯化铝等物质。

【分析】Al^{3+} 与 H_2O 电离产生的 OH^- 结合能形成弱电解质 $Al(OH)_3$。由于部分 OH^- 与 Al^{3+} 的结合,使溶液中 $c(OH^-)$ 降低,H_2O 的电离平衡向电离的方向移动,导致溶液中 $c(H^+)$ 增大,这就是氯化铝溶液呈酸性的根本原因。

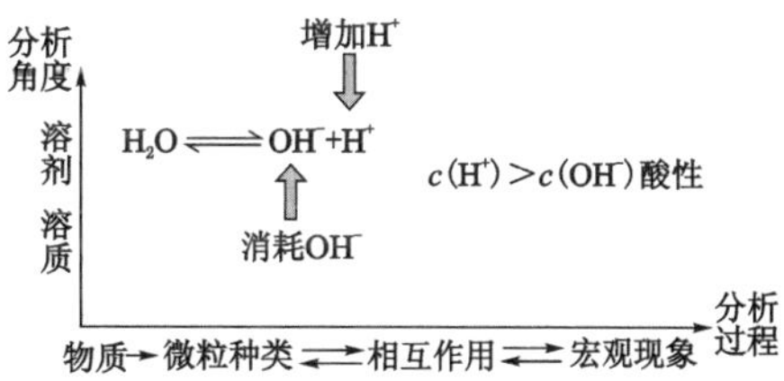

设计意图:再次运用设计的水溶液认知模型寻找水溶液呈酸性的物质,强化模型思维。

</td></tr>
</table>

教学环节三:实验验证

教师活动	学生活动
【活动一】检验水溶液认知模型,测定所预测的某些盐溶液的 pH。 以上都是微观分析,现在通过实验来检验真理,验证预测的几种盐溶液呈酸性,请同学们用 pH 计测定这几种盐溶液的 pH。 【评价】由实验结果可知,利用水溶液认知模型可以寻找到使水溶液呈酸性的物质,证实了该模型应用的正确性和有效性。	【实验】测定几种盐溶液的 pH,展示实验结果。 室温下:0.1 mol/L 新配 NH_4Cl 溶液 pH=5.9。 室温下:0.1 mol/L 新配 $AlCl_3$ 溶液 pH=3.1。 室温下:0.1 mol/L 新配 $FeCl_3$ 溶液 pH=1.4。 设计意图:通过测定所预测的某些盐溶液的 pH,寻找证据,检验建构的水溶液认知模型是否正确,培养证据意识。

教学环节四:深化理解盐类水解的本质

教师活动	学生活动
【活动一】归纳盐类的水解 【提问】通过学习,你能总结出盐溶液呈现酸性或者碱性的原因吗?以上这些盐的离子组成有什么共同特点? 【讲授】盐类的水解概念:部分盐溶于水电离出阳离子或者阴离子可分别与水电离产生的 OH^- 或 H^+ 结合,生成弱电解质——弱酸或弱碱,打破水的电离平衡,使溶液中 $c(H^+)$ 不等于 $c(OH^-)$,该过程叫作盐类的水解。 盐类的水解实质:促进水的电离平衡。 这些过程有新物质“弱电解质”生成。 【活动二】用化学符号表示盐类的水解。 以氯化铵为例,用化学符号来描述一下水解过程。 【提问】反应物是什么?生成物是什么? 【追问】产物是否需要标气体和沉淀符号吗?为什么?说明什么? 【追问】这个反应能否进行到底?盐类水解方程式用等号还是可逆号? 【讲授】我们还可以根据实验数据寻找证据来理解水解反应的可逆性。 <table><tr><td>0.1 mol/L 溶液</td><td>pH</td><td>水解程度</td></tr><tr><td>NH_4Cl</td><td>5.9</td><td>约 79000 个 NH_4^+ 中有 1 个水解</td></tr><tr><td>$AlCl_3$</td><td>3.1</td><td>约 380 个 Al^{3+} 中有 1 个水解</td></tr><tr><td>Na_2CO_3</td><td>11.3</td><td>约 50 个 CO_3^{2-} 中有 1 个水解</td></tr><tr><td>$NaHCO_3$</td><td>8.3</td><td>约 50000 个 HCO_3^- 中有 1 个水解</td></tr></table>	【回答】部分盐溶于水电离出阳离子或者阴离子可分别与水电离产生的 OH^- 或 H^+ 结合,生成弱电解质——弱酸或弱碱,打破水的电离平衡,使溶液中 $c(H^+)$ 不等于 $c(OH^-)$,溶液呈酸性或者碱性。 【回答】盐电离出来的离子能够与水电离产生的 OH^- 或 H^+ 结合,生成弱电解质,打破水的电离平衡。 【书写】书写盐类水解方程式。 【回答】反应物:氯化铵、水。 生成物:一水合氨、盐酸。 【回答】通过观察以上几份盐溶液,没有刺激性气味和沉淀,说明水解的程度很小,不需要标注气体和沉淀符号。 【回答】尽管溶液中 $c(H^+)$ 增大是铵根离子水解的必然结果,但是水解反应而增加的氢离子又能与生成的弱碱 $NH_3 \cdot H_2O$ 发生中和反应,从而抑制铵根离子的进一步水解,最终达到水解平衡。该反应的逆反应是:酸+碱→盐+水,说明水解反应既能正向进行,也能逆向进行,存在动态平衡,且水解程度很小,所以用可逆号。 设计意图:进一步寻找证据,定量说明盐类水解的程度很小且为可逆反应,培养证据推理和定量分析意识。

教学环节五:当堂检测

教师活动	学生活动
【活动一】快速判断三种盐溶液(氯化钠,醋酸钠,硫酸铜)的酸碱性,并说出依据。	【回答】 氯化钠溶液:中性。 醋酸钠溶液:碱性。 硫酸铜溶液:酸性。
【活动二】小组合作完成趣味实验。 水解使溶液显酸性的盐和碳酸氢钠真的可以反应产生气体做膨松剂吗?现场做一个“白面包”“黄面包”实验,模拟发面过程。 实验步骤: 1. 向两支试管中分别加入2药匙的面粉。 2. 向其中一支试管中加入半药匙硫酸铝固体和半药匙碳酸氢钠固体,玻璃棒搅拌,使固体混合物混合均匀,另一支试管不加。 3. 分别向两支试管中加入2滴管水,观察并记录实验现象。	【小组实验】小组合作进行“白面包”“黄面包”趣味实验。 设计意图:类比蔗糖和浓硫酸的“黑面包实验”,设计了碳酸氢钠与多种水溶液显酸性盐的“白面包”“黄面包”的趣味实验,现场模拟发面,再次验证碳酸氢钠与水溶液显酸性的盐组合可以作为复合膨松剂,同时再次检验设计的水溶液认知模型是否正确。

教学环节六:课堂小结

教师活动	学生活动
【讲授】盐溶于水并电离都是在水的作用下发生的,由此可见,在溶液中的各种离子并非孤立存在,它们在运动过程中相互作用。这些离子间的相互作用又会影响溶液的酸碱性。通过建构水溶液认知模型可以正向分析水溶液的一些性质,还可以逆向寻找具有某些性质的物质。通过本节课建构水溶液认知模型的过程,我们还学习了建构化学思维模型的一般思路和方法。那么,生活中的膨松剂成分还有哪些呢?如何从化学的视角认识其作用原理呢?下节课将继续探究。	【分享】反思收获。 设计意图:再次体会建构水溶液认知模型的思维过程以及盐类水解的微观本质。

板书设计

寻找复合膨松剂

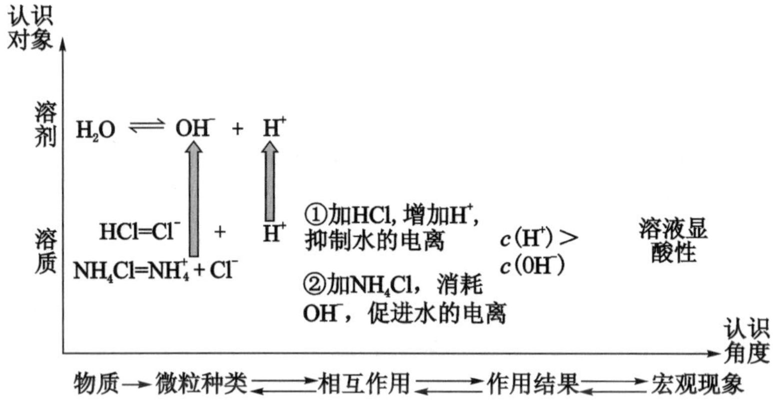

教学反思

本节教学以真实的生活情境“寻找复合膨松剂”为项目任务，学生在教师的引导下，结合问题线索开展活动，引导学生从微观角度认识宏观现象，从微粒间动态的相互作用理解电解质在水溶液中的行为，促进学生自主建构对概念和原理的认知，形成基于微观、动态、平衡视角的分析思路。从分析“单一膨松剂”的不足到设计“复合膨松剂”的过程中，带领学生进行了水溶液认知模型的建构过程：初建模型→完善模型→应用模型→再用模型→检验模型，形成建构模型解决化学实际问题的一般思路和方法。在实验探究过程中不断发展学生的实验探究、思维建模、证据推理等高阶思维，完善原有认知，实现知识的自主建构，提高元认知能力，最终让学生运用所学知识一步一步找到“复合膨松剂”。学生在真实情境中进行学习，逐步感受到变化观念和平衡思想，培养学生实验探究和运用化学原理解决实际问题的能力，全面提升了学生的化学学科核心素养，为下一步沉淀溶解平衡的学习奠定了思维基础，更好地启迪了学生的科学思维。

复合膨松剂的发泡效果研究

闫　昕

（太原市外国语学校　山西太原）

课标分析

《普通高中化学课程标准(2017年版)》选择性必修课程模块1主题3对本课时的内容要求:认识盐类水解的原理和影响盐类水解的主要因素。

通过证明水解平衡的存在及对平衡移动的分析,形成并发展学生的微粒观、平衡观和守恒观;关注水溶液体系的特点,结合实验现象、数据等证据素材,引导学生形成认识水溶液中离子反应与平衡的基本思路。通过让学生画微观图示、解释宏观现象等具体任务探察学生对水溶液体系认识的障碍点,以进一步明确教学重点和难点。在组织学生开展实验探究活动时,注意实验前的分析预测和对实验现象的分析解释,对假设预测、实验方案、实验结论进行完整论证,发展学生"证据推理与模型认知"的化学学科核心素养,培养系统思维能力。结合真实生活情境,组织学生开展分析解释、方案设计等活动,促进学生认识水溶液中的离子反应与平衡对生产、生活和社会发展的作用。

教材分析

本课内容为人教版高中化学选择性必修1《化学反应原理》中第三章第三节盐类水解的第二课时。本课所属章节内容实际上是应用前一章所学化学平衡理论,探讨水溶液中离子间的相互作用,内容比较丰富,理论与实际、知识与技能兼而有之。电离、平衡的过程分析,体现了化学理论的指导作用;展示了相关知识在生产生活中的应用价值;在教学功能上,这一章起着延伸、拓展、巩固前一章所学知识的作用。

水溶液体系的认识思路：

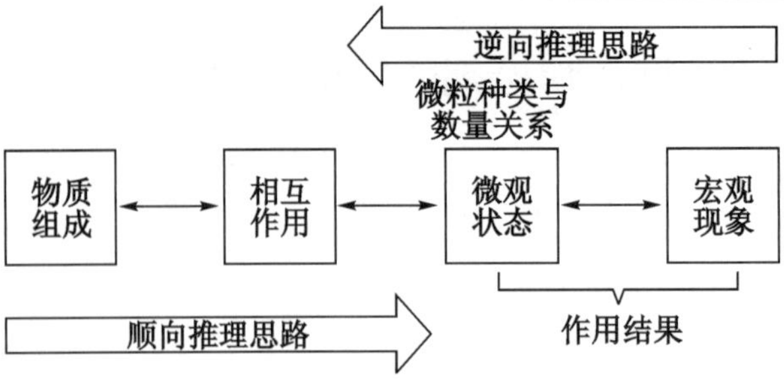

学情分析

高中学生已经具有一定的化学知识与技能，能对具体化学知识进行分析，但学生在面临与化学有关的社会问题时，仍然存在无法应用所学知识解决实际困难，社会责任感、参与意识不强等问题。故在社会快速发展的新形势下，应在课堂中更加注重培养学生的核心素养，提高学生综合运用知识解决实际问题的能力。

学生已经在第二章中学习了化学平衡的相关知识，对平衡体系有一定的理解，并且通过第三章前两节内容的学习已经掌握离子方程式的书写、电离平衡和溶液的 pH 等知识，在本节第一课时中也学习了盐类水解的实质，具备一定的问题分析能力。但在面对真实情境下的复杂问题时，由于缺乏系统思维，学生可能会出现只关注其中的一个平衡过程的问题，缺少对多平衡之间的相互影响的思考，可能出现顾此失彼的情况，故本节课采用教师追问、小组讨论、实验探究的学习方式，由教师提出问题，学生相互讨论，在得出基本结论后教师通过不断的追问促使学生进行深层次的思考，最终重要的知识结论由学生自己得出，以促进学生学习方式的转变，培养他们的创新精神和实践能力。

备课资源及设计理念

▶▶备课资源

松软的面包和蛋糕、酥脆的饼干深受人们的欢迎。它们之所以那么松软或酥脆，是因为在制作过程中使用了膨松剂。膨松剂是在食品加工过程中加入的，能使面胚发起形成多孔组织，使食品具有松软或酥脆特点的一类物质。化学膨松剂是膨松剂中的一大类，它又分为单一膨松剂和复合膨松剂。

下图是膨松剂的演变过程：

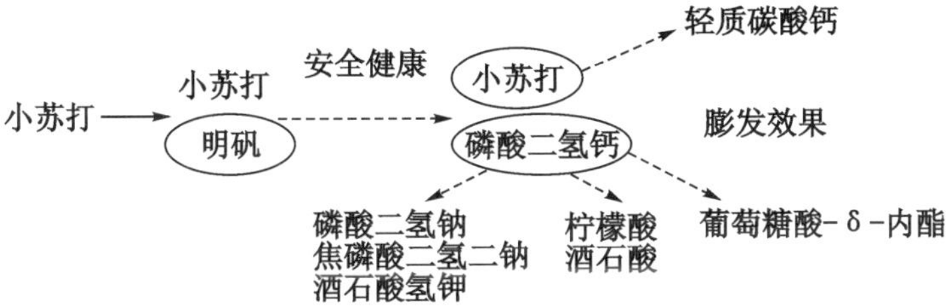

▶▶设计理念

这节课通过对复合膨松剂发泡效果的研究而展开，以主体为引领，使课程内容情境化，有助于促进学科核心素养的落实。这节课为水解平衡之间的相互影响及水解平衡的移动设置了两个任务：任务一，驱动性问题设置的目的是为了突破学生的思维局限，因为很多学生仍不具备平衡动态的观点。在分析过程中，水溶液平衡的二维图能够将学生的分析思维外显出来，模型的应用分析，对实验现象的预测分析则体现了证据推理与模型认知的核心素养；由物质到微粒，再到微粒间的相互作用，最后引发宏观现象，则体现了宏观辨识与微观探析的核心素养；生成微粒之间的相互结合对原有平衡造成的影响体现的是变化观念与平衡思想。任务二，学生须同时兼顾发泡效果好和食品健康安全两个问题，这为学生今后解决生活中的实际问题时提供了经验，也让学生解决复杂问题的综合能力有所提高。

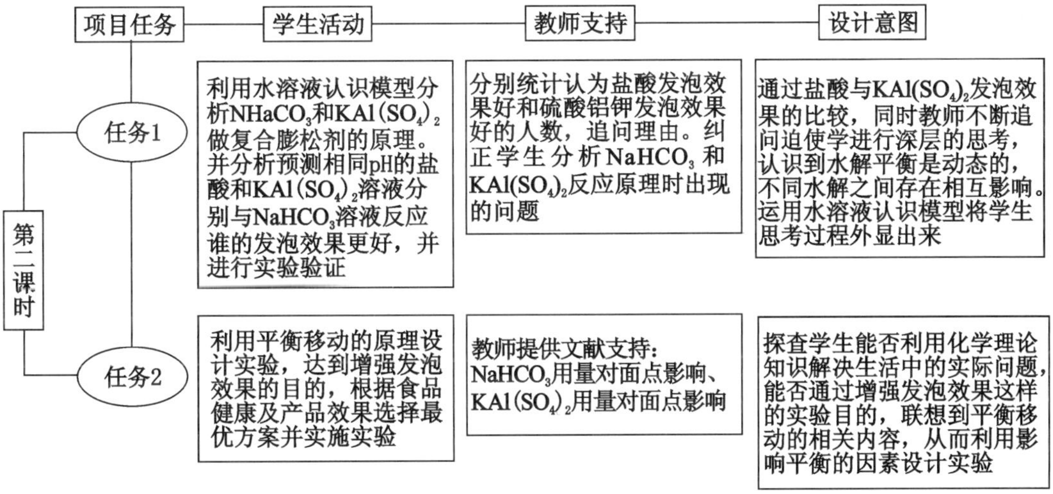

教学目标

1. 通过探究如何增强复合膨松剂的发泡效果了解影响盐类水解平衡的因素，能多角度、动态地寻找外界条件对盐类水解平衡的影响,并做出理性的分析判断。

2. 学习使用“水溶液平衡的二维图”,初步建立“水溶液中粒子变化”的思维模型,落实证据推理与模型认知的核心素养。

3. 了解盐类水解在生产生活、化学实验、科学研究中的应用,能发现和提出有关盐类水解的问题并设计探究方案,进行实验探究,落实科学探究与创新意识的核心素养。

教学实录

教师活动	学生活动
【情境】在生活中蒸蛋糕,炸油条时,为了使食物松软可口,常常会加入膨松剂辅助发泡,膨松剂的种类有很多种,在高一时我们学习了单一膨松剂的作用原理以及 $NaHCO_3$ 与酸做复合膨松剂的原理,今天我们来研究复合膨松剂的其他作用原理和发泡效果。 【提问】复合膨松剂中含有 $NaHCO_3$,与酸性物质反应可生成 CO_2,除了直接加酸之外,我们能否添加硫酸铝钾作为膨松剂中的酸性物质呢? 【设计意图】以“能否添加硫酸铝钾作为膨松剂中的酸性物质”为驱动性问题,涉及的体系比较单一,学生相对好解决。 在分析这个问题时,由于关注点在硫酸铝钾上,学生可能不会意识到在膨松剂中硫酸铝钾的水解和碳酸氢钠的水解还有相互作用,只分析硫酸铝钾本身的水解过程,此时再给出任务一的追问,带来冲击感,引发学生思考酸和溶液显酸性的盐在做酸性物质时有什么不同。 【教师总结】$NaHCO_3$ 发泡的过程,实际上是与氢离子反应的过程,所以只要能够提供氢离子就能实现这个反应。那么氢离子可以由外加酸的方法直接提供,也可以通过减少氢氧根离子的方法使得溶液呈酸性。经过分析我们发现,$KAl(SO_4)_2$ 电离出的 Al^{3+} 结合水中的 OH^-,即 Al^{3+} 的水解,使溶液呈酸性,故可以添加硫酸铝钾作为膨松剂中的酸性物质。所以 $NaHCO_3$ 与酸直接反应,或者与溶液显酸性的盐反应都可以完成发泡的目的。	利用水溶液平衡的二维图判断,得出答案。 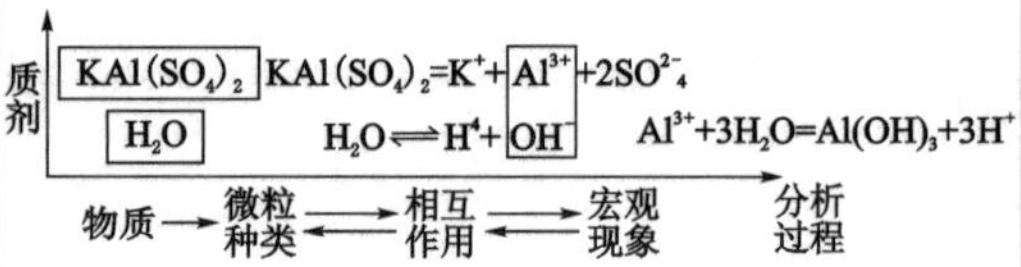

（续表）

<table>
<tr><th>教师活动</th><th>学生活动</th></tr>
<tr><td>
任务一
试预测：相同 pH 的盐酸和硫酸铝钾溶液分别与碳酸氢钠溶液反应谁的发泡效果更好？
一、理论分析
【问题拆解】要想解决这个问题，先请大家利用水溶液平衡的二维图分析以 $NaHCO_3$ $KAl(SO_4)_2$ 为基本原料的膨松剂工作原理。根据物质分析微粒种类，并思考微粒之间有什么相互作用，预测可以看到什么现象。
【设计意图】学生在讨论中意见碰撞，论证说服对方，最后得出一个较为统一的答案。教师在学生讨论过程中，确认学生的真实想法，明确学生对哪部分知识的认识角度有所缺失，在后续课堂中进行重点补充和强调。
纠正学生在二维图上出现的错误。如可逆符号没有写，最终无法用平衡移动的知识分析该反应；电离方程式书写错误造成微粒种类错误、分析错误等。
</td><td>
举手表决并分别说明理由。（请认为相同的学生先说，不同的同学后说）
完成学案并汇报。
【学生汇报】HCl 效果好的原因：1. 盐酸完全电离，溶液中的氢离子含量较多。（没有注意问题中 pH 相同的限定条件）。2. 盐酸是强酸，相同 pH 所需的浓度较小，节约药品。（没有明确实验目的）（得出这部分答案的同学，整体来说解决综合问题的能力较差，信息接收处理能力不强）
一样好：因为 pH 相同，所以溶液中所含氢离子浓度相同，发泡效果相同。（pH 相同背后隐藏的信息无法挖掘，对可逆反应的动态平衡认识不到位，变化观念与平衡思想没有树立）
硫酸铝钾好的原因：pH 相同的情况下，盐酸是完全电离，铝离子水解却是可逆的，故硫酸铝钾中还可产生大量的氢离子。（认识到了铝离子水解是可逆的，而且是动态平衡可移动的）
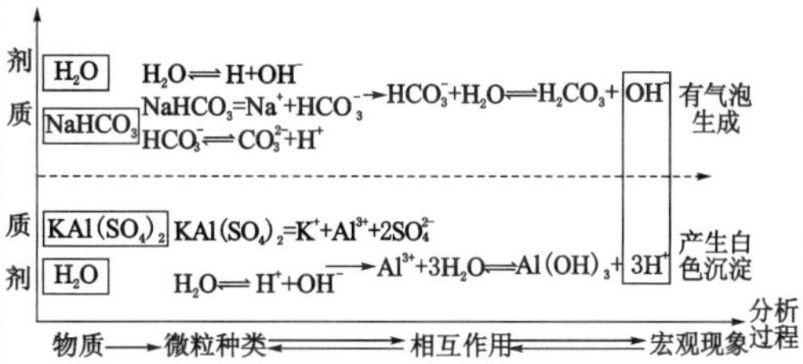

</td></tr>
<tr><td>
【连续追问】如果看单一的溶液，是不会有气泡或者白色沉淀这样的现象的。但是复合膨松剂将二者混合能够有气体生成，说明它们之间发生了什么样的相互作用？请根据水解产物分析生成的气体是什么？如何生成的呢？（在学生意见碰撞的基础上，利用水溶液平衡的二维图强化平衡移动的思想）
</td><td>
生成的气体为 CO_2，来自 H_2CO_3 的分解。
</td></tr>
<tr><td>
【追问】水解极其微弱，生成少量看不到现象，混合后却看到了说明什么？
</td><td>
水解被促进了。
</td></tr>
<tr><td>
【教师总结】HCO_3^- 水解生成的 OH^-，和 Al^{3+} 水解生成的 H^+ 之间相互结合，使得二者的水解平衡都正向移动，是相互促进的动态平衡过程。
此时再回到任务一，大家现在认为谁的发泡效果更好呢？
</td><td>
$KAl(SO_4)_2$ 发泡效果更好。相同的 pH，溶液中初始氢离子浓度相同，但由于 $KAl(SO_4)_2$ 和 $NaHCO_3$ 的水解相互促进，还会源源不断地产生氢离子，故最终 $KAl(SO_4)_2$ 发泡效果更好。
</td></tr>
</table>

（续表）

<table>
<tr><th>教师活动</th><th>学生活动</th></tr>
<tr><td>

【设计意图】任务一利用水溶液平衡的二维图，将溶液中粒子的行为和学生的思考过程外显出来，直观清晰，使分析和理解更加容易。教师与学生对话的过程中采用不断追问的方式，迫使学生进行深层的思考，完成平衡动态观的进一步落实，并突破双水解的实质是平衡的相互促进这一难点。通过碳酸氢钠和硫酸铝钾的反应，希望学生在分析多平衡存在的复杂溶液时，意识到平衡并不是孤立存在的，要关注各平衡之间是否存在相互影响，这些影响是否能带来平衡的移动。

二、实验验证

为了证明预测的正确性，请同学们完成实验，观察实验结果是否与预测一致。

操作步骤：

1. 用量筒分别量取 10 mL $NaHCO_3$ 溶液注入两锥形瓶中。

2. 用注射器分别吸取 10 mL $KAl(SO_4)_2$ 溶液和盐酸，注入锥形瓶中，振荡，注意观察现象。

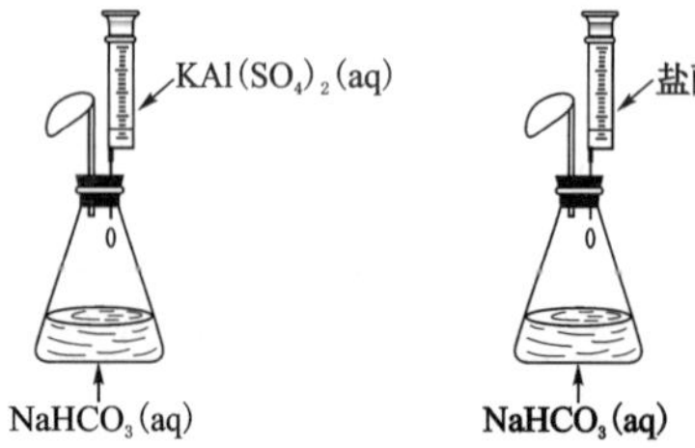

<table>
<tr><td>药品</td><td>碳酸氢钠溶液
硫酸铝钾溶液</td><td>碳酸氢钠溶液
盐酸</td></tr>
<tr><td>实验现象</td><td></td><td></td></tr>
</table>

【设计意图】化学是一门基于实验的学科，经过模型推导，小组讨论得出的推测，最终要用事实证实才能验证其正确性。学生在亲手实验的过程中，不仅锻炼了动手能力，也感受到了化学实验的魅力。预测正确的同学体会到了成功的喜悦，预测错误的同学也通过实验纠正了错误，各有收获。

</td><td>

【学生实验】

【学生汇报】

汇报实验现象，$NaHCO_3$ 溶液和 $KAl(SO_4)_2$ 溶液反应的一组气球膨胀程度大且有白色沉淀生成，和预测现象一致。$NaHCO_3$ 溶液和盐酸反应的一组看到有气泡生成，但气球较小。由此说明相同 pH 的盐酸和 $KAl(SO_4)_2$ 溶液分别与 $NaHCO_3$ 溶液反应 $KAl(SO_4)_2$ 溶液的发泡效果更好。

</td></tr>
</table>

（续表）

<table>
<tr><th>教师活动</th><th>学生活动</th></tr>
<tr><td>
任务二
设计实验：如何增强发泡效果？
一、分析预测
【提问】如果生成的气体不足以满足生产要求的话，如何增强 $NaHCO_3$ 和 $KAl(SO_4)_2$ 制成的复合膨松剂的发泡效果呢？请大家以小组为单位设计实验，完成学案，写出原理并预测出现象。
【设计意图】增强发泡效果是生活中会遇到的实际问题，任务二的目的在于探查学生能否利用化学理论知识解决生活实际问题，能否通过增强发泡效果这样的实验目的联想到平衡移动的相关内容，从而利用影响平衡的因素设计实验。在设计实验的过程中又涉及方案筛选的问题，学生若只关注气球的膨胀程度，而忽略了真实情境下的食品健康问题，则说明在解决问题时，综合处理信息的能力不够，认识比较片面，通过师生交流，权衡利弊，选出最优方案的过程，也是学生学习如何利用化学知识合理解决真实情境下的问题的过程，进而落实科学精神与社会责任的核心素养。

【资料支持】
1. $NaHCO_3$ 用量对面点影响的文献。
详见“复合膨松剂的复配技术在焙烤食品中的应用”一文，作者：董州海。
2. $KAl(SO_4)_2$ 用量对面点影响的文献。
详见食品添加剂使用标准。
</td><td>
小组讨论并完成学案上的相应内容。
<table>
<tr><th>设计方案</th><th>方案设计依据</th><th>现象预测</th></tr>
<tr><td></td><td></td><td></td></tr>
</table>
小组汇报方案，并利用文献资料讨论方案的可行性。
1. 在任务一实验基础上，增大 $NaHCO_3$ 溶液浓度。缺陷：$NaHCO_3$ 膨松剂中 $NaHCO_3$ 含量过高造成面点发黄，口感不好且有一定的安全隐患。食品级碳酸氢钠可认为无毒，我国相关规定表明 $NaHCO_3$ 在糕点中的最大使用量按照“正常生产需要”即可，但过量摄入仍然存在中毒或损伤脏器的危险。
2. 在任务一实验基础上，增大 $KAl(SO_4)_2$ 溶液浓度。缺陷：当 $KAl(SO_4)_2$ 用量超过中和 $NaHCO_3$ 总酸量的 70% 时，蛋糕将失去弹性变得过度膨松。同时高温使水分挥发，蛋糕失去弹性，最终导致口味变差，降低其综合评分。而且明矾含铝，铝易损伤人体的脑部神经，成人儿童常吃传统油条会产生注意力不集中等症状；老人常食产生记忆力下降、老年痴呆。我国于 2014 年 7 月 1 日起，发布关于食品添加剂的使用规定，要求油炸制品的铝残留量不得超过 100 mg/Kg。
3. 升高温度。由于气球膨胀程度也受到温度的影响，任务一中的装置无法使用。则通过测 pH 的方式判断平衡移动的情况。
</td></tr>
</table>

（续表）

教师活动	学生活动
【总结】增强发泡效果转化成化学问题则是如何使平衡正向移动，生成更多的气体。但由于这涉及膨松剂成分，故食品安全方面也需要考虑。所以在解决生活中的真实问题时，需要先提取出其中的化学问题，再综合考虑实际因素，最终得出最优解决方案。综上，采用升高温度的方法增强发泡效果的设计方案最优。	
二、实验验证［以 $KAl(SO_4)_2$ 溶液为例］ 操作步骤： 1. 将 $KAl(SO_4)_2$ 溶液倒入小烧杯中，用 pH 计测量当前温度下的 pH。 2. 在结晶皿中加入热水，将 1 中小烧杯放入热水中，用 pH 计测量不同温度下 pH 的变化情况。  人们在寻找效果好且更为健康的复合膨松剂上不断地努力着，在完成化学目的的基础上，同时更加关注食品安全健康，复合膨松剂也由铝膨松剂转变为无铝膨松剂，我们找到了磷酸二氢钠、柠檬酸等酸性物质代替明矾，我们将在复习课中进行探究。希望同学们通过今天的学习，不仅学会了利用水溶液平衡的二维图分析溶液中粒子的相关情况，还学会了合理利用化学知识解决生活中的实际问题，应用化学反应原理探索自然奥秘，指导生活实践的能力。	【学生汇报】实验现象：经过加热后，溶液的 pH 下降，说明氢离子浓度增大，最终可增强膨松剂的发泡效果。

板书设计

复合膨松剂的发泡效果研究

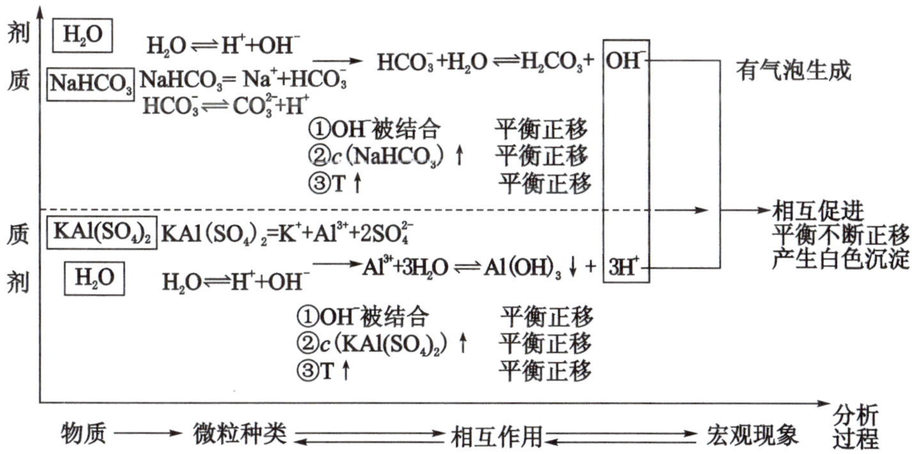

教学反思

水溶液平衡的二维图可以在第三章开始学习时就引入课堂，逐步渗透，让学生养成一种多角度、全面的思考方式，这样在分析复杂体系时学生就有了着力点，能够更好地理解平衡之间的相互影响。针对这样一堂开放探究性的课堂，对教师的要求也更加严格，需要授课教师提前做好学情分析，了解学生对基础知识掌握的水平。如果学生基础较差，则要设置一些导向性相对较强的问题，在追问的过程中也可提供一些思考的角度，辅助学生完成任务。如果学生学习基础比较好，则尽可能设置开放性的问题，重要的知识点尽可能由学生讨论得出，教师灵活把握课堂走向，适当进行总结，达到和学生共同合作完成教学任务的目的。针对教学条件的局限性，可以在课前提前布置资料查询任务，发动学生尽可能多地了解相关内容，弥补客观缺陷，找出教师预设之外的兴趣点。这类以真实生活情境贯穿教学的教学模式，不仅提高了学生综合运用知识解决实际问题的能力，培养了学生自主发展、合作沟通的能力，也为其适应社会生活和终身发展奠定了基础。教师在今后的教学活动中应合理选择内容，广泛应用于课堂中。

基于宏微视角、证据推理研究化学反应与能量变化的教学设计

余志勇
（太原市第二十七中学校　山西太原）

课标分析

《普通高中化学课程标准(2017 年版)》中要求认识化学科学研究需要实证与推理，注重宏观与微观的联系；了解实验等方法在化学科学研究中的运用。认识物质具有能量，认识吸热反应与放热反应，了解化学反应体系能量改变与化学键的断裂和形成有关。体会提高燃料的燃烧效率、开发高能清洁燃料的重要性。

教材分析

化学反应与能量变化内容在初中相关化学知识的基础上，高中教材进一步加深对该内容的了解，初步形成对化学反应与能量相关知识的较为全面的认识。教材通过介绍热能，从宏观、微观两个角度揭示化学反应中能量变化的本质，并运用化学反应原理解决化学实际问题的例子，让学生在掌握化学必备知识和学科核心知识的同时，体会科学本质与探究的方法，认识化学学科价值，感受化学的魅力。

学情分析

学生在初中学习了化学反应中的物质变化，通过燃烧反应初步认识化学反应中伴随有能量变化。本节课要在此基础上进一步学习化学反应与热能的关系，并从宏观、微观两个方面深入学习化学反应中能量变化的本质和应用，及其与社会生产生活的联系。

备课资源及设计理念

▶▶备课资源

依据化学课程标准(2017 版)、高中化学教材(新课标人教版)、数字化实验设备。

▶▶设计理念

高中化学教学是培养学生科学素养的关键环节，是让学生理解世界万物运行规律、

认识自然、发展思维能力、掌握实验技能、独立思考的基础。根据新课程改革的要求，高中化学教学应该以培养学生的科学素养和实际运用能力为核心，坚持以学生为主体、以探究为核心、以实践为基础的教学理念，强调学生的自主性和创造性，营造积极的学习氛围，创设多元化的学习场景。

教学目标

1. 认识物质具有能量，认识吸热反应与放热反应。

2. 了解化学反应体系能量改变与化学键的断裂和形成有关，能基于化学键解释某些化学反应的热效应。

3. 能从物质及能量变化的角度评价燃料的使用价值。

教学实录

情境导入：

教师活动	学生活动
我们知道现代社会中的一切活动都离不开能量，化学反应在发生物质变化的同时，伴随有能量变化，这是人类获取能量的重要途径。通过热电厂，人类可以从物质变化中获取热能和电能这两种重要能源。今天我们就以太原第一热电厂为例，来学习化学能向热能和电能转化的相关内容。下面进行化学反应与热能的学习。煤、石油、天然气等提供的热能，都是通过化学反应获得的，化石燃料燃烧会释放大量的热，太原第一热电厂就是从燃煤燃烧中获取热量，为太原市区的冬季集中供热系统提供热源，为集中供热事业做出重要贡献。此外，除了燃烧，其他化学反应也伴随有热量变化。接下来，我们通过两个实验来感知化学变化中能量变化的主要方式。	感知化学反应中的能量变化对人类活动的重要作用。

教学环节一：寻找化学变化中能量变化的证据

教师活动	学生活动
化学变化中能量变化的类型有哪些？ 我们通过哪些证据可以做出判断？	吸热反应和放热反应。
【活动 1】请通过实验判断下列化学变化中能量的变化类型，并书写化学反应方程式。 ①氢氧化钡与氯化铵反应。　②镁条与盐酸反应。 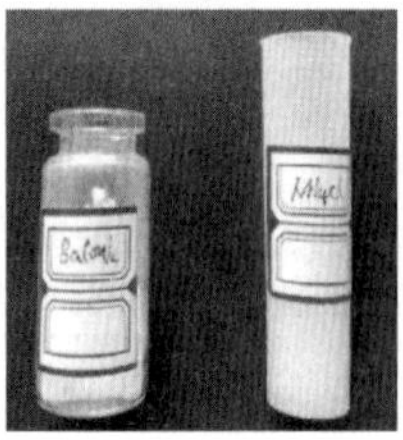 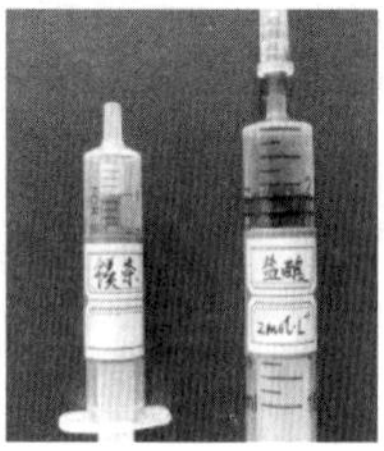	实验： 学生分组实验，观察现象、并进行描述。 固体变为糊状物证明有水生成，瓶体温度降低说明反应吸热，打开瓶塞扇闻有刺激性气味说明有氨气生成。 $Ba(OH)_2 \cdot 8H_2O+2NH_4Cl=BaCl_2+10H_2O+2NH_3\uparrow$ 镁条逐渐溶解，有无色气体生成，触摸瓶体温度升高说明反应放热。 $Mg+2HCl=MgCl_2+H_2\uparrow$
其余的反应又该如何判断呢？ ③碳和水蒸气反应。 ④碳酸氢钠与盐酸反应。 ⑤甲烷在氧气中燃烧。 ⑥氢气与氯气化合。 ⑦灼热的炭与二氧化碳反应。 ⑧酸碱中和。	学生思考并回答： 通过经验总结。

（续表）

教师活动	学生活动
【小结 1】 吸热反应:吸收热量的化学反应。 常见的吸热反应:大多数分解反应、$NaHCO_3$ 与盐酸反应、$C+CO_2$(或 H_2O)、$Ba(OH)_2 \cdot 8H_2O$ 与 NH_4Cl 反应。 放热反应:释放热量的化学反应。 常见的放热反应:燃烧、缓慢氧化、大多数化合反应、酸碱中和反应、活泼金属与水或酸的反应。 注意 1:化学反应的能量变化,除转化为热能外,还转化为机械能、光、声、电等多种能量形式,如镁条燃烧发出耀眼的白光等。 注意 2:物质发生化学反应一定伴随着能量变化,但伴随能量变化的物质变化不一定都是化学变化,如浓 H_2SO_4、NaOH(s)等溶于水放热,KNO_3(s)、NH_4NO_3(s)、NH_4Cl(s)等溶于水吸热 ,水的三态间转化。	学生观察碳酸氢钠与盐酸的反应。 学生明确吸热反应、放热反应的定义,小结常见的吸放热反应类型。
【学以致用 1】 下列变化中属于吸热反应的是　　　（　　） ①液态水汽化　②将胆矾加热变为白色粉末 ③苛性钠固体溶于水　④氯酸钾分解制氧气 ⑤生石灰跟水反应　⑥干冰升华 A. ①④　　　B. ②④ C. ③⑤　　　D. ④⑥	学生回答: ①为物理变化。 ②为化学变化。 ③为物理变化。 ④为化学变化。 ⑤为化学变化。 ⑥为物理变化。 故选 B。

教学环节二:探究化学变化中能量变化的原因

<table>
<tr><th>教师活动</th><th>学生活动</th></tr>
<tr><td>
化学反应中能量变化的原因是什么呢?
【活动 2】请结合教材内容,以氢气与氯气化合为例,选择证据,通过推理从宏观、微观两个角度总结该反应放热的原因,并试用图像进行表征。
<table>
<tr><th>反应放热的原因</th><th>图像表征</th></tr>
<tr><td></td><td rowspan="2">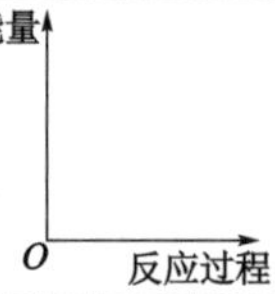
</td></tr>
<tr><td></td></tr>
</table>
【学以致用 2】
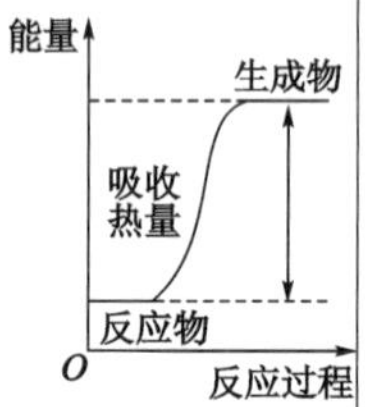

(1)下列反应中能量变化趋势与右图一致的是 (　　)
A. 氢氧化钙固体与氯化铵固体混合共热制取氨气
B. 中和反应
C. 木炭在氧气中发生不完全燃烧
D. 钠与水的反应
(2)已知断裂 1 mol 共价键所需要吸收的能量分别为 H—H:436 kJ,I—I:151 kJ,H—I:299 kJ,下列对 $H_2(g)+I_2(g) \rightleftharpoons 2HI(g)$ 的反应类型判断错误的是 (　　)
A. 放出能量的反应
B. 吸收能量的反应
C. 氧化还原反应
D. 可逆反应
(3)一定条件下,石墨转化为金刚石要吸收能量。在该条件下,下列结论正确的是 (　　)
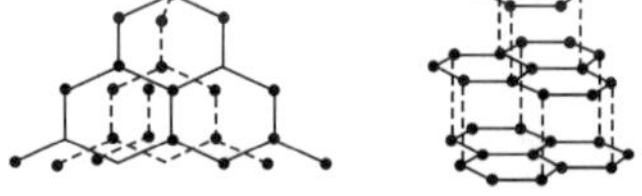
(a)金刚石　(b)石墨
A. 金刚石比石墨稳定
B. 金刚石转化为石墨是吸热反应
C. 1 mol 金刚石比 1 mol 石墨的总能量高
D. 等质量的金刚石和石墨完全燃烧释放的热量相同
</td><td>
学生活动,选择证据,从宏观、微观两个角度推理反应放热的原因,并画出图像。
学生 1:
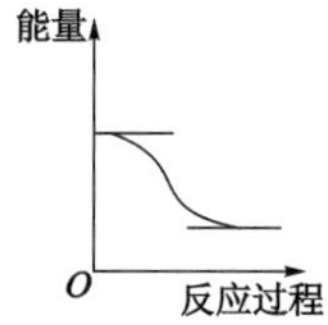

宏观角度:
反应物具有的总能量大于生成物具有的总能量,没有转化进入生成物的能量主要以热能的形式逸散到环境当中。
学生 2:
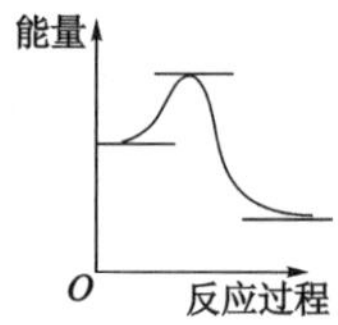

微观角度:
反应物断键需要吸收的能量小于生成物成键需要释放的能量。
学生回答:
(1)该反应吸热。选 A。
(2)该反应放热。选 B。
(3)金刚石的能量比石墨高。选 C。
</td></tr>
</table>

教学环节三：了解人类对能源的利用

教师活动	学生活动
人类随着社会的进步和生活水平的提高，对能源的消耗越来越多，我们对能源的利用主要分为三个阶段，柴草时期、化石能源时期和多能源结构时期。 阅读教材资料卡片表 6-1	从社会发展角度了解人类对于能源的利用。
通过 2015 年我国能源消费总量和构成图，可知我国化石能源的消耗总量 88%，这说明化石燃料仍然是我国利用最多的常规能源。	了解我国现在的能源结构组成。
2015 年太原第一热电厂燃煤 261 万吨，展示区耗煤总量的 12.35%，年排放二氧化硫、氮氧化物、烟粉尘总量 1.19 万吨，占市区污染物排放量的 17.12%，是晋源区最大的污染源，直接影响城市形象和发展，这说明化学燃料在利用过程中有许多亟待解决的问题。	了解传统能源的缺点。
【讲解】化石燃料在利用过程中有许多亟待解决的问题。 化石燃料储量有限，短期内是不可再生的。煤、石油等产品燃烧排放的粉尘、二氧化硫、氮氧化物、一氧化碳等是大气污染物的主要来源，影响环境，所以为改善人类的生存环境，促进社会可持续发展，节能和寻找清洁的新能源，就成为人类的必然选择。人类节能和开发新能源的主要方式有提高燃料燃烧阶段的燃烧效率、有效提高能源利用阶段的利用率、开发使用新能源。目前，人们比较关注的新能源有太阳能、风能、地热能、海洋能和氢能等。这些能源的特点是资源丰富，可以再生，对环境无污染。	了解新能源的开发和利用情况。
【讲解】 基于以上原因，太原市委市政府研究决定，太原第一热电厂于 2017 年停产搬迁，原址进行综合改造。现在已建成的晋阳古城、晋阳湖公园、植物园、奥体中心等，带来显著的生态效能和经济效益，成为太原市跨越转型的重要标志。因此，我们更加坚信“绿水青山就是金山银山”。	明确太原市第一热电厂综合改造的意义。

（续表）

教师活动	学生活动
【学以致用3】 新能源的特点是资源丰富，在使用时对环境无污染或污染很小且可以再生。下列能达到新能源标准的是（　　） ①地热能　②煤　③天然气　④太阳能　⑤潮汐能　⑥石油　⑦风能　⑧氢能 A. ②⑤⑦⑧ B. ①④⑤⑦⑧ C. ④⑤⑦⑧ D. ②③⑥⑦⑧ 【总结】最后我们对本节内容进行小结。我们本节主要学习化学反应与热能的转化，通过实验感知化学变化中能量的变化，从宏观和微观两个角度探究化学变化中能量变化的本质，了解人类对能源的利用和新能源的开发情况。 【引子】煤炭依然是我们现阶段获取能源的主要途径，那么，要如何扬长避短进行合理利用呢？我们现在采用的方式是煤转化电、煤转化清洁能源等途径。下一节我们将学习化学能转变为电能的知识。	选B。

板书设计

探究化学变化中能量变化的原因

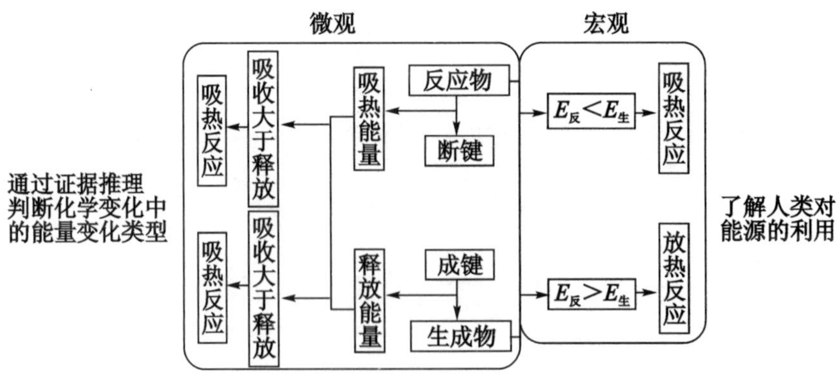

教学反思

化学反应伴随能量变化是化学反应的一大特征。本节课通过对化学能与热能的相互转化学习，使学生认识到化学是为人类的生产生活及科学研究服务的一门基础学科。本节内容理论性较强，在课堂教学中，要充分调动学生利用已有知识进行新内容的学习，可采用分组实验、小组讨论与教师教授相结合的方法进行；另外，也可以采用数字化实验对实际中难以观察，或不好得出结论的实验进行呈现，让学生从宏观和微观两个角度对化学能与化学变化的本质进行认识。

化学反应与电能
——太原第一热电厂的功与过

耿嘉悦
（太原市第二十七中学校　山西太原）

课标分析

《普通高中化学课程标准(2017年版2020年修订)》基于化学学科特点及核心素养内涵，强调在必修阶段突出化学基本观念(大概念)的统领作用，倡导真实问题的情境设计，重视教学的结构化设计，发展与落实学生的核心素养。由此可见，课标倡导教师在教学中以大概念为统摄，创设真实教学情境，开展以实验探究为主的学习活动，引导学生在学习过程中改变传统学习方法，在问题的解决中自主构建、主动内化完成知识的结构化，提高学生学习化学的兴趣，提升化学学习的效率。

通过精读“课标”、解构课程目标，发现两点与本节课内容关系密切：(1)关注化学变化中的能量变化。(2)观察辨识宏观现象并从微观层面理解和解释。通过“化学反应与能量”的学习，使学生的“宏微结合”思维方式得到进一步发展完善，初步构建化学大概念“能量观”。

教材分析

在高中化学必修2的“化学反应与能量”章节中围绕化学反应中的能量变化，引导学生从能量观角度认识化学反应，从宏观和微观两个层面分析能量变化的原因，由传统火力发电的弊端过渡到化学反应与电能，建立原电池构成的认识模型，最后简介生活中的实用电池。本章内部每一节均按照“衔接过渡—反应原理—生活应用”顺序编排，条理明确且兼顾学生的认识顺序和知识的逻辑顺序。在必修阶段，原电池被安排在氧化还原反应、金属的性质等内容之后，以最常见的铜—锌—稀硫酸原电池为例，从氧化还原角度解释原电池的工作原理并以一次电池、二次电池为例展示原电池的广泛应用，进一步深化学生对氧化还原反应知识的认识，初步建立原电池的概念与工作模型，体会能量转化的过程。

学情分析

在初中阶段，学生就已经熟悉常见金属的活动性顺序，具备电学知识的基础。

高中阶段，学生在学习电化学的有关内容前，已经掌握氧化还原反应的有关内容，金属的性质及其用途、电解质等重要化学知识，能够从电子转移这个微观角度分析氧化还原反应的本质，知道日常生活中用到的电池能够为用电器提供电能的化学原理。

备课资源及设计理念

▶▶备课资源

创建于 1953 年的太原第一热电厂，属“一五”期间国家 156 项重点工程之一。

五十年来，经过六期扩建，逐步发展成为拥有装机容量 127.5 万千瓦的现代化大型热电联产企业。至 2003 年底，累计为国家发电 1020.53 亿千瓦时，供热 2.63 亿百万千焦，负担着太原市 1000 万平方米，80 万居民的集中采暖供热和部分工业热负荷，为省城清洁生产和全省的经济发展做出了突出贡献。但由于电厂机组投运年限已久，机组能耗高和环保水平低，且未进行超低排放改造，2014 年 4 月，太原市政府首次提出对国电太原第一热电厂进行拆除，2017 年 5 月 5 日，国电太原第一热电厂停产搬迁。

▶▶设计理念

从化学学科核心素养维度来看，“化学反应与能量”主题单元主要发展“变化观念与平衡思想”“证据推理与模型认知”“宏观辨识与微观探析”三大化学学科核心素养，协同发展“科学探究与创新意识”“科学态度与社会责任”素养，重点构建和完善能量观和变化观的化学核心观念①。

情境是知识的重要载体，教师在分析学生现有认知水平条件下，用真实情境整合知识与物质、知识与行动，创设与现实生产和生活紧密相连的情境问题，开展体验式、探究式、问题式的活动，学生在参与真实问题解决的过程中，从已有的学科认识视角，去重组和建构模型认知②。教师选取太原市著名的太原第一热电厂作为教学情境，在贴近学生生活经验的同时整合添加化学反应与能量核心知识，精心设计问题串引导学生活动层层深入，探究化学反应能量变化的原理；最后回归情境，借助化学原理的实际应用评价和总结学生的学习成果，突出化学学科的社会价值，发展学生的科学态度与社会责任。

---

① 黄娜. 促进知识结构化的高中化学大单元教学现状及案例研究[D]. 天津师范大学，2023. DOI：10.27363/d.cnki.gtsfu.2023.000705.

② 谭丽花，蒋宇瑛. 基于情境融合的高中化学大单元教学实践策略[J]. 教育科学论坛，2023，(17)：42-45.

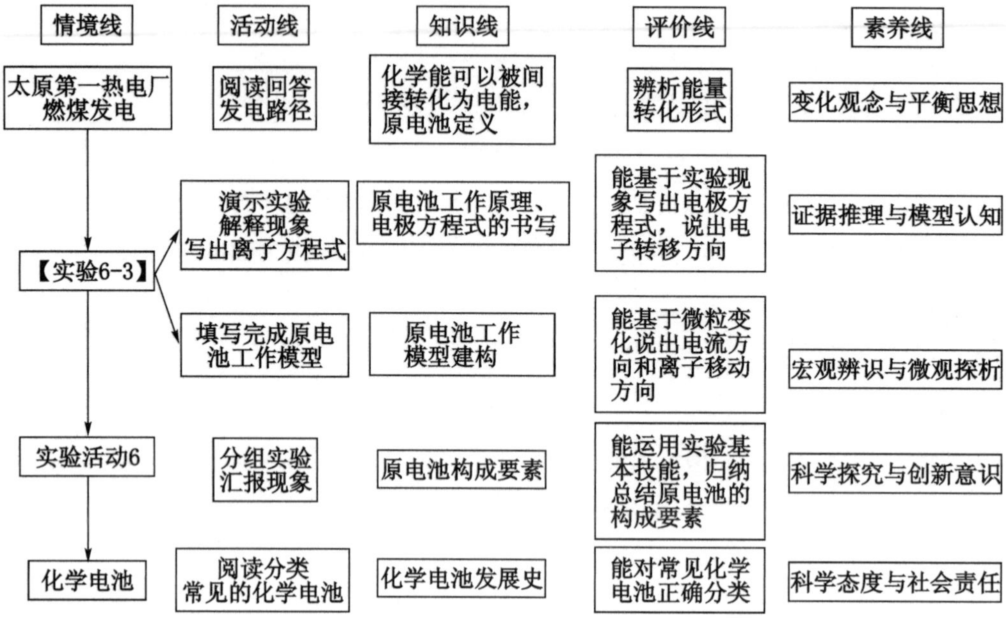

教学目标

1. 通过铜—锌—稀硫酸原电池的实验探究，认识到化学能可以直接转化为电能，初步认识原电池的概念，进一步完善能量观、变化观的化学核心观念。

2. 依据铜锌原电池实验现象，用符号表示原电池的电极与总反应式，描述原电池中微观粒子的运动，“宏观—微观—符号”三重表征相结合建立原电池的认知模型，诊断并发展学生“宏观辨识与微观探析”“证据推理与模型认知”的学科核心素养。

3. 通过完成四组对比探究实验，小组分工合作，总结原电池的形成条件，学习科学探究方法，体会实验条件控制对完成科学探究的作用，诊断并发展学生实验基本技能。

4. 通过阅读材料了解生活中常见的化学电源，并进行分类归纳，能判断常见电池的构成要素，提出未来新型电池的发展方向，感受化学学科的社会价值，增强民族自豪感。

教学实录

教学环节一：认知原电池工作原理

教师活动	学生活动
【介绍】太原第一热电厂始建于1953年，曾是新中国建设的首座大型热电厂，保障太原地区众多大型企业的电力供应，并向华北电网输送电能。 【提问】阅读课本回答，热电厂是如何将储存在煤炭里的化学能转化为电能的？经历了几个环节？ 【追问】通过阅读我们发现，火力发电的步骤比较烦琐，而且在每一个环节都会产生能量流失，就算是世界上最好的火电厂也只能将40%左右的热能转化成电能，也就是有很多热能被浪费了。那我们能不能想个办法，省略中间步骤，直接把燃料中的化学能转化成电能？通过化学反应直接把电流通到千家万户？	化学能（通过燃烧这个氧化还原反应）放出热能（加热带动蒸汽轮机）变成机械能（带动发电机）变成电能。 在化学反应与热能的基础上，利用热电厂发电过程引入化学反应与电能的关系，学生对于热能变化到电能变化的过渡更自然通顺；利用真实数据与节能观念的冲突激发学生的探究兴趣，明确学习目标。
【设问】1. 电流的本质是什么？ 2. 哪一类反应有可能产生电流？ 3. 在我们做过的氧化还原反应中能感受到电流吗？为什么没有？ 【总结】这就是化学电池的最基本的思路：设计一种装置，使反应中的电子转移在一定条件下形成电流。这种把化学能转化为电能的装置叫作原电池。	电流的本质是电子的定向移动。 氧化还原反应。 没有，因为电流不能凭空产生。 通过问题串将“化学反应与电能”的陌生概念落到学生熟悉的氧化还原反应，引出原电池的设计思路。
【展示】播放【实验6-1】演示视频。 【提问】观察实验现象并做出解释，用离子方程式表示发生的反应。 【追问】在学案上完成铜锌稀硫酸原电池的工作原理，在导线上画出电流方向。 电极名称：________ 电极反应类型：________ 电极反应式：________ 反应现象：________ 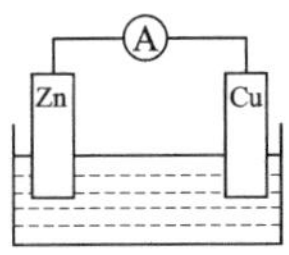 离子转移方向： 电极名称：________ 电极反应类型：________ 电极反应式：________ 反应现象：________ 原电池总反应：________	记录实验现象，写出对应离子方程式，解释铜片上产生气泡的原因；辨识原电池正负极及其发生的反应类型，判断导线中电子和溶液中离子的移动方向，画出电流方向，构建原电池工作模型。 通过与已有旧知识的矛盾引发学生思考，以实验现象为依据，经历“宏观—微观—符号”三重表征的思考过程，认识铜—锌—稀硫酸原电池中的物质变化与能量变化，发展学生“宏观辨识与微观探析”“变化观念与平衡思想”的核心素养。

教学环节二:探究原电池构成要素

教师活动	学生活动
【介绍】通过特定的装置使氧化反应与还原反应分别在两个不同的区域进行,可以使氧化还原反应中转移的电子通过导体发生定向移动,形成电流。这样,我们成功地将一个熟悉的氧化还原反应变成了原电池。 【提问】如果改变这个原电池中的一些因素,它还能产生电流吗?电流会变大还是变小呢?我们通过分组实验来探究,某个条件的改变对原电池有什么影响? 第一小组:只改变电极材料。 第二小组:只改变溶液。 第三小组:只改变电流回路。 第四小组:用水果做电池,探究电极的大小、电极间的距离和电极插入水果的深度对水果电池电流大小的影响。	小组合作进行探究实验并汇报实验结果,总结原电池的必要构成条件。 通过学生动手进行实验操作,亲身体验原电池的不同构成条件对实验结果的影响,提高学生实验基本技能,培养小组合作意识。通过组间合作,对比实验结果,得出原电池的必要构成条件,进一步完善原电池工作模型,发展学生“证据推理与模型认知”的核心素养。

教学环节三:认识生活中常见的化学电池

教师活动	学生活动
【介绍】根据原电池的原理,电池研发人员设计研制出了很多结构和性能各异的化学电池,以满足生活中不同的用电需要。比如,我们小时候用的老式碱电池、“一节更比六节强”的南孚电池、再到同学们手机上、电动车上可以反复充电的电池等。	通过展示人类社会使用化学电源的进步以及前沿电池科技的发展方向,引导学生感受化学对社会生活的重要价值,增强学生对化学科学发展的关注,发展学生科学态度与社会责任的核心素养。
【提问】请大家阅读课本第 38 页的内容,对这些常见电池进行分类,写出它们各自的特点。 【归纳】理解了原电池的原理,大家觉得能不能直接把煤炭燃烧做成原电池呢?这就是我国电池行业新兴研发方向:燃料电池。	阅读教材提取信息,了解生活中常见化学电源的不同和各类电池的特点,能正确辨识一次电池、二次电池和新型化学电池。 了解我国前沿电池科技的发展方向,感受原电池对人类生活的重要价值。

板书设计

1. 原电池定义：把化学能转化为电能的装置。

2. 工作原理：

3. 构成条件：

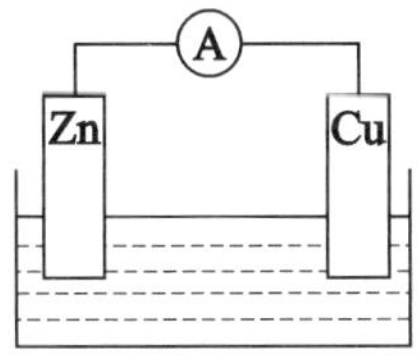

教学反思

借助太原第一热电厂这个具有地方特色的情境，基于大单元、任务式教学策略开发化学反应与能量变化的课程。在教学过程中，要注重学生认识视角的建立，可从生活经验导入化学实验，证明反应中的能量变化，引入重要的化学能量观的核心观念；引导学生从微观和宏观两个角度理解化学反应中能量变化的本质，再基于宏观现象推理微观反应，进而建立原电池工作模型；在实验探究中提高学生实验基本技能，补充控制变量的对比实验思路，引导学生抽提总结原电池的构成要素；在每一课时的最后都回归情境，强调化学反应原理的实际应用，引导学生学以致用，体会化学反应中能量变化的贡献。这样的设计思路有利于激发学生的探究欲，帮助学生完成化学知识的结构化，初步构建化学反应与能量的认知视角，感受社会责任和学科价值。

基于化学学科大概念的单元教学设计
——以“工业合成氨的原理及条件优化”为例

张　慧
（太原市第十九中学校　山西太原）

课标分析

关于学生学科大概念的教学研究逐渐成为趋势和热点。《普通高中化学新课程标准（2017年版）》倡导真实问题情境的创设，重视教学内容的结构化设计，重视开展“素养为本”的教学，指出“变化观念和平衡思想”“证据推理与模型认知”等素养，要求学生形成化学学科的思想和方法，并强调“认识化学变化有一定限度、速率，是可以调控的。能多角度、动态地分析化学变化，运用化学反应原理解决简单的实际问题”。在当前深化课程改革的阶段，学科大概念的教学理念显得尤为重要，单元化教学方式是落实学生学科大概念的重要途径。

教材分析

本案例选取人教版高中化学选择性必修《化学反应原理》中第二章“化学反应速率与化学平衡”，教材从动力学范畴和热力学范畴研究反应条件对化学反应的影响，以化学反应速率和化学平衡理论为指导，从四个角度探讨化学反应条件的选择，即方向、速率、限度和历程。教材围绕工业合成氨反应的条件调控这一成功案例，引导学生首先从速率和限度两方面对反应条件进行选择，并结合工业生产实际进行优化，体会理论指导实践的意义。因此，本案例在学科大概念的统领下，逐步厘清各概念间的关系，开展单元教学。

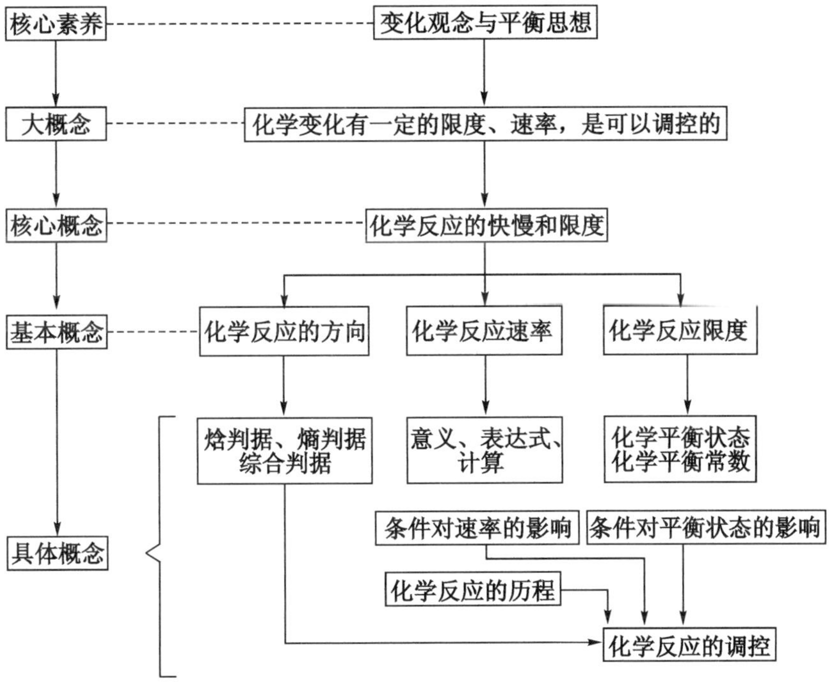

图1　“化学反应速率与化学平衡”单元中各概念间的关系

学情分析

在必修阶段,学生已学习过化学反应速率概念和影响因素等知识,但认识多由生活经验出发,属于感性认知;学生可以描述化学平衡状态和判断可逆反应是否达到平衡,但这是基于实验现象,以正反应速率和逆反应速率的变化及各物质浓度变化为依据。对于理论解释层面,学生难以从大量微观粒子的宏观变化角度进行解释速率、平衡改变的相关问题,对平衡状态的描述缺乏统一的数学表征方法,计算能力不足。因此,在本单元中更注重定性和定量两个角度去认识化学反应速率和化学平衡。

备课资源及设计理念

▶▶备课资源

氨是最基本的化工原料之一,其人工制备的研究最早要追溯到 1898 年。如今,距哈伯和博施发明的催化合成氨技术创立,已经过了 100 多年。经过百年发展,科学家们不仅完成了“向空气要面包”,更致力于研究合成氨的多种途径。合成氨的工业化生产成为一个调控化学反应的成功案例,其中流程、数据等都常作为中学化学教学的情境素材被使用。

随着生物固氮等新技术的进步，化肥使用量会减少；但粮食的刚性需求及其战略地位决定了合成氨的战略地位，且随着新兴材料产业的发展，工业使用量会不断增加，而这些材料的合成都需要合成氨作为活化态的氮。合成氨工业仍然是获得这些活化态氮的主要途径。因此，合成氨工业是不可替代的传统工业，必将通过技术进步得到持续发展。

►►参考文献

[1]中华人民共和国教育部. 普通高中化学课程标准(2017 年版)[S]. 北京：人民教育出版社，2018.

[2]李艳玲，卢伟. 基于大概念的高中化学单元教学设计[J]. 化学教与学，2022(11)：38-41.

[3]黄鸣春，张彦婷. 核心素养视域下高中化学中“化学反应速率与化学平衡”主题的基本课程问题探析[J]. 化学教与学，2022(09)：2-7.

[4]秦微. 浅析大单元备课在高中化学教学中的应用[J]. 试题与研究，2022(01)：36-38.

[5]汤涛涛，赵雷洪. 高中化学教学中的“大概念”及其教学建构[J]. 教学与管理，2021(04)：50-53.

[6]何彩霞. 化学学科核心素养导向的大概念单元教学探讨[J]. 化学教学，2019(11)：44-48.

►►设计理念

本案例选取人教版高中化学选择性必修《化学反应原理》中“化学反应速率与化学平衡”单元，以“工业合成氨的原理及条件优化”这一真实情境贯穿整个单元，基于“化学反应的方向、速率、限度、历程”四个视角，对教材进行结构化设计，引导学生构建工业化生产条件的选择及优化的思维模型。探讨基于化学学科大概念的单元教学设计，旨在解决教学中时间紧迫的问题，提升学生的结构化认知水平，发展化学学科核心素养。

基于以上内容，本案例将“化学反应速率与化学平衡”单元分为三个子项目——合成氨反应的自发性判断、合成氨反应的速率调控和合成氨反应的限度调控。本单元教学的课时安排及教学目标、评价目标，如下表所示：

表1　“化学反应速率与化学平衡”课时安排及教学目标

<table>
<tr><th>项目名称</th><th>基本概念</th><th>教学目标</th><th>评价目标</th></tr>
<tr><td>项目1
合成氨反应的自发性判断</td><td>化学反应的方向
(1课时)</td><td>课时1:知道化学反应的方向与反应的焓变和熵变有关
结合工业合成氨反应的特点,判断反应自发进行的方向</td><td>诊断并发展学生认识化学反应的水平(基于经验、概念水平)</td></tr>
<tr><td rowspan="2">项目2
合成氨反应的速率调控</td><td rowspan="2">化学反应速率
(2课时)</td><td>课时1:运用变量控制法,了解反应条件对化学反应速率影响的一般规律
结合发展史,运用规律解释工业合成氨反应中的条件选择</td><td rowspan="2">诊断并发展学生化学概念和观念的结构化水平,化学反应原理的认识思路水平,实验探究水平(定性、定量水平)</td></tr>
<tr><td>课时2:认识基元反应活化能对化学反应速率的影响
从调控速率的角度分析和选择现代合成氨工业所需的反应条件</td></tr>
<tr><td rowspan="3">项目3
合成氨反应的限度调控</td><td rowspan="3">化学反应限度
(3课时)</td><td>课时1:知道化学平衡常数的含义,书写表达式并进行简单的计算</td><td rowspan="3">诊断并发展学生化学概念和观念的结构化水平,化学反应规律的认识思路水平,解决实际问题的能力和对化学学科价值的认识水平</td></tr>
<tr><td>课时2:利用平衡常数与浓度商的关系判断化学平衡移动的方向。通过实验探究理解温度、浓度、压强等对化学平衡状态的影响
理解勒夏特列原理,体会其对工业合成氨的指导作用</td></tr>
<tr><td>课时3:通过工业合成氨适宜条件的选择和优化,形成多角度分析化工生产条件的思路,认识化学反应速率和化学平衡的综合调控在生产生活和科学研究中的重要作用</td></tr>
</table>

教学实录

项目 1：合成氨反应的自发性判断（1 课时）

<table>
<tr><th>教师活动</th><th>学生活动</th></tr>
<tr><td>

【情境】氨是最基本的化工原料之一，其人工制备的研究最早要追溯到 1898 年。

当时德国的弗兰克等人研究出氮气与碳化钙、水蒸气反应制备氨的方法。

$3CaC_2+N_2+3O_2=Ca_3N_2+6CO$

$Ca_3N_2+6H_2O=3Ca(OH)_2+2NH_3$

德国化学家哈伯从 1902 年开始研究氮气和氢气直接合成氨气，并于 1908 年申请了循环法合成氨的专利。

$N_2+3H_2 \rightleftharpoons 2NH_3$

【任务 1】了解判断反应自发性的若干判据，并分析两反应的自发性，解释为何选择哈伯法。

【任务 2】利用键能计算热效应，判断合成氨反应的自发性。

①根据表 2 中的数据，写出工业上合成氨反应的热化学方程式：__________ 。

②请根据正反应的相关数据判断 298 K 时该反应能否自发进行，请结合计算理由：________。

$\Delta H=-92.4\ kJ\cdot mol^{-1}$　$\Delta S=-198.1\ J\cdot K^{-1}\cdot mol^{-1}$

</td><td>

认识自发反应，熵变和焓变。

比较两类反应的熵变 ΔH 和焓变 ΔS，基于 ΔG 判断反应的自发性。

<table>
<tr><th>ΔH</th><th>ΔS</th><th>ΔG</th><th>能否自发进行</th></tr>
<tr><td><0</td><td>>0</td><td><0</td><td>自发进行</td></tr>
<tr><td>>0</td><td><0</td><td>>0</td><td>不自发进行</td></tr>
<tr><td>>0</td><td>>0</td><td>不一定</td><td>低温不自发，
高温自发</td></tr>
<tr><td><0</td><td><0</td><td>不一定</td><td>低温自发，
高温不自发</td></tr>
</table>

计算合成氨反应的 ΔH 和 ΔG。

表 2　有关化学键的键能

<table>
<tr><td>化学键</td><td>H—H</td><td>N≡N</td><td>N—H</td></tr>
<tr><td>键能/(kJ · mol⁻¹)</td><td>436</td><td>945.6</td><td>391</td></tr>
</table>

</td></tr>
</table>

项目 2：合成氨反应的速率调控（2 课时）

<table>
<tr><th>教师活动</th><th>学生活动</th></tr>
<tr><td>

2.1　化学反应速率的影响因素

【情境】哈伯合成氨实验所用装置。

【问题】哪些措施可以加快合成氨的速率？如何通过实验验证？

【任务】设计实验方案，探究化学反应速率的影响因素。

</td><td>

分小组选题，设计对照实验方案并进行实验，探究温度、浓度和催化剂对化学反应速率的影响。

</td></tr>
<tr><td>

2.2　运用有效碰撞理论解释微观原因

【图片】分子碰撞示意图。

【任务 1】了解有效碰撞理论。

</td><td>

自主学习，了解基元反应，活化能、活化分子。

</td></tr>
</table>

（续表）

教师活动	学生活动
【任务2】构建有效碰撞理论的认识模型。 【图片】合成氨反应的能量图。 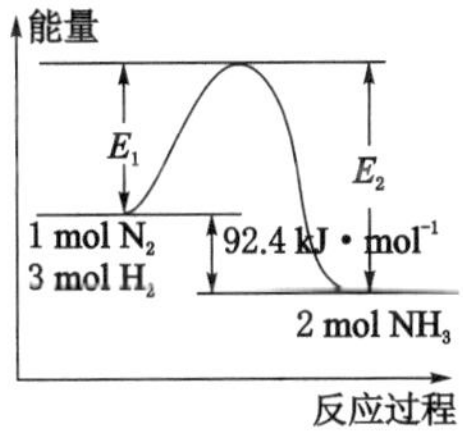	运用有效碰撞理论，解释浓度、温度、催化剂影响速率的原因，并延伸至压强对速率的影响。 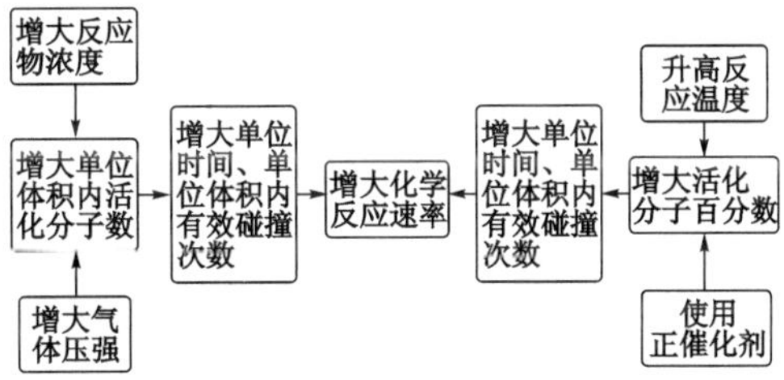

项目3：合成氨反应的限度调控（3课时）

教师活动	学生活动
3.1 化学平衡常数 【情境】哈伯发明工业合成氨法时，在500 ℃～600 ℃下氨的产率为6%。 【图片】哈伯合成氨实验所用的装置。 【问题】平衡时混合气体中各组分浓度间有什么关系？ 【任务1】认识化学平衡常数。 【表格】合成氨反应在不同温度下的平衡常数。	了解化学平衡常数的概念和意义，练习书写不同可逆反应的平衡常数表达式。
【问题】平衡常数 K 的大小与哪些条件有关？ 【情境】目前，工业合成氨的反应温度在450 ℃左右，此温度下 $K=1$。	认识平衡常数与温度、方程式书写方式的关系。
【任务2】了解 K 值与反应程度的关系。	列三段式，进行平衡常数、转化率的简单计算。
3.2 化学平衡的移动 【情境】如今，合成氨反应的条件为高温高压、催化剂，合成氨平衡体系中氨的含量最高可达26.4%。 【问题】改变浓度、温度、压强时，平衡如何移动？ 【任务1】认识勒夏特列原理。	通过实验探究，指出改变条件时平衡移动的方向。 发现平衡移动的规律，认识勒夏特列原理对判断化学平衡移动方向的重要意义。
【问题】平衡移动时 K、Q 关系如何？ 【任务2】构建平衡移动方向的思维模型。 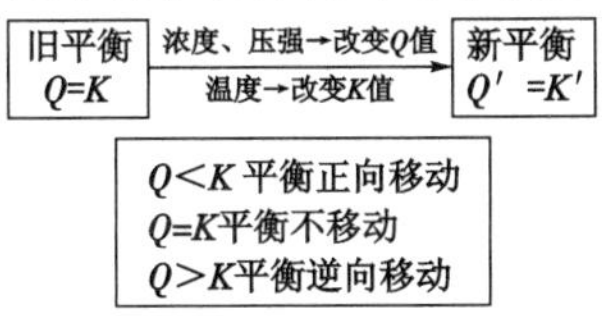	利用 K、Q 关系判断化学平衡移动的方向。 基于 K、Q 的比较，分析平衡移动的方向，形成思维模型。

（续表）

教师活动	学生活动

教师活动：

【任务 3】（小组讨论）从生产实际出发，指出可以加快速率，提高氨的含量的其他措施。

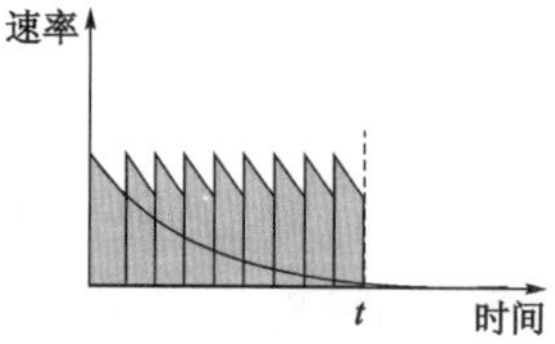

学生活动：

从速率、限度角度分析反应条件的选择。

氨的平衡含量（%）＼压强（Mpa） 温度（摄氏度）	0.1	10	20	30	60	100
200	15.3	81.5	86.4	89.9	95.4	98.8
300	2.2	52.0	64.2	71.0	84.2	92.6
400	0.4	25.1	38.2	47.0	65.2	79.8
500	0.1	10.6	19.1	26.4	42.2	57.5
600	0.05	4.5	9.1	13.8	23.1	31.4

解释生产中采用不断投料的原因。

教师活动：

3.3 合成氨反应的微观历程

【图片】N_2 和 H_2 在催化剂表面反应的微观示意图。

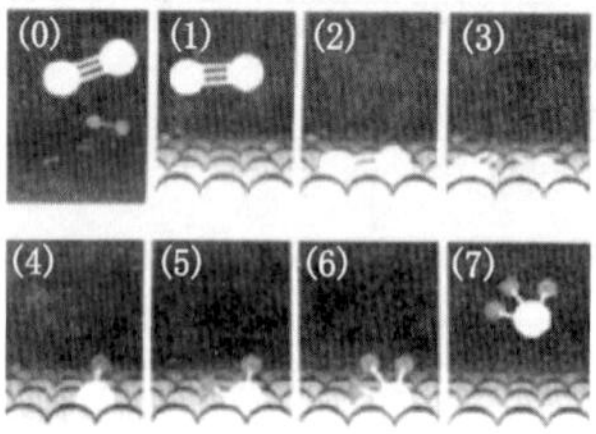

【情境】埃特尔对合成氨反应的机理进行证实。

学生活动：

认识催化剂表面的化学反应历程：扩散→吸附→表面反应→脱附→扩散。

教师活动：

【图片】计算机模拟 N_2 和 H_2 在铁触媒表面合成氨的反应历程图。

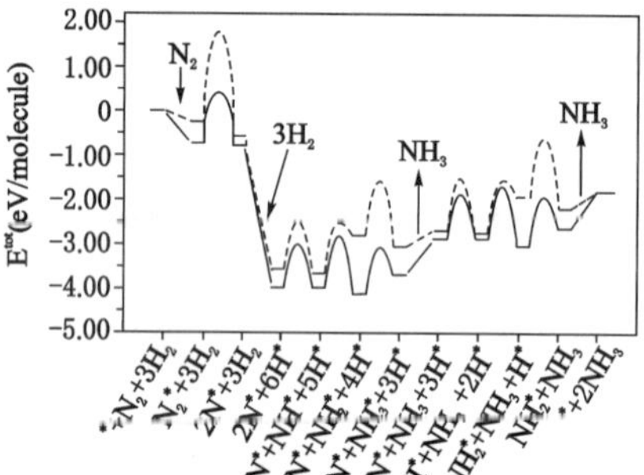

学生活动：

分析历程—能量图，从加快决速步速率的角度分析生产中进气比为 $n(N_2):n(H_2)=1:2.8$、产物及时液化分离的原因。

教师活动：

【资料】2016 年中国大连化学物理研究所研制了新型催化剂，生产条件为 350 ℃、1 MPa。

哈伯法合成氨工艺能耗极高，还受热力学要求的限制，反应后气体中的氨含量一般只有 10%～20%。因此，探索在温和条件下低耗清洁合成氨法显得尤为重要。光/电催化是目前科学家研究的热点。

学生活动：

了解目前合成氨的研究有哪些突破。

教师活动：

【表格】哈伯法与光/电催化法对比。

	Haber-Bosch 法	光催化	电催化
温度	400 ℃～500 ℃	室温	室温
催化剂	铁触媒	光催化剂	电催化剂
原料	氮水、水煤气	氮气、水	氮气、水或氢气
压力	15 兆帕～25 兆帕	常压	常压

学生活动：

小结提高合成氨产率的措施，形成工业化生产条件的选择及优化的思维模型。

板书设计

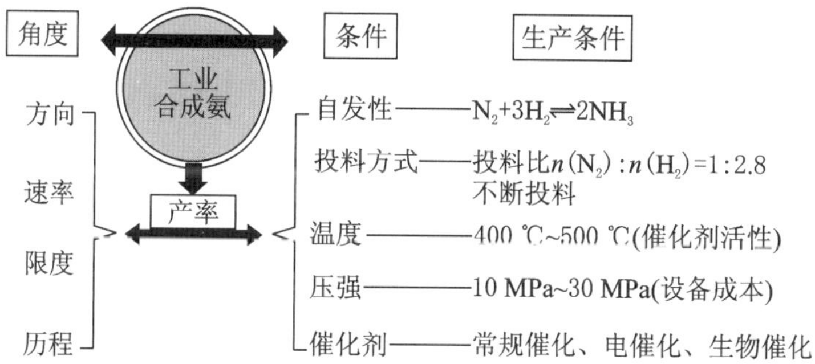

教学反思

1. 注重问题情境的真实化

本单元教学中对工业合成氨这一真实情境进行充分挖掘,选取贴合教学的真实问题,激发学生的学习兴趣和探究欲。“什么措施可以提高合成氨的产率?”“目前合成氨的研究有哪些突破?”等问题促使学生进行定量实验、讨论交流、查阅资料,在学习的过程中深刻理解化学对科技发展和社会进步的重要作用。

2. 注重认识思路的结构化

本单元的内容编排注重化学知识的结构化,注重提升化学核心概念和观念的结构化,注重反映化学反应的概念间的内在逻辑,符合学生的认知发展规律。

3. 注重“教—学—评”一体化

为了评价学生通过本单元学习化学学科核心素养的达成情况,需要围绕大概念和知识结构化对学生的学习任务进行评价。在教学过程中要穿插适当的评价活动,同步进行,不可分离,要根据目标进展的要求,确定适当的步骤并做出如何实现它的决策。将评价活动和学习活动融为一体,在学习活动中教师可以通过提问、点评、练习等来检测学生的掌握情况。

再探氢和氢气
——基于真实情境的高考二轮主题式复习

刘　刚

（太原市育英中学校　山西太原）

课标分析

《普通高中化学课程标准(2017 年版)》(以下简称“课程标准”)的中学业水平质量标准中指出,能运用原子结构模型说明典型金属和典型非金属元素的性质,能从物质的组成、构成微粒、主要性质等方面解释或说明化学变化的本质特征,能结合实验或生产生活中的实际数据,并应用物质的量计算物质的组成和物质转化过程中的质量关系,能从宏观与微观、定性与定量等角度对物质变化中的能量变化进行分析和表征,认识化学学科对社会可持续发展的贡献。

教材分析

这是一节高三化学二轮专题复习课。在目前人教社出版的初三化学教材和高中化学教材中,对于氢元素和氢气并没有专门的章节进行讲述,但是它们确实又经常出现。如在高二化学选择性必修 1《化学反应原理》教材中,燃烧热、燃料的选择、化学平衡(氢气与碘蒸气的反应,氢气与氮气合成氨的反应,氢气与一氧化碳或二氧化碳反应制甲醇等可逆反应)、氢氧燃料电池、电解饱和食盐水、析氢腐蚀等问题,都可以借用“氢气”将以上内容串联起来。

因此,在本节课中,我尝试以氢元素和氢气为素材线,以高中化学必修第一册教材中物质结构和元素周期律、选择性必修 2《物质结构与性质》、选择性必修 1《化学反应原理》中热化学、电化学以及有关化学计算等内容为知识线,介绍当前工业上对氢能的开发和利用,渗透“碳中和、碳达峰”等环保理念。

学情分析

在高考中,学生想获得一个好的成绩,需要五个方面的素养:记忆要准确,理解要深刻，运用要灵活，表达要规范，心态要平和。在高考考场上，学生面对新的问题，需要解决问题的能力和经验，而这些能力的获得和经验的积累，是建立在上述提到的五个方面的基础上。

学生在高三一轮复习中已经对课本上的有关知识进行了回顾，但缺少对有关内容的反思和整合。二轮专题复习不是简单地面面俱到地“炒旧饭”，而是需要学生从学科大概念的角度对一轮复习的内容重新审视和梳理，并在此基础上提升解决综合问题的能力，为后续的冲刺复习奠定良好的基础。

三 备课资源及设计理念

▶▶备课资源

本节课的备课资源包括：

1. 近几年的高考真题。高考真题具有权威性和代表性，体现着高考的要求和命题趋势可充分挖掘学生做题过程中暴露出来的各种问题，帮助学生及时查缺补漏，对提高复习效果大有裨益。学生通过对近几年的高考真题的研究与练习，并在做题的过程中不断总结方法和规律，才能更深刻体会高考试题的命题思路。

2. 网络资源：微信公众号《诸海滨科新先声》，2019 年 7 月 21 日发布的文章《氢能源产生：当前变化、产业格局和投资机遇》；央视财经频道《经济半小时》，2021 年 12 月 28 日播出的《宁夏宁东能源化工基地》；微信公众号《人民日报》，2022 年 3 月 4 日发布的文章《点燃主火炬的这一幕，看到破防》。

3. 书籍：《普通高中化学课程标准解读——中学化学真实情境研究与案例》（杜淑贤等编著，上海教育出版社出版）。

化学学科作为一门学生从初三开始学习的中高考科目，复习课的地位在教学中显得尤为重要。但是由于传统评价体系的不足，教师在复习课的教学设计中，往往采用“讲解典型例题——分析归纳考点——习题训练巩固”的模式。通过大量练习，学生通常能解决常规的化学问题，但复习课过于偏重知识的灌输，忽略了对学生核心素养的提升，虽然一些教师会有意识地在复习课教学中引入情境教学，但仅仅是为了吸引学生注意或活跃课堂气氛，对情境运用的延伸不够，导致情境创设虎头蛇尾。创设真实、具体且富有价值的问题情境是学生化学学科核心素养形成和发展的重要平台。在真实的情境中，学生可将习得的知识与原有的认知结构进行组织重构，从而内化到自己的认知体系中。所以，不管是新授课还是复习课，知识的学习、思考和情境是相互紧密联系的，教师要通过创设真实情境的课堂教学，让学生置身其中，具有真实体验感，在经验和认知的冲突中激发学生学习的兴趣和欲望，在问题思考中寻找不同知识的衔接和融合，在问题解决中促进知识的运用和迁移，实现知识的深度学习。

教学目标

1. 通过回顾氢元素的原子结构、在周期表中的位置、成键特征以及原子半径、电负性、第一电离能等性质，建立元素的“位置—结构—性质”思维模型。

2. 通过回顾与氢气有关的化学反应原理知识，建立物质转化和能量转化的思维模型。

3. 了解我国现阶段氢能的开发和利用，体会实现“碳达峰、碳中和”目标的重大现实意义。

教学实录

教学环节一：再探氢元素及高考中对氢的考查

教师活动	学生活动
【情境导入】 在第24届北京冬奥会上中国运动员共收获了9金、4银、2铜，共15枚奖牌，创造了历史最好成绩。请问同学们，冬奥会期间的哪一个瞬间最让你印象深刻？ 我印象最深刻的是在开幕式上主火炬的特殊点燃方式，可以说：微火虽微，但能照亮整个世界。有谁知道冬奥会上的火炬使用的是什么燃料？ 【问题】在题目中还可以这样描述氢元素： 原子半径最小，宇宙中含量最丰富，形成化合物种类最多，原子核内无中子，电子只有一种自旋方向，核外电子总数与其周期数相同。	思考、回答。
【任务一】再探氢元素及高考中对氢的考查。 活动1——有关 N_A 的计算 ①(2021年全国甲卷改编)18 g 重水(D_2O)中含有的质子数为________。 ②(2020年浙江选考改编)常温下，1 L pH = 9 的 CH_3COONa 溶液中，水电离出的 H^+ 数为________。	学生在学案上完成相关练习，教师巡视指导。

（续表）

教师活动	学生活动
活动2——元素推断 （2020·全国Ⅱ卷改编）一种由短周期主族元素组成的化合物（如下图所示），具有良好的储氢性能，其中元素W、X、Y、Z的原子序数依次增大、且总和为24。则W是________。 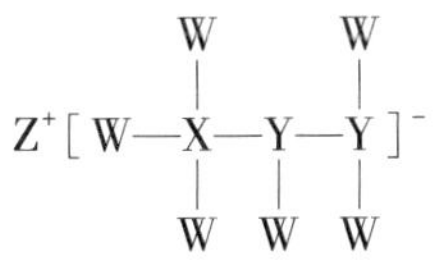 活动3——选择性必修2相关考查及其变式训练 ①（2018·全国Ⅰ卷节选）Li^+与H^-具有相同的电子构型，$r(Li^+)$小于$r(H^-)$，原因是________________。 ②（2019·全国Ⅱ卷节选）预测As的氢化物分子的立体结构为________，其沸点比NH_3的________（填“高”或“低”），其判断理由是________________。 ③（2020·全国Ⅲ卷节选）氨硼烷NH_3BH_3分子中，与N原子相连的H呈正电性（H^+），与B原子相连的H呈负电性（H^-），三种元素电负性大小顺序是________。 【变式训练】 （1）比较N、B、H的第一电离能大小顺序为________。 （2）硼氢化钠（$NaBH_4$）的电子式为________，其中H的化合价为________。 （3）写出氢化钠（NaH）与水反应的化学方程式：________________。 【小结】我们知道物质是由元素组成的，对于元素我们应该建立其原子结构、在周期表中的位置及其性质的“位—构—性”思维模型。	学生在学案上完成相关练习，教师巡视指导。

教学环节二：再探氢气及高考中对氢气的考查。

<table>
<tr><th>教师活动</th><th>学生活动</th></tr>
<tr><td>

【任务二】再探氢气及高考中对氢气的考查。

活动1——制取氢气

【高考中对氢气的考查】

①（2020·全国Ⅱ卷节选）乙烷在一定条件下可发生如下反应：

$C_2H_6(g)=C_2H_4(g)+H_2(g)$　$\Delta H=$________，相关燃烧热的数据如下表所示：

<table>
<tr><td>物质</td><td>$C_2H_6(g)$</td><td>$C_2H_4(g)$</td><td>$H_2(g)$</td></tr>
<tr><td>燃烧热 $\Delta H/(kJ\cdot mol^{-1})$</td><td>−1560</td><td>−1411</td><td>−286</td></tr>
</table>

②（2020·全国Ⅱ卷改编）氯气是制备含氯化合物的主要原料，可采用右图所示的装置来制取。氢气的逸出口是________，有关反应的电极反应式为__________。

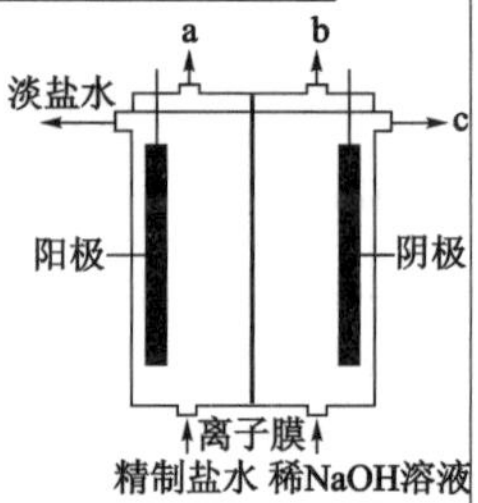

活动2——利用氢气转化为电能

在右图所示的氢氧燃料电池装置中，若有a L氢气（在标准状况下）参与反应，则电路中通过的电子的物质的量为________。

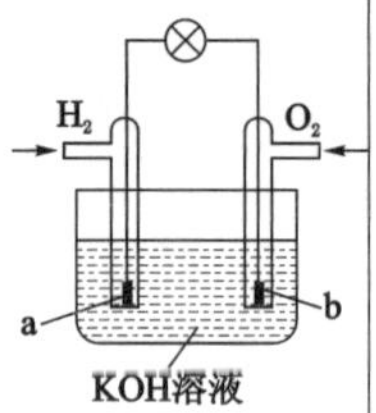

活动3——利用氢气转化为热能

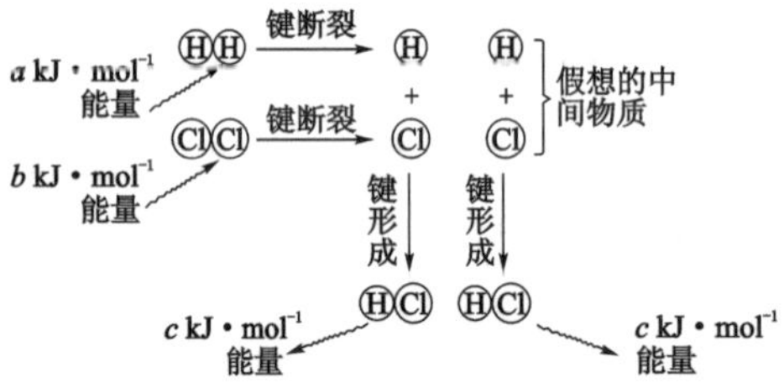

①请根据图示，写出 H_2 在 Cl_2 中燃烧的热化学方程式：____________________。

②有同学说："氢气的燃烧热 $\Delta H=-(2c-a-b)\ kJ\cdot mol^{-1}$"，你是否同意，说明你的理由：__________________。

【小结】积极发展氢能，是实现"碳中和、碳达峰"的重要举措。物质是由元素组成，化学反应的本质是有新的物质生成，同时伴随能量的变化。我们要学会从微观层面去解释其中的变化，并用相应的化学用语去表征这些变化。我们可以说：氢气虽轻，但能改变整个世界。因为它同时解决了能源和环境两个世界难题。

</td><td>

观看视频，了解我国对氢能的开发与利用。

学生在学案上完成相关练习，教师巡视指导。

学生在学案上完成相关练习，教师巡视指导。

学生有不同的意见，在此基础上交流讨论。

</td></tr>
</table>

板书设计

氢元素
- 化合价：+1、−1
- 成键数目：1

⟹ 氢气
- 生成1 mol氢气时，转移电子2 mol
- 1 mol氢气参与反应时，转移电子2 mol

教学反思

本节课涉及的复习课是一种横向思维的复习模式，它是基于学生高中化学相关知识点学完的基础上进行的复习，意在使学生头脑中零散的知识点形成网络。但是由于时间关系，本节课有很多内容没有详细展开，如氢气的还原性在工业上的应用，氢化物的性质比较，氢键的应用等。这些内容可以布置成作业，供有能力的同学进一步拓展学习。

在今后的高三复习课中我们可以继续尝试使用某种元素或某个物质串联教材的思路，如 H_2O、O_2、NaCl、Fe、Cu 等，将课本中的相关内容进行梳理和整合，使学生建立更完整的知识体系，拓宽学生认识化学问题的角度和深度，提高学生学习的热情和促进学生思维方式的转变，让化学学科核心素养得到落实，同时也能使学生在高考的考场上游刃有余。在 2022 年高考全国乙卷理科综合考试的化学试题的第 28 题（2）这个题目就很好地体现了高考对氢气的考查。

“碳”索未来
——基于模型建构的“化学反应原理大单元复习”教学设计

童 洁

（太原市晋源区实验中学校　山西太原）

课标分析

《普通高中化学课程标准（2017 年版）》（以下简称“课程标准”）中提及要“进一步精选学科内容，重视以学科大概念为核心，使课程内容结构化，以主题为引领，使课程内容情境化，促进学科核心素养的落实”。所以，将学科大概念作为理论核心指导教师设计教学活动是非常有必要的。

通过反应原理模块的学习，引导学生进一步认识化学变化所遵循的基本原理，初步形成关于物质变化的科学观念。了解化学反应原理中能量转化所遵循的规律，赞赏运用化学反应原理对科学技术和人类文明所起到的重要作用，发展化学学科核心素养。

教材分析

化学反应原理模块是高考必考的重点内容之一，在学习中能充分体现“变化观念和平衡思想”“证据推理与模型认知”等素养。理论性较强是该模块的特点，学生在学习该模块的基本概念、基本原理时，更需要对隐含在基本概念、原理中的学科思想和方法进行深度学习，也就是用专家的思维方式去学习概念，即学科大概念。刘徽教授指出，大概念即反映学科专家思维方式的概念、观念和结论。因此，我们以学科大概念为指导，进行单元主题教学。

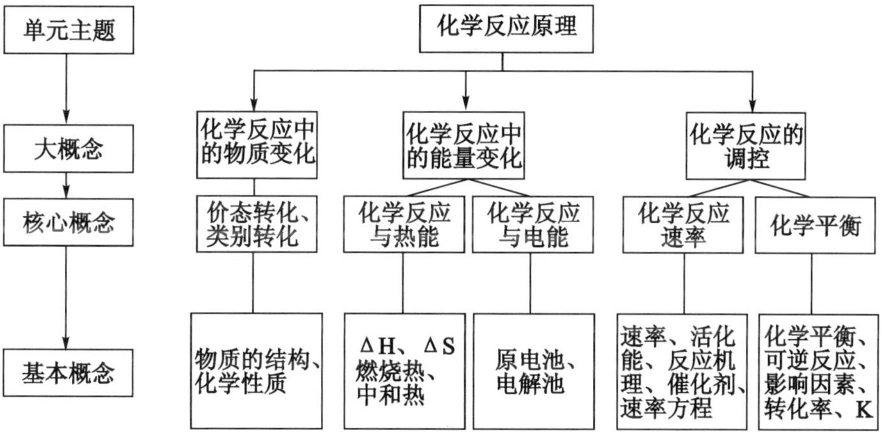

图 1　化学反应原理单元概念网络

学情分析

学生刚完成物质结构与性质部分的复习，还未进行化学反应原理的系统复习，有些同学已将化学反应原理模块的一些知识遗忘，有些同学概念模糊，有些同学对于理论的使用不熟悉。

备课资源及设计理念

▶▶备课资源

2022 年 9 月 1 日，太原能源低碳发展论坛在晋阳湖国际会议中心开幕。论坛的主题是“能源、双碳、发展”，双碳指的是“碳达峰、碳中和”。习近平总书记在二十大报告中提到“推动绿色发展，促进人与自然和谐共生。积极稳妥推进碳达峰、碳中和”。

“碳达峰”简单来说，就是二氧化碳达到峰值，是我国承诺 2030 年前，二氧化碳的排放不再增长，达到峰值之后逐步降低。“碳中和”指企业或其他组织测算出在一定时间内直接或间接产生的温室气体排放总量，然后通过节能减排、植物造树造林等方式，抵消自身产生的二氧化碳排放量，从而实现二氧化碳“零排放”。就是产生了多少“碳”量，就通过某些方式来削减或者消除这些“碳”量对环境的影响，实现自身“零排放”。简单来说，“碳中和”就是要消除排放到大气中的 CO_2。

CO_2 的转化路径有两个核心反应，一个是重整反应，一个是加氢制甲醇。重整反应可以将两种主要的温室气体（甲烷和二氧化碳）直接转化成合成气，兼具环境效益和经济效益，近年来重整反应的研究取得新进展。

▶▶参考文献

[1]中华人民共和国教育部. 普通高中化学课程标准(2017 年版 2020 年修订)[S]. 北京:人民教育出版社,2020.

[2]刘徽. 大概念教学. 素养导向的单元整体教学设计[m]. 浙江教育出版社,2022,第 88 页.

[3]中国碳达峰碳中和进展报告. 2021/国家电力投资集团有限公司,中国国际经济交流中心主编. 北京:社会科学文献出版社,2021. 12(2022 重印).

[4]付彧;孙予罕. CH_4—CO_2 重整技术的挑战与展望. 中国科学(化学)[j]. 2020,第 50 卷第 7 期 816-831.

▶▶设计理念

在全球气候急剧变化的背景下,处理大气中过多的 CO_2 已成为一个亟待解决的问题。化学反应原理模块试题命制,以“碳中和”为背景,可以在真实问题情境中考查核心知识、关键能力,体现育人目标和学科核心素养。因此,设计“碳中和”背景下基于模型建构理念的化学反应原理大单元复习,利用化学反应原理模块知识,解决“碳中和”反应能不能发生、反应速率快不快、产率高不高的问题,帮助学生建构化学反应原理系列认知模型。通过课时整合和概念网络构建,解决高三复习课知识琐碎、时紧急、任务重等一系列问题。在“碳中和”反应学习中,学生还应树立低碳环保、节能减排的意识。

依据单元教学目标,我们将化学反应原理单元划分为三个学习项目——物质变化、能量变化、反应调控。

表 1　项目任务及课时规划

主题	情境	大概念	课时划分	任务划分
化学反应原理	“碳中和”反应	物质变化	共 1 课时	1. 复习 CO_2 结构和性质 2. 建构 CO_2 转化“价—类”图
		能量变化	共 2 课时	1. 计算 ΔH 2. 判断反应自发性 3. 认识电催化还原 CO_2 4. 建构电化学认知模型
		反应调控	共 2 课时	1. 分析反应历程 2. 选择合适催化剂 3. CH_4—CO_2 干重整反应调控 4. CO_2 催化加氢制甲醇反应调控

教学目标

1. 通过课前完成预习案，总结 CO_2 及其他含碳物质的微观结构特征，建构“位置—结构—性质”认识模型，并能用于解释某些化学反应及现象。

2. 通过构建消除大气中 CO_2 路径“价—类”图，理解氧化还原反应原理，并学会从“价态—类别”的视角设计反应原理、判断反应能否发生，感受国家科学技术的蓬勃发展，提升民族自豪感。

3. 通过“碳中和”反应焓变的计算以及反应方向的判断，学会用微观视角解释化学反应的宏观表象，如吸热反应与放热反应等。

4. 利用查阅资料的方式扩大知识的认知范围，学会查阅文献资料、搜集网络资源等，提高获取信息的能力，学会处理信息。

5. 通过书写电催化二氧化碳还原的电极反应式，掌握电化学原理，并能利用电化学原理分析“碳中和”路径的可行性，了解影响工业生产的因素，用严谨的科学态度面对生产生活中的问题。

6. 通过重整反应历程的判断，知道活化能与反应历程的关系，学会选择催化剂，感受化学世界的丰富多彩。

7. 通过“碳中和”反应转化率、平衡常数的计算，了解化学反应调控对工业生产的重要作用，体验科学之路的艰辛。

教学实录

项目一：“碳中和”反应中的物质变化（第 1 课时）

教师活动	学生活动
【情境】2022 年 9 月 1 日，太原能源低碳发展论坛在晋阳湖国际会议中心开幕。论坛的主题是“能源、双碳、发展”，双碳指的是“碳达峰、碳中和”。 【任务 1】建构消除大气中 CO_2 的转化路径，并用“价—类”二维图表示。 设计意图：建构“位—构—性”认知模型。 【任务 2】利用化学反应原理选择合适的转化剂，写出转化路径化学反应方程式。 设计意图：体现“结构决定性质，性质决定用途”的化学思维，为项目二“碳中和”反应中的能量变化、项目三“碳中和”反应调控的学习做铺垫。	课前完成预习案，课上学生点评，判断物质中碳元素化合价，构建消除大气中 CO_2 路径“价—类”图。 选择转化路径、转化剂书写化学反应方程式，根据化学反应方程式，从生活生产图示中找出 CO_2 用途。

项目二："碳中和"反应中的能量变化

2.1　化学反应与热能(第2课时)

教师活动	学生活动
【情境】CO_2 的转化路径有两个核心反应，一个是重整反应，一个是加氢制甲醇。重整反应可以将两种主要的温室气体(甲烷和二氧化碳)直接转化成合成气，兼具环境效益和经济效益，近年来重整反应的研究取得新进展[4]。	概念辨析：焓变、熵变、反应热。
【任务1】计算焓变。 1. 根据信息，写出重整反应热化学方程式______。 2. 该重整反应体系主要涉及以下反应： (1)重整反应 ΔH_1。 (2)逆变换反应：$CO_2(g)+H_2(g) \rightleftharpoons CO(g)+H_2O(g)\ \Delta H_2$。 (3)积碳反应：$CH_4(g) \rightleftharpoons C(s)+2H_2(g)\ \Delta H_3$。 (4)积碳反应：$2CO(g) \rightleftharpoons CO_2(g)+C(s)\ \Delta H_4$。 (5)积碳反应 $H_2(g)+CO(g) \rightleftharpoons C(s)+H_2O(g)\ \Delta H_5$。 根据盖斯定律，反应 ΔH_1=______(用 ΔH 表示)。 思考：还有哪些方法可用于计算反应热？	计算重整反应的反应热： $\Delta H_1=\Delta H_2+\Delta H_3-\Delta H_5$ (或者 $\Delta H_3-\Delta H_4$)。 建构 ΔH 认知模型。 ΔH 计算： ①生成物能量总和减反应物能量总和。 ②正反应活化能减逆反应活化能。 ③反应物键能能量总和减生成物键能能量总和。 ④盖斯定律。 设计意图：建构 ΔH 认知模型，解决高考题目中 ΔH 计算、热化学方程式书写的问题。
【任务2】判断反应的自发性。 $\Delta G=\Delta H-T\Delta S$ 结合反应热与熵变分析重整反应体系中的化学反应的自发性。 真题演练(略)	利用 ΔH、ΔS 判断重整反应自发性。 应用模型

2.2　化学反应与电能(第三课时)

教师活动	学生活动
【情境】中国化学会网站文章介绍了 CO_2 电化学转化的可行性和研究新进展。 【任务1】认识电催化还原二氧化碳。 利用反应原理知识解决真实情境中的问题。 (1)图示中利用 CO_2 电催化还原的产物有________。 (2)试写出 CO_2 生成 CH_4 电极反应式__________。	知识梳理： 1. 原电池原理： 正负极、电极反应式、化学电源、一次电池、二次电池、燃料电池。 2. 电解池原理： 阴阳极、惰性电极、活性电极、离子放电顺序、氯碱工业、电镀、电冶金分析文献图示。 (1)$HCOO^-$、CH_4、CH_3OH、C_2H_4、CH_3CH_2OH。 (2)$CO_2+8e^-+8H^+=CH_4+2H_2O$ 分析装置(装置略)、书写电极反应式。 真题演练(略) 应用模型
【任务2】建构电化学认识模型 学生总结，教师点评。	思考，解答(答案略) 设计意图：应用模型解决高考题目中电化学相关的问题。

项目三:“碳中和”反应调控

3.1　化学反应速率(第4课时)

<table>
<tr><th>教师活动</th><th>学生活动</th></tr>
<tr><td>

【情境】习近平总书记在二十大报告中提到“推动绿色发展,促进人与自然和谐共生。积极稳妥推进碳达峰、碳中和”。继续深度研究“碳中和”反应。

【任务1】分析反应历程。

分析反应历程

1. 一定条件下,CH_4 分解形成碳的反应历程如下图所示。该历程分________步进行,其中,第________步的正反应活化能最大。

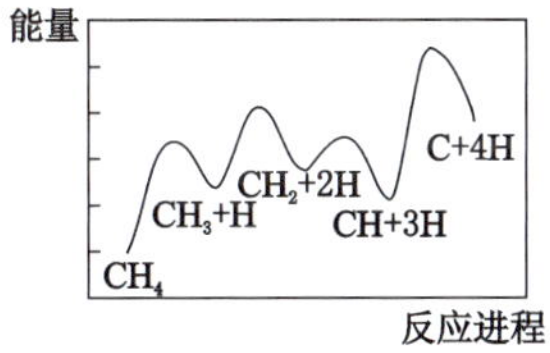

【任务2】选择合适催化剂。

结合下表中的能垒和反应热的数据分析,CO_2 更容易沿哪条路径解离?该路径的控速步骤是哪一步?

<table>
<tr><th></th><th>Reaction</th><th>E_a/(kJ · mol^{-1})</th><th>ΔH/(kJ · mol^{-1})</th></tr>
<tr><td>CO_2 direct dissociation</td><td>CO_2+Ni→CO+O—Ni</td><td>212.8</td><td>199.84</td></tr>
<tr><td rowspan="4">H-mediated dissociation</td><td>CO_2+H—Ni→Ni—COOH</td><td>287.47</td><td>197.95</td></tr>
<tr><td>Ni—COOH→CO+Ni—OH</td><td>117.86</td><td>-121.52</td></tr>
<tr><td>CO_2+H—Ni→Ni—OOCH</td><td>71.62</td><td>-72.82</td></tr>
<tr><td>Ni—OOCH→CO+Ni—OH</td><td>188.26</td><td>-154.67</td></tr>
</table>

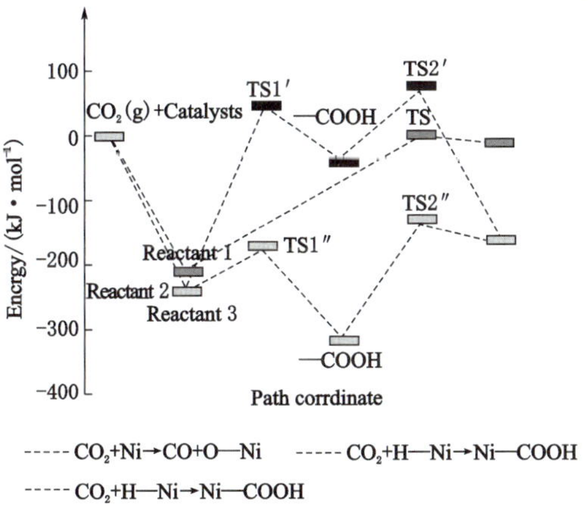

表3　CO_2 不同路径的能垒和反应热

</td><td>

知识梳理:

化学反应速率宏观影响因素、微观理论解释(碰撞理论、活化分子理论)。

建构化学反应速率认知模型。

设计意图:从宏观与微观两方面理解化学反应速率的影响因素。

分析重整反应的反应历程。

建构化学反应速率认知模型。

选择重整反应的催化剂。

设计意图:应用模型解决高考题目中能垒、反应历程、控速步骤判断等问题。

构建催化剂性质认知模型:(四能四不能)

①能降低活化能。

②能加快反应速率。

③能改变反应历程。

④温度过高或者过低,催化剂活性可能降低。

⑤不能改变焓变。

⑥不能使平衡移动。

⑦不能改变反应物的转化率。

⑧不能改变化学平衡常数。

</td></tr>
</table>

(续表)

教师活动	学生活动
真题演练 (2020·全国高考真题)据文献报道:$Fe(CO)_5$催化某反应的一种反应机理如下图所示。下列叙述错误的是 (　　) 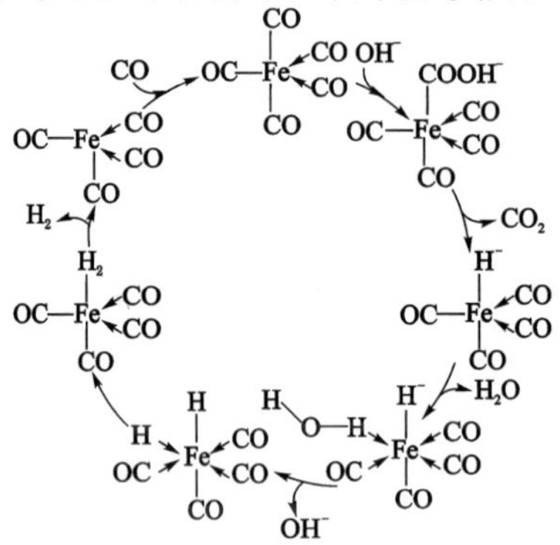 A. OH^-参与了该催化循环 B. 该反应可产生清洁燃料 H_2 C. 该反应可消耗温室气体 CO_2 D. 该催化循环中 Fe 的成键数目发生变化	应用模型 思考,解答(答案略)

3.2　化学平衡(第5课时)

教师活动	学生活动
知识梳理: 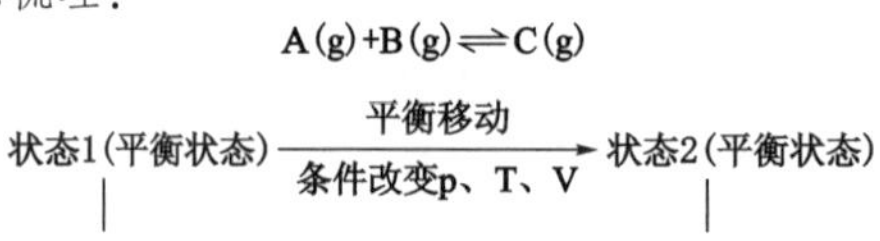 【任务1】CH_4—CO_2 干重整反应调控。 CH_4 与 CO_2 重整生成 H_2 和 CO 的过程中主要发生下列反应: $CH_4(g)+CO_2(g)=2H_2(g)+2CO(g)$ $\Delta H=247.1\ kJ\cdot mol^{-1}$ $H_2(g)+CO_2(g)=H_2O(g)+CO(g)$ $\Delta H=41.2\ kJ\cdot mol^{-1}$ 在恒压、反应物起始物质的量比。 $n(CH_4):n(CO_2)=1:1$ 条件下,CH_4 和 CO_2 的平衡转化率随温度变化的曲线如图所示。 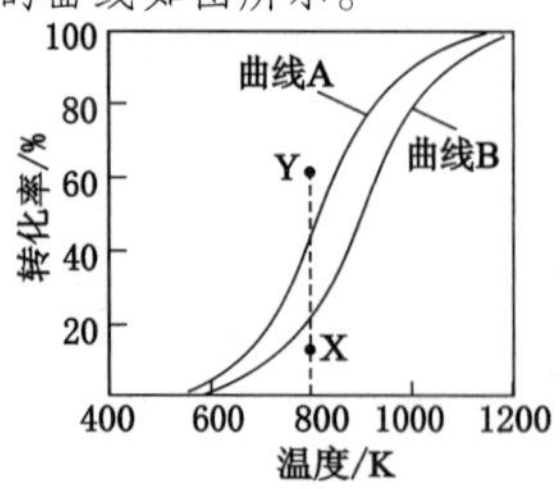 	知识梳理、构建化学平衡结构模型。 分析提高甲烷转化率的方法。 设计意图:应用模型,解决高考题目中化学平衡移动问题。

（续表）

教师活动	学生活动
1. 根据已知信息，你认为改变什么条件有利用于提高 CH_4 的平衡转化率？判断理由是什么？ 2. 试判断哪条曲线代表 CH_4 的转化率？判断理由是什么？ 3. 相同条件下，改用高效催化剂可以使曲线 A 和曲线 B 相重叠吗？ 4. 恒压、800 K、$n(CH_4):n(CO_2)=1:1$ 条件下，反应至 CH_4 转化率达到 X 点的值，改变除温度外的特定条件继续反应，CH_4 转化率能达到 Y 点的值吗？	寻找甲烷转化率曲线、催化剂的使用。 设计意图：从问题出发，利用图表信息，解决 CO_2 催化加氢制甲醇反应调控问题。
【任务 2】CO_2 催化加氢制甲醇反应调控。 在 CO_2 催化加氢制甲醇过程中存在竞争反应产生 CO： $CO_2(g)+3H_2(g)=CH_3OH(g)+H_2O(g)$ $\Delta H=-48.97\ kJ\cdot mol^{-1}$ $CO_2(g)+H_2(g)=CO(g)+H_2O(g)$ $\Delta H=+41\ kJ\cdot mol^{-1}$ $\left[x(CH_3OH)\%=\dfrac{n(\text{生成 }CH_3OH)\times 100\%}{n(\text{消耗 }CO_2)}\right]$ 在恒温密闭容器中，维持压强和投料不变，将 CO_2 和 H_2 按一定流速通过反应器，二氧化碳转化率和甲醇选择性随温度变化关系如下图所示。 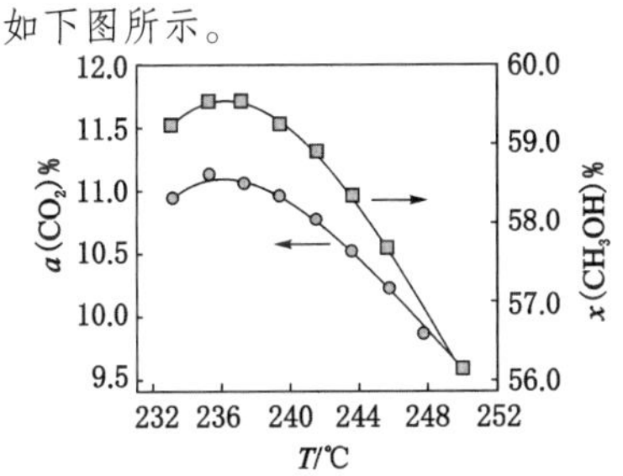 1. 若 233 ℃～251 ℃时催化剂活性受温度影响不大，试分析 235 ℃后图中曲线下降的原因。 2. 在恒温恒压装置中加入 1 mol $CO_2(g)$ 和 3 mol $H_2(g)$ 反应并达到平衡状态，CO_2 平衡转化率为 20%，甲醇选择性为 50%，计算主反应在该温度下的分压平衡常数 K_p。 小结 5 节课的核心内容： 解决“碳中和”反应中的三个问题，树立节能减排、低碳环保意识。	设计意图：建立化学反应原理单元概念网络，将知识体系结构化。 判断转化率变化的特定条件。 分析条件对平衡的影响。 计算 K_p。

板书设计

“碳”索未来——化学反应原理大单元复习

单元主题　大概念　任务　解决问题

- 化学反应原理
  - 物质变化
    - 二氧化碳结构
    - 消除大气中二氧化碳的路径“价-类”图
  - 能量变化
    - 化学反应与热能
    - 化学反应与电能
  - （以上）→ 反应能不能发生
  - 反应调控
    - 反应速率 → 反应速率快不快
    - 化学平衡 → 反应物转化率及产品产率高不高

教学反思

利用“碳中和”情境，将化学反应原理模块知识用学科大概念进行整合，学生在复习的过程中运用所学知识解决实际问题的能力有所提升，素养目标得以实现，如学生可以通过文献、图表获取有用信息，解决遇到的困难等。在教学中，教师要结合先进的教育理念，用理论指导教学，用科学理论打开教学设计的思路、丰富教学形式和内容，并在教学实践的过程中逐渐提升理论水平，充分实现理论与实践相结合。此外，需要注重的是，好的教学设计一定是符合学情的设计，符合学生认知规律的设计，只有这样的教学设计，才能更好地引导学生，发挥学生的主观能动性。

基于证据推理和实验验证的卤代烃教学设计

郝夏帆
（太原市第六十五中学校　山西太原）

课标分析

《普通高中化学课程标准（2017 版）》中要求引导学生建立“组成、结构决定性质”的基本观念，形成基于官能团、化学键与反应类型认识有机物的一般思路。认识卤代烃的官能团（碳卤键）种类，知道简单卤代烃的命名。认识碳卤键与卤代烃特征性质的关系，认识在一定条件下卤代烃中碳卤键与其他官能团可以相互转化。知道碳卤键的鉴别方法。知道卤代烃中碳卤键的极性与其有机反应的关系，知道卤原子对其他基团的相互影响导致键的极性发生改变。

教材分析

普通高中化学选择性必修 3“卤代烃”一节是在必修课中学习含氧衍生物的基础上，结合烃的含氧衍生物的结构特点和性质，进一步加深认识有机物的取代、消去反应。通过烃、卤代烃及烃的含氧衍生物等有机物间的相互转化，使学生对所学知识进行综合应用。

本节以官能团为线索，选择溴乙烷为卤代烃的代表物，研究卤代烃的组成、结构、性质和应用，初步介绍卤代烃在有机物转化中的作用，提供基团之间相互影响的证据。在探究卤代烃的性质过程中，让学生发现有机化合物的性质与官能团之间的关系，学习了解研究有机化合物性质的方法，认识有机化合物的结构、性质和用途之间的关系。

卤代烃是有机合成中常用的试剂，所以在本节涉及“有机合成”的内容，以突出其在有机合成中的重要地位。以此为载体引导学生去进行实验探究、分析、讨论，会在优化学生知识结构的同时，帮助学生更深入地认识官能团，以及在有机合成中的重要作用。

学情分析

学生通过高中化学必修第二册有机化学的学习，已有一定的知识和方法基础。本节课学生将进一步认识结构决定性质这一重要化学思想，逐步学习以官能团为线索构建知识体系，学习卤代烃的性质，构建其与烃、醇等有机物间的转化关系，并练习有关实验技能。

三 备课资源及设计理念

▶▶备课资源

依据《普通高中化学课程标准(2017 年版)》、高中化学教科书(人教版)。

▶▶设计理念

教师引导学生从身边的医用胶入手，在学生已有知识、方法经验的基础上，强化学生运用结构决定性质这一有机化学的学习方法，从卤代烃的结构入手，预测卤代烃的物理化学性质，通过阅读教材和设计实验验证卤代烃的物理性质和化学性质中的取代反应，从产物分析取代反应的实质，并进行总结。在探究卤代烃的性质过程中，学生进一步明确有机化合物的性质与官能团之间的关系。

教学目标

1. 知道简单卤代烃的命名。

2. 能解释卤代烃沸点、密度变化的原因和高于相应烃的原因。

3. 能从溴乙烷的官能团和化学键的极性角度预测其可能的断键位置和化学性质，并通过溴乙烷与氢氧化钠水溶液的实验了解反应机理，写出相应的化学方程式。

4. 通过 1-溴丁烷取代反应和消去反应的探究实验进行对比和归纳，形成“化学反应可以调控”的观念，通过类比迁移形成对卤代烃反应基本规律的认识。

5. 知道卤代烃在有机合成(有机化合物转化)路线中的作用。

6. 了解卤代烃在实际生活中的应用，认识化学对满足人类生活需要的积极贡献，树立保护环境和可持续发展的意识。

教学实录

情境导入:从神奇的医用胶初识卤代烃

教师活动	学生活动
播放医用胶的相关视频。 辨别烃的衍生物。 某种医用胶的分子结构为: $CH_2{=}C(CN)—COOCH_2(CH_2)_2CH_3$。某同学以乙烯为起始物,为这种有机化合物设计了如下合成路线: 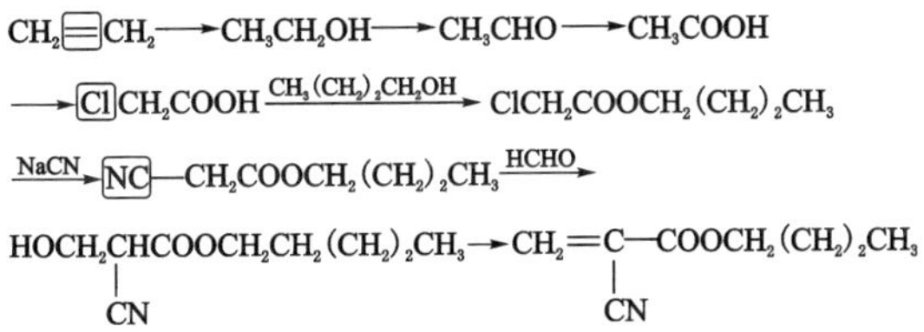	观看视频,了解医用胶的用途。 学生从官能团辨别烃的衍生物。

教学环节一:宏观辨识——了解卤代烃的组成、官能团、分类、命名

教师活动	学生活动
请同学们阅读教材内容,了解卤代烃的组成、官能团、分类,并交流分享。	组成元素:C、X(卤素原子)、可能有H。 官能团:碳卤键。 定义:烃分子中的氢原子被卤素原子取代后所生成的化合物。 分类: CH_3CH_2Br 溴乙烷 CH_2ClCH_2Cl 1,2-二氯乙烷 $CH_2{=}CHCl$ 氯乙烯
请同学们结合已学过的有机物命名原则和刚才看到的卤代烃分类中各物质的名称,试总结其命名原则。	简单卤代烃的命名。 (1)选主链:选择含官能团(卤素原子、不饱和键)的最长碳链,按主链上的碳原子数目定"某烷、烯、炔"。 (2)定编号:将卤素原子看作取代基,编号时从距离简单取代基近的一端编号,有碳碳双键时从距离碳碳双键近的一端开始编号。 (3)写名称:从简到繁,一般先写烃基,然后写卤原子,最后写母体。
练习:请用系统命名法命名下列卤代烃。 $CH(Br)—CH_2—CH(CH_3)—CH_2—CH_3$ $CH_2{=}CHCH_2CH_2Br$	3-甲基-1-溴戊烷 4-溴-1-丁烯

教学环节二：证据推理——预测卤代烃的结构对性质的影响

<table>
<tr><th>教师活动</th><th>学生活动</th></tr>
<tr><td>复习回忆
模型认知——有机化合物学习方法导引。
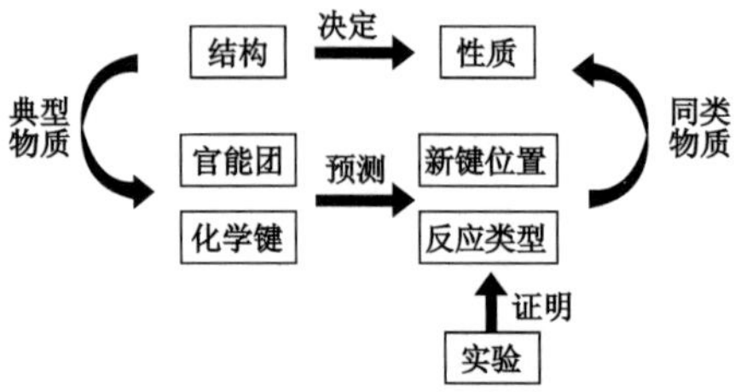
</td><td>有机物性质的学习方法：根据有机物结构中所具有的官能团类型和化学键的极性，可以预测有机物的化学性质和反应类型。在预测的基础上再通过实验进行验证。</td></tr>
<tr><td>预测卤代烃的结构对物理性质的影响。
请阅读教材对比乙烷和溴乙烷的物理性质，从结构角度找到产生差别的原因，并预测并解释卤代烃的结构对物理性质的影响。</td><td>乙烷和溴乙烷都属于分子晶体，结构相似。由于溴原子取代了氢原子，导致溴乙烷的相对分子质量比乙烷大，范德华力增大，沸点升高。</td></tr>
<tr><td>师生共同小结一氯代烷物理性质的变化规律。
(1)密度：除脂肪烃的一氟代物和一氯代物外，其余卤代烃密度都比水大。一般随着烃基中碳原子数目的增加而减小。
(2)沸点：熔沸点大于同碳个数的烃，随碳原子数增多，沸点依次升高(碳原子数相同时，支链越多沸点越低)。常温下除一氯甲烷、氯乙烯、氯乙烷是气体外，大多数为液体或固体。
(3)溶解性：不溶于水，可溶于有机溶剂，某些卤代烃本身就是有机溶剂。</td><td></td></tr>
<tr><td>学以致用1：下列关于卤代烃的叙述中正确的是（　　）
A. 卤代烃在常温下均为液态或固态
B. 所有卤代烃的沸点比相应烃的沸点低
C. CH_3CH_2Cl 与 $CH_3CH_2CH_2Cl$ 的沸点前者低
D. CH_3CH_2Cl 与 $CH_3CH_2CH_2Cl$ 的密度前者小</td><td>答案为C。</td></tr>
<tr><td>预测卤代烃的结构对化学性质的影响
(1)定性分析——共价键的极性。
(2)定量分析——共价键的键能。
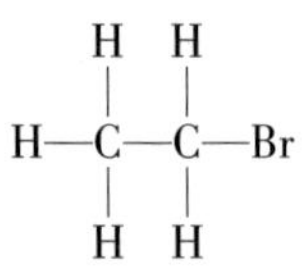
<table>
<tr><td>化学键</td><td>C—H</td><td>C—C</td><td>C—Br</td></tr>
<tr><td>键长/pm</td><td>110</td><td>154</td><td>194</td></tr>
<tr><td>键能/$kJ\cdot mol^{-2}$</td><td>414.2</td><td>347.3</td><td>284.5</td></tr>
</table></td><td>由于Br的电负性比C的大，使C—Br的电子向Br偏移，进而使C带部分正电荷(δ+)，Br带部分负电荷(δ-)，这样就形成一个极性较强的共价键。
C—Br较易断裂，使Br被其他原子或原子团所取代，生成负离子而离去。
通过键长和键能的数据来佐证定性分析的结果。
通过键参数分析进一步确定：C—Br较易断裂，使Br被其他原子或原子团所取代，生成负离子而离去。</td></tr>
</table>

教学环节三:实验验证溴乙烷的取代反应

教师活动	学生活动
已知:CH_3CH_3 与氢氧化钠溶液不能反应,CH_3CH_2Br 能否与氢氧化钠溶液反应?若反应,可能有什么物质产生? 如果让你设计实验证明溴乙烷能和氢氧化钠溶液发生反应。你如何解决以下两个问题: (1)如何用实验证明溴乙烷的 Br 变成了 Br^-? (2)该反应的反应物是溴乙烷和氢氧化钠溶液,混合后是分层的,且有机物的反应一般比较缓慢,如何提高本反应的反应速率?	若反应,则应该生成乙醇和溴化钠。 $CH_2CH_2Br+NaOH\rightarrow CH_3CH_2OH+NaBr$ 用稀硝酸和硝酸银溶液检验 Br^-。 充分振荡、加热升高温度。
【实验 3-1】 取一支试管,滴入 10~15 滴溴乙烷,再加入 1 mL 5% NaOH 溶液,振荡后加热,静置。待溶液分层后,用胶头滴管小心吸取少量上层水溶液,移入另一支盛有 1 mL 稀硝酸的试管中,然后加入 2 滴 $AgNO_3$ 溶液,观察实验现象。	观察并描述现象:试管中有浅黄色沉淀生成,是 AgBr 沉淀。
此反应属于哪种有机化学反应类型? 反应机理是什么? $C_2H_5\vdots Br+H\vdots OH\longrightarrow C_2H_5—OH+HBr$ 反应实质:　$NaOH+HBr=NaBr+H_2O$ 总反应:$CH_3CH_2Br+NaOH\xrightarrow[\triangle]{水}CH_3CH_2OH+NaBr$	取代反应。 水中羟基取代溴乙烷上的溴原子。
学以致用 2 写出 $CH_3CH_2CH_2Br$、$CH_3CHClCH_3$ 分别与 NaOH 的水溶液发生反应的化学方程式。 $CH_3CH_2Ch_2Br+NaOH\xrightarrow[\triangle]{水}CH_3CH_2CH_2OH+NaBr$ $CH_3CHClCH_3+NaOH\xrightarrow[\triangle]{水}\underset{\displaystyle\stackrel{\vert}{OH}}{CH_3CHCH_3}+NaCl$	学生写出方程式并展示交流。
学以致用 3 能够证明某卤代烃中存在氯元素的操作及现象是　(　　) A. 在卤代烃中直接加入稀硝酸酸化的 $AgNO_3$ 溶液,产生白色沉淀 B. 加蒸馏水,充分搅拌后,加入 $AgNO_3$ 溶液,产生白色沉淀 C. 加入 NaOH 溶液,加热后加入稀硝酸酸化,然后加入 $AgNO_3$ 溶液,产生白色沉淀 D. 加入 NaOH 的乙醇溶液,加热后加入 $AgNO_3$ 溶液,产生白色沉淀	选 C。
小结:所有卤代烃在碱性水溶液中都会发生水解反应,检验卤代烃中的卤原子一般流程为: $\boxed{卤代烃}\xrightarrow[水溶液]{①NaOH}\xrightarrow[HNO_3]{②过量}\xrightarrow[溶液]{③AgNO_3}$有沉淀产生	学生总结并回答。

教学环节四:探究1-溴丁烷的消去反应

教师活动	学生活动
教师引导: 有机物官能团之间是相互影响的,由于溴原子电负性大、吸电子能力强,使得C—H键的极性增大,在强碱性的乙醇溶液中,加热的条件下能发生断裂,发生化学反应。 通过大量实验证明,在NaOH的醇溶液、加热的条件下,主要产物是1-丁烯。 那么该反应的机理是怎样的?还有什么产物生成呢?	
【探究实验】按照教材图示装置组装好仪器,向圆底烧瓶中加入2.0 g NaOH和15 mL无水乙醇,搅拌。再向其中加入5 mL1-溴丁烷和几片碎瓷片,微热。将产生的气体通入盛水的试管后,再用酸性高锰酸钾溶液进行检验。 观察现象,试写出化学反应方程式,并总结其反应实质。 $CH_3CH_2CH_2Br+NaOH \xrightarrow[\triangle]{醇} CH_3CH_2CH{=}CH_2\uparrow+NaBr+H_2O$	有无色气体生成,紫色的酸性高锰酸钾溶液褪色。 相邻的两个C上脱去HX形成不饱和键。
这是一种我们之前没有学习过的有机化学反应类型——消去反应。 消去反应:有机化合物(醇/卤代烃)在一定条件下,从一个分子中脱去一个或几个小分子(H_2O/HX等),而生成不饱和键(含双键或三键)的化合物的反应。	
拓展:请预测2-溴丁烷发生消去反应的可能产物。 我们预测两种产物应该各占50%,但最终的结果是: (1)$CH_3CH_2CH{=}CH_2$ (19%) (2)$CH_3CH{=}CHCH_3$ (81%) 可以观察到2-溴丁烷发生消去反应时,消去的氢原子主要来自含氢原子较少的碳原子上。	学生进行判断: 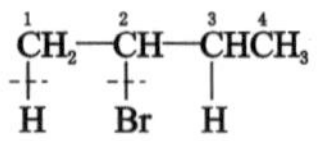 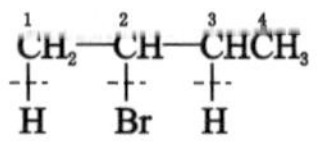
学以致用4 下列有机化合物中,既能发生水解反应,又能发生消去反应,且消去反应生成产物不相同的是 ( ) A. CH_3Cl B. 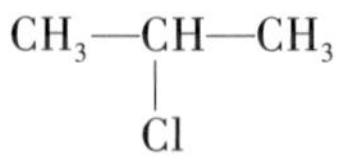 C. 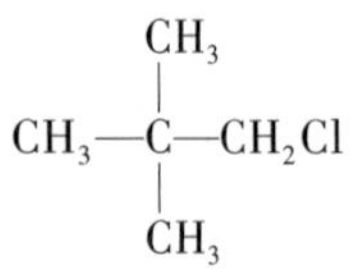 D. 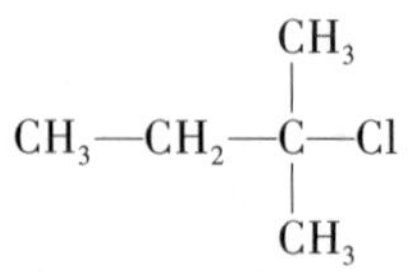	答案选D。

教学环节五：卤代烃的应用

教师活动	学生活动
请同学们阅读教材相关内容，了解卤代烃的用途，谈谈其危害。	氟利昂（CCl_3F、CCl_2F_2 等）对臭氧层的破坏作用。氟利昂可在强烈的紫外线作用下分解，产生的氯原子自由基会对臭氧层产生长久的破坏。

板书设计

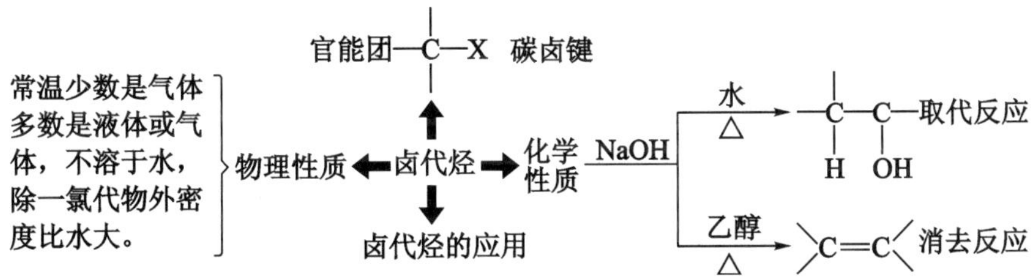

教学反思

本节课在学生初步认识卤代烃的定义和分类基础上，通过结构决定性质这一学习有机化合物的方法模型，以溴乙烷为例，从分子内共价键的极性和键参数两个方面预测其物理、化学性质，并通过查阅资料和设计实验进行验证。在此过程中，学生设计实验的能力得到培养，学生通过有机物结构预测性质的思维方式得到强化。

醇

李兴龙

（太原市第四十八中学校　山西太原）

课标分析

醇是《普通高中化学课程标准（2017 年版）》选择性必修课程模块 3《有机化学基础》主题 2“烃及其衍生物的性质与应用”的内容。

1. 内容要求

认识醇的组成和结构特点、性质、转化关系及其在生产生活中的重要应用，知道醇的结构特点及其应用。

2. 学业要求

（1）能写出醇类的官能团、简单代表物（甲醇、乙醇、乙二醇和丙三醇）的结构简式和名称，能够列举简单代表物（甲醇、乙醇、乙二醇和丙三醇）的主要物理性质。

（2）能结合乙醇中化学键的特点，运用类比迁移的方法分析和推断其他醇的化学性质，并根据有关信息书写相应的化学方程式。

（3）能从官能团和结构变化的角度理解醇、醛、酸的转化关系，能列举甲醇、乙醇和丙三醇等代表物在生活中的应用。

教材分析

乙醇在本书的教学中起着枢纽作用，向前可以联系烯烃和卤代烃，向后可以联系醛和酮、羧酸，不仅是本章内容的重点之一，也是整个高中有机化学教学的重点之一。乙醇的消去反应、氧化反应是乙醇的重要性质，学好这一课，可以培养学生抓住“结构决定性质、实验反映性质”这一有机化学的普遍性规律，使学生学会“模型学习、类比学习”的学习方法，培养学生学习有机化学的思维能力和归纳整理能力。

学情分析

学生在人教版高中化学必修第二册中已经学习了乙醇的结构、与钠的反应、酯化反应和氧化反应，初步建立结构（官能团、碳原子的饱和、基团间的相互影响）决定性质的观念。在人教版选择性必修 2 中，学生已掌握化学键的极性等相关知识。学生基本具有“结构决定性质”的有机化学学习思路，懂得用实验的手段验证对反应的预测。

备课资源及设计理念

▶▶备课资源

医用胶属于生物医学特殊胶粘剂，除了具有通常的胶接功能和力学功能外，还具有生物医学功能。504 医用胶是常见的一种医用胶，因其机油较快的聚合速度，同时还能与比较潮湿的人体组织强烈结合，在临床医学中广泛应用。在其合成过程中涉及卤代烃、醇、醛、羧酸的性质。所以，我们可以利用 504 医用胶的有机合成路线，分别对其进行学习。

乙二醇的用途与汽车防冻液，丙三醇的用途与护手霜。

教学目标

1. 能说出醇的结构特点并进行分类。

2. 能从分子组成和结构角度分析醇类物质的主要物理性质及递变规律。

3. 通过分析醇在 504 医用胶合成中的反应特点，从化学键和碳骨架两个角度认识醇可发生的反应类型，形成“官能团上领近基团对键的极性产生影响”的观念。

4. 通过探究 504 医用胶合成中条件的选择（以乙醇为例），认识条件对有机反应的调控作用，观察实验现象并能写出相应的化学反应方程式。

5. 了解醇在实际生活中的应用，认识化学对满足人类生活需要的积极贡献，树立可持续发展的意识。

教学实录

情境导入

教师活动	学生活动
【情境导入】 医用胶属于生物医学特殊功能性胶粘剂，除了具有通常的胶接功能和力学功能外，还应具有生物医学功能。在外科手术中，抗菌、止血是基础，对生物体组织的修复，缝、扎是两项最基本的操作。能用胶粘代替或部分代替缝合，用喷胶能止住小血管的渗血或封闭癌浆膜面，是外科手术的一场革命。由高纯度α-氰基丙烯酸正丁酯(N-BCA)为主要成分的医用胶，固化时间为3 S~6 S、胶膜封闭性能好、胶膜韧性好、聚合热低、粘接强度大等满足了临床要求。工业上用乙烯合成α-氰基丙烯酸正丁酯(N—BCA)为主要成分的医用胶。过程如下： $CH_2=CH_2 \rightarrow CH_3CH_2OH \rightarrow CH_3CHO \rightarrow CH_3COOH$ $\rightarrow ClCH_2COOH \xrightarrow{CH_3(CH_2)_2CH_2OH} ClCH_2COOCH_2(CH_2)_2CH_3$ $\xrightarrow{NaCN} NC-CH_2COOCH_2(CH_2)_2CH_3 \xrightarrow{HCHO}$ $HOCH_2CH(CN)COOCH_2(CH_2)_2CH_3 \rightarrow CH_2=C(CN)-COOCH_2(CH_2)_2CH_3$	学生思考。
在合成过程中我们发现含有羟基的物质有三种。 探索504医用胶的有机合成： $CH_2=CH_2 \rightarrow CH_3CH_2OH \rightarrow CH_3CHO \rightarrow CH_3COOH$ $\rightarrow ClCH_2COOH \xrightarrow{CH_3(CH_2)_2CH_2OH} ClCH_2COOCH_2(CH_2)_2CH_3$ $\xrightarrow{NaCN} NC-CH_2COOCH_2(CH_2)_2CH_3 \xrightarrow{HCHO}$ $HOCH_2CH(CN)COOCH_2(CH_2)_2CH_3 \rightarrow CH_2=C(CN)-COOCH_2(CH_2)_2CH_3$ 我们把羟基与饱和碳原子相连的化合物称为醇。 那么醇在合成α-氰基丙烯酸正丁酯(N-BCA)起到什么样的作用呢？ 今天让我们一起共同认识醇。	观察乙烯合成α-氰基丙烯酸正丁酯(N-BCA)为主要成分的医用胶路线，寻找含有羟基的物质。

教学环节一：再“识”醇

教师活动

一、请同学们阅读学案中的资料，小组合作思考交流

1. 认识504医用胶合成中的醇类物质，总结醇的定义。

2. 请仔细阅读并对比表3-2中的数据，你能得出什么结论？并解释原因。

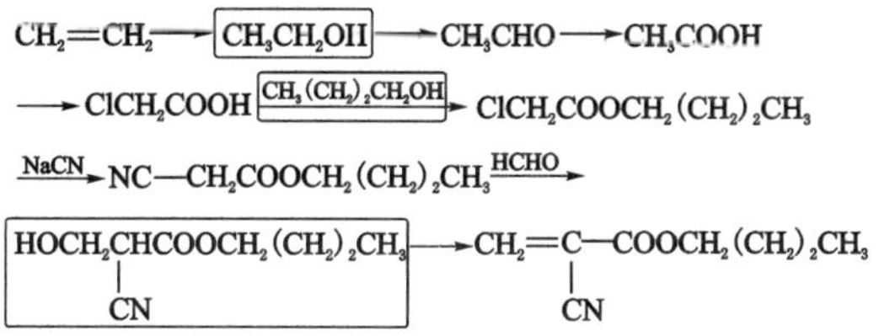

在生活中有很多醇的使用：举例认识醇。

CH_3OH
甲醇

$CH_2—OH$
$CH_2—OH$
乙二醇

$CH_2—OH$
$CH—OH$
$CH_2—OH$
丙三醇

根据醇中所含羟基的数目，将醇分为一元醇、二元醇、多元醇。

二、请仔细阅读并对比表格中的数据，你能得出什么结论？并解释原因。

表3-2　部分醇及烷烃的物理性质

名称	结构简式	相对分子质量	沸点(℃)	溶解性
甲醇	CH_3OH	32	65	与水互溶
乙烷	CH_3CH_3	30	-89	难溶于水
乙醇	CH_3CH_2OH	46	78	与水互溶
丙烷	$CH_3CH_2CH_3$	44	-42	难溶于水
正丙醇	$CH_3CH_2CH_2OH$	60	97	与水互溶
正丁烷	$CH_3CH_2CH_2CH_4$	58	-0.5	难溶于水

注意：醇随着碳原子数的增多，醇在水中的溶解度会减小，原因是醇中的烷基基团增大，在水中的溶解度减小。

三、认识了醇的物理性质，接下来让我们一起分子醇在504医用胶制备中的反应类型。

学生活动

学生通过已有知识必修2第三章第三节乙醇对醇进行定义。

定义：羟基与饱和碳原子相连的化合物称为醇。

通过生活中醇的使用，对醇进行分类。

学生思考作答：

沸点：随甲醇、乙醇、正丙醇分子中碳原子的增多，醇的沸点逐渐增大。

醇属于分子晶体，随着碳原子数增多，相对分子质量增大，范德华力增大，故沸点逐渐增大。

相比相对分子质量相近的烷烃，醇的沸点更高。

醇分子中含有羟基，容易形成分子间氢键，而烷烃分子间不存在分子间氢键，故醇的沸点更高。

溶解性：

甲醇、乙醇、正丙醇均可与水互溶，而乙烷、丙烷、正丁烷难溶于水。

原因：醇分子中的羟基与水分子间容易形成氢键，故甲醇、乙醇、正丙醇易溶于水。

教学环节二:“析”醇在504医用胶制备中的反应类型

<table>
<tr><th>教师活动</th><th>学生活动</th></tr>
<tr><td>

请同学仔细分析合成过程,小组合作思考交流并在学案上完成。

(1)在504医用胶制备反应中醇的结构简式上画出断键部位,思考这些部位容易断键的原因。

(2)分析有机反应类型。

<table>
<tr><th>504医用胶合成过程中和醇相关的反应</th><th>醇中断裂的化学键类型(填“极性键”或“非极性键”)</th><th>反应类型</th></tr>
<tr><td></td><td></td><td></td></tr>
<tr><td></td><td></td><td></td></tr>
<tr><td></td><td></td><td></td></tr>
</table>

注意:
有机物的氧化反应:去氢/加氧。
有机物的还原反应:去氧/加氢。

总结断键位置与反应类型的关系:

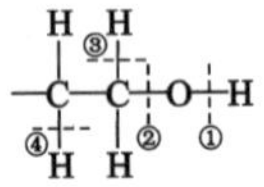

断裂①和③ 氧化反应
断裂① 取代反应
断裂②和④ 消去反应

【过度】了解了基本的断键位置以后,我们就要深入实验室,探究发生以上反应的反应条件。

</td><td>

学生小组讨论思考作答:

上黑板画出相应物质转化断键位置,并确定反应类型。

$CH_3CH_2OH \rightarrow CH_3CHO$

断裂醇中的氧氢键和氧原子所连碳原子上的碳氢键。

发生氧化反应。

$ClCH_2COOH \xrightarrow{CH_3(CH_2)_3CH_2OH} ClCH_2COOCH_2(CH_2)_2CH_3$

断裂醇中的氧氢键。

发生取代反应(酯化反应)。

$HOCH_2CH(CN)COOCH_2(CH_2)_2CH_3 \rightarrow CH_2{=}C(CN){-}COOCH_2(CH_2)_2CH_3$

断裂碳氧键和羟基所连碳原子相邻碳原子上的碳氢键。

发生消去反应。

</td></tr>
</table>

教学环节三:“探”醇在504医用胶制备中的反应条件

教师活动	学生活动
【活动1】　醇的消去反应——以乙醇的消去反应为例进行条件探究。 1. 请同学们书写乙醇消去反应的化学反应方程式: 2. 根据查阅资料设计实验,如图所示: 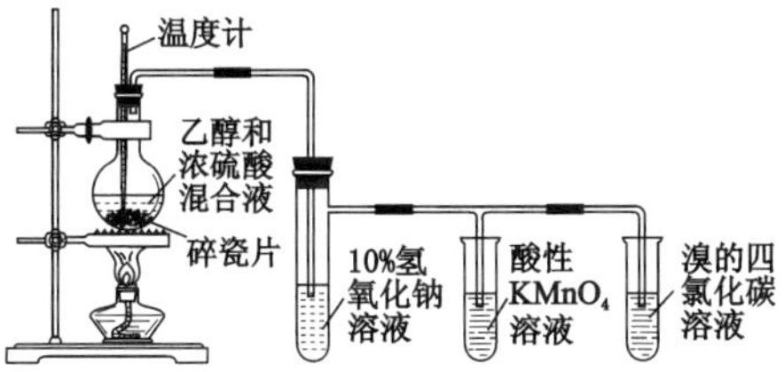 	学生书写: 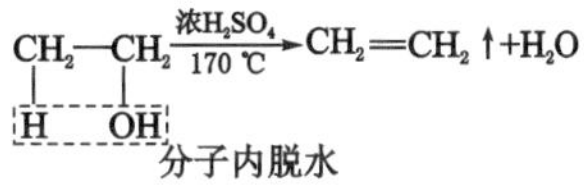
3. 请同学们根据演示实验,并根据现象思考以下问题: (1)为何使液体温度迅速升到170 ℃? (2)温度计水银球的位置? (3)圆底烧瓶中有什么现象?为什么? (4)浓硫酸的作用是什么? (5)实验中哪些现象可以证实有乙烯生成? (6)装置中的氢氧化钠溶液的作用是什么? $C_2H_5—OH+HO—C_2H_5 \xrightarrow[140\ ℃]{浓\ H_2SO_4} C_2H_5—O—C_2H_5+H_2O$ 乙醚 乙醚是一种无色、易挥发的液体,沸点34.5 ℃,有特殊气味,具有麻醉作用。 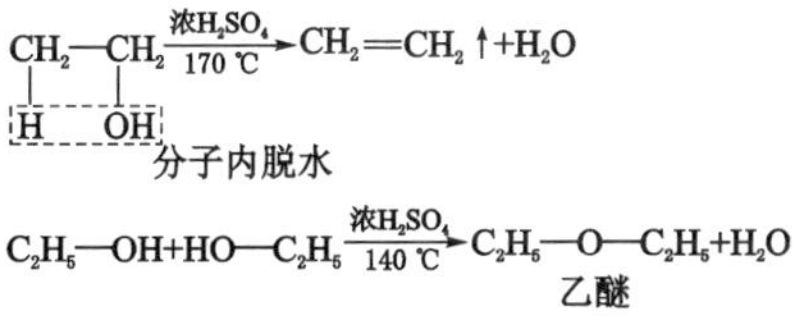 根据以上实验探究我们可以知道,在合成504医用胶要发生消去反应需要控制温度。 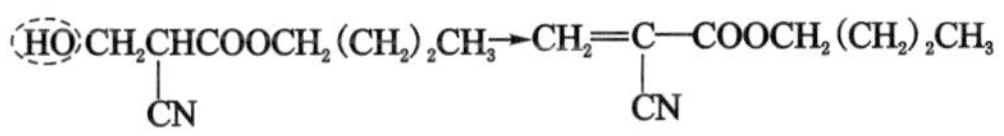	学生思考作答: (1)防止副反应的发生。 (2)在溶液中,测定溶液的温度。 (3)溶液发黄,逐渐变黑。 浓硫酸有脱水性,乙醇脱水炭化。 (4)催化剂、吸水剂。 (5)酸性高锰酸钾溶液褪色,溴的四氯化碳溶液褪色。 (6)除去乙烯中混有的二氧化硫和二氧化碳。

（续表）

教师活动	学生活动
【活动2】 醇的氧化反应——以乙醇的氧化反应为例进行条件探究。 1. 在必修2我们已经认识了乙醇的催化氧化需要在催化剂条件下进行，所以实质是乙醇与氧气发生反应。 乙醇的催化氧化反应 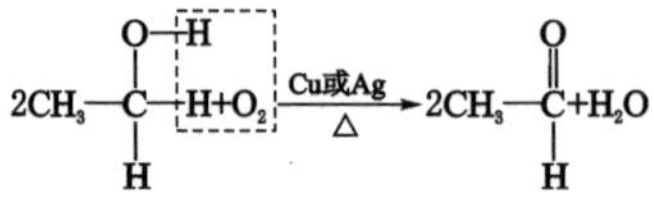 2. 在必修2的学习中，乙醇除了可以被氧气氧化，也可以被高锰酸钾和重铬酸钾氧化。 乙醇与重铬酸钾的反应也可以用于测定酒驾。  3. 请同学小组合作完成乙醇与 $K_2Cr_2O_7(H^+)$ 发生氧化反应的实验，并把实验现象记录在学案上。  根据分析乙醇被氧化成乙醛，乙醛继续被氧化成乙酸。 $CH_3CH_2OH \xrightarrow{K_2Cr_2O_7(H^+)} CH_3CHO \xrightarrow{继续氧化} CH_3COOH$ 在这两个过程中均发生氧化反应。 由此可以确定不同条件下的氧化反应得到的产物也是不同的。 所以根据以上实验探究，我们在合成504医用胶要发生消去反应时需要选择合适的氧化试剂。 【总结】由以上两个活动可以知道，在发生物质间的转化时，需要控制反应条件，选择合适的反应试剂。 一位著名的有机化学家曾说过，假如让一个有机化学家带上10种有机化合物到荒岛上独自工作，他的选择里一定会有醇。有了醇，他就能合成出各种各样的有机化合物。醇是有机合成最重要的中转站。	学生回忆必修2所学知识，并作答。 学生实验，并记录实验现象。 橙色变成灰绿色。 说明 $\overset{+6}{Cr}$ 转化成 $\overset{+3}{Cr}$。 乙醇被氧化。 学归总结归纳。

（续表）

教师活动	学生活动
4. 请同学结合今天的知识学习，总结醇的转化关系，并写出对应的反应类型。 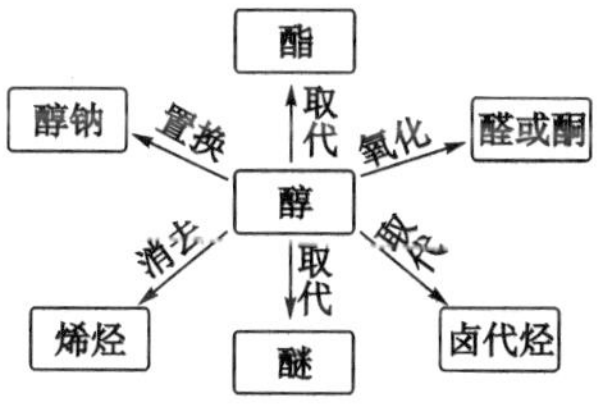 【总结】通过今天的学习，我们认识到在物质合成过程中要关注有机物质的性质，性质的体现与有机物的结构有关，所以，我们更要关注结构中的官能团，以及断键位置和官能团度周围化学键的影响。 最后，回到 504 医用胶合成中来，醇之间的转化只是有机合成中的一部分。 $CH_2{=}CH_2 \longrightarrow CH_3CH_2OH \longrightarrow CH_3CHO \longrightarrow CH_3COOH$ $\longrightarrow ClCH_2COOH \xrightarrow{CH_3(CH_2)_2CH_2OH} ClCH_2COOCH_2(CH_2)_2CH_3$ $\xrightarrow{NaCN} NC{-}CH_2COOCH_2(CH_2)_2CH_3 \xrightarrow{HCHO}$ $HOCH_2CH(CN)COOCH_2(CH_2)_2CH_3 \longrightarrow CH_2{=}C(CN){-}COOCH_2(CH_2)_2CH_3$ 由此也可以看出，有机合成是有机化学中最富活力的领域，也是表现有机化学家非凡创造力的舞台。	

板书设计

醇

结构 $\xrightarrow{决定}$ 性质 $\xrightarrow{决定}$ 用途

沸点溶解性

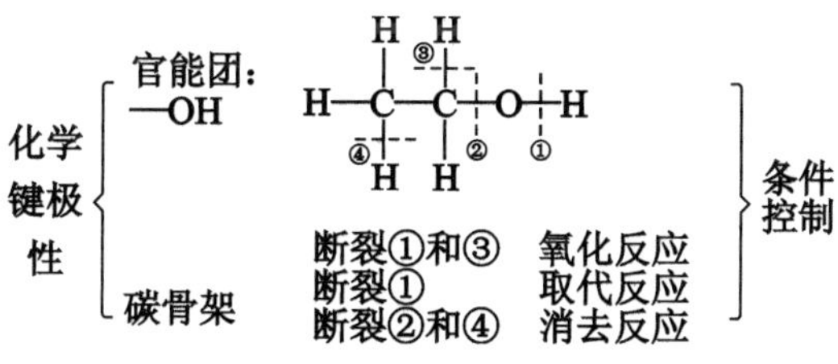

教学反思

本节课以 504 医用胶合成为情境,认识醇之间的转化只是有机合成中的一部分。以乙醇为代表,了解醇的分类、组成和结构,通过对必修二乙醇性质认识的基础上,“析”醇在 504 医用胶制备中的反应类型,“探”醇在 504 医用胶制备中的反应条件。掌握乙醇消去反应制乙烯的实验以及醇的催化氧化和消去反应的条件,认识到在有机物质合成过程中发生物质间的转化时,需要控制反应条件,选择合适的反应试剂,认识到在物质合成过程中,要关注有机物质的性质,知道性质的体现与有机物的结构有关,所以,我们要更加关注结构中的官能团,以及断键位置和官能团度周围化学键的影响。

有机化学大单元教学设计——乙醛

程园园
（山西大学附属中学 山西太原）

课标分析

本节内容选自人教版教材选择性必修 3 有机化学基础模块。《普通高中化学课程标准(2017 年版)》对该主题的学业要求为:能写出“醛基”官能团,简单醛类代表物的结构简式和名称,能列举醛类典型代表物的主要物理性质;能描述和分析典型醛类化合物的重要反应;能检验醛基官能团,能基于官能团、化学键的特点与反应规律分析和推断含有醛基官能团的有机化合物的化学性质,并能根据有关信息书写相应的方程式。

醛属于“烃的衍生物”主题下的内容,在烃的衍生物中,教材内容的编写对于学生从微观角度认识有机物是循序渐进的,对于官能团的认识从单原子到双原子再到多原子团;从烯烃、炔烃化学键的不饱和性,到卤代烃中化学键的极性,学习醛类时增加了碳氧不饱和键,再到羧酸及其衍生物中关注官能团内外的相互影响,关注的角度越来越复杂。醛类有机物是学生认识角度系统化,形成认识模型的很好的载体素材,从知识体系上看,醛介于醇和羧酸之间,具有承上启下的作用。从有机物的转化关系来看,醛是连接醇和羧酸的桥梁。本节内容的核心知识点有常见醛的物理性质、醛的化学性质、醛基官能团的检验,涉及的反应有醛类物质的加成反应、氧化还原反应。基于结构预测性质是有机化学发展学生思维的重点,区别于旧版教材的编写,在介绍醛的加成反应时,新人教版教材试图从反应机理描述反应的本质,启发学生分析结构预测性质,体现了“官能团决定性质”的思想,从教材广度来看,在有机合成部分,羰基加成反应中通过羟醛缩合进行拓展,学生对反应的认识更为深刻。

学情分析

同学们基于生活经验和初中化学知识,初步了解甲醛的危害。从知识体系看,高中化学必修第二册乙醇的催化氧化反应,是对乙醛结构(醛基)的初步认识;从生物学上认知,初步了解人体饮酒后在各种酶的作用下的转变过程。学生对醛基的性质认识不系统。

教学目标

1. 通过建立醛类物质中极性碳氧双键化学反应模型，能够书写相关化学反应方程式和将其应用到陌生环境下有机物反应方程式的书写，发展“证据推理与模型认知”“宏观辨识与微观探析”素养。

2. 通过醛类物质的学习，能够深刻认识到“结构决定性质，性质决定用途”这一思想，从“生活—化学—生活”学会运用化学知识解决生产生活中的实际问题，发展“科学精神与社会责任”素养。

3. 通过对醛类物质中极性碳氧双键化学反应模型的建立和推理过程，发展学生对有机物官能团的认知水平。

4. 通过醛类物质与其他物质之间的转化，诊断并发展学生对于有机化学合成的认识水平。

目 教学实录

【情境导入】

<table>
<tr><th>教师活动</th><th>学生活动</th></tr>
<tr><td>

【情境导入】

医用胶属于生物医学特殊功能性胶粘剂，除了具有通常的胶接功能和力学功能外，还应具有生物医学功能。在外科手术中，抗菌、止血是基础，对生物体组织的修复，缝、扎是两项最基本的操作。能用胶粘代替或部分代替缝合，用喷胶能止住小血管的渗血或封闭癌浆膜面，是外科手术的一场革命。由高纯度 α-氰基丙烯酸正丁酯（N-BCA）为主要成分的医用胶，固化时间为 3 S~6 S、胶膜封闭性能好、胶膜韧性好、聚合热低、粘接强度大等满足了临床要求。工业上用乙烯合成医用胶的过程中，有一种重要的产物乙醛。提起乙醛，大家并不陌生，我们在学习乙醇的催化氧化时，已经认识了乙醛，本节课我们一起来学习醛类。

【认识醛类】（ppt 展示）

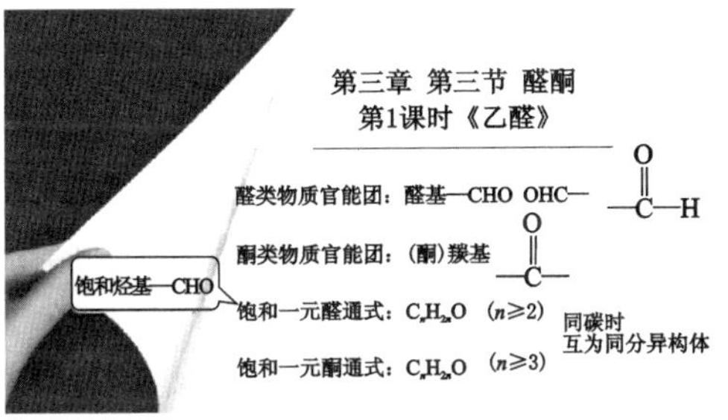

</td><td>

学生聆听，了解医用胶，引出本节主题醛类。

【设计意图】

结合社会热点创设情境，引导学生从生活中发现问题，将物质的学习置于有机合成的背景之下，服务于有机合成。

分子式：C_2H_4O

结构式：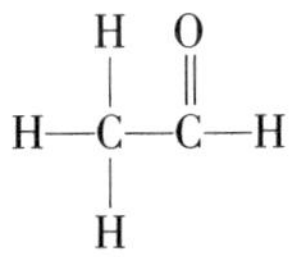

结构简式：CH_3CHO

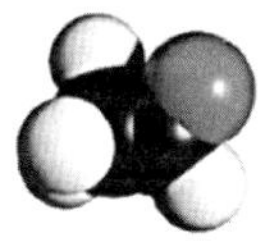

乙醛的分子结构模型

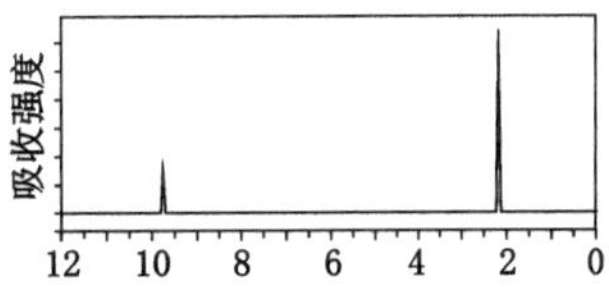

乙醛的核磁共振氢谱

</td></tr>
</table>

环节一:物理性质

教师活动	学生活动
由于有氧原子,能与水形成分子间氢键,溶解性也不错,随着碳原子越多,溶解性越差。 【设计意图】课本没有系统讨论醛和酮的物理性质,但是举例进行了说明,所以我们可以用归纳的方法简单分析。	【物理性质归纳总结】 **物理性质:** 低级(碳较少的)醛和酮: ①甲醛:无色、具有强烈刺激性气味的气体,易溶于水和乙醇。 ②乙醛:无色、具有刺激性气体的液体,与水、乙醇互溶,密度比水小,沸点 20.8 ℃,易挥发。 ③丙酮:无色透明的液体,沸点:56.2 ℃,易挥发,与水、乙醇等互溶。 总之,像极了醇 规律:①沸点:随着碳增多,沸点增大。甲醛是气体,其他是液体→固体。 ②溶解性:低级醛和酮都易溶于水,随着碳增多,溶解性降低,都能溶于乙醇等大多有机溶剂。

环节二:化学性质

教师活动	学生活动
醛类性质: 基于结构,预测乙醛的性质。 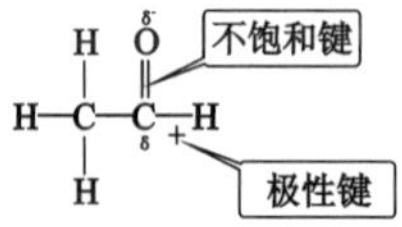 【思考】观察乙醛的结构,预测其化学性质。 同学们结合所学回答得非常好,总结一下,乙醛主要发生的反应有加成反应、还原反应、氧化反应,接下来我们一起分析各类反应。	分析醛的结构,预测化学性质,渗透"结构决定性质"的学科思想。 学生回答: ①碳氧双键,可以发生加成反应。 ②与氢气的加成,也属于还原反应。 ③能燃烧,可以发生氧化反应。 ④饮酒后,乙醇在体内转化为乙酸,可以被氧化。 …… 【多维度预测】

（续表）

教师活动	学生活动
【任务一：乙醛的加成反应】乙醛可以和氢气、氰化氢、氨气等发生加成反应，请同学们书写方程式。	【学生板演】 学生板演，提高课堂参与度。 **醛类性质：** 不饱和键加成 $CH_3-\overset{O}{\overset{\|}{C}}-H + H_2 \xrightarrow[\triangle]{催化剂} CH_3-CH_2-OH$ （该过程也叫还原反应） 有机化学的还原反应：有机物得到 H，或者失去 O 原子的过程。 $CH_2-\overset{O}{\overset{\|}{C}}-H + H-CN \longrightarrow$ $CH_3-\overset{OH}{\overset{\|}{C}H}-CH$（2-羟基丙腈） $CH_3-\overset{O}{\overset{\|}{C}}-H + NH_3 \longrightarrow CH_3-\overset{OH}{\overset{\|}{C}H}-NH_2$
【思考】这三个加成反应从结果看有何相同点？	【学生回答】 深入分析，醛基的加成反应从加成结果来看，都是断裂双键的Π，形成新的σ。
【追问】加成时基团的位置是否可以像烯烃碳碳双键加成一样互换？	【学生思考】 大部分同学表示迷茫。 【个别学生回答】 不可以，碳氧双键中氧原子显负电性，只能和显正电性的氢原子相结合。
【点评】思考非常深入，在醛基的碳氧双键中，由于氧原子的电负性较大，碳氧双键中的电子偏向氧原子，使氧原子带部分负电荷，碳原子带部分正电荷，从而使醛基具有较强的极性。乙醛能与氰化氢（HCN）、胺（氨）、醇发生加成反应，在发生加成时，一定要注意电性的不同，带正电荷的原子或原子团连接在氧原子上，带负电荷的原子或原子团连接在碳原子上。	同学们点头，做笔记。
【补充】另外，请大家关注和氰化氢的加成，成产物2-羟基丙腈，酸性条件下易水解生成2-羟基丙酸（即乳酸），大家会发现多了一个碳原子且引入了羧基。 在有机合成过程中，想获得多一个碳原子的羧酸，经常采用这种方法。 【板演】 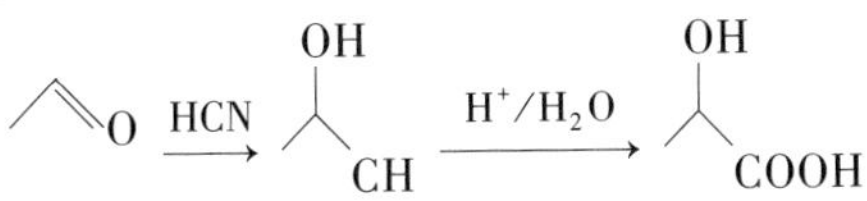	【设计意图】 引导学生关注有机反应过程中，碳骨架的变化，为后续有机合成做铺垫。 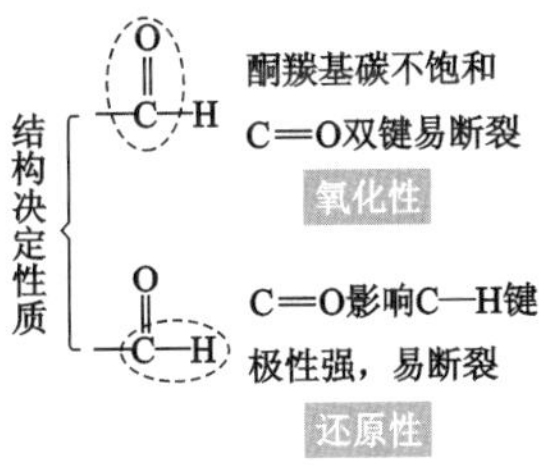

（续表）

<table>
<tr><th>教师活动</th><th>学生活动</th></tr>
<tr><td>

【任务二：乙醛的氧化反应】

1. 燃烧，生成二氧化碳

2. 受到碳氧双键的影响，C—H 键极性增强，易断裂，成—COOH。

①催化氧化。

</td><td>

【学生板演】

乙醛的燃烧：

$2CH_3CHO+5O_2 \xrightarrow{点燃} 4CO_2+4H_2O$

【学生板演】

乙醛的催化氧化：

$2CH_3CHO+O_2 \xrightarrow[\triangle]{催化剂} 2CH_3COOH$

</td></tr>
<tr><td>

②与强化剂反应。

遇到酸性高锰酸钾溶液和溴水使其褪色。

【点评】刚才在分析加成反应时，有同学说醛基与卤素单质加成，是不可以的。

</td><td>

【学生板演】

乙醛与溴水反应：

$Br_2+H_2O+CH_3CHO=CH_3COOH+2HBr$

</td></tr>
<tr><td>

③与弱氧化剂反应。

（A）工业上则用银镜反应来对玻璃涂银制镜和制保温瓶胆

制备银氨溶液的方法：在洁净的试管中加入 1 ml 2% $AgNO_3$溶液，然后边振荡试管边逐滴滴入 2% $NH_3 \cdot H_2O$ ，至最初产生的沉淀恰好溶解为止。

相关反应方程式：

(a) $AgNO_3+NH_3 \cdot H_2O=AgOH\downarrow+NH_4NO_3$

(b) $AgOH+2NH_3 \cdot H_2O=[Ag(NH_3)_2]OH+2H_2O$

(c) $CH_3CHO+2[Ag(NH_3)_2]OH \xrightarrow{\triangle} CH_3COONH_4+2Ag\downarrow+3NH_3+H_2O$

</td><td>

【学生实验】

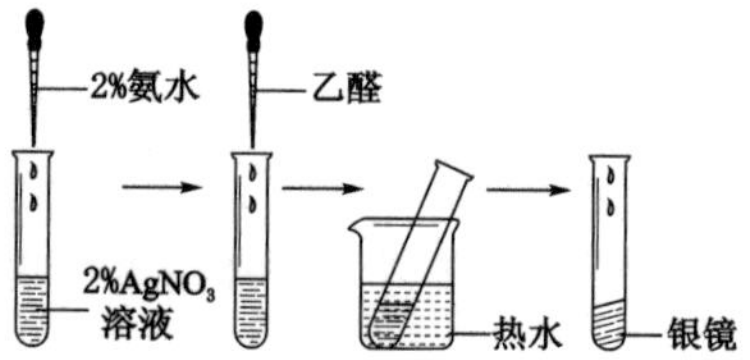

现象：试管内壁覆着一层光亮的银镜

【设计意图】将银镜反应设置为学生实验，提高课堂趣味性，提高学生积极性，在实验过程中分析成败的原因，总结实验注意事项

引导学生将知识应用于生活生产，学以致用。

</td></tr>
<tr><td>

【小结】银镜反应的应用

(a) 检验醛基的存在及测定醛基的数目。

1 mol—CHO～2 mol Ag

(b) 工业上用来制瓶胆和镜子。

</td><td>

【实验总结】银镜反应实验注意事项：

（1）制备银氨溶液时，试剂滴加顺序不能颠倒，且氨水不能过量。

（2）银氨溶液必须是新制的（现用现配）。

（3）试管内壁应洁净，必须用水浴加热，不能用酒精灯直接加热。

（4）加热时不能振荡或摇动试管。

（5）可以用 HNO_3 溶液清洗做过银镜反应后的试管。

</td></tr>
</table>

（续表）

教师活动	学生活动
(B)医学上用新制的氢氧化铜悬浊液检验病人是否患糖尿病 【演示实验】 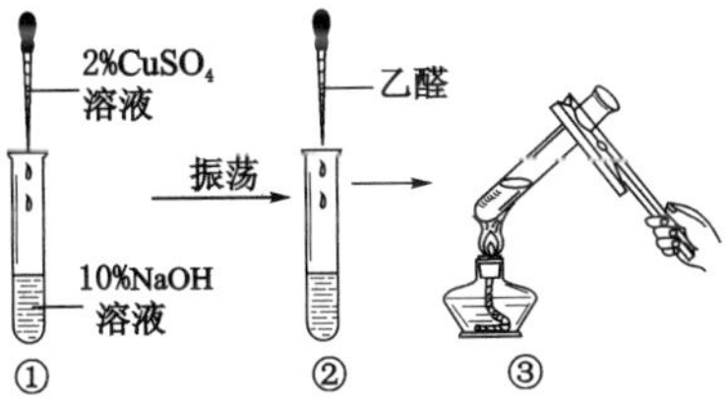	【学生观察实验，描述实验现象】 现象： (1)中：产生蓝色浑浊 (2)中：试管内产生了砖红色沉
【实验注意事项】 (a)新制的 $Cu(OH)_2$ 要随用随配。 (b)配制新制的 $Cu(OH)_2$ 时，所用 NaOH 溶液必须过量。 (c) $Cu(OH)_2$ 的量要少。 (d)加热至沸腾，但温度不能过高。 【应用】 (a)可以用来定性或定量检验醛基的存在。 1 mol—CHO～1 mol Cu_2O (b)医学上检验病人是否患糖尿病。	【学生板书化学方程式】 $CH_3CHO + 2Cu(OH)_2 + NaOH \xrightarrow{\triangle} CH_3COONa + Cu_2O\downarrow + 3H_2O$
【思考与讨论】 乙醇、乙醛和乙酸三者之间的转化关系如右图所示，请结合具体反应和三者的分子结构、官能团的变化情况，谈谈有机反应中的氧化反应和还原反应的特点。 感悟官能团之间的相互转化，体会醛类在合成过程中的重要中间产物的地位。	学生自主总结醇/醛/酸的相互转化。 乙醇 $\underset{还原}{\overset{氧化}{\rightleftharpoons}}$ 乙醛 $\xrightarrow{氧化}$ 乙酸 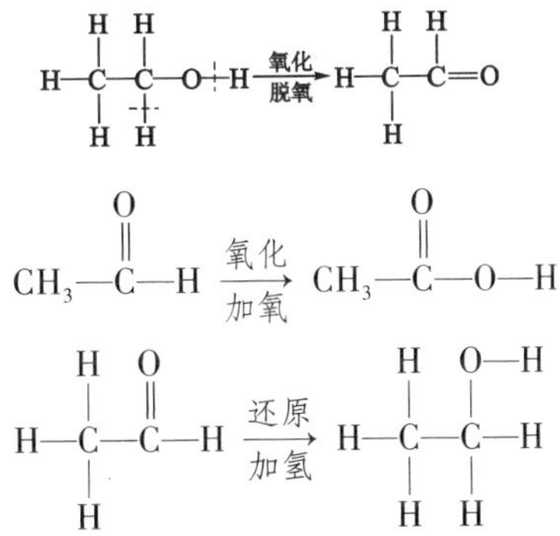

环节三:认识醛类

<table>
<tr><th>教师活动</th><th>学生活动</th></tr>
<tr><td>

【过渡】除乙醛外,其他醛类化合物,如甲醛(HCHO)、丙醛、苯甲醛等,自然界的许多植物中含有醛,其中有些具有特殊的香味,可作为植物香料使用。

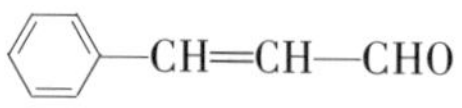

肉桂醛

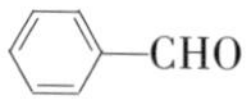

苯甲醛

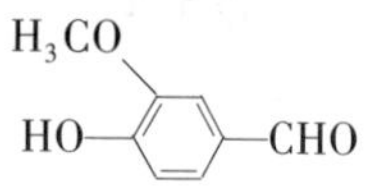

香草醛

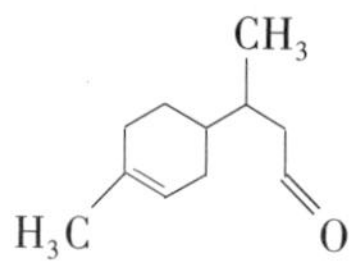

柠檬醛

甲醛(蚁醛),无色、有刺激性气味气体,易溶于水,甲醛的水溶液(35%~40%)称福尔马林,具有杀菌、防腐性能,可用于消毒和制作标本。

【介绍】甲醛的危害。

【思考】同样是醛类,请同学们从结构的角度出发对比甲醛与乙醛,预测两者性质的异同点。

</td><td>

【思考与讨论】如何治理甲醛污染。

分析甲醛的结构:

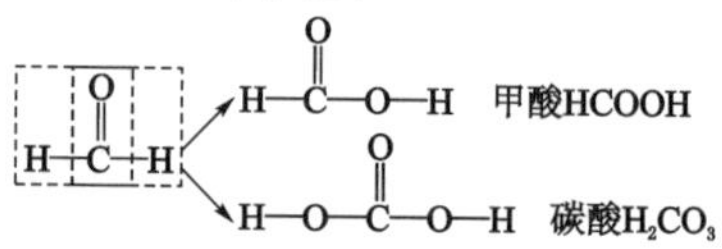

引发思考,认识物质的两面性,从治理污染的思考中培养社会意识,解决实际问题能力。

</td></tr>
</table>

板书设计

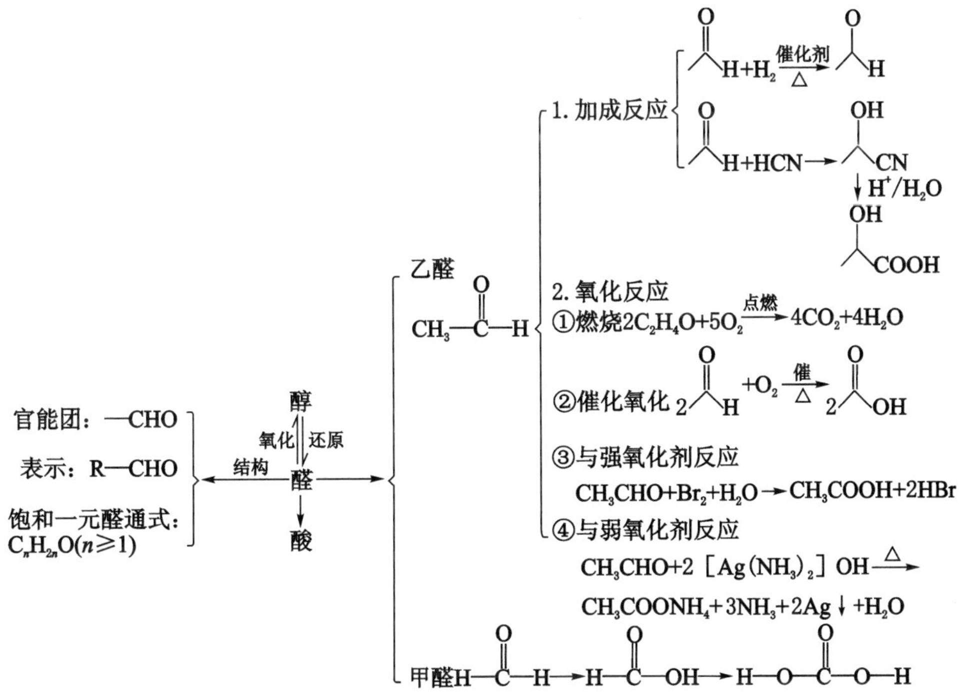

教学反思

本节课基于大单元设计理念，本节设计包含两条线索：一为明线，醛基的化学性质，二为暗线，“醇—醛—酸”之间的相互转化。

本节仍需改进的地方：

1. 课堂容量大，导致部分学生活动无法得到充分展示。

2. “羟醛缩合”反应是碳基亲核加成的核心，也是高考高频考点，在后续习题中应适当补充。

有机物在生活生产中的应用——揭秘阿司匹林

李晓光
（太原市第四十八中学校　山西太原）

课标分析

《普通高中化学课程标准(2017 年版)》在模块三有机化学基础中，对这一节的内容要求是认识官能团的种类，从官能团的视角认识有机化合物的分类，认识官能团与有机化合物特征性质的关系，认识在一定条件下官能团可以相互转化，知道常见官能团的鉴别方法。认识卤代烃、醇、醛、羧酸、酯、酚的组成和结构特点、性质、转化关系及其在生产生活中的重要应用。

教材分析

本节教学内容是人教版高中化学选择性必修三第三章“烃的衍生物”的第四节“羧酸　羧酸衍生物”。教材在研究了卤代烃、醇和酚、醛和酮、羧酸和羧酸衍生物的基础上，继续学习有机合成，因此，这节内容是承上启下的一节。

在高中化学，羧酸是一类具有代表性的有机物，是高中化学学习必须要掌握的重要知识。其中，羧基是很重要的一种常见官能团，也是本节课所学习的重点。

学情分析

在必修第一册中，学生对化学键已有了一定的认识，知道化学反应的本质是旧键的断裂和新键的生成，并能够从断键、成键的角度分析有机反应；在必修第二册中，学生已经初步学习了乙酸的物理性质和部分化学性质，如酸性、酯化反应等，但对于羧酸这类有机物的物理性质及其他化学性质认识不足。

三 备课资源及设计理念

▶▶备课资源

α-氰基丙烯酸正丁酯医用胶在血液或组织液中的阴离子存在下及生物体有机胺的催化作用能迅速聚合固化成膜，形成多极性中心，该膜与创面紧密镶嵌，使创面两端粘合起来。α-氰基丙烯酸正丁酯医用胶属于第3代生物胶，是单组份、无溶剂、可室温快速固化，化学性能稳定且不降解出有害物质，具有良好的生物相容性。

工业上有一种α-氰基丙烯酸正丁酯医用胶的合成路线如下：

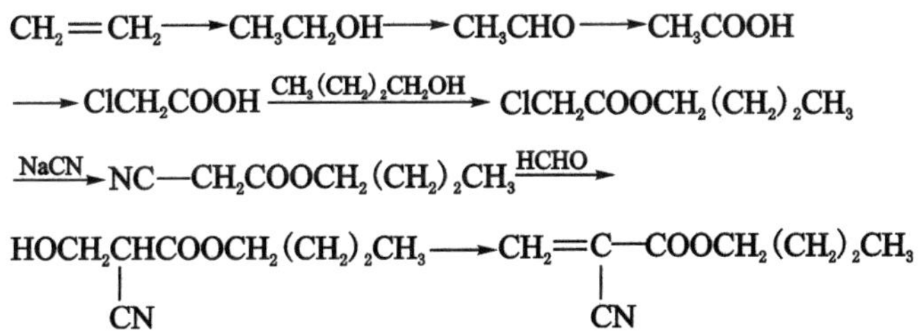

以上的合成路线中，乙烯作为原料，转化为：乙醇、乙醛、乙酸、酯类等。

▶▶设计理念

有机化学基础这一模块在高考中的试题，主要是以有机物合成路线为载体，考查学生核心知识、关键能力及学科核心素养。因此，在平时的教学中，基于大单元的教学设计，以真实的有机物合成路线为大情境，学习对应有机物类别的性质，可以帮助学生构建有机物转化路线，将有机化学基础模块知识形成知识网络，建立“组成、结构决定性质”的基本观念，形成基于官能团、化学键与反应类型认识有机化合物的一般思路，了解设计合成路线的相关知识，发展化学学科核心素养。

教学目标

1. 能结合所学知识，预测并解释羧酸的熔沸点、溶解性等变化规律。

2. 通过课前回顾，总结乙酸的官能团及化学性质。

3. 通过预测阿司匹林的结构，并设计实验验证，了解测定有机化合物结构、探究性质、设计合成路线的相关知识，感受科学探究的过程。

4. 通过了解阿司匹林的合成路线，了解有机合成对工业生产的重要作用，感受所学知识的价值。

教学实录

教学环节一：

教师活动	学生活动
【情境导入】 医用胶是医学上常用的一种医疗用品，需要具备化学性能稳定且不降解出有害物质，具有良好的生物相容性的性能。 工业上，有一种α-氰基丙烯酸正丁酯医用胶的合成路线如下： 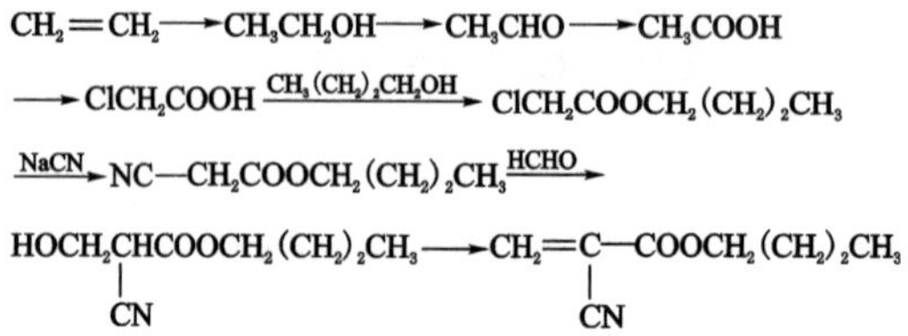 【任务1】 在合成路线中，标注出你认识的官能团和对应的物质类别，并在箭头上标注转化所需的反应条件。 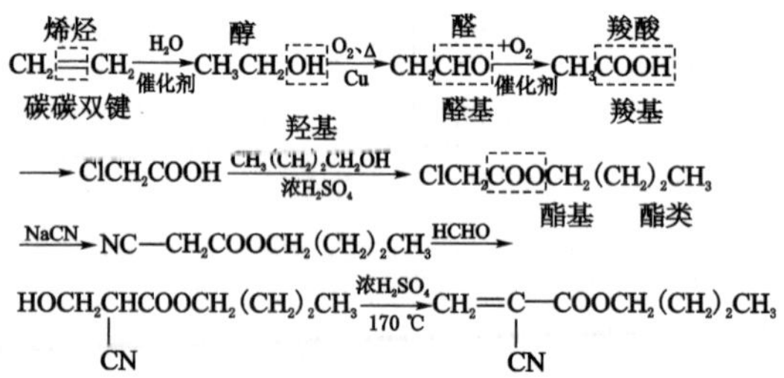 	结合所学知识，在合成路线中，标注认识的官能团和对应的物质类别，并在箭头上标注转化所需的反应条件，并写出对应的化学方程式。

教学环节二：

教师活动	学生活动
【转折】 从上述的合成路线中，看到我们认识的乙酸是一种必需的物质，那我们对这一物质有什么了解？官能团是什么？怎么表示这一官能团？ 有羧基的物质是什么物质类别？	说出乙酸的官能团为：羧基，表示为：$\mathrm{—\overset{\overset{\displaystyle O}{\|}}{C}OH}$ 可简写为：—COOH ，有羧基的物质类别为羧酸。
【任务 1】认识羧酸的物理性质。 1. 结合所学知识，预测并解释羧酸的熔沸点随碳原子数目变化的规律。	结合选择性必修 2 中的知识，分子晶体的熔沸点比较方法，说出随碳原子数的增加，羧酸的相对分子质量增大，熔沸点升高。
2. 结合所学知识，预测并解释羧酸在水中的溶解性随碳原子数目变化的规律。	结合选择性必修 2 中的知识，氢键及分子的极性对溶解性的影响，说出羧基与水分子能够形成氢键，增大在水中的溶解度，随碳原子数的增加，分子极性降低，在水中的溶解度减小。
【任务 2】认识羧酸的化学性质。 结合所学知识，总结羧酸的化学性质。	结合已有知识，说出羧酸具有的化学性质： (1)酸性： 使酸碱指示剂变色。 与碱性氧化物反应。 与碱反应。 与活泼金属反应。 与部分盐（$NaCO_3$、$NaHCO_3$）反应。 (2)与乙醇（醇类）反应生成酯。
【问】羧酸与醇类生成酯的反应是什么反应类型？从断键、成键的角度分别断了什么键？成了什么键？	羧酸的羧基断的是 C—O 键，醇断的是 O—H 键，形成了新的 C—O 键。 书写苯甲酸与乙醇的酯化反应方程式。

教学环节三:有机物在生活生产中的应用——揭秘阿司匹林的结构

<table>
<tr><th>教师活动</th><th>学生活动</th></tr>
<tr><td>
【情境】阿司匹林是一种历史悠久的解热镇痛药,用于治疗感冒、发热、头痛、牙痛、关节痛等。
【任务 1】阿司匹林的化学式 $C_9H_8O_4$,分子含有苯环,不含其他环状结构。请预测阿司匹林中可能的官能团组合,并思考如何通过实验验证。
【任务 2】通过实验如何证明你的预测?
<table>
<tr><th>实验序号</th><th>实验步骤</th><th>实验现象</th><th>实验结论</th><th>阿司匹林的结构</th></tr>
<tr><td>1</td><td>阿司匹林溶液+3~4 滴紫色石蕊溶液</td><td></td><td></td><td rowspan="3"></td></tr>
<tr><td>2</td><td>阿司匹林溶液+3~4 滴饱和 $FeCl_3$ 溶液</td><td></td><td></td></tr>
<tr><td>3</td><td>第一步:阿司匹林溶液+2 mL(1 滴管)1 mol/NaOH 溶液→热水浴加热半分钟
第二步:加入 2 mL(1 滴管)2 mol/L HCl 溶液+3~4 滴饱和 $FeCl_3$ 溶液</td><td></td><td></td></tr>
</table>
</td><td>
分析化学式,结合所学知识和所给的条件,预测阿司匹林中可能的官能团组合:
根据分子式,$C_9H_8O_4$ 不饱和度为 6,苯环的不饱和度为 4,则剩下的 3 个 C,4 个 O 要产生 2 个不饱和度。
可能的官能团组合为:
(1)各一个酯基、羧基。
(2)两个酯基。
(3)两个酯基、一个羟基(或酚羟基)。
(4)两个羧基。

学生讨论并表达:
(1)羧基可以利用酸性,用酸碱指示剂检验。
(2)酚羟基可以用 $FeCl_3$ 溶液检验。
(3)酯基可以先水解,水解后再进行检验羧基或者酚羟基。
进行实验,并记录实验现象。
实验 1:溶液变红。
实验 2:无紫色产生。
实验 3:溶液由无色变为紫色。
</td></tr>
<tr><td>
【任务 3】
根据实验,写出阿司匹林的结构简式,并写出阿司匹林与 NaOH 溶液反应的化学方程式。
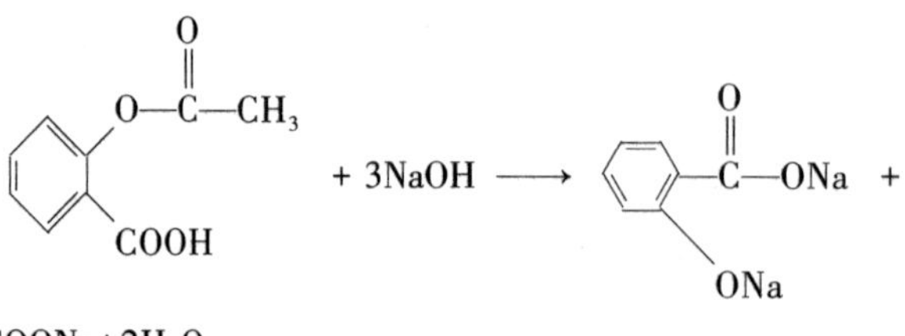
$CH_3COONa+2H_2O$
</td><td>
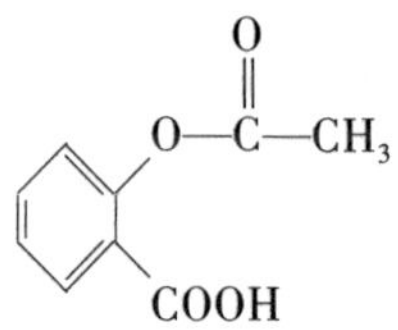
</td></tr>
</table>

教学环节四:有机物在生活生产中的应用——揭秘阿司匹林的合成

教师活动	学生活动
【情境】 1897年,霍夫曼改良水杨酸的苦味及强烈副反应——胃肠道反应,利用水杨酸(邻羟基苯甲酸)和乙酸酐一步合成出乙酰水杨酸(俗称阿司匹林),副作用明显减小,德国拜耳公司正式生产应用于临床。 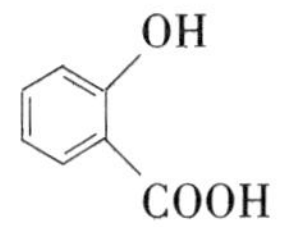 邻羟基苯甲酸 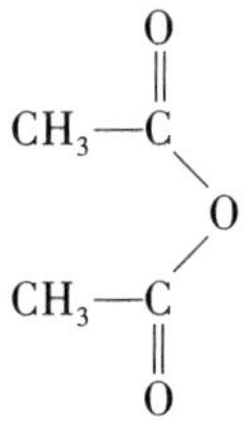　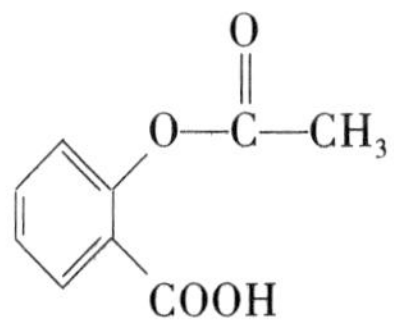 乙酸酐　　阿司匹林 【任务1】 1. 请写出上述反应方程式,指出该反应的反应类型。 2. 如何检验水杨酸已经反应完全? 3. 长期使用阿司匹林会造成不良反应,症状为头痛、眩晕、耳鸣、视听力减退。若出现水杨酸反应,此时应立即停药,并静脉滴注 $NaHCO_3$ 溶液,写出反应的化学方程式。	【任务1】 1. 请写出上述反应方程式,指出该反应的反应类型。 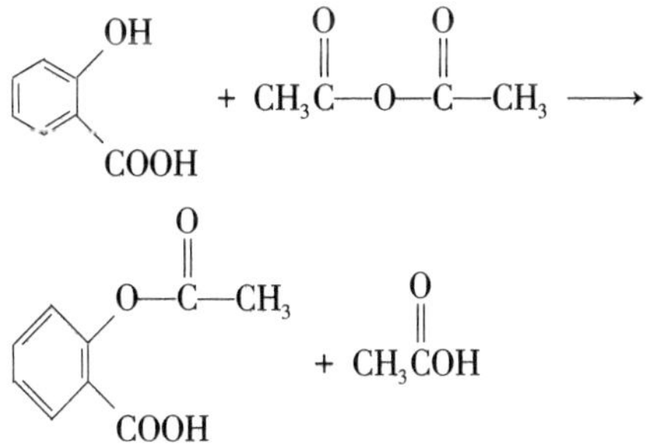 取代反应 2. 如何检验水杨酸已经反应完全? 加入 $FeCl_3$ 溶液,若不变紫色,则无酚羟基,说明水杨酸已完全反应。 3. 写出反应的化学方程式: 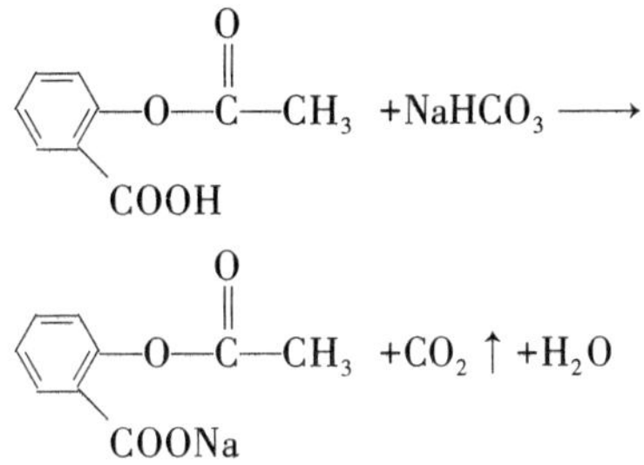

板书设计

有机物在生活生产中的应用——揭秘阿司匹林

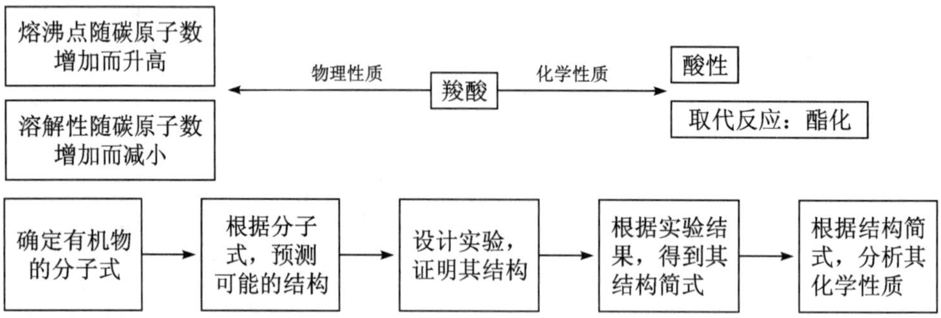

教学反思

利用真实的有机物合成路线作为情境，将有机物的性质及其转化进行大单元整合，学生在学习过程中学习兴趣明显提高，结合所学知识解决实际问题的能力得到提升，对知识网络化的形成有一定帮助，学科核心素养也得以提高，这体现在“组成、结构决定性质”的基本观念的运用；基于官能团、化学键与反应类型认识有机化合物的一般思路的思维模型的形成；设计探究实验，进行实验现象证据的推理；提取分析有效信息并用化学术语表达等方面。在日常教学中，我们要学习先进的教学理论，积累生产生活中的真实情境并运用到课堂中，结合教育理念、学生学情设计教学，敢于开放课堂，鼓励学生思考和表达，对此教师要做好引导，让学生真正动起来，学生才能喜欢化学，学科核心素养才能真正得以提高。

“砷”生不息
——元素化合物深度学习

刘姝君
（太原市第十二中学校　山西太原）

课标分析

元素化合物主题中，课标在学业要求中指出，(1)能列举、描述、辨识典型物质重要的物理和化学性质及实验现象，能用化学方程式、离子方程式正确表示典型物质的主要化学性质。(2)能从物质类别、元素价态的角度，依据复分解反应和氧化还原反应原理，预测物质的化学性质和变化，设计实验进行初步验证，并能分析、解释有关实验现象。(3)能从物质类别和元素价态变化的视角说明物质的转化路径。

原子结构与元素性质主题中，课标要求能够说出元素电离能、电负性的含义，能描述主族元素第一电离能、电负性变化的一般规律，能从电子排布角度对这一规律进行解释。知道原子核外电子排布呈现周期性变化是导致元素性质周期性变化的原因。

微粒间的相互作用与物质的性质主题中，要求能说出微粒间作用的主要类型、特征和实质；能比较不同类型的微粒间作用的联系与区别；能说出典型物质的成键类型。能根据给定的信息分析常见简单分子的空间结构，能利用相关理论解释简单的共价分子的空间结构；能依据分子结构特点和键的极性来判断分子的极性，并据此对分子的一些典型性质及其应用做出解释。

课标中对典型的元素及其化合物的学习提供了思路：物质化学性质的学习，从原子结构出发，结合元素周期表、元素周期律，从类别和价态的视角，依据复分解和氧化还原反应原理，完成物质的转化；物质物理性质的学习，从构成物质的微粒及微粒间作用力出发，对相关物理性质进行解释。新课标卷对于元素化合物的考察，在选择题中通常以元素推断的形式展开，在非选择题中以化工流程的形式展开，选择性必修二《物质结构与性质》的考察穿插其中，因此本节课将元素及其化合物、元素周期律、物质结构与性质的内容进行整合，对标高考，进行元素及其化合物的高三一轮深度复习。

教材分析

教材在元素化合物及元素周期律的安排上只介绍了短周期主族部分元素,但在高考中往往会考查学生通过熟悉元素的性质,利用周期律推测陌生元素的性质,同时对分子的空间结构、熔沸点比较进行考查。因此,本节课以砷为例,结合元素化合物、元素周期律和物质结构,进行高三深度学习复习。

学情分析

学生已经进行了元素及其化合物的复习,掌握了利用“价—类”二维的思想预测物质的性质、利用复分解和氧化还原原理完成物质的转化,也掌握了通过元素周期表、元素周期律预测物质性质的方法,同时通过结构化学的学习,明确了不同晶体熔沸点及其他物理性质的比较方法,但对于复杂问题,学生往往不知道从哪个角度切入分析,对综合性问题的处理能力较弱。

备课资源及设计理念

▶▶备课资源

受高考真题“含砷(As)的有毒工业废水转化为粗 As_2O_3”启发,选择陌生的非金属元素砷,作为本专题核心元素,配以高考中元素推断题的考查方向,确定本专题的复习思路和方向:将原子结构、元素周期表、元素周期律、晶体等内容进行整合,建立复习模型。

教学目标

1. 以推测砷元素为例,自主构建“位置—结构—性质”的认识模型,形成有逻辑的相互推理关系,能够对二级角度进行梳理,并与一级角度进行关联。

2. 能够自主应用“位置—结构—性质”认识模型,寻找证据,对元素和物质性质的相似性和差异性进行比较和论证,通过复习课教学将元素周期律、物质结构与性质和元素及其化合物的知识联系起来,将知识系统整理,内化巩固。

3. 通过高考题的实践练习,熟悉元素及其化合物的一般考查方式,形成一般做题思路,深化知识点间的联系。

教学实录

情境导入

教师活动	学生活动
【情境导入】卡牌游戏 同学们,我们今天继续行元素及其化合物的大单元复习。课堂开始前呢我们先玩一个卡牌游戏,古语“信口雌黄”“饮鸩止渴”都与我们卡牌中的X元素有关。请根据卡牌中的提示,以小组为单位推测X元素是什么?说出推测依据并指出其在元素周期表中的位置。 教师为学生提供一组元素信息卡牌: 【一种类金属元素】【其单质性脆且硬，具有金属光泽，能导电导热】【最低化合价为-3价】【其氢化物稳定性弱于pH_3】【其原子半径大于Se，小于Ge】	小组合作,推理作答。 小组派代表说出X为何种元素,并说出推测依据。 教师引导: 1. 寻找卡牌中引导性极强的关键信息。 2. 依据关键信息推测结论。
提出问题: 1. 推测元素X,说出推测依据。 2. 指认它在元素周期表中的位置。 3. 寻找推测的关键信息。 【过渡】当我们给卡牌中的信息贴上属性标签时发现,面对未知的不熟悉的元素,通过结构和性质可以推测出元素在周期表中的位置,这也就是我们认识元素及其化合物的“位构性”认知模型	3. 最低化合价。写出核外电子排布式,核外有多少种运动状态不同的电子? 4. 为什么砷是一种类金属?

教学环节一:

教师活动	学生活动
【环节一:建构模型】 结合一级维度对二级维度进行系统化归类。 【过渡】面对未知元素,我们该如何研究其性质呢?接下来我们一同以砷元素为例,学习陌生元素及其化合物的一般研究思路。 教师追问:请解释卡牌中关于砷元素性质的原因。 1. 解释为什么砷元素的最低化合价为-3价? 2. 解释砷为什么是一类类金属? 3. 同周期元素电负性的变化规律及原因? 4. 同周期元素第一电离能的变化规律及原因?	5. 解释为什么砷元素的最低化合价为-3价。 6. 解释砷为什么是一类类金属。 7. 同周期元素电负性的变化规律及原因? 同周期元素第一电离能的变化规律及原因。
【小结】经过刚才的分析发现,要想解释元素性质产生的原因我们必须从原子结构出发,同时面对陌生元素性质时,我们也可以从结构出发进行预测。	自主思考,完成学案。
【过渡】那么对于由砷元素组成的物质的性质又该如何分析解释呢?请大家首先在学案“价—类”二维图上写出含砷元素的物质,并尝试对下述性质进行分析与解释。 5. AsH_3 稳定性弱于 PH_3 6. AsH_3 的空间结构为三角锥形。 7. 沸点由高到低:$NH_3>AsH_3>PH_3$。 8. 黄砷结构类似白磷,质软呈蜡状,易挥发。	1. 化学键键能大,稳定性强。 2. 用 VSEPR 模型解释分子的空间构型。 3. 分子晶体判断熔沸点:相对分子质量大沸点高,但如果存在分子间氢键,沸点反常高。 4. 黄砷结构与白磷类似,所以是分子晶体,熔沸点低,易挥发。

教学环节二：

教师活动	学生活动
【环节二：完善模型】 小结：结合刚才的分析结果，对模型的二级维度进行丰富。 教师系统性呈现“位—构—性”认识模型，指出“位—构—性”模型对已知元素及其化合物的复习和未知元素及其化合物性质的预测有帮助作用。	解释“位—构—性”模型中三者的相关关系。

教学环节三：

教师活动	学生活动
【环节三：应用模型】 教师按照考查类型呈现高考真题和改编题，让学生利用认识模型分析做题思路。 【讲解】在高考中，元素化合物的考查集中在基本概念、基本理论、化学实验、工艺流程、化学计算方面，会与元素周期律、物质结构与性质糅合考查，接下来我们就来共同体会下元素化合物的典型考法。 题型一讲评强调重点：周期律与元素的关系。 工业流程题：强调类别和价态的转化。 【总结】本节课我们从研究方法出发，建立“位—构—性”的认知模型，对零碎的知识进行系统梳理，定性、定量认识元素性质产生的原因，希望大家在今后的复习中能脑有思路，手握方法，下笔有神。	按照不同题型，利用“位—构—性”模型进行高考真题的练习。 题型一：根据结构式推测元素及其性质。 题型二：文字表述，与结构内容联系。 题型三：工业流程，以砷与锑元素的转化为例。

板书设计

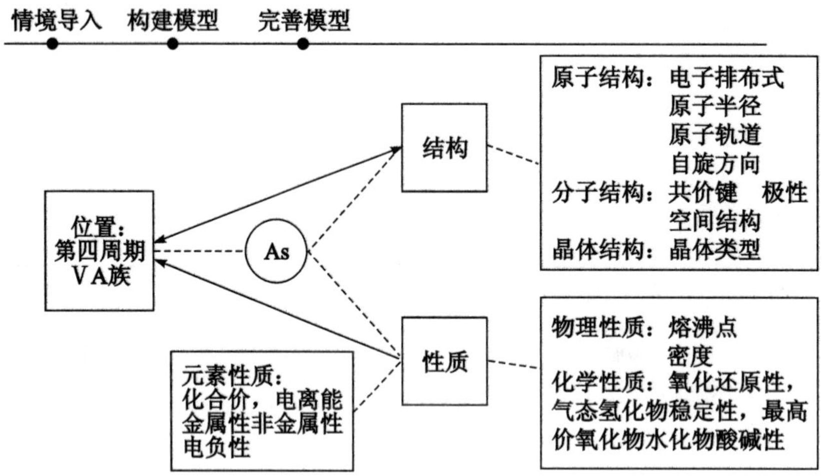

教学反思

一轮复习后，学生对于元素及其化合物的内容掌握了零散的知识，但在实际做题过程中仍缺乏条理的分析思路。在本节课学习后，学生对于一般问题的分析学会了抓主要矛盾，从微观结构出发，利用分析模型，用相应原理解释性质产生的原因。

核心素养导向下陌生情境中方程式的表征

尹晓芬

（太原师范学院附属中学　山西太原）

课标分析

《普通高中化学课程标准(2017 年版)》中提到，要正确认识科学、技术与社会的相互关系，能运用所学知识解释生产、生活中的化学现象，解决与化学有关的一些实际问题，初步树立社会可持续发展的思想，能综合运用所学化学知识及化学科学方法，对生产生活和科学研究中与化学相关的简单问题进行分析解释且能用方程式进行表征说明，做出合理的判断或得到正确的结论。

基础性：考查化学学科基础知识、基本能力和基本素养。

综合性：考查元素化合物知识、离子反应、氧化还原反应和反应类型等知识的融会贯通。考查对陌生信息的提取、整合、分析推理和迁移应用的能力。

应用性：用于分析和解决真实情境下的化学实际问题，学以致用。考查关键能力，聚焦思维方法，体现应用性和综合性。呈现真实情境，加强价值引领，发挥考试育人功能。

创新性：考察独立思考能力，批判性和创新思维方式。

教材分析

核心素养导向下陌生情境中方程式的表征，一般源于生产实际和科研成果，以探究化学实际问题为思路进行设问，充分体现了理论与实践相结合的观点。陌生化学方程式的书写不是仅靠简单的记忆，而是要根据题目中的相关信息，给出相应的化学方程式，难度较大。在高考化学试卷中，陌生化学方程的书写分值一直占有较大比例，是每年的必考题型。素养导向下陌生情境中方程式的表征一般在填空题中出现较多，分值约占试卷总分的 10%。常结合化工生产流程及实验探究考查，要求考生有效地接受、吸收、整合题目的信息，推断物质，利用守恒规律完成书写。

方程式是最具有化学学科特征的一种化学用语，素养导向下陌生情境中方程式的表征，是化工流程题的考查重点，也是信息量大的一类题型，用于考查考生接受、整合化学信息和分析解决实际问题的能力。其考查形式可分为书写离子方程式、化学方程式和电极反应式等，考查内容涵盖氧化还原反应和非氧化还原反应且素养导向下陌生情境中方程式的书写近几年也不断渗透在实验题和原理题中。会从热反应方程式、电化学等方面用于考查学生接受、整合化学信息和分析解决问题的能力。

教学方法：采用引导法、观察法、对比法、总结归纳法等方法教学，对方程式的书写要逐一分析，进而得出正确结论。

学情分析

熟练掌握素养导向下陌生情境中方程式书写是学好氧化还原理论的基本要求，而高考常以工艺流程图或装置图等为情境载体，考查素养导向下陌生情境中方程式的书写。这类方程式书写综合性强，能力要求高，也是很多考生失分较多的题型之一。学生做这部分题时，会出现考虑不全，或者生成物、反应物的书写出现问题，是考生失分较多的题型之一；另外，考生在面对这类问题时，由于题中信息较新，涉及内容不是教材中的化学方程式，往往感觉难以下手，即便是学生熟悉的重要方程式，若是从不同的角度考查，熟悉的方程式也会变得陌生，这归根结底就是对方程式分析得还不够深入，只会常规写出什么物质间发生发应，会生成什么物质，对此，我们可以从不同角度慢慢引导学生重新理解方程式，从对方程式似曾相识的感觉，到拨开雨雾见月明的豁然开朗。因此，熟练掌握方程式书写的方法和技巧是提分的有效措施。

备课资源及设计理念

▶▶备课资源

1. 感悟高考命题的综合——明白高考怎么考查，如何关联命题。

2. 实现知识能力的融会——明白知识有何联系，怎样综合应用。

3. 统计高考中对陌生化学方程式的考查，总结常考知识点如下：

（1）化学反应原理题中会包括：热化学方程式、电离、水解类方程式、电极反应式。

（2）化学实验题中物质的制备、分离提纯、性质验证、除杂和尾气处理涉及的方程式。

（3）工艺流程题中物质的制备和分离提纯涉及的陌生化学方程式。

▶▶设计理念

1. 创设真实的命题情境，引导“教—学—评”一体化，共育学科素养。

2. 情境呈现多样化，展示化学的独特魅力和学科之美。

3. 对于这一类化学方程式，只要抓住反应本质是否“有得失电子”，如反应中无电子转移则为非氧化还原反应，利用“原子守恒”思想就可配平；如反应中有电子转移则为氧化还原反应，利用氧化还原反应配平的方法，书写就会变得简单。

教学目标

1. 能从陌生真实情境中准确提取核心反应物和（部分）核心生成物。

2. 熟悉常见的方程式的类型和熟练记忆常见的氧化剂和还原剂以及氧化产物、还原产物。

3. 会从定量角度确定方程式的系数和转移电子数。

4. 学会素养导向下陌生情境中方程式的书写的基本解题思路或建构出的模型：

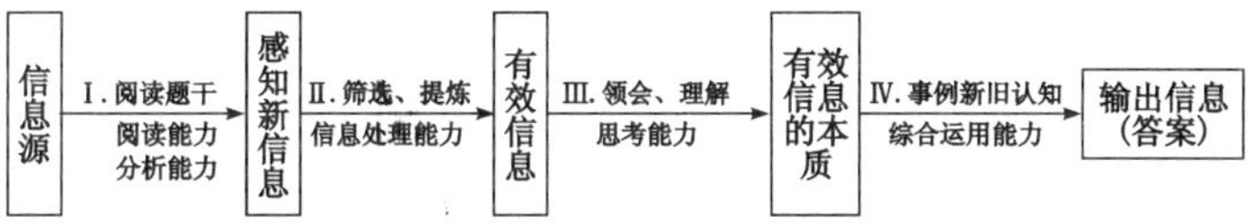

5. “变化观念与平衡思想”——电子得失守恒。

“证据推理与模型认知”——方程式配平。

“宏观辨识与微观探析”——氧化性、还原性、酸碱性等。

教学实录

【基础篇】众里寻他千百度，回忆初见那一幕。

教学环节一：

教师活动	学生活动
1. 熟记中学化学课本出现的化学方程式。重视课本，立根在课本。 2. 熟记特殊的 9 类化学反应。课本方程式的迁移。	1. 溶液中弱酸制取强酸。 2. 两种氧化物反应，有气体生成。 3. 两种酸溶液反应，反应后的溶液呈中性。 4. 发生复分解反应，但既没有沉淀生成，又没有气体和水生成。 5. 某氢化物在一定条件下与 O_2 反应，生成它的低价氧化物。 6. 两种金属的最高价氧化物的水化物发生化学反应。 7. 金属与盐溶液反应，反应类型不是置换反应。 8. 酸性氧化物与酸反应。 9. 金属单质与碱溶液反应。

【方法篇】相逢相知何必熟悉，懂你才是爱的真谛。

教学环节二：素养培养导向下陌生情境中氧化还原反应化学（离子）方程式的书写——氧化还原电子的有得有失，造就世间大千万物，得失就在一念间，万物平衡皆有缘。

教师活动	学生活动
氧化还原反应是高中化学的重点，反应方程式的书写要遵从电子得失守恒，反应前后所带电荷守恒，以及原子的个数守恒，但具体问题还要具体分析，比如，归中反应要注意电子转移个数问题。注意：基础知识要记准，事半功倍要遵循。 比如，还原剂：失电子的物质叫还原剂，化合价升高（失而复得）；被氧化，发生氧化反应，得到氧化产物（举一反三）。 试题信息呈现新颖、独特、综合性强并具有一定陌生性的特点，学会在陌生中找熟悉，探索规律，形成方法。 1. 信息明确型 【典例】 【迁移应用】 【建立模型】对于氧化还原反应型方程式的书写，需要捕捉流程图的流程和文字、图标等信息准确找出反应物和生成物，还要特别注意反应环境。再基于守恒思想的“四步法”书写氧化还原反应或电化学电极反应式。 书写模型“四步法”。 抓“守恒”。 【总结】氧化还原反应方程式配平的基本原则： 电子守恒：氧化剂和还原剂得失电子总数相等，化合价升高总数=化合价降低总数。 质量守恒：反应前后原子的种类和个数不变。 电荷守恒：离子反应前后，阴、阳离子所带电荷总数相等。 【知识总结】高考中常见氧化剂、还原剂——九氧九还。	标变价， 列得失， 求总数， 配系数。 （1）定：依据题中信息和已有的氧化还原反应知识确定氧化剂、还原剂、氧化产物和还原产物。 （2）平：依据化合价升降最小公倍数法或其他方法配平，保证得失电子守恒（注意下标的处理技巧）。 （3）补：依据所给介质和电荷守恒或质量守恒补充剩余物质并配平。 （4）查：利用质量守恒（如氧原子守恒）检查是否正确。

（续表）

教师活动	学生活动

常见氧化剂	O_2	MnO_4^-	HNO_3	Fe^{3+}	$X_2/XO^-/XO_3^-$	$Cr_2O_7^{2-}$	H_2SO_4（浓）	MnO_2/PbO_2	H_2O_2
还原产物	−2 价如 H_2O	$Mn^{2+}(H^+)$	NO/NO_2	Fe^{2+}	X^-（X 代表 Cl、Br 或 I）	$Cr^{3+}(H^+)$	SO_2	Mn^{2+}/Pb^{2+}	H_2O
常见还原剂	I^-	S^{2-}	$HSO_3^-/SO_3^{2-}/SO_2$	$S_2O_3^{2-}$	金属单质	Fe^{2+}	$C_2O_4^{2-}$	NH_3 或 NH_4^+	H_2O_2
氧化产物	I_2	S	SO_4^{2-}	SO_2 或 SO_4^{2-}	金属阳离子	Fe^{3+}	CO_2	N_2	O_2
备注	氧化产物、还原产物不一定是唯一的，当有信息时，以信息为主								

【强调】对于提供反应、生成物不全的陌生氧化还原反应方程式的书写，要运用常见的氧化剂、还原剂推测出其还原产物、氧化产物，离子型氧化还原反应方程式配平时，一般还要根据溶液的酸碱性补 H^+、H_2O 或 OH^-、H_2O。

熟练记忆：
酸碱氧还要辨析。

补项原则：
学会并熟练“补缺”技巧。

难点：生成物的推断，要基于证据的推理推测生成物。
寻找证据的四个方向：（见右侧）

2. 溶剂参加型
【典例】
【迁移应用】
3. 前后关联型或瞻前顾后型
【典例】
【迁移应用】

物质性质是前提。
类比迁移有依据。
定性定量两相宜。

	反应物	生成物	使用条件
组合一	H^+	H_2O	酸性溶液
组合二	H_2O	H^+	酸性溶液或酸碱性未知
组合三	OH^-	H_2O	碱性溶液
组合四	H_2O	OH^-	碱性溶液或酸碱性未知

（1）依据所给信息或流程图，准确提取有用知识，并与已有知识整合，重组为新知识。

（2）依据物质类别，利用联想类比等方法推测其所具有的性质。

（3）依据常见元素的价态变化推测其所具有的性质。

（4）依据反应物的结构或其在周期表的位置推测可能的性质，应用“结构决定性质”的思想认识新的物质。

（续表）

教师活动	学生活动
4. 审清题干要求型 【典例】 【迁移应用】	对于隐藏于工艺流程图中的反应物、生成物方程式的书写，要先读懂图意，前后关联，瞻前顾后，从流程图中找出反应物、生成物及反应条件，把隐藏于工艺流程图中反应物、生成物找到，箭头的指向往往表示加入某物或生成转化成某物。 审题是关键。
5. 联想迁移型或类比迁移型 【典例】 【迁移应用】 6. 定量分析型 【典例】 【迁移应用】	类比、借鉴已熟悉的物质反应化学方程式的书写形式来完成这类方程式的书写。
7. 概念（原理）应用型 【典例】 【迁移应用】 8. 化学意识 【典例】 【迁移应用】 9. 图示型 【典例】 【迁移应用】 对于循环转化关系图中物质的箭头既可以表示加入（反应物）也可表示产出（生成物），可以某物质为起点，顺着箭头的方向，理顺物质间的转化关系与过程，按题目要求写出某一步的反应方程式。	如元素的固定、歧化反应等。 氧化还原反应意识：有升必有降。 对于反应机理图的分析，最基本的是判断反应物，产物以及催化剂；一般的，催化剂在机理图中多是以完整的循环出现；反应物则是通过一个箭头进入整个历程的物质；而产物一般多是通过一个箭头最终脱离整个历程的物质。

教学环节三:核心素养导向下陌生情境中非氧化还原反应化学(离子)方程式的书写——任尔东奔又西走,抽刀断水我自留,环境改变要分开 初心不变原价态。

教师活动	学生活动
对于非氧化还原反应方程式的书写,同样需要捕捉流程图的流程和文字、图标等信息,准确找出反应物、生成物和反应环境。再基于原子守恒思想、电荷守恒等配平非氧化还原反应方程式。	此类反应通常是给出不一般的反应条件,熟悉的物质相互反应,但不是我们常说常讲的反应,生成熟悉或是不熟悉的物质,最起码物质给的很充分,需要我们利用反应前后原子个数要相等的原则进行分析,从而得到最后结果。
电解质溶液在水溶液中的行为: 明确溶液中的反应实质上是离子的反应。 思考:溶液中存在哪些离子?思考溶液中的离子来源。 9. 归一法 【典例】 【迁移应用】	将最复杂物质设为“1”,利用原子个数守恒配平。
10. 基于“水解原理”书写 【典例】 【迁移应用】	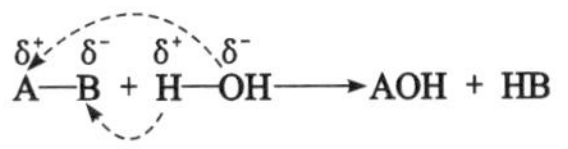 本质:电性效应(正负相吸) 所谓“电性效应”是指反应物粒子发生化学反应的过程中,必须发生碰撞,两种粒子之间发生碰撞的前提是相互吸引,带异种电荷的两种粒子是相互吸引的,带同种电荷的两种粒子是相互排斥的,发生化学反应时相互碰撞一定是带相反电荷的两种粒子或是不带电的粒子之间或带电粒子与不带电粒子之间,绝不会发生带相同电荷的两种粒子之间发生碰撞。
有机物的水解、醇解和氨解。 11. 基于“复分解反应原理”书写 【典例】 【迁移应用】 12. 基于“化学平衡转化原理”书写 【典例】 【迁移应用】	盐类水解→离子化合物水解→共价化合物水解、氨解→有机化合物水解→醇解→氨解 (1)盐的水解。 (2)CaC_2、Mg_3N_2、Li_3N、Mg_2Si、$Al(CH_3)_3$ 的水解或与盐酸反应。 (3)$SOCl_2$、PF_5、$COCl_2$、$SiCl_4$、PI_3、NCl_3、BF_3 的水解或与 NaOH 溶液反应。 (4)B_2H_6、SiH_4、$NaBH_4$、$SiHCl_3$ 分别与水反应。 (5)光气($COCl_2$)与过量的氨气反应。

教学环节四:热化学方程式书写——清洁能源何处觅,永恒不变的话题。

教师活动	学生活动
热化学方程式能量转化有吸放,比例平衡我在行。 首先,热化学方程式的书写,要根据题意,一定要找好比例,几倍增大或是几分之几缩小,是考查的内容之一。其次,是盖斯定律的应用,这是高考常考题型,没有注意物质的状态改变可能是学生出错的问题所在。最后,当然是计算要细心,准确。 【典例】 【迁移应用】	总是在变化中寻找不变。 盖斯定律的应用。 热化学方程式的书写要求。 燃烧热、中和热的定义。

教学环节五:新高考题型情境归类(工艺流程类、反应机理类、文字描述类和电化学类)。

教师活动	学生活动
1. 工艺流程类情境答题关键点 化学理论联系生产实际,源于课本又高于课本: 提取、接受、吸收、整合化学信息的能力和化学原理的应用能力。 【典例】 【迁移应用】	精读流程→对比分析→理解流程 看箭头: 进入的是原料(即反应物);出去的是生成物(包括主产物和副产物)。 (1)按图标记——寻找核心物质。 (2)前后对比——依价判断类型。 (3)实事求是——据“理”配平。
2. 反应机理类情境答题分析思路 【典例】 【迁移应用】	(1)总体历程——标记进出建模型。 (2)分段历程——精准切割建模型。 (3)规范表达——条件微粒要事实。
3. 文字描述类情境答题方法梳理 【典例】 【迁移应用】	分析问题和解决化学问题的能力: (1)划出关键信息。 (2)建立流程模型。 (3)注意规范表达。
4. 电化学类(电极方程式书写)情境答题关键点 书写的依据: 【典例】 【迁移应用】	(1)核心进出物,标记化合价。 (2)有升必有降,升降必相等。 (3)环境补微粒,电荷原子齐。 教材实例: (1)铜锌原电池。 (2)酸性/碱性锌锰干电池。 (3)铅蓄电池。 (4)燃料电池(酸性、碱性和熔融态)。 (5)惰性电极电解氯化铜溶液、电解饱和食盐水。 (6)钢铁的析氢腐蚀、吸氧腐蚀。
电极方程式的书写也要遵从电子得失守恒,反应前后所带电荷守恒,以及原子的个数守恒,元素的化合价要清楚标注,通过不同条件下,反应物或是生成物来完成电极反应。	西游记里情商高, 失负阳氧给挠挠。 电势高低不相平, 电子(电荷)不变永守恒。

板书设计

核心素养导向下陌生情境中方程式的表征

审题是关键 答题要规范

物质性质是前提，酸碱氧还要辨析，瞻前顾后需全面。

类比迁移有依据，概念原理深理解，定性定量两相宜。

物质和价态类别→确定反应类型→依据已有知识或所给信息判断反应物、产物→依据守恒（质量守恒、电荷守恒或得失电子守恒）进行配平→根据介质补充相关物质→依据信息写清条件、符号等→依据原理检查合理性

教学反思

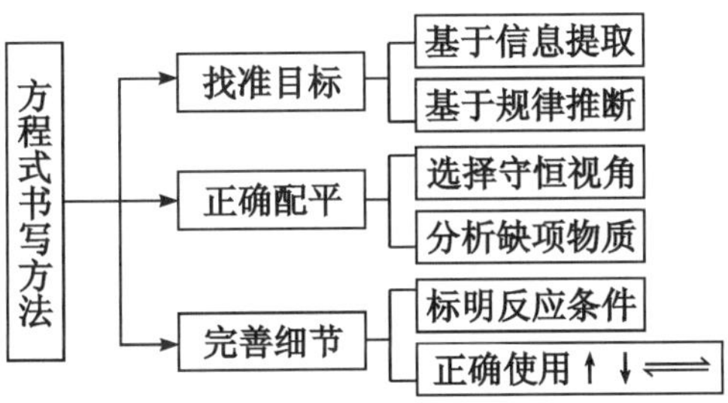

陌生方程式的书写——相逢相知何必熟悉，懂你才是爱的真谛！

综合训练——练到极处无定型、无规律，信手拈来解偶遇，练练你就行！